「法と経済学」叢書 V

アントニィ・W・ドゥネス
ロバート・ローソン 編著

結婚と離婚の法と経済学

太田勝造監訳
飯田 高・佐藤通生・西本健太郎
長谷川貴陽史・藤田政博・三村智和
森谷 尚〔共訳〕

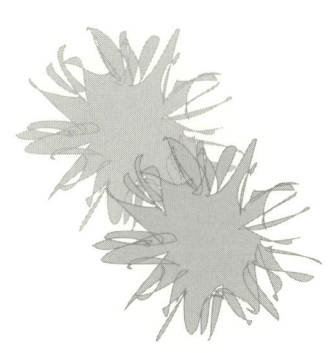

木鐸社刊

《目次》

第1章　はじめに　　　　　　　　　　　　　　　　　　　(11)
　　　　　アントニィ・W・ドゥネス　＆　ロバート・ローソン
　　　　　　　　　　　　　　　　　　　　　　（訳・太田勝造）

第2章　結婚：長期的契約　　　　　　　　　　　　　　　(25)
　　　　　ロイド・コーエン
　　　　　　　　　　　　　　　　　　　　　　（訳・太田勝造）

第3章　結婚のコミットメントと離婚の法的規整　　　　　(62)
　　　　　エリザベス・スコット
　　　　　　　　　　　　　　　　　　　　　　（訳・全員）

第4章　合意離婚　　　　　　　　　　　　　　　　　　　(93)
　　　　　アレン・パークマン
　　　　　　　　　　　　　　　　　　　　　　（訳・森谷尚）

第5章　不貞の法と経済学　　　　　　　　　　　　　　　(110)
　　　　　エリク・ラスムセン
　　　　　　　　　　　　　　　　　　　　　　（訳・太田勝造）

第6章　ルイジアナ州の婚姻契約法：
　　　　　子どものためのものとしての結婚の再生　　　　(146)
　　　　　キャスリン・スパーツ
　　　　　　　　　　　　　　　　　　　　　　（訳・西本健太郎）

第7章　同棲と結婚　　　　　　　　　　　　　　　　　　(185)
　　　　　アントニィ・ドゥネス
　　　　　　　　　　　　　　　　　　　　　　（訳・飯田高）

第8章　シグナルとしての結婚　　　　　　　　　　　　　　（204）
　　　　　　　　　　　　　　　　　　　ロバート・ローソン
　　　　　　　　　　　　　　　　　　　　　（訳・飯田高）

第9章　より良くか，より悪くか？
　　　　結婚や離婚における交渉は効率的なのか？　　　　（239）
　　　　　　　　　　　　　　　　　　　マーティン・ゼルダー
　　　　　　　　　　　　　　　　　　　　（訳・三村智和）

第10章　力の弱い男と整理整頓のできない女：離婚と分業　（259）
　　　　　　　　　　スティーヴン・ノックとマーガレット・ブリニグ
　　　　　　　　　　　　　　　　　　　　（訳・佐藤通生）

第11章　結婚と離婚に対する法制度改革の影響　　　　　　（286）
　　　　　　　　　　　　　　　　　　　ダグラス・アレン
　　　　　　　　　　　　　　　　　　　　（訳・藤田政博）

第12章　ヨーロッパ諸国の離婚法，離婚率，およびその影響　（315）
　　　　　　　　　　　　　　　　　　　イアン・スミス
　　　　　　　　　　　　　　　　　　　（訳・長谷川貴陽史）

監訳者あとがき　　　　　　　　　　　　　　　　　　　　（341）

索引　　　　　　　　　　　　　　　　　　　　　　　　　（345）

《図表目次》

<図>

11-1　カナダの離婚率　1921年～1994年（人口10万人当たり）　(302)

<表>

10-1　家事に費やす時間数　(262)

10-2　夫と妻の家事労働従事の平均時間数　(266)

10-3　全ての変数の統計量の概略　(270)

10-4　結婚破綻予測のコックス回帰分析　(272)

10-5　公平性評価と労働時間数の交互作用が結婚破綻に与える影響　(276)

11-1　効率的結婚の場合の利得行列の例　(289)

11-2　変数の定義　(306)

11-3　最小二乗法回帰分析：従属変数＝妻の結婚時年齢　(307)

11-4　最小二乗法回帰分析：従属変数＝夫の結婚時年齢　(307)

12-1　ヨーロッパ諸国の総離婚率　(316)

寄稿者・監・訳者紹介

ダグラス・アレン（Douglas W. Allen）
カナダのブリティッシュ・コロンビアにあるサイモン・フレイザー大学の経済学教授である．取引費用経済学の専門家であり，*American Economic Review* 誌に掲載された破綻主義離婚法が離婚率に与える影響についての重要な論文など，家族についての法と経済学の論文が多数ある．

マーガレット・ブリニグ（Margaret F. Brinig）
アメリカ合衆国アイオワ州アイオワ市にあるアイオワ大学の法学教授である．家族についての法と経済学研究の権威であり，最近の『契約としての結婚から婚姻契約へ（*From Contract to Covenant*）』をはじめとする多数の著書・論文がある．

ロイド・コーエン（Lloyd R. Cohen）
アメリカ合衆国ヴァジニア州アーリントンにあるジョージ・メイスン大学の法学教授である．家族についての法と経済学の論文が多数ある．学界に最も影響を与えた論文「結婚，離婚，および準レント，あるいは『人生の最良の日々をささげたのに』」は，1987年の *Journal of Legal Studies* 誌に掲載されている．

アントニィ・ドゥネス（Antony W. Dnes）編著者
イギリスにあるハートフォードシャー大学ビジネス・スクールの副学部長兼研究教授であり，アメリカ合衆国ヴァジニア州にあるジョージ・メイスン大学ロー・スクールの客員教授である．結婚と離婚のインセンティヴに対する法の影響についての論文が多数あるとともに，『法と経済学（*The Economic Analysis of Law*）』の著者である．

スティーヴン・ノック（Steven L. Nock）
アメリカ合衆国シャロットヴィルにあるヴァジニア大学の社会学教授である．家族の社会学についての論文が多数あるとともに，近著として『男の人生にとっての結婚（*Marriage in Men's Lives*）』がある．

アレン・パークマン（Allen M. Parkman）
アメリカ合衆国ニュー・メキシコ州アルバカーキにあるニュー・メキシコ大学の経営学教授である．アメリカ合衆国における離婚法改革についての主要著書『逆効果の善意：破綻主義離婚法制とアメリカの家族（*Good Intentions*

Gone Awry: No-Fault Divorce and the American Family)』がある．また，離婚法が結婚に関する諸行動に与える影響についての論文が多数ある．

エリク・ラスムセン（Eric Rasmusen）
アメリカ合衆国インディアナ州ブルーミントンにあるケリー・スクール・オヴ・ビジネスの経営経済学と公共政策学教授兼サブヘダー研究員である．2000年から2001年にかけてはハーヴァード・ロー・スクールのオーリン上席研究員を務めた．ゲーム理論の著名な教科書『ゲームと情報の経済分析 (Games and Information)』の著者であり，最近ではジェフリィ・ステイクとの共著論文「無知のヴェールを剥ぐ：結婚という契約を注文仕立てにする」を刊行している．

ロバート・ローソン（Robert Rowthorn）編著者
イギリスのケンブリッジにあるケンブリッジ大学の経済学教授で，キングズ・カレッジのフェローである．雇用と経済成長について多数の著書がある．現在は，女性就労の経済分析プロジェクトの研究代表者であり，「結婚と信託：経済学からの示唆」という論文を発表している．

エリザベス・スコット（Elizabeth S. Scott）
アメリカ合衆国シャロットヴィルにあるヴァジニア大学の法学教授である．「結婚と離婚の合理的意思決定」という *Virginia Law Review* 誌上に発表され，学界に大きな影響を与えた論文をはじめ，広く結婚について多数の論文を発表している．

イアン・スミス（Ian Smith）
スコットランドのセント・アンドリューズにあるセント・アンドリューズ大学の経済学講師である．イギリスの離婚法改革の影響についての計量経済学的研究をはじめとして，離婚についての多数の論文がある．

キャスリン・スパーツ（Katherine Shaw Spaht）
アメリカ合衆国ルイジアナ州バトン・ルージュにあるルイジアナ大学の法学教授である．結婚と離婚についての多数の論文がある．また，ルイジアナ州の新しい婚姻契約法の立案者でもある．

マーティン・ゼルダー（Martin Zelder）
カナダのブリティッシュ・コロムビアのヴァンクーヴァにあるフレイザー・

インスティチュートの保健衛生政策研究所長である．法制度改革が結婚と離婚に関する諸行動に与える影響についての多数の論文がある．

太田勝造（おおた　しょうぞう）
1957年　大分県に生まれる／1980年　東京大学法学部卒業／1984年　名古屋大学法学部助教授／現　在　東京大学大学院法学政治学研究科教授

飯田　高（いいだ　たかし）
現　在　成蹊大学法学部専任講師／法社会学・法と経済学専攻

佐藤通生（さとう　みちお）
東京大学大学院法学政治学研究科修士課程／行政学専攻　会計検査院勤務

西本健太郎（にしもと　けんたろう）
東京大学大学院法学政治学研究科修士課程／国際法専攻

長谷川貴陽史（はせがわ　きよし）
現　在　北海道大学法学部専任講師／法社会学専攻

藤田政博（ふじた　まさひろ）
現　在　政策研究大学院大学助教授／法社会学・法心理学専攻

三村智和（みむら　ともかず）
東京大学大学院法学政治学研究科修士課程／民法専攻

森谷　尚（もりや　たかし）
東京大学大学院法学政治学研究科修士課程／比較法専攻

結婚と離婚の法と経済学

第1章　はじめに

アントニィ・W・ドゥネス ＆ ロバート・ローソン
訳：太田勝造

　本書は，家庭の崩壊という深刻さを増してきている社会問題に対する解決策を模索するものである．それと同時に本書は，学界における結婚と離婚に対する研究関心の昂まりとも対応している．結婚と離婚に対する研究は，伝統的には法律学や社会学，そして法社会学において行われてきたものであるが，最近はこれらの学問分野の垣根を越えて広がってきている．とりわけ，法現象の分析に経済学の手法を用いる「法と経済学」という新たな学問が確立して，家族関係の形成と解消のダイナミクスを明らかにする研究業績が蓄積されるようになっている．この新しい研究方法は，人々の行動のインセンティヴ（誘因）を重視する点で伝統的な研究と区別される．人々の行動のインセンティヴは，他のほとんどの学問分野においては等閑視されてきた．これに対し，法と経済学の研究者は，結婚と離婚の研究において人々の行動のインセンティヴに最も着目するのである．法政策やその他の政策の改革の中で，人々の行動のインセンティヴの構造を大きく変容させたものこそが，人々の行動に重大な影響を与えたと推定され，したがって，家族関係の形成，その維持運営，そして解消に重大な影響を与えたと推定される．
　このような経済分析の方法は，経済学の専門的研究者，法と経済学の専門的研究者，および法律学の研究者などによって採用されている．これらの分野の代表的な研究者が本書の執筆者となっている．本書を大まかにまとめれば「家族関係の法と経済学」の研究書と言うことになろう．本書が結婚，離婚，およびそれらに関連するテーマを取り扱っているからである．研究の多くが合衆国にその起源を有している点でこの分野の研究をアメリカ的と呼ぶ

ことができるであろう．そして，この分野の研究成果は，広い範囲の学術雑誌に発表されていることも特徴である．本書の編集において我々は，この分野の主要な研究者を執筆者に選んだ．そして，執筆に際しては，この分野の既存の研究を総括し整理統合してくれるよう依頼し，さらに場合によっては独自の新しい分析を付加するよう依頼した．このようないわばアメリカ的研究手法は，今ではイギリスにも移植され繁茂し始めており，本書のイギリスからの研究者の論文は，アメリカ人にとっても興味深い新鮮な視点を本書に提供している．

　家族関係の法と経済学に対する学問的な関心の昂まりは，北アメリカをはじめ世界中の国々で盛り上がっている家族法改革の動きに，その大きな刺激を受けて生じたものである．たとえば合衆国の場合，アメリカ法律協会（American Law Institute: ALI）が最近，婚姻関係解消についての法律に対するガイドラインを新たに出版した．家族法の法典は州法として制定されるべきものとされており，アメリカ法律協会のガイドラインは，各州での立法作業に大きな影響を与えるであろう．確かにアメリカ法律協会のガイドラインの中には，法と経済学の論理と真正面から矛盾するように見えるものも含まれている．たとえば，夫婦間の扶養料の支払いについてのルールなどは，経済学的に見ると何の根拠もない規定である．とは言え，この分野の法改正において，法と経済学の素養のある学者や実務家の間から議論が巻き起こったことは疑いを容れない．イギリスにおいても同様に，大法官部（Lord Chancellor's Department）が夫婦財産の分配の根拠について法と経済学からの分析に興味を深めている．これは，1990年代後半に諮問した委員会からの一連の報告書に従ってのことである．

　この数十年間に見られる婚姻関係解消の急増は，納税者である国民に急増するコストを課している．そのようなコストには，司法制度運営のコストも含まれる．他には，婚姻関係の崩壊が，国家が提供する社会福祉へのニーズを増大させるために生じる追加的なコストもある．たとえば，両親の離婚の犠牲となった子どものための社会福祉的サーヴィス，離婚で精神的ダメージを受けた大人のための社会福祉的サーヴィス，別居に伴って増加した世帯維持のための支出を支援するための金銭的補助，前の配偶者が養育料などを適切に提供しようとしない場合やその能力のない場合のひとり親と子どもを支

援するためのコストなどである．第二次世界大戦以降の離婚の増加および婚姻率の減少は，人々の人間としての生活の厚生（幸福）をめぐる，金銭では解決できないより広い問題をも提起している．

　本書は，結婚，同棲，および離婚についての専門的研究者による研究の最近の進展を総括するものである．本書の諸論文のほとんど全てを貫く通奏低音は，人々の直面するインセンティヴ構造に影響を与えるものとしての家族法の重要性の認識である．これらのインセンティヴは，人間関係の中での人々の首尾一貫した誠実な行動という課題をめぐって問題となる．法と経済学の手法を家族法に用いる専門的研究者は，現代家族法が，機会主義的行動（日和見的行動・御都合主義的行動）を誘発し，他者に対する義務の履行においてシステマティック（構造的）なごまかしを促進するようなインセンティヴ構造を創り出してしまっているとしばしば指摘する．このように，離婚率の増加のもたらす金銭的コストだけではなく，家族法の設計において失敗すると，安定した婚姻関係を保障する信頼関係を台無しにしてしまうという問題も横たわっている．設計を失敗すると，法制度自体が離婚を誘発し，人々に多大の苦しみと不幸をもたらすかもしれないのである．法と経済学の手法はこのような問題に真正面から取り組む．すなわち，法制度の種々の選択肢がもたらすインセンティヴに着目し，設計に欠陥のある法制度がもたらす意図せざる悪しき結果に着目する．

　家族生活に対して法と経済学の手法を適用しようとする動きは，特に目新しいものというわけではなく，少なくとも1960年代および1970年代のベッカーらの研究にまで遡ることができる．この初期の研究は法の役割に特に着目したものではなく，むしろ，経済学でおなじみの需要と供給の理論を家族関係における意思決定に適用したものであった．たとえば，雇傭や家庭内での分業の経済分析であった．その後の研究では，家庭生活に及ぼす法の影響を重視するようになり，現在ではこのテーマ設定は，法と経済学に多少なりとも素養のある研究者の間では共有された問題関心となっている．家族法は，法と経済学の手法が新たな洞察をもたらした分野として，契約法，不法行為法，および財産法と並ぶものとなっている．この新しい手法によって家族法は，契約法や不法行為法のように，「社会科学的により厳密」な法領域となっている．

家族関係の法と経済学は次の2つのレヴェルで研究される．第一に，結婚と離婚の法のインセンティヴ構造が理論的に分析される．たとえば，本書の著者の1人でもあるロイド・コーエンの研究を嚆矢として，婚姻関係にある当事者の間の準契約的（quasi-contractual）な義務の強制がうまくできないと，当事者の機会主義的な行動を誘発してしまうと論じられるのが通常である．結婚の際に誓ったような一生助け合うという約束のコストに比べて，法システムが比較的安価に離婚を認める場合，とりわけ，年老いた女性は，男性による機会主義的な遺棄の犠牲となりやすいであろう．このようなリスクに直面して，人々は守りの姿勢になって婚姻関係の維持発展や子どもたちのために十分な投資をしなくなったりして，子どもたちに犠牲を負わせたり婚姻関係を不安定なものとしてしまったりするかもしれない．以上のように，法と経済学がこのような因果関係を分析する上で非常に有効であることは一目瞭然であろう．

　理論的な分析から導かれるこのような種々の洞察にくわえて，行動に与える法の影響を数量化することも重要である．このためには，現在ではますます利用可能となっている種々の膨大なデータに対して，計量経済学の手法（統計的手法）を適用しなければならない．家族法の分野での統計的分析手法の適用の主要なものは，1970年代に行われた離婚法の改革の影響の研究である．この時期，北米およびヨーロッパの多くの国々で離婚法がリベラル（自由主義的）な方向に改革されたが，それらすべての国々で離婚法改革は離婚率の上昇を伴った．統計的分析の目的は，このような離婚法の改革が離婚の増加に対してどの程度の因果関係を有しているかを定量的に分析することである．統計的分析によれば，北米における離婚法のリベラルな方向への改革が離婚率に恒久的な影響を与えたという，疑いを容れえない結論がもたらされた．これに対しヨーロッパにおいては，統計的分析の結果がそれほど明確ではない．定量的分析は，政策形成においても重要である．法が社会に重要な影響を与えるという仮説を統計的証拠が一貫して棄却するなら，法制度の設計はあまり重要ではなくなる．計量経済学の研究結果によれば，法制度の設計は非常に重要である．だからこそ，我々は，21世紀の結婚と離婚に関連する主要な社会変化についての議論に貢献するために本書を企画したのである．

さてここで本書の構成を説明しておこう．本書の論稿は，4つの主要なテーマにグループ化して構成されている．第一のグループは，結婚のコミットメントを契約の観点から分析する論稿群である（第2章と第3章）．第二のグループは，離婚に関する法規整の枠組みを分析する論稿群である（第4章，第5章，および第6章）．第三のグループは，結婚および結婚類似の関係をめぐる交渉およびコミットメントの問題に光を当てる（第7章，第8章，および第9章）．最後の第四のグループは，実証的研究であり，よりリベラルな離婚法の影響についての調査分析が主要なものである（第10章，第11章，および第12章）．

　第2章「結婚：長期的契約」において，ロイド・コーエンは結婚の長期的インセンティヴの問題を分析する．コーエンの分析は，結婚の本質が結婚式での誓いに表明される永久の愛というわけではないにせよ，婚姻関係が夫婦の間で終生続くことがほとんど常に期待されている，という事実から出発する．現実には，別居や離婚がこの期待をしばしば反故にする．コーエンによれば，離婚，扶養料，財産分与についての法制度を効率的で衡平なものとして設計しようとする場合の内在的な問題の多くが，ビジネス契約の強制において表面化する諸困難と同様の問題である．確かに，長期的ビジネス契約もまた，インセンティヴの布置や人間関係の崩壊などの複雑な問題に満ち満ちているのである．

　コーエンによる結婚の契約的分析も，「望ましい結婚」についての明確な結論をもたらすものではない．結婚当事者が引き受ける種々の黙示の義務の性質は，異常なまでに特殊なものであり，明確な線引きのできるような定義はありえない．しかしながら，結婚が成功するためには，当事者が婚姻関係の維持のために大きな投資をしなければならず，しかも長期的にその投資は夫婦の間で非対称的なものとなる．もし結婚が失敗すれば，夫婦は投資のほとんど全てを回収できなくなるかも知れず，しかも，離婚でより多くを失うのはたいていの場合妻の方である．結婚への投資に「保険を掛ける」ことは，結婚当事者双方にとって利益となる．コーエンは，結婚前の契約も，離婚や財産関係の清算についての現代の法制度も，ともにあまり役に立たないと論じる．インフォーマル（非公式）の社会的制裁や当事者の善良な道徳観など

に頼るという古くからの方法の方がより役に立つと主張するのである．婚姻関係の清算の問題に苦労して取り組まなければならないという我々が現代直面している課題は，このような伝統的な制禦手段の喪失や，約束の持っていた道徳的価値の弛緩に起因するものなのかもしれない．

　第3章「結婚のコミットメントと離婚の法的規整」において，エリザベス・スコットは，結婚と離婚に対する保守的立場もリベラルな（自由主義的）立場も共に批判する．保守派たちは，合衆国のいくつかの州での婚姻契約法（covenant marriage statute）の制定を歓迎した．これらの州では，夫婦は従来型の離婚法の下でよりも拘束力の強い結婚を選択することができるようになった．保守派の中には，この制度は，有責主義の離婚法制のように離婚に今より制約を課す方向の潮流の一環であると位置づける者もいる．多くのリベラル派は，婚姻契約法を，個人の自由権に対する侵害と受け取っている．なぜなら，婚姻契約法のために結婚の解消がより困難となるからである．スコットは，離婚に法的制約を課すことに賛成するのは保守派に限られないと論じる．結婚のコミットメントを法的に強制することは，リベラル（自由主義的）な原理とも整合的であり，人々が自己の人生目標を追求する上での個人の自由権を拡張することにもつながり得るという．ビジネス契約の場合と同様結婚においても，法的なコミットメントは当事者間の協力を促進し，当事者関係への投資を保護することができるのであり，その結果として関係当事者たちの相互利益に適うことになりうるのである．スコットは，1960年代以降の家族法の改革が，結婚から逃れる上での個人の自由権を拡張したが，反面そのことを通じて，望ましい長期的目標を人々が達成するために自らの手足を縛って個人の自由権が制約されるようになったと論じる．

　スコットはさらに進めて，リベラル（自由主義的）な原則と広く整合的な形で個人のコミットメントを促進するような法制度の選択肢を検討してゆく．可能な解決策の選択肢には，結婚前の必要的カウンセリングや離婚前の必要的カウンセリング，2年とか3年という離婚前の必要的な待機期間，夫婦財産が離婚後の未成年の子どもたちの金銭的な保証として利用されることを確保するための家族財産トラスト（信託）などがある．婚姻契約法をスコットは歓迎する．その理由は，婚姻契約法が上記の選択肢の条項を含むからであり，このタイプの離婚制限型の結婚の導入によって夫婦には事前コミットメ

ントの選択肢が追加されることになるからである．しかしながらスコットは，有責主義の離婚法制には，それが婚姻契約の対応物ではあるが，反対する．その理由は，有責性を裁判で認定することには，当事者の対立を激化させる傾向がある上，裁判所には正確な認定が不可能だからである．このように，スコットの婚姻契約法への当初の賛同は，実は非常に慎重なものである．

　第4章「合意離婚」においてアレン・パークマンは，第一義的な離婚原因は合意としなければならないと論じる．結婚が解消されるべきであるのは，双方の配偶者が結婚が失敗であると一致した場合のみである．この場合，婚姻関係を終焉させたいと真摯に望む双方の配偶者にとって，そのような結婚を解消することが容易にできることになる．また，他方の配偶者の当初の希望に反して結婚を解消したいと望む配偶者は，相手から同意を取り付けなければならないことになる．この主張は，契約不履行に対する特定履行（specific performance）という標準的な救済方法とパラレルな議論である．特定履行という救済方法の場合，契約関係から解放されたいと望む当事者は，完全賠償を支払わなければならなくなる．結婚解消の条件をめぐる交渉においては，子どもの監護権，扶養料，あるいは家族の資産の分配などの争点について譲歩をしなければならないかもしれない．離婚条件の取決は，婚姻関係への夫婦の投資が無に帰することから配偶者を保護することになる．なぜなら，それらが，機会主義的に配偶者の一方が他方配偶者を遺棄することを抑止し，結婚から逃れようとする配偶者に完全賠償をさせることになるからである．昔の有責主義離婚制度の下でと同じように，合意離婚は婚姻関係への投資を促進し，他の制度の下ではあまりにリスクが大きくなりすぎるような関係を可能にする．

　パークマンは，合意のみが離婚の条件とされなければならないと主張しているわけではない．合意離婚の法規定は離婚を望まない配偶者の方に大きな交渉力をもたらす．この交渉力の濫用を抑止するために，子どもが生まれる前の，結婚生活の早期の段階においては，制裁なしに一方的に可能な離婚が認められるべきであると，パークマンは提案する．また，例外的な場合には有責性の考慮も必要であるとする．たとえば，一方配偶者の不貞や暴力のために離婚が余儀なきものになったが，有責配偶者が離婚に同意しようとしないような場合である．このような場合には，相手の有責性に基づく離婚は，

損害を蒙った他方配偶者に対して，救済方法を提供するであろう．パークマンは，とは言え，そのような例外的な場合は稀であり，正規の結婚の場合の離婚は，原則として合意を要件とするべきであるとする．

　第5章「不貞の法と経済学」において，エリク・ラスムセンは，結婚生活での違反行為に対する制裁の経済分析を行う．ラスムセンは，不貞に対する刑事罰，「第三者による夫婦の離間（alienation of affection）」に対する不法行為訴訟，および「免責事由（justification）」としての自力救済という3つの制裁を厳密に分析する．その上で，これらの制裁について，過去および現在の具体的法制度に当てはめて議論する．現代法における制度上の救済方法は，被害配偶者が離婚を申し立て，夫婦財産の分配を加害配偶者に強制できるだけである．これは実のところは救済方法として意味がない．なぜなら，破綻主義離婚制度の下では，夫婦のいずれも何時でも離婚を申し立てることができるからである．今では廃止されたが，最近まで認められていた救済方法で，今なおその痕跡が残っているものもいくつかある．すなわち，刑事制裁，不法行為訴訟，および，自力救済である．一般的に言えば，不貞の法規定が効率的となるのは，夫と妻が結婚の当初に自由意思に基づいて取り決めるであろうような結婚生活の条件規則と同様の内容をそれが有する場合である．法的制裁が存在しない場合には，夫婦は結婚生活のために十分な投資をしなくなったり，相手方を監視するために過剰な投資をしてしまうかも知れない．不貞行為は，監視によって抑止されるかもしれないし，相手方が結婚生活のために十分に投資をしなかった場合には離婚をちらつかせるという信用できる威嚇によって抑止できるかもしれない．しかしそこでは，厚生の点での大きな損失が生じてしまう．なぜなら，監視コストという負担が監視する側の配偶者の厚生を引き下げるし，夫婦が婚姻関係に十分な投資をしない場合には，夫婦共にその厚生に損失が生じるからである．また，不貞が実行された場合には，それを相手配偶者から隠すためのコストが生じるであろう．不貞を効率的に抑止するためには，法的制裁の導入によって十分に大きな制裁が課され，それによって，相手配偶者が監視コストをまったく支出しなくても，不貞のもたらす利得に比べて不貞のもたらす制裁のコストが凌駕して不貞配偶者にとって不貞がペイしないものとなる必要がある．その場合には，不貞は抑止されるので，夫婦は相手監視のためにコストをかけようとはしないで

あろうし，したがって，安心して婚姻関係に投資しようとするようになるであろう．夫婦の双方共に，事前段階（*ex ante*）では，不貞に対する巨大な制裁の可能性に喜んで同意するであろう．なぜなら，そのような制裁が存在する限り不貞の抑止は完全となり，不貞をして制裁を受けることがありえないこととなるからである．

　第6章「ルイジアナ州の婚姻契約法：子どものためのものとしての結婚の再生」においてキャスリン・スパーツは離婚における有責性の役割を弁護する．婚姻契約法を起草した担当者であるので，スパーツはルイジアナ州のこの結婚法改正の推進者たちの考え方を説明する適任者であると言える．ルイジアナ州においては，結婚しようとしている男女は，今や2つの種類の結婚を選択できる．1つは従来型の結婚であり，ほとんど何の制裁も受けることなく容易に離婚することができる．もう1つの新しい婚姻契約による結婚（契約結婚）の場合，離婚できるのは，相手に有責性があることを証明できた場合か，かなり長期の時間をかけた場合のみとなる．しかも契約結婚をする際には，男女は結婚前カウンセリングを受けなければならないし，さらに，婚姻関係を脅かすような問題発生の場合には必ず結婚カウンセリングを受けるという合意を結ばなければならない．その上，不貞や暴力のような重大な違反行為を犯した配偶者は，離婚の場合には損害賠償をしなければならない．配偶者が「結婚カウンセリングなどの婚姻関係を維持するための合理的な手段」を拒絶した場合で，離婚となったときにも損害賠償をしなければならない．

　婚姻契約法は，2つの全く異なる立場を結びつけた制度である．人々は，自らの選択に従って，拘束力のあるコミットメントをする権利を持たなければならない，というリベラル（自由主義的）な立場と婚姻契約法は首尾一貫している．この選択の自由は，リベラルな破綻主義離婚しかない州においては否定されている．それと同時に，この婚姻契約法は，結婚とは重要な社会的機能を果たすものであり，結婚法はそのような社会的機能と整合的な道徳的原則を具現するものでなければならない，というコミュニテイリアン（共同体主義）的な立場をも取り入れている．このコミュニテイリアン的な立場からの影響は，結婚カウンセリングと有責性に関するスパーツの位置づけから顕著に見て取れる．婚姻契約法の下で，結婚カウンセリングの主要な目的

は，結婚を維持することとされており，カウンセラーは離婚に関して中立的な立場に自らを置くようには期待されていない．契約結婚においても離婚は法律上認められてはいる．しかし，それは結婚維持のための他のあらゆる手段を尽くしてもどうしようもなくなった場合の，最後の選択肢であるとされるのが原則である．そのような例外的な場合としては，一方配偶者の他方配偶者に対する行動があまりにひどいもので，結婚を維持することに対する社会的利益に鑑みても，事前の結婚カウンセリングなしに被害配偶者が結婚の解消を求めるべきであるような場合が挙げられる．この章の注目に値する特色は，スパーツが有責性に基づく離婚を強硬に支持する点である．その根拠は道徳上のものと実践的なものの双方である．結婚法は一般の契約法と同じように，自己責任という道徳的原理を具現するべきであるという点が根拠の1つである．スパーツはまた，離婚の場合の有責性の立証が，その他の法的問題に比べてより困難と言うわけではない点も根拠の1つとする．

　第7章「同棲と結婚」においてアントニィ・ドゥネスは，人々が結婚より同棲を選択するのはなぜかの問題と，法が同棲をどの程度規整するべきかの問題を分析する．多くの男女がわざわざ同棲を選択するのは，結婚に伝統的に伴っている法律的コミットメントを回避しようとするからであると論じる．現代の結婚法の傾向は，そのような同棲中の男女の意向を無視して，結婚類似の権利と責任を課そうとするものである．ドゥネスによれば，このような傾向は大きな誤りであり，結婚しないでおこうと考える人々に結婚を強制するのと同じことになってしまっている．ただし，1つの例外は，同棲関係の解消の後に生じる，子どもの養育義務にあるとする．この場合には法的規整は正当化される．なぜなら，子どもは第三者であり，その利益は保護されるべきだからである．ドゥネスはまた，結婚法が機能不全を起こし，婚姻関係に投資した配偶者に対して不完全な保護しか提供できないから，人々は同棲を選択するのかも知れないと指摘する．この結婚法の機能不全の問題に対する種々の解決策を検討する．1つの解決選択肢は，両方の配偶者の同意を離婚の条件とすることである（契約の場合の特定履行という救済方法と類似の解決選択肢であり，当事者間の交渉を導くであろうと期待される）．もう1つの解決選択肢は，通常の契約法上の原則を結婚にも適用する方法であり，結婚という契約の一方的違反に対して損害賠償を支払わせるというものであ

る．ドゥネスは損害賠償額の算定のための3つの標準的な方法を検討している．すなわち，原状回復，信頼利益の賠償，および，期待利益の賠償である．そして，離婚の場合においては，期待利益の賠償が最も効率的であると結論づける．

第8章「シグナルとしての結婚」においてロバート・ローソンは経済学のシグナリング理論を結婚に適用する．ウィリアム・ビショップやマイクル・ツレビルコックなどのこの分野を開拓した独創的研究を除けば，この問題は，法と経済学においておおむね等閑視されてきたと言える．これらパイオニアの研究に依拠しつつ，ローソンは，西洋の文化圏において結婚は，性的に排他的な永遠の共同生活の意思を，人々がお互いにシグナルを送りあったり第三者にシグナルを送ったりする方法の1つであったと論じる．しかし，現代の法的および社会的な潮流のために，結婚はこのシグナルとしての信用力を大きくそがれてしまった．現在では，結婚を解消することはかつてよりも非常に容易となっており，結婚上の重大な違反行為に対する制裁は廃止されてしまったり大きく軽減されたりしている．その結果，結婚はもはやかつてのようなコミットメントのための効果的なシグナルではなくなっている．この変化は，情報的な大きな損失であり，コミットメントのある者とコミットメントのない者とを識別することがより困難となっている．とは言え，平均的に見れば，結婚した夫婦の間のコミットメントの方が，同棲しているだけの男女の間のコミットメントよりもその程度はまだ大きい．したがって，結婚は今でも関係の耐久性についての最も善い指標である．この章の最後に，シグナリング理論の適用を拡大して，同棲と同性結婚について分析している．

第9章「より良くか，より悪くか？：結婚や離婚における交渉は効率的なのか？」においてマーティン・ゼルダーは結婚と離婚における交渉の問題を分析する．ゼルダーが検討するのは，2つの課題である．1つは潜在的および既婚の配偶者同士の交渉のプロセスであり，もう1つは，そのような交渉の結果の効率性である．結婚前における交渉，結婚中の交渉，および離婚の際の交渉を採り上げている．ゼルダーは，この重要な分野の理論的な分析はまだ始まったばかりで初歩的段階を出ておらず，体系的な計量経済学の研究はさらに乏しいと指摘する．結婚内での交渉の理論的分析は，配偶者同士が共通の選好（preference）を持っているという初期の仮定を否定することを通

じて発展してきている．両者の選好が異なるならば，家計の支出や，外に働きに出ることや，家事労働の分業（division of labor）などの問題について夫婦で意思決定を行う上で，交渉は重要な役割を演じるであろう．そのような交渉は，交渉結果が効率的となる協力ゲームとして分析できるであろう．これは効率的な交渉結果となるので，配偶者の他方をより不利（ワース・オフ）にすることなしには，配偶者のいずれをもより有利（ベター・オフ）にすることができない．あるいは，交渉結果が非効率となるかもしれないような非協力ゲームとして分析することもできるであろう．交渉結果が非効率の場合は，他の何らかの取決をすることで，配偶者の双方を同時により有利（ベター・オフ）にすることが可能となる．ゼルダーは離婚についての夫婦間交渉の研究文献の総括もしている．初期の研究においては，ベッカーを嚆矢とする研究に従って，法的枠組みは離婚傾向に対してほとんど何の影響も与えないと仮定していた．ゼルダー自身も含む多くの研究者は，最近になってこの仮定に疑問を投げかけ，法が離婚率に重要な影響を与える分析モデルを構築している．

第10章「力の弱い男と整理整頓のできない女：離婚と分業」においてスティーヴン・ノックとマーガレット・ブリニグは，離婚率が上昇したのは現代における結婚の取決が女性にとって不公平なものとなっているからか否かを検討している．女性はダブル・シフト（double shift）で働かなくてはならない，というのが女性のよく口にする苦情である．すなわち，第一シフトは家庭の外での賃金の支払われる仕事であり，第二シフトは帰宅後の長時間にわたる家事労働である．家事労働の役割を考慮して，ノックとブリニグは，年齢，未成年の子どもの存否，教育程度，その他の社会経済的諸変数のような離婚の他の決定要因を一定に統制（コントロール）して統計的分析をしている．家事労働の分業の効果は，分析結果によれば非常に重大である．すなわち，伝統的には家庭での妻の仕事とされてきた労働を夫婦のいずれかがすればする程，結婚が危機に陥る傾向があり，伝統的に夫の仕事とされてきた労働にかける時間が長ければ長いほど，結婚は強化される傾向がある．

第11章「結婚と離婚に対する法制度改革の影響」においてダグラス・アレンは，離婚率，就業率，および結婚年齢という3つの経済的な意思決定に対する破綻主義離婚法導入の影響を分析している．アレンはこの章で，結婚年

齢についての新しい統計的データ分析を提供する．関連する研究の総括によれば，離婚法の効果は明確ではあるが，絶対値としてはそれほど大きなものではない．すなわち，破綻主義離婚法制の導入は，過去30年間の離婚率の「上昇分」の約17％を説明する．破綻主義離婚法制の導入はまた，初めて結婚する年齢を最大で9ヶ月高める．最後に，破綻主義離婚の導入は，既婚女性の就業率を大体2％高める．アレンによるこの章は，家族法についての（経済学の）応用研究の有効性を良く表していると言える．

　第12章「ヨーロッパ諸国の離婚法，離婚率，およびその影響」においてイアン・スミスは，ヨーロッパ諸国における離婚法の自由化を検討する．離婚率の上昇の研究の多くは北アメリカをその主たる対象としていた．この章では，ヨーロッパにおける離婚法と離婚率の関係を再検討している．多くのヨーロッパ諸国では，婚姻財産の分配（財産分与）や子どもの養育費についての法的ルールについても評価検討中なので，この章では，財産面での離婚の影響の国家間での相違についても論じている．ヨーロッパ諸国の間では，離婚率や離婚法の進展の度合いに大きな多様性がある．法的変革は行動パタンの変化を反映すると共にそれらを規整もするが，スミスによれば，1960年代以降の離婚法の自由化と離婚率の上昇との間に，明確な因果関係を実証することは現状では困難である．すなわち，離婚法改革と離婚率の間に相関関係が存在するが，それは，自動的に因果関係の存在や方向までも示すものではない．たとえば，離婚率の変化パタンと離婚法の厳格さの双方が，第三の要因によって一緒に説明される可能性があり，その場合には因果関係は見かけのものでしかないことになる．宗教や，女性と子どもの蒙る離婚の経済的コストなどがそのような第三の要因となりうる．ヨーロッパ諸国からのデータを用いて厳密な実証的研究を実施しなければ，これらの諸仮説の間の優劣を決することはできない．しかしそのようなデータはまだ存在しない．立法の歴史的傾向は，破綻主義的で別居に基づく結婚解消を促進しようとするものである．この歴史的傾向は，スミスによれば，逆転しそうにはない．アメリカ合衆国の一部の州に見られるような婚姻契約法を導入しようとする動きは，ヨーロッパ諸国の中では見られない．離婚を思いとどまらせるために法を手段として用いる代わりに，ヨーロッパ諸国では（合衆国のほとんどの州と同様に）離婚の社会的および経済的コストを最小化するような方策に着目して

いる．多くのヨーロッパの国々ではアメリカ合衆国の潮流に従って，子どもの養育費の移転を強制し，離婚後の財産分配を行い，子どもの養育のための補助金を提供するといった方策を試みている．スミスは，女性と子どもを離婚のもたらすマイナスの影響から保護することが，かえって結婚の解消を促進するインセンティヴを高めることになってしまうかもしれない点を指摘する．

　本書の著者たちに寄稿を依頼する際に，我々は家族の法と経済学に関する現在の研究成果の見取り図を明らかにすることを企画した．21世紀の結婚と離婚をめぐる種々の課題に対する貴重な洞察を本書の読者が獲得するであろうと確信している．本書がこの分野の更なる研究発展の起爆剤となることを希求するものである．

第 2 章　結婚：長期的契約

ロイド・R・コーエン
訳：太田勝造

　宗教，文化，生物学，心理学，そして哲学的な観点から見れば，結婚が単なる契約以上のものであることは明らかだが，とは言え，結婚は契約でもある．結婚が契約であると言うことの意味は結婚の誓いを想起すれば明らかであろう．男性が夫になると約束し，女性が妻となると約束する．これからの人生でどんなことが起きようとも，お互いの「愛」と「敬意」と「慈しみ」をもって夫婦としての義務を死ぬまで尽くし続けると誓い合う．この誓いの相互保障に依拠して，夫婦は婚姻関係の維持発展のためにそれぞれ投資をし，そうすることを通じて，現在および将来における他の人への愛（目移り）を初めとする人生におけるその他の選択肢を，お互いにお互いのために放棄しあうことになる．
　ある特定の精神に基づいて義務を履行するということは，単に奨励されるべきことであるにとどまらず，契約としての結婚の要件である．結婚においては他のいかなる契約における以上に，精神が重要なのであり，しかも非常に重要なのである．配偶者としての務めの受益者にとっての価値と，その提供配偶者にとってのコストないし価値とは，配偶者としての務めが実行され受け取られる際の態度に決定的に左右される．
　読者の中には，結婚を契約と位置づけることに反対する者がいるかもしれない．そのような読者には，結婚は契約というより地位に近いように思われるであろう．すなわち，結婚の明示的な権利，義務，そして特権を規定するのは国家であり，結婚当事者ではないと思われる．さらに，婚姻関係形成時においては，関係特殊的義務については重要なものが何も存在していないと

指摘できよう．具体的で明示の義務が事実上まったく存在しないというのに，これを契約と呼ぶことができるのであろうか．

　これらの反論は，結婚という概念を契約と位置づけることに対する十分な反論とはなりえない．むしろそれらは，結婚という契約の特殊性を明らかにしているに過ぎないと見るべきである．結婚というこの制度の契約としての本質は，同意しあっている2人の大人の間で交わされる自由意思に基づく合意であるという点にある．この点は，結婚における義務，権利，および，特権のほとんどが黙示のままとされ，たとえ規定されるとしても，それは当事者によってではなく原則として国家によって規定されるのだが，それでも，この本質は変わらない．それぞれの配偶者に要求される具体的行為は，結婚時には特定されないが，そのこと自体は決して結婚だけに限られることではない．義務について具体的内容の取決をしない契約は非常にたくさんあり，たとえば雇用契約などはその典型例である．具体的で詳細な内容を婚姻契約で規定しようとするようなことは，せいぜい「モンティ・パイソン」のコメディーにこそなれ，現実の結婚としてはありえない．夫婦のそれぞれが履行しなければならないほとんど無限の義務の持つ，複雑さ，微妙さ，そして注文の多さという性質に鑑みれば，それらをある程度以上に厳密に特定しようなどとすることは，不可能ではないとしても，まったく非効率である．「夫」や「妻」ということの意味や，夫婦の役割に求められる具体的な権利や義務などは，夫婦が育てられたサブ・カルチャー（部分集団の文化）や社会階層，そして最も中心的には結婚前の両者の関係から推測されるのが通常である．

　結婚を契約ととらえる考え方に対するもう1つの，より根本的な反論は，他の人を愛する状態（ないし愛し合っている状態）は意思的な行為ではないというものであろう．この見方によれば，愛するという約束は，約束者によって意図されてもいなければ，受約者によって強制可能なコミットメントとして受け取られてもいないということになる．

　この反論に対しては2つの応答が可能である．第一の応答は，結婚の誓いを，リスクを引き受け損害賠償を支払うという約束として再解釈することが可能であるというものである．すなわち，両者はお互いに，相手配偶者に対する愛を喪失するリスクを引き受けるという約束をし合うという再解釈である．そうであるなら，夫婦は相手配偶者に対してそのような喪失の法的責任

を受け入れていることになる．そのようなリスクの引き受け契約は決して珍しいものではない．たとえば生命保険は，そのような契約である．結婚の精神とほとんど同じように，生命保険契約は次のように再解釈可能である．すなわち，被保険者を特定の年月の間生存させ続け，もしそれができなかったら損害賠償を支払うという約束であるとの解釈である．

　愛は意思的なものではないという反論に対するもっと平明でもっと基本的な応答は，その反論が結婚の誓いにおける愛についての誤解に過ぎないとかわす方法である．結婚の誓いとは，相手配偶者を愛し続けるという約束ではなく，むしろ，相手配偶者に対して愛，敬愛，そして慈しみを示すような方法で振る舞うという約束である．このように，約束されたものは愛という感情ではなく行動である．

　以上で，結婚は契約とみなすことが可能であることは明らかであろう．しかし，ではそれはいったいいかなる種類の契約なのであろうか？ 結婚当事者にいかなるものを提供する契約なのであろうか？ 強制する上での問題点はいかなるものなのであろうか？ 効果的な強制ができない場合の結果はいかなるものなのであろうか？

1. 結婚と離婚の経済分析

　結婚の主要な精神は結婚の誓いの中に表明されていないが，少なくとも1つの期待はほとんど例外なく明示で表明される．全ての結婚は，関係が夫婦の死ぬまで続くべきものであるという約束によって始まる．しかしながら，約束が破られてしまうことも少なくなく，夫婦の一方ないし双方が結婚合意の解消を求めるようになる．結婚は契約の一種なので，離婚，扶養料，財産分与などについて効率的で公平な法を設計する上での問題点の多くは，ビジネス契約の強制の際に浮上する問題点と同様であり，その特殊例となっている．

　ロマンティックな愛のクライマックスであるにもかかわらず，結婚は合理的選択理論の分析道具を利用することで十分実り豊かに分析することが可能である．結婚とは自由意思に基づくコミットメントであり，通常は，完璧とまでは言えないにせよ熟慮の上で決断されるものである．ある特定の女性と結婚するという意思決定は，それがたとえ肉体的美しさのような情緒的動

機に基づいたものであれ，基本的に経済学的な意思決定である．なぜなら，トレード・オフ（差引勘定）と犠牲とを必然的に伴うものだからである．

　次節以下の分析においては，結婚の解消が惹起する外部性について考慮しない．そのような外部性の主要なものは，結婚から生まれた子どもたちがもたらしたり，子どもたちが蒙ったり，子どもたちを通じて生じるものである．多くの論者は，両親の離婚によって子どもたち自身が巨大な負の外部性を蒙ると考える．社会も個々の離婚から負の外部性を直接に蒙るし，結婚という制度に離婚という選択肢が存在していること自体から間接的な外部性を蒙る．しかも離婚には，それ自身が契約違反であると共に，離婚が認めるところの契約違反に対する不完全な救済方法しかない．これらの外部性は非常に重大なものである．とは言え，本章では，外部性は存在しないという仮定の上に結婚を分析する．契約としての結婚という理論は，そのような外部性について論及しなくとも，十分にチャレンジング（難解だが興味深いもの）であるからである．また，契約としての結婚理論の中に，結婚や離婚の外部性を体系的理論的に組み込むことがまだできないからでもある．結婚は生殖のための方法の1つでしかない点は指摘する．つまり，他の方法もありうるのである．言い換えれば，結婚，離婚，子作り，出産，子育て，これら全ては，お互いに深く結びつきあった内生的なモザイクを構成するものである．結婚がより魅力的で安定していればいるほど，婚外子の出生は少なくなるのであり，逆もまた真である．したがって，結婚と離婚という社会制度の外部効果を評価するには，かつて結婚していた夫婦の間の子どもに対する効果だけではなく，結婚することなく親となった者たちの子どもに対する影響をも考慮しなければならないのである．

2．なぜ結婚するのか？　結婚関係特殊的な資産のためである！

　人々はいったいいかなる理由で結婚を選択するのかの問題から始めよう．個人の自由に対して結婚がもたらす甚大な制約に鑑みれば，そして，情熱が継続するか否かを予測することの明白な困難性に鑑みれば，結婚という長期契約的コミットメントを多くの人々がしていることの説明が必要となる．多くのビジネス契約においては，契約締結のもたらす利得は純粋に手段的なものである．つまり，契約締結がもたらす唯一の喜びは，契約内容が履行され

ることの期待から生じるものである．これに対し，結婚においては，契約の締結自体から2つの重要な利得が発生する．第一の利得は，2人の男女の魂が精神的に1つとなった聖なる状態になることによって，人間精神の奥底の宗教的・心理的な琴線に触れることにある．第二に，夫婦がお互いに生涯続くコミットメントを捧げ合うことは，深い変わらぬ愛を示すものであり，そのような愛に値するものであることの相互の証として貴重なものである．

とは言え，ここで中心的なものが，結婚のもたらす手段的な利得であることに変わりはない．結婚のもたらす最も重要な利得は，結婚関係特殊的な価値を持つ資産に対して投資することができるようになる点である．

工場用建物所有者と潜在的テナント（賃借人）の間の長期的契約にたとえれば，共同生活を始めようとし，とりわけ子どもを持とうとしている男女が直面するディレンマ状況の雰囲気を味わうことができるであろう．当該工場用建物を当該テナントが利用することで特別の価値をもたらすような投資を賃貸人もテナントもしないのであれば，両者は長期的契約を望んだりはしないであろう．両者は，自らの資源をより有利に利用できる（まだ知られていない）機会を活用するためにフリーハンドを保持しておきたいと望むであろう．たとえ，当事者たちが，そのプロジェクトに対して「関係特殊的資産」投資（"specific asset" investment）を両者がするであろうと予想した場合においても，長期的契約を結ぶとは限らない．なぜなら，(1)そのような投資が比較的小規模なもので，かつ，(2)各当事者が，相手方はそのプロジェクトに同程度の関係特殊的資産への投資をするであろうことをお互いに知っているならば，両者は長期的契約による保護を望むではあろうが，たとえそのような契約法的保護がなくても，そのプロジェクトを喜んで推進しようとするであろうからである．というのも，相手は自分が履行を続けることに自己利益を有しているということを，両者が互いに知っているので，それに依拠できるからである．しかしながら，双方の当事者が工場用建物に大きな投資をすることになると考えるならば，両当事者は長期的契約の保護を求めるであろう．さらに言えば，もし当事者の一方が当該工場用建物に対して相手方よりも相当程度大きな関係特殊的資産投資をすることになると考える場合，それでも自己の投資価値を保護するために長期的契約の締結にこだわらなかったら，その当事者は愚かであることになる．なぜなら，共同投資者である相手

方が自己利益追求に走って，機会主義的に投下資本を流用したり破壊したりするリスクが存在するからである．

　潜在的テナントが，工場建物のスペースを使って豚の膀胱から木管楽器のパッドを製造しようと考えている場合を想定しよう．この製造のための工場建物の改造は，当該製造工程にしか使えない特殊なもので，改造された後の工場用建物への市場の需要は存在しないと仮定する．こうして，賃貸人とテナントのいずれの側の当事者が改造を行うにしても，その当事者は，関係が中途で早すぎる破綻を迎えれば，改造投資分の価値の損失を蒙ることになる．したがって，そのような当事者は長期的契約の保護を求めるであろう．

　では結婚が同様のディレンマを惹起するのはいかなるわけであろうか？　男性と女性はどうして長期的契約をお互いに結ぼうと望むのであろうか？　どうして男女は結婚しなければならないのであろうか？　結婚に伴うとされる「関係特殊的資産」の投資とはいかなるものであろうか？

　男女はお互いに交換できる多くの物を持っている．各自が相手に提供することのできるものとしては，まずセックスが挙げられる．これについては男性の方がセックスの価値をより高く評価するのが通常ではある．各自は生殖を提供し合える．この場合は女性の方が高く評価するのが通常である．少なくとも，結婚の交渉が行われる特定の状況においてはそうである．なぜなら女性の方が生殖可能期間が短いからである．それから身体的な保護と所得が挙げられる．これらは男性が大部分を提供するのが典型的な場合である．これに対して，家事や子どもの世話は女性が大部分を提供するのが通常である．このような列挙はどこまでも続けることが可能であるが，これ以上は時間とスペースの無駄であろう．ここでの主要な点は，男女は必須のサーヴィスの提供をお互いに望み合うということである．部分的には男女が一緒になることのみで，「代替的」（対称的）サーヴィスの相互の提供が保証されることにはなるが，夫婦関係の最も不可欠の部分は，「相補的」ないし相互的サーヴィスの相互の提供の点である．

　男性と女性はサーヴィスの交換を求め合うというだけでは，男女がなぜ契約を締結するのかを説明したことにならないし，ましてや結婚という長期的契約を締結する理由の説明にはならない．先に指摘したように，長期的契約を形成しようという動機は，「関係特殊的」資産に対して有意義な投資をしよ

うという点にある．関係特殊的資産とは，中途で相互のプロジェクトが中止されると，価値が激減してしまうような資産である．男性と女性の間の夫婦としての関係において，唯一ではないにせよ最も重大な関係特殊的投資は，生殖活動の成果，すなわち子どもである．

　子どもを含むいかなる財であれ，それへの投資は，コストと利益とをもたらす．コストと利益の構造の特殊な性格こそ，子どもを特別の「関係特殊的」資産にするものなのである．このことが，逆に，結婚という制度の必要性を創り出すのである．では，子どもの特殊性とは何なのであろうか？　より厳密に言えば，夫婦関係が中途で終了してしまうと重大な損失のリスクを投資者にもたらすという関係特殊的資産の性格を子どもに与えるのは，子どものいかなる属性なのであろうか？

　第一に，そして最も根本的に，子どもが惹起するコストと子どもからの見返り（資本回収）は，一生ものである．このような投資の超長期的性格こそ，子どもという資産の関係特殊的性格の本質である．なぜなら，そのことのゆえに，夫婦関係の中途解消が必然的にコストと利益の構造を改変させることになるのである．第二に，過去においては子どもはある種の投資財であった（経済的に未発達の諸国においては今でもそうである）．投資財ということの意味は，両親にとって金銭的ないし少なくとも物質的な見返り（資本回収）を子どもへの投資に期待することができたということである．しかし，現代の産業国家においては子どもは基本的に高いコストのかかる消費財でしかない．投資財としての子どもの存在は，結婚を継続させる働きを持っており，また，夫婦の一方が他方を見捨てた場合の損害を緩和させる働きを持っている．なぜなら，見捨てた方の配偶者は子どもからの見返り（資本回収）を諦めなければならなくなるからである．この点は直接に，子どもの特殊性の第三および第四の点に結びつく．第三に，子どもの世話は，夫婦の一方にとっては面倒な負担（コスト）であるかもしれないが，他方にとっては非常に価値の高い消費活動（喜びの源泉）であるかもしれない．しかも，子どもが負担になるか価値となるかは，結婚前には男女のいずれにも正確な予想がつかないかもしれない．第四に，子どもの消費（子育ての喜びの享受）は，さまざまな形態をとりうるのであり，しかも，個人ごと，両性間，そして人生の各段階ごとにシステマティックに異なる．このようなさまざまな消費形態に

よっては，子どもを長期的に自分の傍らにおいておかなければならないかもしれないし，そのような必要はまったくないかもしれない．たとえば，父親は単に自分には子どもがいるというだけで大きな喜びを享受したり，子どもが人生で成功しているときに大きな喜びを享受したりするかもしれないが，同時に他方では，子どもがそばにまとわりつくのがわずらわしいだけに感じるということがあるかもしれない．これに対し，母親の側は，子どもの人生における成功の有無にはそれほど関心はなく，むしろ子どもがそばにいてくれることの方が重要であるということもあろう．これらのことに鑑みれば，配偶者の自己利益が契約履行を必ずしも保証するものにはならないということが分かる．簡単に言えば，人は子どもを持つことを利益としてではなく負担に思うかも知れず，また，子どもがそばにいなくても十分に利益を感じるかもしれず，そのために，家庭を捨てることに何の痛痒も感じないかもしれないのである．最後として第五に，子どもがいること，および，より重大な点として子どもがすぐそばにいることは（それが価値ある場合），子どもの生物学上の両親にとってとりわけ価値があるということである．言い換えれば，他人の子どもがいてもそれは単にコストでしかなく，そのことは，将来の配偶者候補にとってはとりわけそうである．

　以上のゆえに，母親と父親の間の夫婦関係が解消された場合，それぞれの親は重大なコストを負担しなければならないかもしれない．しかし，生殖に期待される利得の大部分は失われるかもしれないし，失われないかもしれない．この場合の損失はさまざまな形をとりうる．子どもへのアクセスが制限されたり失われたりする．あるいは，子育てにおける親の相互的・相補的な機能が失われるかもしれない．たとえば，母親としては子どもを叱って効果的に躾けることが難しくなるかもしれないし，あるいは，父親としては「母親的な」愛情を子どもに与えることが不可能となるかもしれない．あるいは，子の監護権を持たない親から持つ親への金銭的援助がなくなるかもしれない．あるいは，家事労働の提供がなくなるかもしれない．さらには，セックスもなくなるであろう．より重要な点は，子どもにかける単なる将来の時間や資源ではなく，子どもの存在自体と，結婚市場における売れ行きを左右する結婚以降の時間の経過そのものが，新たに替わりの恋人や配偶者を見つけて離婚の損失を軽減するという可能性を，消滅させないにしても大きく減少させ

るという点である.

このように,結婚することの根本的な理由は,夫婦関係に固有の資産への最適投資を可能とすることにある.ここでの固有の資産とは,主として子どもを指しているがそれに限られるわけではない.長期的契約としての結婚が利用可能でなかったならば,あるいは利用可能でも強制可能でなかったならば,それらが可能である場合ほどは結婚の関係特殊的資産へ当事者は投資をしないであろう.一方配偶者を重大なリスクに晒す関係特殊的資産としての子どものもたらすこのような問題は,個々人ごとに多様であり,男女の間でシステマティックに異なっている.女性はおおむね男性よりも子どものことを大切に扱い自分の手で育てたいと思う傾向がある.これが人間進化の過程での適応の結果であることはほとんど確実である.ほぼ全ての哺乳類の間でこれは共通に見られる傾向であり,我々の近縁種である類人猿でももちろん見られる.さらに,男性と女性の間の潜在的な生殖能力の差異とも対応している.1人の男性は何万人もの女性を妊娠させる能力を持っており,個々の行為の結果に対する利害関係は小さいと言える.これに対して女性にとっての個々の卵子に対する利害関係および個々の妊娠に対する利害関係は遥かに大きい.

女性の方がセックス,とりわけ避妊なしのセックスをする前に契約的な保障を求めようとするという事実は,決して神話でも,偶然でもなく,まして社会的に創り出された規範にすぎないなどということはありえない.女性が,特定の男性との間で子どもを妊娠するという投資をするのは,典型的には,相手の男性が終身のサポート,コミットメント,保護,あるいは何であれ女性にとって夫がするべきであると考えるサーヴィスの提供を約束をしてから後である.夫婦関係の中途解消が厖大な損失をもたらす関係特殊的資産としての子どもの重要性こそが,結婚の存在理由(driving force)なのである.生殖の見込みが存在しなかったならば,伝統的な結婚における終身の誓いは,愚か者のみがしようとする危険極まりない(ハイ・リスク)異常な冒険行為以外の何物でもないことになると思われる.

子どもこそが結婚の中心的な根拠であるとは言え,子どもだけが唯一の根拠であるというわけではない.「その健やかなときも,病めるときも,喜びのときも,悲しみのときも,富めるときも,貧しきときも,これを愛し,これ

を敬い，これを慰め，これを助け，その命の限り，堅く節操を守る」という義務を履行するとの結婚の誓いは，結婚が保険契約の一種でもあるということを反映しているのである．人々が，目前の結婚相手が自分と同様の犠牲（機会の放棄）をするということと引き換えに，将来自分の価値が上昇したときにより良い結婚相手を新たに見つけるという機会を放棄するようになるのは，リスク回避によるものなのかもしれない．

3. 契約違反の危険

　以上のように結婚することにはしっかりした理由がある．しかし，結婚当事者双方において，その効用関数，情報，および，機会は生涯を通じて変化するので，しばしばいずれかの配偶者に契約に違反するインセンティヴが生じてしまう．結婚という契約が違反され，離婚によって解消された場合，犠牲になった当事者は配偶者からの終身のはずのサーヴィスを失うことになる．

　結婚においてはビジネス契約の場合と同様に，コストや損害軽減の困難などを検討すれば，損害の規模程度を明らかにすることが可能である．犠牲になった配偶者が離婚によって蒙る損害は，少なくとも，離婚後に新たに元の配偶者と同程度の「事前的 (*ex ante*) 価値」を持つ配偶者を見つけるための取引費用である．しかし，多くの場合，損害はそれより遥かに大きいであろう．なぜなら，そのような同程度の価値の相手はもはやいないだろうからである．実際のところ，結婚をする理由自体，つまり，長期的契約を締結することの理由自体が，夫婦関係が破綻した場合には，性的関係のための投資がその価値の大部分を失うということであった．代替的な配偶者を見つけることで離婚による損害をうまく回避できるものならば，そもそも結婚という長期的コミットメントをしあう必要がないのである．

4. リスクの分担：機会主義的行動の削減

　当事者の少なくとも一方が長期的契約のもたらす保障を求めない限り，長期的契約は締結されることはありえないだろう．そして，関係特殊的資産への一定以上の投資をしようというのでない限り，誰もそのような保障を求めたりしないであろう．ビジネス契約においては，人質としての投資が，合意した当事者の一方にとってのみ関係特殊的でなければならないということは，

ほとんどありえない．関係が中途で破綻した場合に，投資はその価値の多くを失い，したがって，投資者は損害を蒙るに違いないが，いずれの契約参加者の方が投資者として損害を蒙るかは，当事者間の契約上の関係によってどちらにも決まりうることである．投資のリスクの全てが一方の当事者の負担となるのではなく，多くの場合は契約当事者たちはリスクを契約上分担することになる．

　ふたたび，木管楽器のパッドの工場の例に戻ろう．アリスが，テナントがまだ入っていない工場用建物を所有し，ベンジャミンはその建物を賃借して豚の膀胱から作られるパッドを製造しようと考えているとする．製造プロセスの特殊な性格のために，本件工場用建物は大きな改造が必要であるとする．その改造はこの小規模産業に固有のもので，このプロジェクトが破綻した場合には改造は無価値となるとする．ベンジャミンは，賃貸スペースの市場賃料でアリスから本件工場用建物をリースし，改造費用は自ら支出することにするかもしれない．もしそうすれば，アリスはベンジャミンのこの改造投資を人質として利用できることになる．すなわち，ベンジャミンが改装を完了した後になれば，賃料を大きく増額することに同意しないならば賃貸関係を解消するとアリスは威嚇することができる．これとは逆の場合として，アリスの方が本件改造をすることに同意することもありうる．ベンジャミンが，改造による価値の上昇分を反映するだけリース料を余分に支払うと申し出たような場合である．この場合には，今度はアリスの方がベンジャミンによる裏切に対してリスクを負うことになる．アリスが改造を完了した後になれば，賃料を減額しないならば賃借関係を解消するとベンジャミンは威嚇することができる．このように，関係特殊的資産に対して投資する当事者は，相手方による準レント（quasi rent）の横取りという裏切のリスクを冒すことになる．

　長期的契約は，「もしその強制が信頼できるならば」，このような投資をする当事者を保護するものである．しかしながら，我々は不完全な世界に住んでいるので，契約違反に対する法的制裁の保護のみを頼りとすることはできない．そこで当事者は相手方がプラスの自己利益によっても契約履行へと動機付けられるようにしたいと願うものである．投資の費用を共同で負担することで，この目標を達成することが可能となる．すなわち，アリスとベンジャミンはそれぞれ改装費用の半分ずつを支出する．もちろん，アリスが負担

した改造費用分を反映させて，より高い賃料にベンジャミンが同意した場合である．この場合，機会主義的な契約破棄の威嚇は，なされたとしても十分に信用できるものではなくなっている．というのも，そのような威嚇を実行すれば，威嚇者自身も相当程度の損害を蒙ることになるからである．

　結婚の場合はこれと事情が異なる．両当事者がほぼ同程度のリスクを負担するようになる再調整を契約で定めるという手法は，結婚においてはほとんど存在していない．この点は，理論的な問題としてではなく，実際上の問題としてのみ言えることである．お金は代替的なものである．一方当事者から他方当事者へのお金の移転は，理論的には，全ての契約当事者を同程度のリスクに晒すようにすることができる．したがって，結婚においても，夫婦関係に対してより少ない投資をする当事者が，相手方配偶者に相当程度の大きさのお金を移転すればよいことになる．そのお金は人質としての資産として相手方によって保有され，結婚が円満に続いた場合には両者の子どもに相続され，万一結婚が破綻した場合には相手方配偶者の個人所有に帰することになる．このような現象の具体例として，「花嫁代価（bride price）」の制度を位置づけることができよう．近代国家においては，花嫁代価の制度は廃れている．花嫁の将来の出産・育児のための投資は，ほとんどの花婿の財産的資源に比較して花嫁にとって非常に大きな投資となるので，夫婦が負担するリスクと準レントの横取りの威嚇の点で夫婦を対等にするほどの資産を，花婿から花嫁へと移転することは不可能である．

5. 夫と妻の市場

　先述したように，男性と女性は異なっており，結婚市場に夫と妻が提供するサーヴィスのパッケージはさらに顕著に異なっている．さまざまな理由にもよるが，主として出産と子育てにおける女性の側のより大きな役割のために，夫婦関係に対してより大きな投資をするのは通常は女性の方である．したがって，結婚という長期的契約の保護を求めるのも通常は女性の側である．そしてまた，そのような契約を効果的に強制することができない場合に，より多くの犠牲を強いられるのも女性の側である．

　損害の軽減の問題に戻ると，通常は，女性の方が男性よりも損害の軽減がより困難である．長い結婚生活の後で，しかも子どもができた後になって，

「事前的（ex ante）な価値」の点で元の夫と同程度の新たな配偶者を見つけることは非常に困難である．女性は一般的に言って，初めての結婚の前に比べて再婚市場においてはずっと低い価値しか評価されないというのが厳しい現実の姿である．そのことの論理的帰結と言うわけではないが，かなり関連する点として，男性の方は再婚市場において相対的にその価値を上昇させる場合の方が多い．

配偶者市場は，独占的に競争的である．全ての男性は潜在的な夫であり，全ての女性は潜在的な妻である．お互いにかなり代替的な男性もいるにはいるが，その他の大多数は代替物として非常に不完全である．とは言え，この市場には，かなりの数の選択肢があって競争的である．したがって，典型的には，当事者は結婚によって，現実に結婚した相手と事前的（ex ante）にほぼ同等の多くの代替的な潜在的配偶者との結婚の機会を放棄したことになると見てよい．

結婚における違反と離婚のもたらす損失，すなわち，「事前的価値」の点で同等な新たな配偶者を獲得するためのコストは，いくつかの構成要素に区別することができる．まず取引費用（transaction costs）から始めよう．高度に発達した市場においては，通常は取引費用は低くなる．結婚市場は実際のところ非常によく発達している．配偶者を見つけるための非常に多くのルートを用意している．しかし，結婚の場合は，高度に発達した市場は，低い取引費用をもたらすどころか，むしろ逆に，良い相手を見つけるという取引を満足の行く形で完遂することの極度の困難さの結果であると見るべきものなのである．

ではなぜそんなにもコストが高いのであろうか？　その主要な理由は，それが物々交換市場だからである．男性は，生涯にわたる夫婦関係の約束をしても良いと思えるような女性を見つけるという大変困難な仕事に直面するのみならず，さらに，同時に自分に対して同様の約束をしてくれるような女性を見つけなければならない．注意深い慎重な探索が，両方の当事者にとって決定的に重要である．というのも，男性も女性も代替物ではないからである．

結婚市場の参加者たちは，デートのような探索活動を遂行する．この点は，消費や投資のような人生のその他の場合と変わりはない．逸話的証拠によれば，そして経済学理論からも導かれることであるが，ほとんどの市場参加者

はデートにおいて，物の消費（ショッピングや食事など）から始まり，時間の経過や経験の繰返しと共にだんだんと精神的にもコストのより高い投資へと進んでゆく．これらのコストが男女間でどのように異なるかについてのシステマティックな調査はないけれども，「先験的には (*a priori*)」，男女の間で同じであると仮定できると思われる．

　探索過程におけるデートの段階に到達する以前においてさえも，当事者は次の2つの大きな障害を乗り越えなくてはならない．第一に，十分に大きな人数の異性で自分にとって結婚相手になりうる範囲の者たちに対して，自分が候補であることをシグナルしなければならず，かつ／または，そのようなシグナルを相手方集団から受け取らなくてはならないという問題がある．第二に，当事者たちは，まったくの見知らぬ他人同士という関係から，少なくとも知合いという関係にまで進むための方法を見つけ出さなければならない．ＳＦの世界の火星人にとっては，このような仕事はまったく朝飯前で何のコストもかからないかもしれない．しかし，探索を経験した我々地球人にとっては，ここで言葉で明示した以上のものが含まれていることを知っている．これら探索活動において心の内側に感じるものは，動揺，不安，当惑，恥，そして苦痛であることがしばしばである．未開の社会においては，シグナルを送るプロセスは多くの場合に珍妙であり，周知のものであり，そして高度に儀式化されている．これに対し，現代の西洋諸国においては，結婚市場に対してであれ特定の候補者に対してであれ，基本的にいかなる方法であれ好きにやって構わない．逆説的ではあるが，このことはコストを引き下げるのではなく，逆に，このような方法の自由度は驚くほどの程度にコストを引き上げる．微妙なシグナルはしばしばノイズの中に消失してしまったり，誤解されてしまったりする．より明確だが粗野な「シグナル」は，発信者に適切な社会的上品さが欠如しているのだと受信者に推論されたり，あるいはもっとひどい評価を受けたりしてしまう．シグナルからの当て推量に基づいて行動することは多くの場合に危険である．よく起きるのは，そのために大恥をかいて当惑するということである．自動車を購入しようとする場合に，申出金額が少なすぎるということで退けられても，何も恥ずかしいことはない．ところが，愛を告白してそれが退けられた場合，自分が相手にとって値しないという審判を下されたことになる．

一般的に言って、これらの障害を克服するための最適の環境は、当初の社会関係の発生が、配偶者探しを主たる目的とするものではないような場合である。したがって、学校や職場などのような、主たる目的が教育とか生産活動であるような環境においてこそ、男性と女性が安心して関係性を深めてゆけるのである。ところが、セクシャル・ハラスメントという法律上の類型が近時注目を集めるようになっており、これは、学校や職場においても大丈夫ではなくなってきたことの原因でもありその反映でもある。しかも、多くの人々は、配偶者探しに取り組む必要のある段階では、適切な職場や学校の環境にいない。この点はとりわけ再婚市場で配偶者を探索する女性の場合に当てはまり、その中でもさらに子どものいる母親の置かれた状況がいちばん酷である。

たとえ取引費用がゼロであったとしても、一方当事者ないし両方の当事者が、再婚の場合には初婚のときのようにはうまく行かないということはありそうなことである。なぜであろうか？ 第一に、配偶者は既に結婚の誓いが明示で保障したような価値を決定的に失ってしまっているかもしれない。優れたスポーツ選手が疾病や事故で身体障害者になったような場合がその例である。第二に、当該結婚にとっての関係特殊的資産への投資が、予測可能な変化をしばしばもたらす。子どもは、婚姻関係特殊的な資産への最も重要な投資であるが、他方では、替わりの潜在的配偶者を探索する上での最も大きなコストとなる。子どもの監護権は女性に与えられるのが通常なので、女性にはこのコストが最も重くのしかかることになる。第三に、そしてこれはたぶん最も重要な点であるが、加齢のみによって女性は結婚市場における価値を男性よりも多く失うのが通常である。

6. 結婚市場における女性の価値喪失

再婚市場における女性の価値の喪失を証明することは、分析的にであれ実証的にであれ非常に困難である。というのも、この市場には物々交換的な特殊性があるからである。男性と女性は自分の市場価値を表示するような値札をつけているわけではないし、値段を付けることができるようなものを交換するわけでもない。各人の市場価値を測る基準は、将来配偶者となったときの「品質」だけであるが、これも値札で表示されているわけではない。潜在

的花嫁は同時に，購入される商品であり，夫を購入するために使われる通貨であり，かつ，夫の購入者である．同様に，潜在的花婿は同時に，購入されるものであり，通貨であり，かつ，購入者である．このように，ここには何であるかを同定することが困難であるという問題が横たわっている．その上，多くの購入者の嗜好（選好）には推移律が成り立たないという点があってさらに問題を難しくしている．すなわち，ジョウンズさんはスミス氏の方がブラウン氏よりも好きだが，バーンズさんはブラウンの方をスミスより好きだというような問題である．この問題のために，結婚市場を外から見ただけでは，複数の解釈可能性が生じてしまうのである．

これらの困難と限定にもかかわらず，利用可能な統計的データによれば，結婚，子どもの誕生，および時間の経過のそれぞれによって，女性は結婚市場における価値を男性よりも速く減少させてゆく．それらの中でも次の4つの事実が注目に値する．(1)全年齢を通じて男性の方が女性よりも死亡率が高い(3)．(2)14歳から24歳の例外を除いて，その他の全年齢において，離婚男性は離婚女性よりも速いスピードで再婚する(4)．(3)子どもを持つ離婚女性は子どものいない離婚女性よりも遅いスピードで再婚する．(4)女性は自分よりも年上の男性と結婚する傾向があり，年齢が高いほど夫婦の年齢差は大きくなる(5)．

死亡率の男女差の影響から検討しよう．この実証的に確認される事実は，上記のその他の3つの事実とは異なる性質を有している．他の全ての事実は全て再婚市場が女性（とりわけ子どものいる女性）に対して「不利である」ということを示すのに対し，この第一の事実は，「なぜ」女性に不利であるのかについての実質的な理由を示すものである．すなわちこれは需要と供給という使い古された考え方そのものなのである．ある人の市場における価値は，妻を探している男性の数と夫を探している女性の数の割合でその大部分が決まる．一夫一婦制の文化においては，妻の数と夫の数は同一である．しかし，男性の数と女性の数自体は通常等しくはない．出生時においては男性の方が女性よりも数が若干多いのではあるが，全ての年齢を通じて男性の方が死亡率が高いので（胎児死亡率も同様である），年齢が高いほど男性数に対して女性の数があぶれ，その余剰数は年齢が高いほど大きくなる(6)．

人数の上での男女差だけがここでの問題ではない．65歳まで，男性中の既婚男性の割合は年齢と共に単調増加する．したがって，未婚女性と未婚男性

の割合は，全女性対全男性の割合よりも速いスピードで上昇する．未婚女性の未婚男性に対する割合は20歳の場合は1.0より小さいが，55歳では2.0より大きくなる[(7)]．

　男性の死亡率がより高いために，女性が配偶者を探すことが年齢と共により困難になるということを説明する上で，上記の数値だけでは不十分である．なぜなら，未婚者という部分集合には，相対的に結婚不可能な者が含まれている．身体的な障害，精神的な障害，刑務所への収監，などのために，配偶者を見つけることが困難ないし不可能な者たちである．コホート（同時代出生集団）はその年齢が上昇してくると，その中の結婚不可能集団の割合がそれにつれて単調増加してくるとともに，未婚者集団の中での結婚不可能者の割合はさらに大きなものとなってくる．その上，刑務所への収監など何らかの施設への収容，および，さまざまな障害のために，コホートにおける結婚不可能者は年齢と共に，相対的にますます男性割合が大きくなってくる．したがって，結婚可能な未婚者における女性対男性の比の値は，55歳までに2対1よりもかなり大きなものとなってくる．人々は自分とある程度同じくらいの年齢の異性と結婚すると仮定すると（この仮定については後により詳細に検討する），女性にとって初婚の際よりも再婚の際の方が，潜在的配偶者獲得競争において圧倒的に厳しい状況を強いられることになる．

　結婚不可能という概念に関連する副次的論点は，結婚市場に残っている潜在的配偶者の品質の問題という，より一般的な論点である．結婚したことのない女性は，それ以外の女性よりも，高い地位に就職しており，高い教育程度を有しているものである．このことから社会学者の中には，結婚したことのない男性は総じて「樽の底の滓」であるのに対し，結婚したことのない女性は「上澄み」であると論じる者もいる（Bernard, 1982, p.158）．しかしこれは事実とは思えない．上澄みならどうして売れなかったのであろうか？　別の解釈としては，仕事や学歴は将来の配偶者としての女性の品質を測る上で役に立たないものであるという説明がある．美しさ，魅力，そして女らしさは，結婚市場での女性の成功を予測する非常に適切な変数である．しかし，ならば，結婚の有無と仕事や学歴がマイナスの相関をしているということの説明が必要になるが，それはなぜだろうか？　結婚と仕事はともに，時間的に大きなコミットメントを要する投資ないし消費の活動である．したがって，

両者は代替関係にあるのであろう．そうであるなら，性的に魅力的な女らしさという品質が学歴や仕事とマイナスの相関をしていることはありそうなこととなる．仕事に投資する女性は男性に対して魅力的になることや男性との結婚にはあまり投資しないのであり，あまり魅力的ではない女性は仕事の方により大きな投資をするインセンティヴを持つのである．

　年齢が高くなるにつれて女性は結婚市場における価値を減少させてゆくという問題に戻ると，死亡率の男女差から，女性は年齢と共に男性よりも不利となることが分かる．これは，コホートごとの男女それぞれに対する需要と供給の変化の反映としてほとんど論理必然と言える．先の4つの事実のうちの残る3つの事実は全て，離婚の後には男性よりも女性の方が不利となるということの証拠と位置づけることができる．離婚女性は男性よりもなかなか再婚できず，子どもがいる場合にはなおさらなかなか再婚できず，再婚年齢は高くなり，その場合の結婚相手はより高齢男性となる．

　もちろん，これらそれぞれの現象については常識的な説明が存在するが，それらは女性の年齢が高くなるほど，また子どもができることで結婚市場におけるその価値を減じてゆくという仮説とパラレルでありかつこの仮説を補強するものである．たとえば，大多数の事件で離婚時点において女性が子どもの監護権を獲得する．(8) この点はもはや法律上 (*de jure*) のルールではないが，事実上 (*de facto*) はそうである．子どもの世話をすることは，結婚市場の女性に次の2つの重大なコストを課すことになる．第一に，女性は再婚相手の探索や自己の宣伝をする点でより困難になる．第二に，男性は子どものいない女性と結婚しようとするのが通常である．(9) したがって，離婚後5年内の再婚率で見た場合，子どものいる離婚女性の再婚率の方が，子どものいない離婚女性の再婚率よりもずっと低いのである．

　これについての自然な説明は，子どものいる母親を結婚相手にしようという男性側の需要が子どものいない離婚女性の場合よりも少ないからであるというものであるが，先に説明した同定の困難性の問題のためにこの説明が正しいか否かは分からない．データ自身からは，子どものいない若い女性の方を男性が求めると見るべきか，年齢が高くなるにつれて，また子どもができることで女性の側が，(1)より年齢の高い男性を求めるようになるのか，(2)結婚市場における結婚相手の探索をより慎重にするようになるのか，あるいは，

(3)結婚しないでおこうとするようになるのか，いずれであるかをはっきりさせることができない．

　結婚市場で費やす期間がより長くなるのが，女性が相手に対してより選別的となるからなのか，女性の市場価値が下がるからなのかをはっきりさせることが困難なだけではなく，そもそも男性や女性が結婚市場に参加しているのか否かをはっきりさせることも困難であるというさらなる問題がある．ある人が異性の相手との生活を求めない場合，これはその人の選好を表わしているのであろうか，それとも労働市場から落ちこぼれてしまって就職しようとしなくなった失業者のようなものなのであろうか？　デートなどの「独身者」のための催し事（イヴェント）への参加に多くの時間をかける人の場合，その人は(1)時間をかけて徹底的な探索行動をしていると見るべきなのであろうか，それとも，(2)買い手ないし結婚相手を見つけるのに苦労していると見るべきなのであろうか，あるいは，(3)結婚よりもデートの方を選好していると見るべきなのであろうか？

　死亡率の男女差と子どもの監護権分配パタンは，女性が年齢と共に結婚市場での価値を失ってゆくことの唯一の理由でもなければ，最も重要な理由でもない．では，結婚市場で女性の方が価値を男性よりも早く失ってゆくことの証拠や説明として他に何が考えられるであろうか？　人々が配偶者を近い同世代人の中からのみ探すと仮定するなら，死亡率の男女差が意味するものは，男性が配偶者を探し出す確率の方が，女性のそれよりも年齢と共にどんどん男性にとって有利に高くなってゆくということである．しかしながら，花嫁と花婿の間の年齢差の平均，および，より顕著にはそれが年齢とともにますます広がってゆくことは，人々が配偶者探しにおける対象を同世代人に限っているわけではないことを示している．では，夫は妻よりも一般的に年上であり，その年齢差は結婚時年齢に伴って大きくなってゆくのはなぜであろうか？　夫婦のこのような年齢差のうち，若い頃の初婚に関しては1つの統一的説明が可能であるが，より年のいった花嫁・花婿については，年齢差とその拡大とを分けて説明しなければならない．

　男性と女性は，異なる年齢で結婚が可能になる．つまり，夫や妻となるためには一定のスキルや能力が必要であるが，そのようなスキルや能力を達成する年齢は男女で異なっている．十分な情緒的安定性，家事スキル，生殖能

力などは，女性の場合その10代の半ばから後半に達成され，外見上も明らかとなる．男性の場合はそれと異なる．現在においても男性は妻子を養うことが期待されている．そのような能力は達成までに，妻に必要とされる家事スキルに比べてもっと時間がかかる．

　結婚が可能になるだけの十分な人的資本を獲得した同世代の男性と女性の数の上のギャップは，20代以降は急速に消滅する．それなのになぜ，夫と妻の年齢差は花婿の年齢とともに拡大するのであろうか？　結婚による共同生活が目標であるのなら，女性の方が男性よりも長生きであることに鑑みれば，夫婦の年齢差は消滅するべきであるどころか逆転するべきだと思われる．つまり，男性は自分より年上の女性と結婚するべきことになる．

　花婿の方が花嫁よりも年上であるという年齢差と，男性の方が再婚率が高いという点とは，男女の異性に対する魅力が年齢とともに変化する割合とその方向とによって最もよく説明することができる．データによれば，男性は年齢が高くなっても配偶者選びにおいて自分とほぼ同世代の異性に絞る必要はなく，むしろより若いより魅力的に見える女性の中から探すことができる．そのために年齢の高い女性は，自分に興味を持ってくれる同世代の男性というますます限られた集団しか対象にできなくなる．妻と夫とは，配偶者によって演じられる代替的ではなく相補的な役割であると言える．男性が妻に求めるものは，女性が夫に求めるものとは異なっているので，そのようなお互いの要求を満たす能力は，年齢とともに夫と妻とで同じ割合で変化するとは限らないのみならず現実にも異なった割合で変化する．女性が急速にその価値を減ずるのは，男性がより若い女性を求めるからであり，それに対して女性の側は男性に対して同様の選好を持っているわけでもないし，その選好は男性ほど強いものでもない．[10]

　以上の命題はデータと整合的なものではあるが，それによって証明されるわけではない．これは嗜好についての命題であり，したがって直接的に観察可能なものではない．とは言え，人間に共通なこの特性の足跡は，文化のあらゆる路地裏に垣間見ることができる．第一に，女性の魅力の文化的シンボルは常に若い女性か少なくとも若く見える女性である．映画女優，ファッション・モデル，ショウガール，ダンサーなどは全て若いときに最も憧れの対象となり追い求められる．女性雑誌が恒常的に掲載する記事は若さの外観を

いかにして維持するかである．多くのポップ・ミュージックは男性が若い女性を好むことを反映したものである．たとえば，カントリー・ウェスタンのジャンルには「女は若く，馬は速く，ウィスキーは古く」（トム・T・ホール）という名曲があり，フォーク・ロックの分野には「若いあの娘で胸いっぱい」というヒット曲がある．これに対して，男性の場合，若さはこのようなプラスのイメージを与えない．ケーリー・グラントやポール・ニューマン，ロバート・レッドフォードなど多くの俳優が年をとってから，ずっと若い女優を相手役として主役を演じて成功を収めていることを思い起こせばよい．あるいは，白髪で男は立派に見えるということを思い起こせばよい．これらは，異性に対する魅力についての年齢の意味が，男女で大きく異なっており，それが文化のいろいろな面に表れていることを若干の例で示しただけのものである(11)．

配偶者の年齢に対する選好が男女で異なっているという現象は，アメリカ文化に特異的な一時の特殊的傾向だというわけではない．全ての年齢の男性が若い女性に特別な魅力を感じる点，それに対して女性は男性の年齢についてより緩やかな選好しか持たない点は，全ての文化を通じて見られ，かつ，歴史的にも一貫して見られる．たとえば，一夫多妻の文化においても，男性はそのハーレムに追加する妻は，より年齢の高い女性ではなく，決まってもっともっと若い女性ばかりである．しかも，十分に権力のある夫なら，より年のいった女性を売ってより若い女性と交換する．

男性と女性とはどうしてそれほど明確に異なる嗜好を持っているのであろうか？　これには非常に説得力のある進化論的説明があり，それは結婚の理由に対して人々が行う通常の説明と整合的でもある．若い女性は子どもを産むことができるが，年齢の高い女性はできない．このことは男性には当てはまらない．その上，年齢が進むとともに男性は，妻子を養うための金銭上の立場が向上するするのが通常である．したがって，男性は子どもの産める若い女性を強く選好するように進化してきたことも，それに対して女性の選好はそのようなシステマティックな進化を遂げなかったことも，決して驚くべきことではなく，至極自然なことなのである．

7. 契約違反と横取り可能な準レント

結婚の時点において結婚という契約は当事者双方に利得を約束する．しかし，そのような利得が実体化するために必要な時間は夫婦で対称的なわけではない．一般的に，男性は婚姻関係の初期の段階で利得を獲得し，女性はその後である．このことは，女性がその価値を時間とともに喪失することから導かれる．若い女性は，その配偶者としての価値を，若い男性からも年のいった男性からも高く評価される．若い女性がある特定の男性を選んで結婚しようと決めた場合，選択肢だったそれ以外の全ての男性を諦めることになる．このような最初の年月について，女性がしばしば不満を漏らして言うのは，「人生の最良の日々」を相手の男性に捧げたのに，というものである．後半生を迎えるころ，すなわち女性が結婚市場における価値を夫と比べて大きく失った頃，女性はその捧げた投資の回収を求める．このような長期的な投資回収時期の不均衡が生じるために，戦略的行動の機会が生まれる．つまり，当事者の一方，すなわち通常は男性の側に，結婚という契約上の義務を果たすのは結婚相手からプラスの限界利益を受け取っている間だけにして，その後相手からの限界利益が自分の機会コスト以下になったら，何らかの別の形で履行を強制されているのでもない限り，契約違反をしようとするようになる．

　この問題は長期的ビジネス契約における横取り可能な準レント（quasi-rent）として理解することができる．準レントとは，回収利益（return）のうち，その時点で契約が任意に解約された場合に契約の一方当事者が受け取ることができる利益を超過する部分である．契約法の多くは，このような戦略的行動を抑止するために設計されたルールや制度と言える．戦略的行動の抑止は，契約締結時の当事者全員にとっての相互利益に適うからである．

　ビジネス契約においては，一方当事者の契約違反による損害が補償されない場合にも，事後的（ex post）な資源配分には影響を与えないが，その代わり，被害者の準レントの大部分が違反者の方へ移されるという富の移転だけが生じる．このことからのアナロジー（類推）を理由とし，配偶者間の交渉には取引コストがあまりかからないという「誤った」仮定を置いて，契約違反の継続と契約の解消が夫（契約違反配偶者）にとっての価値以上の損害を妻（被害配偶者）に与えるならば，夫婦はコース的な合意（Coasean bargain）に到達し，そこでは，夫にとっての契約違反の価値と妻にとっての契約継続の価値との中間のどれかの値の価値を妻は夫に対して提供することになるで

あろうと結論するかもしれない．

　確かに時として，そのようなコース的な合意に多少似たものが取り決められることはある．たとえば，結婚を解消する代わりに，定期的に裏切って不貞を行う夫やときどき暴力を振るうような夫を妻が受け入れることがある．契約成立後にそのような機会主義的（ご都合主義的）な再交渉が行われるのが一般的であるとたとえ仮定したとしても，契約違反が重大な結果をもたらさないわけではない．第一に，契約違反が補償されないのでは不平等が生じる．しかもその不平等は，それが予測される場合には，部分的に非効率をもたらす．すなわち，契約成立後の機会主義的な再交渉であれ，契約違反を出し抜くために契約の再交渉を拒否して契約を取り消すことであれ，それが事後的（$ex\ post$）には効率的であったとしても，それらを予測して行動するために重大な事前的（$ex\ ante$）非効率が生じるのである．そのような非効率は，女性があまり結婚しなくなったり，異なるタイプの男性と結婚するようになったり，婚姻関係にあまり投資しなくなったりすることで生じる．

　しかしながら，より多くの場合には，このようなコース的な合意に似たあまり望ましいわけでもない取引でさえうまく達成できない．しかもそれは，契約違反が妻に与えるコスト以上の利益を夫にもたらすからではない．再交渉後の合意に基づいて結婚を継続することの問題には2種類ある．1つは取引コストであり，もう1つは資産効果（wealth effect）である．2者間の交渉の取引コストは非常に小さいのが通常である．しかし結婚においては事情が異なる．本章冒頭の第二パラグラフを振り返って欲しい．そこで，結婚においては精神が非常に重要な役目を担っていることを述べた．婚姻関係における義務の履行は，それがよくない精神に基づいてなされたと看做される場合にはその価値を大きく減少させるものである．契約違反の威嚇をすることや契約の再交渉をすることは，当事者の関係を台無しにしてしまうのが通常である．したがって，女性が資産や所得の点で十分に独立していて，夫に対して結婚の解消を思いとどまるように財産的な補償を申し出ることができ，かつ，彼女にとって従前どおりの結婚の維持の方が申し出た補償よりも価値が大きい場合であるとしても，夫が契約違反を思いとどまって婚姻関係を続けるようにと夫に補償を申し出るということは起こりそうにない．というのも既に交渉が始まってしまっており，婚姻関係は既に従前とは同じではありえ

ないからである．財産的補償と引き換えになされる婚姻関係上の義務の履行は，以前の価値の痕跡以上のものではない．契約関係の再交渉のための取引費用は多くの場合に高すぎて交渉を不可能にしてしまうものである．なぜなら，再交渉という行為そのものが，提供されるサーヴィスの価値を破壊してしまうからである．

たとえそうではない場合においてさえ，妻が夫に結婚を維持して欲しいと思う場合にも，それに必要な補償（賄賂（bribe））を夫に与えるための資源を妻は持っていないことが通常である．この問題は，コースの定理における資産効果の応用問題である．すなわち，もし夫が契約違反の補償を妻にしなければならないとしても，夫はそんなことはしようとはしないであろうし，もし妻が契約違反をしないように夫に補償をしなければならないとしても，妻はそんなことはしようとしないという問題である．妻が結婚を続けてさらに被害を蒙っても構わないと思うこと，つまり結婚を解消した方が妻の被害が少なくて済むであろうことは，夫にとっては補償でもなんでもないのが通常である．言い換えれば，妻にとっての損害という通貨は，夫にとっての利益という通貨に両替することができないのである．

結婚に対する重大な契約違反の可能性は常に存在している．とは言え，最近になるまでは，そのような契約違反にはもっと大きなコストが伴っていた．すなわち，結婚という制度に参加しそれを是認する人々の宗教上の良心が，契約違反が起きた場合には結婚当事者に重大な，内面的，心理的，そして対外的な社会コストを課していた．脆弱で不完全であることがわかっているフォーマル（公式的）な法の制約ではなく，インフォーマル（非公式）の社会的および心理的制約の方がたいていの場合結婚を保護してきた．それらのインフォーマルな社会制度が衰退してくるにつれて，法的制度にたぶん内在的な不適切性が注目を集めるようになってきた．

婚姻関係における契約違反の問題に対する法的な対応を検討する前に，この問題に対する私的対応を簡単に見ておこう．多くのビジネス関係においては，契約締結後の機会主義（ご都合主義）的行動は予測され，垂直的統合（組織化）によって回避されてきた．資本的資産の所有者が他の人の持つ資本的資産をうまく購入することができれば，その資本的資産の準レントを横取りするインセンティヴは取り除かれることになる．ここで再び木管楽器のパ

ッドの工場の例を検討しよう．パッドを製造しようとする者は，現在の所有者から当該工場用建物を買い取ることができるし，そうしようとするであろう（Klein, Crawford, & Alchian, 1978 参照）．

この解決法は婚姻関係には利用できない．問題の核心は，人が自分自身を他者に売ることが法律上禁止されているということでは決してない．問題の核心は，男性（または女性）にとって，妻（または夫）となる可能性のある人を意味のある仕方で買い上げることが不可能だという点にある．つまり，その女性が自分に利害関係を有しているのと同じ形で当該女性に利害関係を持つように，当該女性を購入することが当該男性には不可能だということである．この点は，パッド工場の場合，テナントは当該建物を購入した場合に，従前の所有者と同じ仕方で当該工場の状態に利害関係を持ちうることと比較すれば明らかであろう．

ビジネス世界においてしばしば採用されるもう1つの契約的な手法として人質がある（Williamson, 1983 参照；また Klein & Leffler, 1981, p. 615 も参照）．このためには，契約の履行が確保されるまで，夫の所有する何か価値のあるものを妻が保有する必要がある．「花嫁代価（bride price）」の制度はそのような人質の1つの形態であると言える．人質としての花嫁代価を制度化する上での欠点は多岐にわたる．第一に，当事者は若すぎ未熟すぎて将来の契約違反の可能性を予測することができないかもしれない．第二に，我々の経済体制においては，花婿は物質的資本や金銭的資本を持っている場合よりも，人的資本の方を持っている場合が通常である．その場合，人的資本を夫から妻へと移転することは不可能であるので，夫としては人質に出すべき物がほとんどないことになる．第三に，夫婦は結婚の初期においては所得の全てを消費してしまわなければならなくなるものである．したがって，夫婦の財産の大きな部分を妻が人質として押さえてしまうことは，家庭の消費生活に対して非効率な制約条件を課すことになる．第四に，契約履行の保障に対するニーズは夫婦の間で部分的には対称的である．夫だけでなく妻の側も契約違反をして相手（夫）の準レントを破壊してしまうことがありうる．最後に，花嫁代価は何世紀にも亙って進化してきた文化的現象である．文化や宗教といった制度のルートから切り離して，効率性の考慮だけから花嫁代価の制度を導入しようとしても，結婚は原則としてビジネス関係ではないという根本

的な問題に逢着してしまうであろう．夫婦の一方が，花嫁代価（あるいは持参金）に固執することで結婚をビジネス関係として扱おうとすれば，そのこと自体が婚姻関係を損なうことになるであろう．

　しかし現金だけが人質となるわけではない．子どもはしばしば人質としての役割を果たす．離婚後の子どもの監護権は妻へ行くのが通常である．もしも夫が子どもとの緊密な接触を断たれてしまうことを恐れるならば，契約違反を思いとどまるであろう．しかし，子どもを人質として利用することの実効性には重大な限界が存在する．子どものいない妻にとっては無意味であるし，子どもが成人した後ではあまり役に立たない．その上，人質として効果的に機能するためには，夫が子どもがいなくなることを重大な剥奪として感じるのでなくてはならない．もし夫がそれを気にしないならば，あるいは，離婚後の面接交渉権が夫に寛大で子どもの監護権の喪失の大部分を軽減できると夫が期待できるならば，夫はさしたるコストを蒙らない．そして，子どもへのアクセスを剥奪するという夫への威嚇は妻にとって事前段階(*ex ante*)ではその利益に適うものであるが，事後段階(*ex post*)においては夫が子どもとの接触を緊密に取り続けることの方が妻にとっての利益に適うことがしばしばである．というのも，前夫が子どもと継続的関係を保持している場合の方が，妻は子どもの養育費や扶養料を夫から受け取る可能性が高くなるからである．同様にして，父親と接触を保った方が子どもにとってもよりよいのである，という考え方を妻も信じていて重視するかもしれない．

　女性が採用しうるもう１つの戦略は，さもなければしないような老人と結婚するというものである．もしも男女が20歳のときに結婚市場で同等な価値を持っているとして，かつ，「妻」という資本的資産としての女性の価値が確実にどんどん減少する一方，「夫」という資本的資産としての男性の価値は減少し始める前の初期の段階では上昇するとするなら，結婚の長い期間を通じて，結婚市場における男性の価値は妻のそれを凌駕するであろうし，よって夫は結婚を解消するインセンティヴを持つことになる．より高齢の男性と結婚することによって，女性はこのような価値の相対的な喪失のリスクから保護を受けることができる．そうすることで，女性は実質的に現在においてより多くの消費を享受し，将来の関係のための投資を節約することができるのである．この現在の消費の増加は，金銭的な収入の増加の形で生じるかもし

れないが，それに限られるわけではない．女性によるこのような戦略的選択は，制約条件下の効用最大化の一種であり，その結果として社会的なネットの損失をもたらす．戦略的により高齢の男性と結婚する女性は，「結婚という契約の履行が確保されているような世界」における他の男性と比べた場合の彼女にとっての価値よりも，結婚市場での価値の方が高いような男性を選択しているわけである．

　最後に，究極の手段的な解決法が存在する．もしも，婚姻関係特殊的な資産に投資することで受け取ることができると思う準レントを保護できないならば，婚姻関係に対する投資を減らすとか結婚という投資をしないという対応策がある[13]．中間層の家庭において見られる少子化の傾向や労働市場を指向したスキルを獲得しようとする女性の傾向は，もちろんこの解決法と整合的であるとともに，お互いにお互いを説明することも可能であり，さらには我々の変化しつつある文化における他の種々の変数によって説明することも可能である．しかしながら，これら2つの傾向は，契約違反をされても補償を受けられないことを慮って，一般的に妻となるためにはもちろん，とりわけ妻となった後においてもあまり資源を投資しなくなってきているという事実とも整合的である．婚姻関係特殊的な資産の価値に対する契約違反のもたらす重大な影響に鑑みれば，契約違反の確率が大きくなっても，そのような資産への投資のレヴェルが影響を受けないほうがおかしいというべきであろう．

　インフォーマル（非公式）の手段や国家が課する法的救済方法は，準レントの横取りから女性を保護するための相互に代替的な方法である．インフォーマル（非公式）の社会的メカニズム（制度）が結婚当事者たちを保護するには不十分であるならば，法的保護手段の重要性が増す．ここでの問題は，結婚における準レントの破壊や横取りを防止するためには，どのような法的制度が一番適しているか，である．結婚前の自由意思に基づく合意という手段と，離婚法という大規模な形で国家が提供する標準契約としての結婚との双方を検討することが可能である．

8. 婚前婚姻契約

　婚前婚姻契約の利用は，最近は増加している．このような契約にはさまざまな形式があり，さまざまな力学によって動機づけられている．これらの契

約の典型的な形態には以下の4つがある．すなわち，伝統型，再婚型，カウンター・カルチャー型（反主流派型），および，フェミニスト型，である．

伝統型の婚前婚姻契約は，結婚前に蓄積していた資産を，相手方配偶者による離婚後の横取りから保護するためになされていた．常にというわけではないが，多くの場合，そのような契約を求めたのは花婿の側であった．これは，花婿が巨万の富を蓄積していた場合や高所得を期待する場合である．場合によっては，結婚当事者の一方の家族がそのような契約を要求することもあった．

この伝統型の婚前婚姻契約の変異型としては，結婚当事者の一方がそれ以前の結婚による子どもを持っていた場合にしばしば利用された．恋愛感情の高揚がおさまると，双方当事者が，結婚前から持っていた家族員の将来の福利厚生を保護しなければならないことに気づくのである．不安と不確実性に対処するため，結婚当事者たちは，離婚や死亡の際に各自の財産がどのように分割されるべきかを話し合うということがよくあった(14)．

反主流派（カウンター・カルチャー）型の婚前婚姻契約は伝統的な結婚上の役割に対する嫌悪感によって利用されたように思われる．コミュニティが婚姻関係を規整する上で，明示することなく暗黙の内に課していた伝統的な義務の一切が，結婚当事者が合意した明示でしばしば詳細に規定された義務に取って代わられた．法は，特定履行を要求するという意味での伝統的な結婚上の義務の強制をしたがらなかったので，これらの反主流派型婚姻契約の条項を強制することには慎重であった．

フェミニスト型の婚前婚姻契約は，本章で説明した問題関心に少なくとも部分的には動機づけられたものであった．すなわち，離婚の際に女性は公平な分け前を受け取ることができないことがしばしばであるという問題である．言い換えれば，離婚のために，犠牲にした機会の見返りに相当する準レントを女性は奪われてしまっているという問題である．フェミニスト型婚姻契約は，離婚後の権利，義務，および，財産分与を妻の側に有利な方向で重点移動させようとするものである．皮肉なことに，離婚法による犠牲を最も強いられるタイプの女性，すなわち伝統的な妻の役割を受け容れている女性は，フェミニスト型婚姻契約を結ぼうとは最もしないタイプである．

これらのフォーマル（公式的）な婚前婚姻契約は，結婚当事者が自分を防

禦する機会を提供する．そして，とりわけ2回目以降の結婚において，結婚当事者は，死後に財産が子どものために使われるように条項を明記することが非常にうまくできる．にもかかわらず，これらの婚前婚姻契約は通常の結婚においてはあまり利用されていない．その主たる理由は，契約違反の場合に支払われるべき損害賠償額の適切なレヴェルを特定することが困難だからである．そのような全ての婚前婚姻契約は，以下の種々の損害賠償額を規定しなければならない．すなわち，契約違反が発生したときの結婚の段階，結婚時点での当事者の置かれていた状況，および，契約違反が発生した時点での状況，これらをそれぞれ反映する損害賠償額をいちいち規定しなければならないのである．さらには，有責性が考慮されるべきか否かの問題，および，考慮される場合の考慮の仕方をも規定しなければならない．将来の出来事について不完全にしか知ることはできないので，これらの規定を正確に行うことは不可能である．

9. 契約違反に対する公法的救済方法

離婚の問題に対する立法的な解決としてはどのようなものがあるのであろうか？　離婚の問題に対処するために利用しうる法制度には4つの典型を区別することができる．すなわち，(1)財産の分配を伴わない一方的な離婚法制，(2)財産分与の相互の合意を伴う協議離婚法制，(3)離婚不可能な結婚法制，(4)離婚の可否と財産分配を裁判官が決定する法制度，である．これら4つの法制度は，全ての現実の離婚法がその組合せとして表されるような典型である．

財産分与を伴わない一方的離婚制度を法が規定する場合，各当事者は婚姻関係から離脱することが自由にできる．その意味で，一方的離婚は非拘束契約の婚姻関係での類推物と言える．ビジネス取引の文脈において，非拘束契約は，いずれかの当事者が関係特殊的資産へ大規模な投資をしなければならない場合や当事者間で異なる投資をしなければならない場合には，あまり使われない．というのも，そのような場合，機会主義的な行動のリスクや，相手方の利益についての単純な計算間違いのリスクがあまりに大き過ぎるからである．この単純な離婚法制は，結婚という長期的契約にはふさわしくないのが通常である．その理由は，通常は両当事者，少なくとも子どもを産む妻の側は常に，関係特殊的資産に大規模な投資をしなければならないからに他

ならない．また，一方的離婚制度は，妻の側が婚姻関係に対して圧倒的な貢献をした後になって，配偶者の一方（典型的には夫）が結婚を放棄することを自由に認めるからでもある．財産関係の再調整を伴わない一方的離婚は，したがって，結婚という契約が克服しなければならない問題そのものであって，問題の解決策ではないのである．[16]

合意離婚法制は特定履行という契約法上の救済方法の家族法における類推物である．なぜならば，相手の離婚への同意が得られない限り，結婚という契約の履行をしなければならないからである．一見した限りではこの解決策は非常に有効そうに見える．なぜなら，非効率な契約違反は起こりそうにないと思われるからである．合意離婚のこのような当初の魅力のほとんどは，詳細な検討をすればたちまち雲散霧消してしまう．合意離婚の問題点の本質は，強制可能な救済方法としての特定履行が実際には不可能だからである．第一に，配偶者が暗黙の内に履行すると契約したことになる行動の多くは，特定することが不可能であり，また，履行を監視（モニタリング）することも不可能である．第二に，先に強調しておいたように，結婚上の義務はある一定の精神の下に履行されるべきものであり，嫌がる相手方配偶者に愛と献身の精神で結婚上の義務を履行させるなどということは，裁判所には強制不可能である．したがって，結婚という契約に違反して離婚したいと願う当事者に対して，配偶者の許可なしに離婚をすることを法は認めないのではあるが，契約上の義務を意味のある形で履行させることは法にはできないのである．

このことから関連する2つの問題が生じる．すなわち，離婚しないままでの契約違反の問題と，準レントの破壊の問題とである．結婚における最も意義深く，場合により厄介である婚姻上の義務を強制する上で，法にはほとんど何もできないので，形式的には結婚を維持したまま契約違反をすることが当事者には可能となる．この戦略が契約違反当事者に特定の重大なコストを課すのであれば，契約違反者には犠牲にされた当事者から同意を求めるインセンティヴが残る．しかし，現実においては，一方当事者は離婚することなく契約違反をすることができ，同時に離婚の多くの利得を手に入れることもできるのである．セックスの規律やコミュニティの価値が緩和されてきた現在においては，既婚男性はどれだけの期間でも妻と別居したまま，あるいは

同居したままで，社会生活も性生活も過度に制限されることなく生活を続けることができるのである．

　離婚することなく結婚の契約違反をすることができるということは，離婚をしないことのコストが違反者に特定的でもなければ過剰なわけでもないことを意味しており，かつ，準レントを破壊できるということは，離婚に同意しないことが契約違反の犠牲を強いられた配偶者にもたらすはずの利益がほとんど無きに等しいということを意味する．結婚上の契約違反は犠牲を強いられる配偶者の契約に残されたその他の利益のほとんどを破壊するので，結婚が契約違反をされると両方の当事者がもはや結婚の継続を望まなくなることが多い．双方の当事者にとって結婚がもはやあまり価値のあるものとされなくなってしまえば，財産分与は事後的（ex post）には両者にとって満足の行く形で合意できる可能性が高くなる．そのような合意は事前的（ex ante）合意とは大きく異なっている可能性が高い．

　契約違反配偶者は単に相手の準レントを横取りするだけに限らず，相手の準レントを現実に破壊することがある．このような準レントの破壊は，契約違反の結果として自然に生じることも多く，必ずしも契約違反配偶者がわざとやったとは限らない．その上，準レントの破壊は一方的離婚法制の下でも起こる．離婚に双方の合意を必要とする場合にはしかし問題がより大きくなる．なぜならば，その場合，契約違反配偶者は相手の準レントを破壊することで利益を獲得できるからである．双方の合意を離婚の要件とすることで，契約違反当事者にはより酷い行動をするインセンティヴを与え，したがって，相手方配偶者の準レントをより多く破壊するインセンティヴを与えてしまうことになるからである．準レントが破壊されると，結婚は罪のない配偶者にとって価値がより乏しいものになり，その結果より安価なコストで契約違反者は離婚への同意を獲得することができるようになる．[17]

　一方的離婚や合意離婚の欠点に鑑みれば，離婚不能な結婚の法制度は多くの長所を持つように見えてくるであろう．第一に，非効率な離婚の可能性が排除される．第二に，配偶者選びにおいてより注意深くなるという強いインセンティヴが生じる．第三に，離婚を求めるという行動自体がそれまで結婚に満足していた配偶者の獲得した準レントを破壊するのであるから，結婚を解消不能とすることはこのような損失のほとんどを回避できることになるよ

うに見える．第四に，相手方配偶者に離婚に同意させるというためだけの目的で相手の準レントを破壊しようというインセンティヴを，両方の配偶者とも持たなくなる．

帳簿の反対側を見れば，離婚不能な結婚には2つの非常に重大なコストが伴っていることが分かる．第一に，契約の解消の方が効率的な場合が存在するのである．結婚当事者の結婚解消の意思にもかかわらず婚姻を維持することを法が要求する場合，結婚の効率的解消が犠牲となる．そのような契約を強制される当事者に生じる直接的損害に加えて，限界線上の男女の中には結婚することをためらうようになるかも知れない．なぜなら，このような解消不能な契約は，そのような男女には解消可能な契約ほどの価値がないと思われるからである．離婚することなく結婚の契約に違反することができるので，すぐ上で論じたコストおよび離婚不能な結婚の長所のほとんどは幻想でしかないことが分かる．確かに法は離婚を抑止することができるが，結婚という契約の履行を要求したり強制したりすることは御座なりの意味以外では何の意味もない[18]．したがって，合意離婚の場合と同様，離婚不能の結婚は，犠牲になった当事者に実効性のある救済方法を提供することなく相手方当事者に契約違反をすることを認めてしまうのである．

立法上の最後の選択肢は，裁判所が離婚をその裁量の下に認めるというものであり，当事者の合意の有無や内容にかかわらず裁判所が財産分与を決定するという法制度である．裁判所は，誰が契約違反を起こしたのかとか，犠牲になった当事者が契約違反前に期待した将来にわたる準レントとかについて決定し，そのような将来にわたる準レントの現在価値の賠償を判決しなければならない．事前的（*ex ante*）に効率的な離婚のみが実現し，正義と効率性の要請はともに満たされる．

興味深いことは，この救済方法と合意離婚とが，損害賠償責任ルールと所有権ルールとの間の関係とちょうど逆転した関係にあるという点である．典型的なビジネスの事案の場合，損害賠償ルールは所有権ルールに比べて犠牲になった当事者の権利を救済する上で効果的な制度ではない．所有権ルールは，契約違反当事者が獲得した利益の一部を犠牲になった当事者が取り戻すことを認めるのが通常である．しかしながら，結婚の場合は結婚の個人的な性格と準レントの破壊のゆえに，所有権ルール（すなわち，合意離婚）は多

くの場合に犠牲にされた当事者を，損害賠償責任ルールの場合よりも不利にするのである（Dnes, 1998）.

裁判官が決定する離婚には唯一の欠点がある．それは，論じるより実行することの方がはるかに困難だという点である．このような法制度を実効的に実現するためには，裁判所は，誰が契約違反をしたのかとか，契約違反をしていない当事者に惹起された損害の価値はいかほどか，などを決定しなければならない．契約違反についての決定は重大な困難であるが，結婚における契約違反のもたらす準レントの損害を特定することの困難に比べれば，それでもたいしたことがないと言えるほどである．その上，損害賠償額は非常に高額に上るので，契約違反配偶者は事実上無資力でいかなる判決に対しても何の影響も受けない．

10. 結論

長期契約の一般理論を結婚という契約に適用しても，結婚法制を適切に設計する上での明確な結論や楽観的な結論を導くことはできない．結婚当事者が引き受けたことになる義務は，その性質上，厳密な定義をすることができないし，ましてや実効的な法的強制をすることはできない．結婚の成功のためには，結婚が失敗した場合にその投資をほとんど回収できないにもかかわらず，両当事者が婚姻関係のために多くの投資をすることが必要である．問題をさらに困難にするのは，男性と女性の役割が対称的ではないという点である．離婚で失うものがより多いのは妻の側であるのが通常である．そのようなものがあるとして，何が結婚という長期契約を保障することができ，結婚当事者双方の利益を事前段階（*ex ante*）で回復することができるのであろうか？　婚前婚姻契約も，離婚や財産分与についての種々の法制度も，ともに，一般市民にとって期待を抱かせるようなものではない．したがって，結婚の諸問題に対する決定的な解決方法を確信を持って提供することは困難である．婚姻関係の最大の保護のために，インフォーマル（非公式）な制裁や社会的制裁，および，当事者の良き道徳的感性に依拠しようという古くからの立場については，言うべきことはたくさんある．

（1）　本章が，結婚と離婚というテーマについての筆者の最も最近の考えと分

析を表明するものである．このテーマについての筆者の最も初期の，より包括的な議論については Cohen (1987) 参照．また，Cohen (1998, p. 618) および Cohen (1995) も参照．
（2） 結婚を理解する上では，それを契約と捉えるべきか，あるいは，社会的地位の関係として捉えるべきかについて，法律学において種々議論されてきている．論者の中には「当事者ではなく法が，各配偶者の義務を定義するのであるから」婚姻関係は契約などではなく真の意味で社会的地位の1つである，と主張する者もいる (Babcock, 1978, p. 564)．この点の一般については Clark (1968)，特に181頁から182頁にかけての6.1節を参照．
（3） *Statistical Abstract of the United States,* table 29 (1981).
（4） U.S. Bur. Census, *Current Population Report* 55, table 8 (Ser. P-20, No. 223, 1971), U.S. Public Health Service, *Vital Statistics* 10, table J (Ser. 21, No. 20, Increase in Divorces, United States, 1967, 1970).
（5） U.S. Bur. Census, *U.S. Census of Population*: 1960, table 1 (subject Reports, Marital Status, Final Report PC(2)-4E, 1966). これは Carter and Click (1976, p. 88) に引用されている．Bossard (1933), Glick & Landau (1950) も参照．
（6） 1920年におけるアメリカ合衆国の男性の平均余命は53.6歳，女性は54.6歳であった．1983年ではそれぞれ，71.0歳と78.3歳となっている．*Statistical Abstract of the United States,* table 102 (1981).
（7） *Statistical Abstract of the United States,* table 49 (1981).
（8） 母親が子どもの監護権を獲得する割合についてはさまざまな計算がなされており，低いもので80% (Jacobson, 1959, p. 131)，高いもので95% (Goode, 1965, p. 311) である．アメリカ合衆国の国勢調査によれば，両親が離婚した子どもの89.7%が母親と暮らしている．U.S. Bur. Census, *Current Population Reports* 5, table E (Ser. P-20, No. 380, Marital Status and Family Status, March 1982).
（9） 社会生物学者のリチャード・ドーキンスによれば，育てている子どもが遺伝的に本当に自分の子供であるかを問題としないような家族計画戦略は，いかなるものであれ進化的安定ではありえない (Dawkins, 1976, p. 117).
（10） リチャード・ニーリィ判事は「歴史的に見て，子どもを産むことができる年代の女性に男性が惹かれるということが明らかにされている．40歳以上の女性と恋に落ちる男性の話は文学作品にはあまり見られない．その有名な例外はコレット (Sidonie - Gabrielle Colette) の『シェリ (Cheri)』くらいである．家族法の分野で法律実務をしたことのある者なら，一般的に若い女性は，お金持ちで権力があって，したがって必然的に自分より年上の男性に惹かれるものであり，他方，男性は，若く，美しく，自分を尊敬してくれる女性に

惹かれるものであることを知っているであろう．世の中を見れば，若く，自己主張のない，貧乏な男性や，年上で，不器量ないし独立心の強すぎる女性は，雇傭で避けられ，餌にされやすい」と述べる（Neely, 1979. Posner, 1992 も参照）．

(11) 日常用語とその分析は，経済分析としても法的分析としても奇妙に聞こえるかもしれないが，学問的伝統としては確立されたものである．哲学の1分野として，「日常言語学派」というものがあり，日常言語から哲学用語の内容を導いたり定義をしたりする．例えば，Austin, (1979, p. 75) 参照．オースティンは次のように考えていた (Edwards, 1967, p. 211)．「一般的に言って，微妙な差異を明瞭に区別する洞察は，日常言語の中に秘められており，他の区別のあり方との長い生存競争を勝ち抜いてきたものである．したがって，日常言語の中の洞察は，我々を取り巻く外界に存在する重要な差異を区別する洞察でもある．」

(12) 原始的社会における花嫁代価についての簡単な経済分析は，Posner (1981, pp. 186-189) を参照．

(13) Elisabeth Landes (1978) によれば，扶養料を禁止する州においては，扶養料に制限を課さない州と比べて，結婚率が統計的に有意に低く，また，結婚による子どもの出生率も有意に低い．さらに，扶養料の査定において有責性の考慮を禁止する州では，結婚率が低い．

(14) 再婚前に信託を設定しておくことは，一般的に，この問題の解決策として，より優れ，より安全な方法である．

(15) この点の分析については，一般的に Epstein (1984) を参照．

(16) 一方的な離婚を認める法制度は，現在の「破綻主義離婚法制」とだいたい対応している．破綻主義離婚法制は，1970年にキャリフォーニア州で初めて立法され，より穏健な制度としてではあるが，その後アメリカ合衆国の各州および西側諸国で広く採用されるようになっていった．Foster and Freed (1971, chapter 1), Lichtenstein (1985) を参照．

(17) この分野の第一人者としてニーリィ判事は次のように述べる．「あるエネルギッシュな男性が若いときにある女性と結婚したが，その後倦怠期を迎え，妻を重荷に感じるようになり，不幸になってしまったとする．他方，妻の方は子どものころから何ごとも運命として受け容れるように教えられてきており，現在の結婚生活に完全に満足していたとする．ほとんどの州に広まってきているリベラルな破綻主義離婚法制の下では，夫の側はこの状況において，扶養料ないし子どもの養育料支払という最低限の負担で人生をやり直すことができることになる．これに対し妻の側は，安定した家庭生活という社会の約束事を信じたばかりに，情緒的にも金銭的にも絶望的な事態に簡単

に陥ってしまうことになる」(Neely, 1979).

(18) 『アメリカ合衆国法律百科全書 (*American Jurisprudence*)』の第2版の結婚についての節（第52節）のどこにも，結婚関係に対する当事者の実体法上の義務についての言及が全くなされていない．配偶者の義務が登場してくるのは，離婚と別居についての部分（第24節）においてのみである．

《文献》

Austin, J. (1979), *Philosophical Paper*, 3rd edn., Oxford: Oxford University Press.

Babcock, B.A. (1978), *Sex Discrimination and the Law: Causes and Remedies*, Boston, MA: Little, Brown.

Becker, G., E. Landes, and R. Michael (1977), "An Economic Analysis of Marital Instability," *Journal of Political Economy*, 85, 1141-87.

Bernard, J. (1982), *The Future of Marriage*, New Haven, CT: Yale University Press.

Brossard, J.S. (1933), "The Age Factor in Marriage: A Philadelphia Study," *American Journal of Sociology*, 138, 219-224.

Carter, H. and C. Glick (1976), *Marriage and Divorce: A Social and Economic Study*, Cambridge, MA: Harvard University Press.

Clark, H. (1968), *Law and Domestic Relations*, St. Paul, MN: West Publishing Co.

Cohen, L.R. (1987), "Marriage, Divorce and Quasi Rents: or, 'I Gave Him the Best Years of My Life,'" *Journal of Legal Studies*, 16, 267-303.

—— (1995), "The Unnatural Family, and Women's Works," *Virginia Law Review*, 81, 2275-2303.

—— (1998), "Marriage as Contract," in P. Newman (ed.), *The New Palgrave Dictionary of Economics and the Law*, London: Macmillan.

Dawkins, R. (1976), *The Selfish Gene*, Oxford: Oxford University Press.

Dnes, A. (1998), "The Division of Marital Assets," *Journal of Law and Society*, 25, 336-364.

Edwards, P. (ed.) (1967), *Encyclopedia of Philosophy*, New York: Macmillan.

Epstein, R.A. (1984), "In Defense of the Contract at Will," *University of Chicago Law Review*, 51, 947-929.

Foster, H.H. and D. Freed (1971), *Family Law: Cases and Materials*, 3rd edn, Boston: Little, Brown.

Glick, P. and E. Landau (1950), "Age as a Factor in Marriage," *American Sociological Review*, 517-29.

Goode, W. (1965), *Women in Divorce*, Westport, CT: Greenwood Press.

Jacobson, P. (1959), *American Marriage and Divorce*, New York: Rinehard.

Klein, B., R. Crawford, and A. Alchian (1978), "Vertical Integration, Appropriable Rents, and the Competitive Contracting Process," *Journal of Law and Economics*, 21, 297-326.

Klein, B. and K. Leffler (1981), "The Role of Market Forces in Assuring Contractual Performance," *Journal of Political Economy*, 89, 615-41.

Landes, E. (1978), "Economics of Alimony," *Journal of Legal Studies*, 7, 35-9.

Lichtenstein, N.B. (1985), "Marital Misconduct and the Allocation of Financial Resources at Divorce: A Farewell to Fault," *UMKC Law Review*, 54 (1), 1-18.

Neely, R. (1979), "Marriage Contracts, for Better or for Worse Marital and Nonmarital Contracts," in J.M. Krauskopf (ed.), *Preventative Law for the Family*, Chicago Section on Family Law of the American Bar Association, 3-11.

Posner, R.A. (1981), *The Economics of Justice*, Cambridge, MA: Harvard University Press.

―― (1992), *Sex and Reason*, Cambridge MA: Harvard University Press.

Williamson, O. (1983), "Credible Commitments: Using Hostages to Support Exchange," *American Economic Review*, 73, 519-540.

第3章　結婚のコミットメントと離婚の法的規整

エリザベス・スコット
全員の共訳

はじめに

　結婚と離婚の規整において法がいかなる役割を果たすべきかはアメリカ合衆国において大変な議論の的となっている——それは，「文化戦争（Culture Wars）」と呼ばれるほどである（Hunter, 1991）．議論の一方にいるのは，離婚と不安定な家族関係を社会の衰退の大きな原因とみる保守派である．「家族の価値（family values）」を護持しようとする保守派は，いくらか非難がましい論調で，離婚理由として有責であることを再び要求し，離婚を制限して不満のある配偶者が身勝手に自らの責任を放棄できないようにしなければ，家族を救うことはできないと主張する．これに対して，リベラル派（自由主義者）たちは離婚に対する全ての制約に反対する傾向にある．それは，そのような制約によって家族関係の安定や子どもの福祉は達成されないという理由もあるが，より本質的にはおそらく，離婚への制約を個人の自由を抑圧する制約として問題にしているのであろう．
　保守派は最近，いくつかの州で婚姻契約法が導入されたことに力を得ている[1]．この婚姻契約法とは，従来の破綻主義離婚の場合よりも，より拘束力のある法的なコミットメントをすることを選択できるようにするものである．婚姻契約法を支持する人々はこの法律がより制限的な方向での離婚制度の改革，すなわち有責性を条件とする従来の法制度への回帰の一環であることを期待している．これに対してリベラル派は保守派が支持しているのとちょうど同じ理由から婚姻契約法に対して警戒心を抱いている．彼らは婚姻契約法

を個人の自由を揺るがす抑圧的な立法と見ており，リベラルな中核的価値と整合するのは，容易に婚姻関係を解消させることができるような規整だけであると信じている．

しかし，私のみるところでは，リベラル派も，保守派も，いずれも間違っている．この点は，婚姻契約法については特に，さらには，結婚の規整と離婚の制限における法の役割について一般的にも言うことができる．確かに，国家が結婚の安定を図るために一定の役割を果たすことはできる．しかし，その役割は婚姻関係を生涯続けるという夫婦の目的を手助けすることであるべきであり，保守派がしているように，社会の中の特定の集団の価値や選好を他の集団に押し付けるべきではない．ただ他方で，離婚をめぐる政策に関するリベラル派の間の一般的な議論に反して，結婚のコミットメントを法的に強制することは自由主義の諸原理と整合する．そして，逆説的であるが，容易に離婚を認める政策は，人生の目的を追求する個人の自由を揺るがすものにさえなりうるのである．契約法学者たちの間では一般的な認識となっているように，相互的な約束を法的に強制することは，拘束的なコミットメントをするという選択肢を与えるという点で，契約当事者の自由を拡張するものである (Scott and Leslie, 1997)．結婚においても，ビジネス契約の場合のように，法的なコミットメントは協力を促進し，結婚関係に対する投資を保護し，各当事者が結婚から得られる利益をいっそう充実させることができる．

結婚しようとしている男女は，生涯続く婚姻関係を形成しようとする努力の中で，手ごわい挑戦に遭遇する．離婚統計によれば，時間とともに結婚当初の献身と楽観主義は消えうせてしまう．人生はストレスと誘惑に満ちており，その道中，夫婦はその絆を弱める選択をしてしまう．そしてついに婚姻関係は崩壊してしまうだろう．現代の破綻主義離婚法の下では，当初のコミットメントには「拘束力がなく」，簡単に解消してしまうことが可能である (Schneider, 1984)．不満な配偶者に離婚を思いとどまらせるような法的制約は少ない．また，その不満が一過性のものではないと確かめられるだけの期間は結婚に留まるよう促す法的制約も少ない (Scott, 1990)．さらに，ほとんどの州の現行法の下では，男女が自発的に離婚を制約する契約を結ぶことによって，より拘束力のあるコミットメントをすることは認められていない．

本章では，この一世代ほどの間，離婚を規整していた法制度が，結婚を不

安定化させ，婚姻関係における目標を夫婦が達成することを難しくしてきたということを検討する．1960年代以降の家族法の改正のうち，いくつかは単に社会規範の発展を反映するものであり，結婚を初めとする親密な愛情関係についての現代的な通念を反映したものにすぎない．しかし，少なくとも3つの点で，家族法におけるこれらの改革は期せずして結婚において協力を促進する社会規範を弱め，夫婦が生涯を幸せに添い遂げることをより難しくしてきた．第一に，60年代の改革は，結婚のシグナリング機能を弱体化させた(Bishop, 1984; Trebilcock, 1999)．改革によって結婚における義務やコミットメントと同棲関係におけるそれとの明確な区別はもはや失われた．これは主に，大きなコストをかけずに不満な配偶者は婚姻関係から離脱できるようになったことによる．このことによって，結婚をするという決断はもはや両当事者が関係を持続させようと意図していることの明確なシグナルたりえなくなってしまったのである．第二に，離婚への障害を取り除く法改正は，期せずして有用な事前コミットメントを破壊してしまった．伝統的な離婚法は，欠陥があったにしろ，一時的な不満による離婚を思いとどまらせ，各配偶者に，持続的な関係のために長期的な目的を固持することを可能にしていた．事前コミットメントは離婚のコストを高め，結婚における協力を促すインフォーマルな社会規範を補強し，結婚の崩壊のリスクを減少させることができる (Scott, 1990)．第三に，破綻主義離婚は，他方の配偶者がいつでも別れることが容易にできる，ということを各当事者が知っている，という状態に置く点で，結婚のコミットメントを弱めてしまう．契約法の理論は，協力のための規範を補強する意味でも，違反に対する究極的な制裁としても，強制可能なコミットメントが重要であることを論証している (Scott and Scott, 1998)．

破綻主義離婚制度がもたらす大きなコストのいくつかは，法改正によって対処できるかもしれない．そのようなものとして，私はいくつかの現代的なコミットメントのための対案を提唱する．それらは，契約または立法による新たな結婚制度の創設によって実施できるものである．結婚というものの特性に鑑みれば，コミットメントの内容を当事者が決める自由に対してある程度の制約を課すことは望ましいが，コミットメントをする仕組みを上手に設計すれば，国による強制によらずに，伝統的な結婚のコミットメントの利点を回復することができる．近時の婚姻契約法は，この方向への動きとして期

待できる．但し，有責性を離婚の要件とする点（これまでの最近の立法に共通して見られる特徴）は，誤りだと私には思われる．その理由の1つは，離婚に有責性を再び要求するのは反動的な政策の嫌いがあり，多くの人々にとっては受け容れられないだろうからである．実際，改革の成功にとって大きな障害となったのは，支配服従関係的（階層的）なジェンダー［性］間の役割規範のような，伝統的な結婚の持つ現在では受け容れられない側面と結婚のコミットメントとが，歴史的に密接に関連したものとして捉えられてきたことである（Scott, 2000）．このハードルが乗り越えられたならば，契約結婚のような自発的コミットメントを可能にする選択肢によって，多くの人々にとって現行法の下でよりも，結婚に対する心理的なコミットメントと法的なコミットメントとがより近いものとなるであろう．（以上・西本健太郎訳）

1. なぜ結婚は失敗するのか

個々人が「幸せな人生（good life）」という目標を追求する上で，現代家族法は以前より格段に広範な自由を認めているにもかかわらず，多くの人々は幸せな結婚生活を送るという目的を果たし得ていないようである．若い人々が結婚を生涯続くものにしたいと熱望しており，また，ほとんどの人が自分達の結婚は永続するものと信じている，そのような一貫した調査結果が出ている（Baker and Emery, 1993; Eggars, 2000）．にもかかわらず，過去の世代の離婚統計を見ると結婚破綻や家族崩壊といった，がっかりするような状況となっている．なぜ，このように多くもの結婚が失敗するのであろうか．

結婚が失敗する原因は確かに様々であり，また複雑である．極めて単純化すれば，次の3類型によってほとんどの結婚の失敗を説明できよう．第一に，夫婦の片方あるいは双方が，どういった婚姻関係を期待しているかという点も含めて，相手方に対する不適当な情報や過大な情報を持ったことによって，その結婚そのものが当初から誤りであったかもしれないということである．ひとたび誤った情報を得てしまうと，結婚はその後，道険しきものとなる．第二は，時の流れとともに双方あるいは片方に根本的な変化が生じ，その結果として婚姻関係を継続できず，もはや価値や目標を共有できない状態となる場合である．第三の類型は下世話なものであり，エピソード的な証拠が示すように，第一や第二の類型と同じくらいよくよく見られるものである．す

なわち，多くの結婚は当初のコミットメントを維持できないがゆえに失敗する．夫婦はやがて，永続的な結婚という目標とは相容れないような眼前の誘惑に捕らわれた行動，あるいは徐々に（突然に）夫婦関係を壊してしまうような行動を選択してしまう．

第三の結婚の失敗についてさらに説明すれば，人々は婚姻関係を継続することによって見返りが生涯得られることをいつも認識していたとしても，必ずしもその目的に合致した行動をとるとは限らない，ということである．婚姻関係を維持することがもたらす見返りが迂遠なものと感じられることがあり，またそれは眼前の欲求や選好と両立しなかったりする．成功している婚姻関係においてさえも，配偶者は夫婦の関係を損なうような身勝手な行動をとりがちである．例えば，家族を犠牲にして仕事に没頭したり，他の異性と関係を持つようになったり，また家計や子どもたちをめぐって衝突したり，約束を破ったり倦怠感を感じたりすることは，協力均衡（cooperative equilibrium）の不安定を招く可能性がある．このような行動は相手方の報復，仲違い，結婚のコミットメントの衰退を招き，そして究極的に夫婦の関係を壊してしまうことになる．

生涯にわたって協力的な婚姻関係を維持する際に直面するこのような問題を考えると，なぜ結婚は失敗するのか，ではなく，なぜ結婚は成功するのか，というテーマの方がより興味深いように思われる．結婚に対するコミットメントや当事者の相性は決定的に重要であるが，同様に結婚における協力的行動を促す社会規範も重要である．他の論稿において，私は次のように主張した．すなわち，互酬性，利他主義，信頼，生涯にわたる誠実さ，そして貞節といった一連の「コミットメント規範（commitment norms）」によって結婚は規整されていると論じた（Scott, 2000）．これらの規範は，結婚生活において期待される行動を規定するとともに，婚姻関係という長期的でしかも親密な関係において相手方への協力を促す，という重要な機能を有する．このようなコミットメント規範は当事者の間で内面化され，コミュニティとともに彼ら自身によって，そして究極的には（虐待（abuse）といった主要な裏切的行為についてや，離婚に際しては）司法制度によって強制される．協力的な行動を形成・補強し，違反行動に対しては罰を与えるこのような規範が，結婚の安定性に大きく作用していると言える．（以上・佐藤通生訳）

2. 拘束的コミットメントと結婚の安定性

　法制度がどのようなものであれ，失敗する結婚はある．たとえば，若い男女が結婚し，その一方または双方がアイデンティティや価値観の著しい変化を経験すると，彼らの「変化後の自我」は全く根本的に相容れないものになるかもしれない (Parfit, 1973)．こういう場合には，離婚することが最善の選択かもしれない．しかし，法制度が結婚をコミットメントによって拘束された特別な関係として規定していれば，多くの男女にとって，一生涯をともにしたいという意思はさらに強められ，夫婦の協力を奨励する結婚規範も強められる．つまり，コミットメントを法的に強制することは，婚姻関係が破綻するリスクを縮減できる．本節で私は，拘束的コミットメントが，シグナルとして，事前コミットメント (precommitment) として，さらには契約として機能することによって，婚姻関係を継続させる上で重要となる理由を説明したい．

シグナルとしての結婚

　結婚と離婚に対して，よく理解された婚姻関係上の義務と強制可能な規制とが課されるといった場合のように，結婚の社会的および法的意味が明確であるならば，結婚するという意思決定は，真摯な結婚の意思と，夫婦としての重いコミットメントを引き受けたいという望みとをシグナルとして送ることになる．実際，これから結婚する男女は，深くコミットした人だけが選びうる関係，すなわち夫婦という関係に入る準備ができていることを，お互いに（そして世間に対して）アナウンスしていることになる．なぜなら，婚姻関係には諸々の義務がついてまわり，行動は制約され，コストがかかるからである．

　このシグナリング機能は夫婦の協力を促し，婚姻関係を安定化させるようないくつかの働きをする (Bishop, 1984; Trebilcock, 1999)．第一に，シグナリング機能によって，結婚したいという同じ意思をもった人間がお互いを良い配偶者候補だと見なし合えるようになるため，最適マッチングが促される．愛情が深まっていなければ，結婚には踏み切らない．結婚して失敗したら，非常に高くつくおそれがあるからだ．かくして，愛し合う者同士は，結婚す

るという明確なシグナルを送ることによって，自分の意思についてお互いに正確な情報を伝えあうことができ，相手にその気があると誤解して結婚するリスクを縮減できる．また，結婚していることによって，別の相手とは結婚できないこと，したがって，好きだからといって追いかけられても困ることを，コミュニティ（世間）にシグナルとして伝えることもできる．

さらに，結婚とは拘束的な義務を負う関係に立つことだと周囲の人々がはっきり理解していれば，コミットメント規範を守らないときには，周囲がそれを強制することが促される．このことによって，相手への裏切りが防止され，婚姻関係はいっそう安定したものとなる．最後に，結婚していることで周囲の評判は高まりうる．なぜなら，結婚していることは，その夫婦が信頼できる人間であること，世間一般の価値観に従っていることを示すからである．既婚者は，自分たちが諸々の義務や長期的なコミットメントを引き受ける覚悟のある「良いタイプ」であるというシグナルを送っている（Posner, 1999）．この評判のもたらす利益によって，夫婦がその役割規範によって期待される行動をとることが促され，コミットメント規範は強化される．他方で，協力均衡を損なうおそれのある行為はとりにくくなる．

伝統的な法制度の下では，結婚は有効なシグナルだった．結婚しているか否かという法的な境界ははっきりしており，結婚していれば明確な義務と権利とがついてまわり，離婚をするには法的なハードルがあった．これらのために，結婚のもつ明確な社会的意味はさらに強められた．結婚という契約の内容はかなりの程度まで国家によって規定され，当事者が法的関係をカスタマイズすることはほとんどできなかった．この結果，伝統型の結婚の法的枠組みは，最終的には夫婦間の協力関係を掘り崩し，改正を導いた欠陥があったとは言うものの，夫婦の協力を促進するにあたっておおむね有効に機能してきた．

事前コミットメントとしての結婚

私は先ほどから，人々が長期的な目標や計画とは矛盾する近視眼的な選好に基づいて選択を行う傾向があるために，多くの結婚が失敗することを示唆してきた．一時的な選好に基づいて選択を行うことによって重要な目的達成に失敗するという事態は他にもたくさんあるが，上記のように考えると，婚

姻関係の破綻もそれらとまったく同じ状況であることが分かる．たとえば，ダイエットしたいとか，アルコールはホドホドにしたいとか，新居購入のために貯金したいといった欲求を満たすには，遠い将来の目標以上に抗いがたい魅力をもつ直近の快楽を犠牲にしなければならないことがしばしばある．心理学者や経済学者は一般に，人が長期的な選好とは矛盾した選択を行う性向をもつ原因を，将来を割り引いて考える傾向に帰している．このために，長期的な選好は目前の欲求と比べて低く評価されてしまうのだ（Strotz, 1955-6; Ainslie, 1975）．日常生活の中では，人々はこの選好矛盾の問題を事前コミットメントというメカニズムを用いて解決している．これは，自分では避けたいと思っている近視眼的選択（チョコレートケーキを食べる）を自分で罰するか，あるいは，目標達成（10ポンド痩せた）にはごほうびを与える，という自己管理戦略である（Schelling, 1984; Elster, 1979）．いわば強制できるムチまたはアメを事前に設定しておくことによって，当初のコミットメントを強化し，一時の魅力的な誘惑に流されるリスクを縮減しているのである．

　結婚とダイエットを結びつけて考えるこのアナロジーには，一見やや無理があるようにみえるかもしれない．だが，離婚に法的なハードルをおくことは，他の領域における事前コミットメントと同じように機能する可能性がある．なぜなら，離婚がしにくいならば，結婚するという当初のコミットメントは強められ，婚姻関係を損なう選択をしにくくなるからである．この種の事前コミットメントは，最も直接的には，婚姻関係に不満のある方の配偶者が下す離婚の決断に影響を与える可能性がある．たとえば，婚姻契約が認められている法域（州や国家など）で，婚姻契約を選択した男女がいたとしよう．もし妻が結婚生活に不満をもったとしても，彼女は夫の有責性を立証するか，あるいは2年間（非有責配偶者との離婚に必要な別居期間）という待機期間を経なければ，離婚ができないのである．つまり，これから結婚しようとする男女は，婚姻契約を選択することにより，その結婚を解消するにあたって負担を支払うことに同意していることになる．そうした負担の引き受けによって離婚のコストが増大し，婚姻関係を続けるコストが離婚のコストを上回る可能性がそれだけ低くなるので，離婚の可能性は小さくなる．要するに，事前コミットメントという負担があれば，結婚生活の継続と離婚との各々の費用と便益とを計算する際に，婚姻関係を続けさせる力になる．たと

え離婚をすることの便益が（そして結婚を続ける費用が）一時的な欲求に左右されそうになっても，離婚に法的なハードルがあることによって，婚姻関係を続けるという自分の最終的な（そして一貫した）目標と矛盾する決断は，阻止されるであろう．事前コミットメント理論は，離婚したいという一時的な選好がやがては消えてゆき，婚姻関係を続けている満足感が再び湧き上がってくるであろうと仮定している（Scott, 1990）．

　離婚にコストを課す事前コミットメントは，その種の事前コミットメントを行った当事者の態度に影響を与えることによって，婚姻関係を安定させることもありうる．事前コミットメントが婚姻中の男女の行動にも引き続いて微妙な形で影響を与えるからである．第一に，既に指摘したように，拘束的コミットメントを引き受けるという決断は，夫婦になるという男女の意思の真剣さをシグナルとして送る．しかも，その男女は離婚が容易ではないと分かっているので，協力均衡を損なう短期的選好を追い求めたいという誘惑をよりよく退けられるであろう（Scott, 1990）．また，事前コミットメントに拘束された婚姻が簡単に解消できないと分かっていれば，結婚生活が困難な時期を迎えても，自分たちが当初は協力しあう意思をもっていたことを忘れることは，より少なくなるだろう．さらに，彼らは離婚というコストのかかる決断につながりかねない選択を回避するために，コミットメント規範に具体化された行動の期待にもっと従うようになるだろう．こうした夫婦の日常的な態度は，次のように言い表せるかもしれない．「私たちはこの婚姻関係を続けるというコミットメントをしたのです．簡単に別れるわけにはいきません．夫婦で一緒にいなくっちゃならない以上，ベストの関係にした方がいいに決まってるでしょう．」これはロマンティックには響かないかもしれない．しかし，「ずっと夫婦で一緒に」いることこそ，夫婦の共通の目的であることを思い出していただきたい．

　伝統的な婚姻法は，法的な事前コミットメントを生み出してきた．そうした事前コミットメントは，生涯をともに送るつもりで結婚した人々の真摯な意思をさらに強めるものであったと言える．離婚は相手方配偶者の有責性を立証するか，あるいは（国によっては）長期間の別居後にはじめて認められた．こうした法制度の下では，時がたてば消えるかもしれない日常的なストレスや不満を理由に婚姻関係を解消することはできなかった．もっとも，本

当に不幸な当事者であれば，結婚生活を終わらせることができた．しかし，離婚をするという選択は（離婚の際の法的なハードルのせいで）一般に，長く慎重に考え抜いた末にようやく決断されるほどにはコストのかかる選択であった．事前コミットメント理論から言えるのは，こうした場合には，個人の長期的選好は変化してしまっているから，離婚することはおそらく正しい判断であろうということである．（以上・長谷川貴陽史訳）

契約としての結婚

　結婚への法的なコミットメントは，自己管理戦略以上のものである．それはまた配偶者間に互恵的な義務を課すからである．夫婦が正式な契約を通じてコミットメントを引き受けようが，あるいは強制的な義務を課し離婚を制限する法制度の下で結婚しようが，各配偶者は相手方も束縛されるがゆえに利益を受ける．

　この点で，他の状況の下での契約の利益を検討することは有益である．なぜならば，契約の利益は結婚においても同様に生じるものであるからである．当事者達は，自分達自身の目的を達成するために他者の協力が必要なときに契約を結ぶ（Scott & Leslie, 1997）．したがって当事者達は，契約を結ぶことによりもたらされる共同利益が，各自がそれぞれ達成できるであろう利益の単純和を凌駕することを信じるがゆえに，将来の自由を放棄するのである．各当事者は，相手の約束した将来の協力を当てにすることができ，相手が万一心変わりして裏切ったとしても，自分自身の行動は決して無駄にならないと確信できる．当事者達は，契約の法的強制が必要となることなどないだろうと考えるのが通常かもしれないが，契約の法的強制は彼らの投資に対し保証を与えるものである．この保証がなければ当事者達は，協力が利益をもたらすであろうと信じるにしても，結婚というリスクを引き受けることには消極的になるかもしれない．

　相互強制可能なコミットメントの利益は，結婚という契約にも同様にあてはまる．各配偶者は，相手が将来結婚から逃げ出す自由を制限する法的拘束力のあるコミットメントを既に引き受けているという確信があるときに結婚に入る．非公式なメカニズムが結婚規範の主要な違反の防止に効果がない場合にも，当事者達には法的な強制が可能である．この法的強制可能性の認識

自体が変節を予防し，相互信頼を強め，時間，エネルギー，感情その他資源の結婚への投資を奨励する．実際多くの人々にとって，拘束的コミットメントによって可能となる水準の信頼があってはじめて，結婚を成功させるに必要なだけの相互依存関係が成立する．もしそうでなければ，配偶者が結婚に対しひたむきに投資する傾向がより低下するかもしれない．なぜなら，法的強制可能性がなければ，各自は相手が自由に結婚から逃げ出すことができ，婚姻関係維持のための投資が無駄になるかもしれないと自覚するからである．結婚に法的強制可能性がないこのような状況下では，各配偶者が将来の相手の裏切りに備えるようになるため，結婚はより貧弱な（そしてより安定性を欠く）関係になる．

　伝統的な家族法の下では，各配偶者は相手が結婚に拘束されることを認識していたがゆえに，両者とも契約上のコミットメントの保証を享受できた．婚姻関係に入ることにより，両者とも自己の将来の自由を制限し，結婚という契約の違反（有責主義離婚法制という形態において）に対しては制裁が課せられることに同意したことになる．これらの制約は，結婚への投資に対する保証を提供し，結婚における協力を増進させるものであった．したがって，伝統的な法的結婚は，他の契約状況において拘束力のあるコミットメントがもつ多くの利益を同様にもたらすものであった．

伝統法と結婚規範

　伝統法の下での離婚に関する制約は，非公式な強制メカニズムを法的強制によって強化することにより，結婚における協調的行為を奨励する社会規範を強めた．離婚に対する有責事由——不貞，遺棄，身体的な虐待行為の禁止——は婚姻のコミットメント規範の違反者を罰し，配偶者や地域社会によって負わされる制裁を強化した．離婚は，しばしば屈辱的な社会的制裁と金銭的費用を伴うことにより多くの配偶者が越えることを躊躇させる敷居を形成し，それゆえに結婚規範を強化する複雑な仕組みの強力な外枠の役割を果たした．さらに有責事由の内容はともかくとして，離婚法が婚姻関係の解消に重大な障害を設けたという事実そのものが，各配偶者に対し結婚は生涯にわたるコミットメントであることを強調し，結婚における誠実規範（Scott, 2000）を補強するものであった．一般的に伝統的な家族法の下での結婚に関

する法的,規範的規制は,結婚における義務を強制し協力を推進させるように機能する,一貫性がありかつ相互に強めあう仕組みを形成した.

この望ましい効果にもかかわらず,私は伝統的結婚およびそれを支える法制度へ復帰することには消極的である.伝統法の下では,当事者達は結婚という契約を自分達の希望に合わせる自由はなく,生涯にわたるコミットメントが唯一の選択肢であったことを思い起こすことは重要である.結婚とは,「取るか蹴るか」ベースで国家により限定されたオール・オア・ナッシング型の選択肢であり,それゆえにビジネス契約とは大いに異なり,現代の自由主義的(リベラル)な価値観とは相容れないものであった.

伝統的結婚は,次に述べるもう1つの意味でも現代の価値観と矛盾するものであった.婚姻関係は(利益的な)コミットメント規範によってのみでなく,夫と妻の役割を定義する差別的なジェンダー規範によっても規整されていた.婚姻に伴う多くの規範は夫と妻に別々に適用され,既婚女性は経済的,社会的および法律的に彼女らの夫に劣後しかつ依存していた.結婚のコミットメント義務(不貞禁止のような)でさえ,妻の側の裏切の方を夫の場合よりも厳しく罰することにより夫と比べ妻により多くの制約を課していた(Scott, 2000).時とともに,ジェンダー規範とコミットメント規範は,法的規制の厳格な枠組みの中に複雑に織り込まれてきた(あるいは「抱き合わせ」されてきた).

1つ前の世代において,平等主義的なジェンダー規範が出現したことにより,この法的枠組みの多くの部分が既に誰にも省みられないものとなっている.しかしながら次の節で述べるように,良かれと思ってなされた法的改革が,現代の夫婦の目標と価値観にもよく適合する伝統法の望ましい側面をも,図らずも犠牲にしてしまったという事実がある.(以上・森谷尚訳)

3. 現代法における結婚のコミットメント

離婚法の改革

1960年代以降比較的短い期間に,伝統的な結婚を形作っていた法的枠組みが劇的な変容を受けた.この変容のいくつかはジェンダー間(男女間)平等へ向けての社会の変化を反映したものである.すなわち,婚姻関係における

差別的で区分けされた性役割を助長するような法は，一貫して廃止されてきた．家族法の改革もまた，コミットメント規範の変容を反映している．ほとんどの現代人にとって，結婚の生涯にわたるコミットメントは，相手方配偶者による行動規範遵守を条件とするものであるのみならず（伝統法における有責主義），結婚のもたらす個人的な満足の程度をも条件とするものとなっている．さらに，結婚という契約の内容および関係解消の要件を，国家が強制的に決定して命じるという考え方は，プライヴァシー尊重と自己決定という現代の規範原則と両立しないものとなっている．

ジェンダー間（男女間）平等を促進するという，我々の前の世代の野心的な法制度改革ならびに社会改革に比べると，1960年代から1970年代にかけての破綻主義離婚への改革は，当然の既定方針として扱われたものであり，比較的控えめな目標であったと言える．改革推進者たちは，有責主義の廃止によって離婚手続きの当事者対立主義的な色彩が減殺され，離婚手続きの信頼性が守られると信じていた．なぜなら，離婚手続きの信頼性は，有責主義の下では，結婚の解消を望む点で合意できている夫婦の間の談合によって損なわれていたからである（Jacob 1988）．改革推進者たちは，夫婦関係の破綻を根拠に離婚は認められるべきであるという認識を広めようと努めた．当初の改正法においては長期の別居または回復不能な破綻を根拠として離婚が認められ，しかも，これらの事由は裁判所の認定または当事者自身による同意で決定された．しかし，時代を経るとともに，ほとんど全ての制限は廃止され，離婚は自由に達成されるものとなった．

この法改正の控えめな目標にもかかわらず，離婚の法的規整は劇的な変化を受けた．改革の結果，結婚のコミットメントに対する法的強制は廃止され，婚姻関係を規整する権限は国家から個々の配偶者に移転された．比較的短期間で法規範は，迅速で，容易で，一方的な離婚を認めるようになり，そのような法規範は，結婚上の義務の「効率的な」解消を促進するように財産分配と配偶者扶養料（spousal support）を規整する政策によって補強されている．結婚は今や機能的には一方当事者の意思によって自由に解消できるような契約にすぎないものとなっているのである．しかも，伝統法におけるような国家による強制の正当性を否定したことによって，立法者は婚姻契約の法的強制はいかなるものであれ正当化できないものであると判断したように見える．

こうして，離婚を制限して結婚のコミットメントを強化するような契約による自発的な合意（婚姻契約）を，現代のほとんどの裁判所は強制しようとはしなくなっているが (Haas, 1988, Rasmusen & Stake, 1998)，これは結婚に対する現代の規整のリベラル（自由主義的）な原理と両立しない興味深い対応というべきである．なお，ごく最近になると，いくつかの州では婚姻契約法を導入して，夫婦には法的に拘束力のあるコミットメントをするという選択肢が認められるようになっている．

結婚のコミットメントについての改革の影響

　破綻主義離婚法は，伝統法における法的規整を，コミットメントの現代的考え方にあわせて修正しただけというより，はるかに大きな改革である．離婚に対する伝統的な制約条件を取り去ることによって，しかも，現代の価値観により合致するようなコミットメントのメカニズムをそれと代替しなかったことによって，立法者たちは図らずも結婚のコミットメントと安定性とを弱体化させてしまった．改革そのものは，気軽なコミットメントとしての結婚という従前と劇的に異なる結婚観を採用しようとしたものではなかった．そして，ほとんどの人々は結婚をそのようなものと見たわけでもない．それにもかかわらず，現代の法体制が提示する結婚とはそのような気軽なコミットメントなのであり，気安く婚姻関係を解消することを助長する一方で，婚姻関係についての契約によるコミットメント強化を抑止するものとなっている．婚姻契約法を導入した州を除けば，結婚しようとしている男女は，生涯にわたる誠実さと貞節とを誓い合うが，この誓約は制裁なしに撤回することができるのである．このような説明は，多くの人々の抱いている結婚観，すなわち相互的コミットメントと相互的義務という結婚観とは背馳するものである．

　コミットメントの法的強制がどのように結婚の安定性を高めるかについての前述の議論によれば，現代の離婚法が，結婚の成功を求める夫婦の努力を台無しにしうるものとなっていることが理解されよう．結婚に対する法の規制緩和は，シグナルとしての結婚の有効性を大きく減殺している．婚姻関係において協力し合う意思を貫こうとする配偶者たちを支援するような事前のコミットメント・メカニズムとしての役割も，法の規制緩和は放棄している．

最後に，相互に拘束的なコミットメントによって，コストがかかり，しかも，ある程度不確実なプロジェクトである結婚に対する投資が，相手方配偶者の裏切りによって台無しになってしまわないように，結婚当事者が保証し合おうとすることが，もはやできなくなっているのである．我々の前の世代が行った離婚法の改革の総合的な影響は，結婚における協力を促進するようなコミットメント規範を台無しにするということであった．

結婚するという意思決定はもはや，明確な役割期待によって規定される夫婦関係を生涯続ける，という真摯なコミットメントのシグナルとはならなくなっている．離婚（ないし結婚上の諸義務の不履行）はもはやさしたる重大なコストを伴わなくなっているので，真摯なコミットメントの意思のある当事者も，もっと刹那的で軽い関係を求めるだけの当事者も，ともに結婚という形式を選択することが合理的となっている．こうして，婚姻関係を生涯続けようとする人々は，そのような真摯な意思を明確にシグナルすることが困難となっており，また，配偶者としての候補者が真摯な意思を持っているか否か判断しにくくなっている．コミットメントへの志向が異なる人々が，ひとくくりになって同じシグナルを出すこと（一括均衡）によって，結婚市場におけるミスマッチの非効率が発生する可能性を高めている（Trebilcock, 1999）．さらに，このように，ひとくくりになって同じシグナルを全員が出すという現象（一括均衡）のために，今日においては，婚姻関係に入ろうとしている人々が，伝統的な結婚法制の下でと同じ義務や役割期待を引き受けようとしているのか否かが，はっきりしなくなってきている．こうして，既に他人の配偶者となっている者が，さらに自分との性的関係の対象となりうるのか否か，第三者が誤解をしてしまったり，ある人の行動が配偶者として非難されるべきものか否か，コミュニティの構成員が判断できなかったりするようになってきている．

現代結婚法によって，離婚に対する制約が廃止されたことのもう1つの影響は，法的強制の持つ事前コミットメントとしての機能が，婚姻関係を生涯続けることに長期的な利益を有するタイプの配偶者にとっては失われてしまったということである．今や離婚は常に実行可能な選択肢となったので，婚姻関係の安定性と持続性は，婚姻関係が常時満足をもたらすか否か（他の代替的選択肢よりも大きな満足をもたらすか否か）にかかっており，また，婚

姻関係へのコミットメントの中で生じる一時的な気持ちの揺れ（よろめき）に対する緩衝装置がより少なくなっている．さらに，離婚に対する障害が有していた婚姻関係内行動への安定化機能が現代結婚法の下では失われてしまったので，その結果，配偶者間の相互行為の協力的な関係パタンを維持すること（およびそこからずれた際に復帰すること）が以前よりも困難となっている．配偶者間の相互行為のダイナミクスは，ときとして激烈となりえ，紛争はエスカレートして報復合戦のパタンに陥り，関係の解消，すなわち離婚が常に選択肢として現実的なものである場合には，緊張緩和の方向へ紛争を逆転させることがより困難となるであろう．これに対し，既に指摘したように，伝統的な婚姻関係においては関係の解消すなわち離婚が困難であったので，そのことを自覚して結婚当事者たちが破壊的行動を回避するように導いたであろう．

　契約の有する利点のほとんどは，現代離婚法の下では失われてしまった．人々が非公式の関係，すなわち同棲や内縁よりも結婚の方を選択することの1つの理由は，相手の側のコミットメントについてより信頼できるようにしたいためである(Scott & Scott, 1998)．配偶者それぞれにとって，現代の結婚は伝統的な結婚よりもリスクの高い関係（ないし，ビジネス契約よりもリスクの高い関係）となっている．それは，婚姻関係が法的強制による保護の対象とならなくなったからである．結婚が失敗すれば重大な損失を蒙るであろうこと，および，相手方からの協力の継続を期待できないことを，配偶者たちは認識するようになっている．このことから容易に予測されるように，配偶者は婚姻関係に対して最適よりも少ない投資しかしなくなるとともに，配偶者間の信頼や相互依存性のレヴェルはより低いものとなる．これら一切から，現代法の下での結婚は，満足度や安定性の点でより劣ったものとなってきている．

　破綻主義離婚への改革は，不幸な配偶者を見込みのない婚姻関係の桎梏から解き放つという正当な目的を実現しようとするものであった．しかしながら，同時に現代離婚法は，コミットメント規範を法がバックアップしていれば，結婚の目標を当事者が実現することを支援できたような婚姻関係を不安定化させてしまった．婚姻関係の法的強制を廃止したことで，相手の義務違反に対して当事者たちには，非公式のメカニズムしか利用できなくなった．

しかし非公式のメカニズムの科す制裁は時として不適切なものとなる．コミットメント規範の違反を抑止するために法的強制が利用可能であったなら，婚姻関係の危機も乗り越えることができたような夫婦も，結婚に失敗せざるを得ないようになったのである．こうして，時代遅れのニュアンスを持つようになった伝統的な結婚のコミットメントを正そうとする努力の中で，法改革は，多くの夫婦にとって相互に有益な協力関係を促進する有益なメカニズムを心ならずも破壊してしまったというわけである．

　法的規整が婚姻関係にもたらす不安定化作用は，子どものいる家庭が影響を蒙る場合にはとりわけ大きなコストを惹起する．離婚がますます一般化するようになってからこの方，社会科学者たちは子どもの発育と成長に生じる離婚の影響を慎重に調査してきている．それらの研究が一貫して明らかにしたことは，ほとんどの子どもにとって離婚は，将来の社会関係の形成能力，教育上および職業上の達成度，および，心理的な満足度のいずれの点でも悪い影響を与える，というものである（Scott, 1990; Amato & Booth, 1997）．こうして，破綻主義への改革時の理由付け，すなわち，不幸な両親は離婚した方が子どもは幸福になるのだ，という理由付けはもはや維持できそうもない．両親の間の紛争のレヴェルが激烈なものでもない限り，不幸な両親でも結婚を維持し続けた方が子どもはより幸福であるのが一般的なのである（Amato & Booth, 1997; Emery, 1982）．これらの研究成果の示唆するものは，子どものいる家庭というものは，配偶者の利益を超えた社会的効用を持っているらしいということである．（以上・太田勝造訳）

4. コミットメント選択肢——改革の見通し

　結婚や離婚をとりまく社会的状況と法的な状況がアメリカ合衆国において変わってきているが，それはおそらく離婚が子どもたちに与える有害な影響について徐々に認識されるようになってきているためだろう．近年，立法者は離婚しようとする当事者に家族としての義務を課すのにますます乗り気であることを表明するようになっている．子どもの養育費の支払強制を強化する法律や，配偶者への扶養のより実質的な強制に向けての（試験的な）動きによって示されるのは，結婚における義務の法的な強制へと公的な態度が変わりつつあるということである（アメリカ法律協会（ALI），1999, Scott &

Scott, 1998). 最近の婚姻契約法もまた，結婚のコミットメントをより手厚く扱う方向を反映しており，これは結婚しようとする現代の男女は法的コミットメントの選択肢を強く望むという認識を反映している．その上，統一婚前婚姻契約法（Uniform Premarital Agreement Act）は，これは多くの州において結婚前の契約の規整に関するモデル法となるものであるが，この統一法は結婚前の契約を奨励し，（離婚しにくくするような）コミットメント契約を禁止しないものである．こうした契約を強制することに対する抵抗感の多くは，理論的なものというよりは，心理的なものであるだろうし，結婚や離婚に対する態度が変化するにつれて，少なくなっていくだろう．

しかしながら，結婚の当事者が選ぶであろう（結婚における）法的コミットメントの選択肢の形式と実質について，多くの問題が解決されていない．次の節ではそれらの問題について取り扱いたい．

結婚コミットメントの選択肢の法的構造化

婚姻関係に入り始める男女は次の2つの方法のうち，1つの方法で法的コミットメントを引き受ける．第一には，当事者は，自由に交渉して，あるいは標準的な契約の書式を使って，結婚前の合意を締結することができる．第二に，立法者もまた，その他の代替的結婚制度を創り出すことができる．それによって当事者たちは，コミットメントの水準を自ら決定し，自分たちの望んだ婚姻上の関係を獲得するために必要な手続きに従うことになる．最近の婚姻契約法は2番目の方法を具体化している．これらのうちどちらの方法もそれぞれよいところがあるのだが，2番目の方法がより広く利用されそうである（ただし，一定の条件の下でのことである．その条件については，本章の終わりで検討する）．

結婚前の合意

すでに示したように，多くのアメリカ合衆国の州において，コミットメント合意の法的強制は，通常の契約原理によって可能であり，そのための法原理上の革新は必要とされない．これらの契約は当然のように強制される．もちろん，詐欺，強迫，非良心性などの通常の契約法理における抗弁があれば強制を免れる．また，裁判所は，コミットメント契約が公序良俗に反すると

判断すれば強制を拒否することができる．この場合の公序良俗違反としては，離婚に対する過度の制約などがありうるが，これについてはすぐ後で再び触れる．契約自由の原則は，当事者が自分たちの目標を最もよく反映した，オーダーメイドのコミットメント条項を自由に交渉して作れるならば，十分に守られていると言えるだろう．しかしながら標準契約書式が特にこの場合には役立つだろう．契約書式によって，結婚しようとしている当事者は，様々な契約の制限条項の有効性や，結婚当事者たちが予期しないだろうコストおよび偶発的事態についての他の人々の熟慮や経験の集積のもたらす利益を享受することができるからである．つまり契約書式は最も効果的で有益なコミットメント条項を含みうるのである．

結婚前のコミットメント契約は，当事者たちが契約してはじめて利益をもたらすものになる．しかも，たいていの当事者たちは結婚前の合意を強制しない．したがって，もし当事者たちが法的コミットメントの価値を認識しないならば，結婚の安定性を促進するこの方法の実用性は極めて限られたものになってしまうだろう．こうした認識は教育プログラム，広報活動，および，結婚前のカウンセリング等を通じて喚起される．もし結婚に関するコミットメント契約が社会的に有用性ありと考えられているなら，実質的なコミットメントを含む合意を履行する当事者たちに税制上の優遇をすることなど，国家はコミットメント契約の利用への動機づけを高める方策を立てることもできるだろう．国家はまた，結婚許可証が得られたときの当事者に結婚前の契約の書式を付与し，さらに，結婚前の契約が与えてくれるだろう利益についてのアドヴァイスを新夫婦に提供することもできよう．もちろん，そのような政策は，結婚しようとする当事者が，多様な結婚形態の中から選べるという制度ととてもよく似ている．このような代替的な結婚制度こそ次に検討するアプローチである．

代替的な結婚制度

婚姻契約法は，代替的結婚制度を通じて結婚におけるコミットメントを促進する実験の1つを代表するものである．婚姻契約モデルにおいては，結婚しようとしている当事者たちは，自分たちの計画や目的に応じて，婚姻契約と破綻主義離婚法の適用される結婚との間で選択することができる（理論的

にはこの選択は，結婚形態のより大きなメニューの中から行われうるが，それほど創造性に富む国は現実にはどこにもない）．婚姻契約の方法を選んだ人たちは結婚前にカウンセリングを受ける必要がある．そして（いくつかの法律においては）離婚の前にも然りである．離婚は相手の有責性を根拠にするか，長期の（すなわち2年間の）別居の後でのみ，可能である．このように，自分達のコミットメントの程度が幾分低い男女は破綻主義離婚法の規律する結婚（「簡単な出口」のあるプラン）を選び，自分たちのコミットメントの法的強制を望む当事者は婚姻契約を選ぶことができる．

　婚姻契約モデルは現行法の下で可能なものとは異なるコミットメント条項を可能にする．この立法は代替的結婚制度を提供する政策のための枠組み（フレームワーク）となるものである．（結婚する当事者の）コミットメント義務を容易にするこのアプローチはいくつか強調されるべき魅力的な点がある．まず第一に，離婚に有責性を要求する伝統的な法律への回帰を主張する保守的な改革者の提案と比べて，婚姻契約は当事者による自発的な選択である．当事者には，離婚の制限に服することなく結婚することもできるのである．このように，婚姻契約アプローチは性を含む親密な関係への国家の強制的な規整の要素を含まないので，自律性やプライヴァシーといった現代的価値と矛盾しないのである（実際のところ，婚姻契約制度は機能的には次のような契約上のアプローチと同等である．すなわち，契約当事者たちが，様々なレヴェルのコミットメント条項による多様な標準契約書式の中から選択するというアプローチと同等である）．さらに2つ目には，婚姻契約法は情報の開示を強いる機能を持つ．そしてそのことはより良い夫婦の組合せを促進する．結婚する当事者に結婚上のコミットメントに関する2つの選択肢を提供することによって，婚姻契約を含む法制度は（当事者たちの）コミュニケーションを促進し，その中で当事者たちは結婚選択肢について注意深く考慮し，自分たちの結婚の意思の内容を明らかにしていくよう促される．最後に3つ目には，婚姻契約制度は，当事者たちが自由に結婚前の合意をするのを許可する政策に比べていくつかの優越する点がある．当事者たちは結婚におけるコミットメントの選択肢について熟慮し，選択をするよう導かれる．そして，このようにして，より多くの当事者たちがコミットメントを引き受けることになるだろう．その上，婚姻契約の条項について立法手続きにおいて

審議する方が，当事者たちが道案内なしに自分たちだけで合意をするよりも，最適な婚姻契約における義務条項によりよく到達できるであろう．この見地からすると，婚姻契約は，権威ある機関の許可というお墨付きのある標準契約書式に似てくるのである．

コミットメントの実質的な条項

　理論的には，離婚に対して制裁を科すどんな仕組みでも，両当事者の利益となるような結婚におけるコミットメントを強化するように機能する．契約自由を重んじる制度によって，当事者たちは自分たちの特定の目的や状況にあったオーダーメイドの義務をつくりだすかなりの自由裁量を得るだろう．しかしながら，特に役立つと見えるコミットメント条項もあれば，当事者が予想せず，かつ，生じる利益を超える有害な影響を与えるおそれがあるコミットメント条項もある．以下では，結婚に対する最適規整としての，離婚や再婚の前の強制的待機期間の制度の利益について特に焦点を当てて，いくつかの有益なコミットメント条項を提示したい．その上で，望ましくない効果を与えそうな離婚に対するいくつかの制限規定を示したい．意外に感じる読者もいるかもしれないが，私は有責主義の復活に対して反対であると主張したい．かつて有責主義は結婚を安定させる目的に役立ったのであろうにもかかわらずである．私はここを警告的な覚え書きで終わらせたい．すなわち，当事者の契約自由に対するパターナリスティックな制限は，結婚と離婚の局面における意思決定に影響を与えるであろう認知的なバイアスの存在ゆえに，この文脈においては正当化されうるであろうということである．（以上・三村智和訳）

事前コミットメントによる有益な制約

●家族財産トラストと「スーパー・サポート（*super-support*）」　「子どもが小さい間は，離婚後にすべてまたはほとんどの夫婦財産を信託に供する」という取決には2つの機能がある．1つは離婚を思いとどまらせる機能であり，もう1つは離婚になった場合に子どもの生計を保証する機能である（Glendon, 1984）．同様に，高いレヴェルでの子どもの扶養義務を定めた条項を置いておくと（これは将来の家族に対する責任を理由として緩和することはで

きない），結婚から生ずる義務が離婚によって全部清算されるわけではないことが明確になり，家族から抜け出すという選択肢を魅力のないものにする．多くの配偶者は，親としての自分たちの役割を結婚の時点で既に理解しており，子どもができれば自分たちはその子どもの利益を第一に考えて行動するだろうと当然に想定するものである．そして，彼らは親としての役割には重い責任が伴うことを認識し，かつ，自分たちはその重責を喜んで引き受けようとするのである．それゆえ，これから結婚しようという「事前」の段階においては，自分たちの子どものためになる離婚のコストを喜んで引き受けようと多くの人は考えるだろう．たいていの親たちは，いざ離婚という段になってはじめて，子どもの利害が自分たちの利害と衝突することに気づく．

すでに示唆した通り，合衆国の多くの州では子の扶養義務に関する法律が改正され，以前と比べて子ども側のニーズに重きが置かれ，大人側の自由が（いくぶんは）軽視されるようになった．家族に対する責務から逃れられないために重大な（しかも継続的な）経済的ペナルティが離婚の決定に伴うとすれば，離婚を考えている親（や配偶者）はより慎重に意思決定を行うかもしれない．

●結婚前・離婚前のカウンセリング　いくつかの州で最近定められた婚姻契約法は，結婚前や離婚前のカウンセリングを義務づけている．結婚前のカウンセリングは，結婚の決定に際して熟考するように促しうる．離婚の申立てを行う前に心理カウンセリングの期間をとるように規定されていることもあり，これは結婚生活の安定を崩す原因となったストレスについて夫婦が検討する上での手助けになるだろう．さらに，カウンセリングを利用すれば，不満を持っている配偶者は自分の不満が何なのかを探ることができ，また，離婚したいという欲求が一時的な選好を反映しているのか，それとも安定して確固とした選好を反映しているのかを明らかにすることもできよう．

●離婚前または再婚前に必要な待機期間　離婚前に一定の間置かれる必要的な待機期間（おそらく2年か3年）は，私の見方からすれば最適のコミットメント条項である．なぜなら待機期間は以下に述べるいくつかの機能を有するからである．まず，法定された猶予期間は標準的な事前コミットメントの目的に資する．待機期間は離婚に対するハードルを立てて離婚をよりコストの大きいものにし，離婚という選択を思いとどまらせる．それと同時に，

待機期間の存在によって，婚姻関係は容易には清算できない関係として定められることになり，結婚中の両配偶者の態度や行動に微妙な影響を与えるであろう．さらに，長期にわたる待機期間は，離婚するか否かについてより良い意思決定を行うよう促進することができる．待機期間中，結婚生活に不満だった配偶者は，離婚の決定が自分の長期的利害に基づく選好を反映したものだったのか，あるいは激情に駆られた短期的な選好を反映したものだったのかをより正確に査定できる．待機期間を経てもなお離婚の意思が変わっていないのであれば，法規範によって離婚が適切な選択として支持される．けれども，結婚生活の不満が一時的なものにすぎないという可能性もあり，不満を持っていた配偶者がやがて「離婚しない」と翻意するかもしれない．最後に，待機期間があることで，離婚をしようとしている配偶者がすぐに新しい家庭を作る——これは前の結婚で生まれた子どもへの関心が薄まる契機となる——のを抑止しうるだろう．

コミットメント・メカニズムとしての有責主義

　伝統的な法の下では，有責性の要件は結婚生活で期待される行動を示し，コミットメント規範に対する重大な違反に制裁を加えるものであった．同時に，有責性の要件は，結婚のコミットメントが働く領域についてシグナルを送るものでもあった．つまり，相手配偶者がゆゆしき違反を犯さない限り，配偶者は自由に結婚を解消することができないのである．したがって，配偶者の有責性を証明しなければならないということがシグナリングや法的コミットメント，そして事前コミットメントの機能を果たし，それが協力を促進して結婚生活の安定に寄与していた可能性が大きい．有責性の要件が持っていたこれらの利益は，破綻主義的な離婚法への改正により期せずして失われた．破綻主義的な離婚法を批判する人たちの中には有責主義への回帰を主張する人がおり，最近の婚姻契約法も有責性の要件に基づく離婚を認めている．しかしながら，この傾向（それが「傾向」と言えるのであれば）には問題があるというのが私の見方である．

　ある面では，有責性の要件は結婚という契約のコミットメント条項として，そして結婚規範を強制するメカニズムとして非常にうまく働く．有責性に関する条項を結婚前の取決に含ませたり，あるいは婚姻契約で離婚の要件とし

て挿み込んだりすれば，どのような種類の行動が許されず，もって関係を崩してしまうのかを配偶者が忘れないようにできる．さらに，違反に対してペナルティ（少なくとも，離婚手続は屈辱的な思いをさせられる）が科されるという脅しがあるので，裏切を抑止できる．また，結婚の条件として有責性の証明を求められるため，不満を持った配偶者も離婚の手続に踏み切ろうとはしなくなる．

　しかし，有責性の要件は多くの点でコミットメント条項としてあまり機能しない．まず，離婚のダイナミクスについて現在の理解が示すところによれば，結婚の失敗の原因が一方配偶者の行動だけに帰せられる場合もたしかにあるが，たいていの場合は責任をそんなにきっちりと分けて割り当てることはできない．婚姻関係は互恵的な相互作用からなる複雑な網の目であり，長い時間をかけて織り上げられるものである．そしてまた，婚姻関係はプライヴァシーに関わるものである．すなわち，結婚生活上の行動の多くは当事者しか知らないのである．結婚生活が破綻する過程には一連の裏切と報復があり，第三者がそれらを選り分けて評価するのは不可能である．要するに，有責性を裁判所が判定するというのは至難の業である上，誤りのリスクを孕んでもいる．

　有責性の要件には厄介な側面があるため，これが破綻主義への改革の動きを引き起こした．これらの規定をコミットメント条項として採用する前に，これらの側面には注意せねばならない．第一に，とげとげしい離婚訴訟が起これば間違いなく当事者の将来の関係がだめになってしまう．これは，結婚で子どもができていた場合には難儀なコストになる．というのも，子どもの幸福は親が将来協力できるかどうかにかかっているからである．第二に，有責性の証明を離婚許可の条件として要求すると，多くの夫婦が共謀や偽証を行うであろう．そうなると司法プロセスの健全性が損なわれる．第三に，有責性の要件が待機期間の代替として使えるのであれば，有益なコミットメント・メカニズムの効果は阻害され，離婚の時期を早めるために利用されてしまうかもしれない．以上の理由から，有責性をコミットメント条項として復活させることにはためらいを覚えるのである．

弱い配偶者のための保護

理論上は容認できるコミットメント条項でも，一方配偶者が他方よりも立場が弱くて害を蒙りやすいために脅しの効果が両配偶者間で変わってくる場合には，そのコミットメント条項は望ましいものにならないかもしれない．たとえば，裏切った配偶者に科される金銭的なペナルティや罰金は離婚時に課される直接のコストと似たものと思えるかもしれないが，当事者間で違った影響を与えるとなれば問題である．多くの婚姻関係においては，両配偶者が同じだけの金銭的財産や稼得能力を持っているわけではない．家事を切り盛りする配偶者はこのタイプのコミットメント条項では不利な立場に置かれるであろう．なぜなら，所得を稼ぐ方のパートナーに対して条項が作り出すハードルよりも高いハードルを彼らに対して作ってしまうからである．さらに，金銭的なペナルティ（直接の罰金であれ子どもの養育費であれ）は，家庭によっては子どもに有害な影響を及ぼしうる．一般に，子どもの福利厚生が関わってくる場合，結婚生活の安定を促進するということが政策的に重要となってくる．十分に扶養できる手段を監護権を有する親に残さないコミットメント条項は容認できない．同じように，離婚しようとする方の親から監護権や訪問権を取り上げるコミットメント条項も，子どもに有害な影響を与えるため許されない——そうした条項によって離婚を思いとどまらされる家族もいるので大きな効果はあるのかもしれないが，それでも許されない．献身的な親を，悲惨なあるいは虐待に満ちた結婚生活の囚われ人とするような脅しをかける規定は，公序良俗の観点から認められないだろう．

　コミットメント・メカニズムを実行すると配偶者虐待の被害者を保護することになるという点も重要である．離婚前の待機期間中も引き続いて同居を強制することはできないので，自活できない配偶者や小さな子どもがいるときには，別居の際に配偶者や子どもの扶養を，別居段階ですばやく行うための手続が利用できるようにしなければならない．もちろん，離婚や再婚の前に必要な猶予期間を規定するべきではないと言っているのではない．言いたいのは，猶予期間の制度を実施する上では，自活できない人たちに対して経済的援助が与えられるようにしなければならないということなのである．

認知的なバイアスと「コミットメントの自由」の制限

　結婚前の意思決定は独特なリスクをもたらしうるので，このことは当事者

の契約の自由をパターナリスティックな見地から制限するのを正当化する．認知的なバイアスが原因で，婚姻関係を強化するコミットメント条項の必要性を評価するときに誤りを犯すかもしれない．過剰なコミットメントをしてしまう男女もいるであろうし，その結果，甚大なコストを引き起こしてしまうこともあろう．一方，節度あるコミットメントによりもたらされる利益を男女に教えるという政策は役に立つであろう．というのは，結婚生活の安定を将来脅かす物事に備える必要について考えない男女もいるかもしれないからである．

　結婚しようとしている男女は，感情的そして認知的なバイアスの影響を受けやすくなる可能性があり，そうしたバイアスはこの状況下での意思決定を歪めてしまう場合がある．結婚生活が幸せで長続きするかどうかを予測するとき，男女はともに過度に楽観的になるかもしれない．しかも，離婚のことを考えるだけで不快になるため，そんなことは考えようとしないかもしれない．このことと関連して，研究者の示唆するところによると，人間は2つの不整合な事実や出来事に直面すると認知的不協和を軽減しようとする（Festinger, 1957, 1964）．さらに，自分の経験に基づいた鮮明ですぐに想起できるデータは過大評価し，馴染みのない抽象的な情報は割り引いて評価する傾向が意思決定者にはある（Tversky and Kahneman, 1982）．結婚前で感情が昂ぶっているときには，離婚の可能性，あるいは結婚生活における大きな衝突の可能性でさえも，ほんのわずかしかないように思えるかもしれない．結婚しようとしている男女は自分たちの結婚生活が失敗する可能性を過度に低く見積もる，という調査結果もある（Baker and Emery, 1993）．一般的に言って，結婚前の時期は離婚についての意思決定をするのに適した時期ではない．予測可能な認知上の誤りが生ずるからである（Scott, 1990）．

　これらの認知的なバイアスが結婚のコミットメントに関する意思決定に及ぼす効果はなかなか予測しにくい．楽観的になっているため，当事者を拘束するコミットメントを行う必要性を感じない男女もいるだろう．このような反応が広く見られるのであれば，法的なコミットメント・メカニズムがあまり用いられなくなるだけだろう——この反応は「過少コミットメント」と表現できる．コミットメント条項の採用を，幸せな結婚生活を作っていく自信と互いの献身の深さを示す良い機会だと考える男女もいるかもしれない．後

者の反応は「過剰コミットメント」をもたらす——傍目から当該状況で合理的だと考えられる以上の煩わしい規定を採用して離婚を防ごうとするのである．そのため，その夫婦は決して離婚しないという合意をしてしまうかもしれないし，また，結婚を終了させた配偶者にとてつもない額の罰金を科すようにするかもしれない．言うまでもなく，コミットメント条項が予想通りに働いて互恵的関係をより安定させることになれば，何も問題はない．しかしながら，合意されたコミットメント条項が結婚の失敗を避けることができないのなら深刻な問題となる．先に述べたように，結婚が初めから誤りであったために結婚が失敗することもあり，あるいは，一方または両方の配偶者が持つ個人としてのアイデンティティ，価値観，選好が大きく変わって結婚生活を維持できなくなるために失敗することもある．このような状況では，離婚を妨げる途方もなく高いハードルがあると，個人の目的追求は大きく侵害される．したがって，コミットメントが離婚を防ぐ適度なハードルだけを設け，自らを奴隷にする手段とならないようにしなければならない．そのような適度のコミットメントを男女が結ぶことを保証するために，契約の自由を法的に制限することが必要なのである．（以上・飯田高訳）

5 法制度改革への展望：警告的コメント

もし，伝統的な家族法を改革した者が，法律上のコミットメント・メカニズムを廃止することによって，意図せずに結婚の安定性を損なってしまったとしても，現代の立法者はその問題を是正することができるであろう．この線でいくと，婚姻契約は，自発的な契約によってコミットメントを選択できるようにするものなので，安定した永続的な結婚という目的を夫婦が達成するための支援手段として，非常に有望である．契約結婚という法律上の正規のコミットメントを，他の共同生活のコミットメントと区別することで，婚姻契約はコミットメントについての明確なシグナルとなっている．さらに，婚姻契約は，私的自治と個人のプライヴァシーという現代的価値と矛盾しない形で，伝統的な結婚の持つ事前コミットメントと契約上の利益とをもたらす．多くの男女が結婚したいと心から望んでいるならば，婚姻契約は，真面目に結婚を考えている男女によって幅広く選択されるだろう．

しかしながら，事態は最初の見かけよりずっと複雑である．この立法改革

が結婚のコミットメントの回復の先触れとなるかどうかは，現段階では不確実である．なぜなら，婚姻契約の影響は，婚姻契約が担うようになる社会的意味に依存するからである．この改革を推し進めようとする政治勢力をめぐる情勢を見れば，次のことが明らかになる．すなわち，婚姻契約は，コミットメント・メカニズムとしては有望であるにもかかわらず，ある部分で，以前の時代において嫌われた結婚規範を復活させる努力だと見なされることである．この反応は，永続的な結婚を望むことと，結婚のコミットメントを法律で強制することへの深い不信とが，多くの人々にとって，共存していることを示唆する．

　コミットメントを法律で強制することを嫌うのは不思議に見えるが，私見では，これはコミットメント規範と性役割規範（gender norms）の間にいまだにつながりがあると認識されている点に，その理由の一部があると思われる．事実，これらの2つの規範は，伝統的な結婚では複雑な形で絡み合っていた．非常に異なる機能を果たしたこれらの2つのタイプの規範を分離することは，理論上は可能なはずである．しかしながら，伝統的な家族法の下で，コミットメントと性役割規範の間に構築された強力な連関は，法律の規制する役割に対する態度に影響を与え続けている．今日，性役割による従属（gender subordination）が，女性たちに伝統的な法制度の下で最も強烈に強制されたと広く理解されている．両性の平等を支持することは，現在政治の議論状況において支配的である．このような状況において，多くの人々はコミットメントを法律で強制することを不信の目で見る．というのは，すでに克服されたとみなされている夫婦間の性役割規範を復活させようとしているように思われるからである．婚姻契約のような政策は，コミットメントと両性間の支配従属性階層構造（gender hierarchy）の間のつながりによって悪いイメージが固着している．すなわち，婚姻契約を支持する保守派には，実際に伝統的な結婚と性役割を公的に支持を表明するものもいるから，反発が激化する．このために，リベラル派とフェミニストにとっては，この「改革」が単なる反動的な政策アジェンダの一部であるという疑いが確信となる．

　これは残念なことである．結婚と家族関係を規整する法律の役割に関する政策論争においては，個人の目標を達成するために夫婦を支援する手段としての法的コミットメントの価値は，忘れられている．本当のところは，ある

種の形態の婚姻契約は，リベラル派と保守派の両方が，その有効性を支持するべきものなのである．私の分析から得られた重要な知見は，リベラル派と保守派は，離婚法の改革について，現在の論争から示唆されるよりも，はるかに大きな合意の基盤を共有しているということである．人工妊娠中絶のような，意見が深刻に分かれる社会政策上の他の問題とは対照的に，規整で最も影響を受ける人たちの間に，永続的な結婚の価値についての大きな価値観上の衝突はない．ほとんどの人は，家父長制が支配し，そして国家が結婚のコミットメントを強制した，アンシャン・レジーム（旧体制）へと回帰することを支持しないであろう．したがって，法的コミットメントによって拘束された現代の結婚では，伝統的な性役割規範が役割を果たす必要は全くなく，そして自発的な契約のコミットメントは国家の強制とは全く異なっている．永続的な婚姻関係を切望する現代の人々ならば，リベラルな価値と両立可能な法律上のメカニズムを通じて，伝統的な結婚がもたらしていた，シグナリング，契約，そして事前コミットメントの利益の多くを期待できるという，結婚の選択肢を歓迎するはずなのである．（以上・藤田政博訳）

（1） Louisiana Revised Statutes Annotated, Sect. 9:234; 9:345 (A)(1); 9:224 (C); 9:225 (A)(3)(St. Paul, MN: West Publishing Co., 1999); Arizona Revised Statutes Annotated, Sect. 25-901-906 (St. Paul, MN: West, 1999). その他にも，アメリカ合衆国の多くの州議会で婚姻契約法の法案が現在審議中である．
（2） Uniform Premarital Agreement Act, Uniform Laws（統一婚前婚姻契約法）．本法の第3条はアメリカ合衆国の20以上の州法で採用されている．本条によれば，「(8) 結婚当事者の個人的な権利と義務を含む，その他のいかなる事項についても，公序良俗に反しない限り」，結婚前合意をすることができる．

《文献》

Ainslie, Gorge (1975), "Specious Reward: A Behavioral Theory of Impulsiveness and Impulse Control," *Psychological Bulletin*, 82, 463.

Amato, Paul and Allen Booth (1997), *A Generation at Risk: Growing up in an Era of Family Upheaval*, Cambridge, MA: Harvard University Press.

American Law Institute (1999), "Compensatory Spousal Payments," *Principles of the Law of Family Dissolution*, Philadelphia, PA: ALI.

Baker, Lynn and Robert Emery (1993), "When Every Relationship Is above

Average: Perceptions and Expectations of Divorce at the Time of Marriage," *Law and Human Behavior*, 17, 993.

Bishop, William (1984), "'Is He Married?' Marriage as Information," *University of Tronto Law Journal*, 34, 245-63.

Eggars, Dave (2000), "Intimacies," *New York Times Magazine*, 5 July, 76-7.

Elster, Jon (1979), *Ulysses and the Sirens: Studies in Rationality and Irrationality*, Cambridge: Cambridge University Press.

Emery, Robert (1982), "Interparental Conflict and the Children of Discord and Divorce," *Psychological Bulletin*, 92,310.

Festinger, Leon (1957), *A Theory of Cognitive Dissonance*, Evanston, IL: Row Peterson.

—— (1964), *Conflict, Decision and Dissonance*, Stanford, CA: Stanford University Press.

Glendon, Mary Anne (1984), "Family Law Reform in the 1980's," *Louisiana Law Review*, 44, 1553.

Haas, Theodore F. (1988), "The Rationality and Enforceability of Contractual Restrictions on Divorce," *North Carolina Law Review*, 66, 879.

Hunter, James (1991), *Culture Wars: The Struggle to Define America*, New York: Basic Books.

Jacob, Herbert (1988), *The Silent Revolution: The Transformation of Divorce Law in the United States*, Chicago: University of Chicago Press.

Parfit, Derek (1973), "Later Selves and Moral Principles," in A. Montfiere (ed.), *Philosophy and Personal Relations*, London: Routledge & Kegan Paul, 137.

Posner, Eric (1999), "Family Law and Social Norms," in Frank Buckley (ed.), *The Fall and Rise of Freedom of Contract*, Durham, NC: Duke University Press, 256.

Rasmusen, Eric and Jeffrey E. Stake (1998), "Lifting the Veil of Ignorance: Personalizing Marriage Contract," *Indiana Law Journal*, 73, 454-502.

Schelling, Thomas (1984), "Self Command in Practice and in a Theory of Rational Choice," *American Economic Review*, 74, 1.

Schneider, Carl (1984), "Moral Discourse and the Transformation of American Family Law," *Michigan law Review*, 83, 1803.

Scott, Elizabeth S. (1990), "Rational Decision-making about marriage and Divorce," *Virginia Law Review*, 76, 9.

—— (2000), "Social Norms and the Legal Regulation of Marriage," *Virginia Law Review*, 86, 1901.

Scott, Elizabeth S. and Robert E. Scott (1988), "Marriage as Relational Contract,"

Virginia Law Review, 84, 1225.

Scott, Robert and Douglas Lesle (1997), *Contract Law and Theory*, 2nd edn, Charlottesville, VA: Michie Press.

Strotz, R. H. (1955-6), "Myopia and Inconsistency in Dynamic Utility Maximization," *Review of Economic Studies*, 23, 165.

Trebilcock, Michael (1999), "Marriage as a Signal," in Frank Buckley (ed.), *The Fall and Rise of Freedom of Contract*, Durham, NC: Duke University Press, 245.

Tversky, Amos and Daniel Kahnemann (1982), "Judgment under Uncertainty: Heuristics and Biases," in D. Kahnemann, P. Slovic, and A. Tversky (eds.), *Judgment under Uncertainty: Heuristics and Biases*, Cambridge: Cambridge University Press, 3.

第4章　合意離婚

アレン・M・パークマン
訳：森谷尚

　自由意思に基づく契約は，社会の希少資源の効率的配分にとって中心的な役割を担っている．契約の制約の下に，人々は最大の利益が期待できる取引を追求するものと想定される．経済学者は一般的に，特別な外部効果あるいは過度の市場支配力を有する当事者が存在するとき以外は，取引当事者が自らに課す条項，すなわち契約内容に対して法的制約を加える必要性をほとんど認めない．たとえ制約が必要な場合でも効率性は，取引の特定の条項を禁止するより，法的制約が人々に自分たちの行為の外部費用あるいは外部利益を認識させたり，市場における支配的な力の濫用を制限したりすることを要求する．にもかかわらず，人々が自分たちの人生で恐らく最も重要な契約を結ぶとき，すなわち結婚の決定のとき，国家が課す法的制約のゆえに，人々は自ら入ろうとする契約内容（結婚関係の内容）を，ほとんど左右できない．彼らは，自分たちの契約が解消される条件を全く左右できないと言える．そしてもし契約が解消された場合でも，法システムはその影響に対しても彼らにほとんど支配力を与えない．離婚は，別れた夫婦の子どもたち，さらには社会に対し外部効果をもたらし得るが，法律はこれらの問題に対しては体系的な取り組みをしない．市場における力の不均等，ここでは夫婦間の交渉力の不均等も，これらの契約の法的規整においては等閑視される．
　この章で私が論じたいのは次の点である．すなわち，自らの結婚に対する個人の支配力を増大させれば，とりわけ，婚姻が解消される状況や，離婚が生じた場合の財産的な取決がなされる状況での個人の支配力を増大させれば，有責主義離婚制度や破綻主義離婚制度よりも，かつ，元夫婦の間の財産関係

や，子どもの監護権を取り決める上でのアメリカ合衆国における制定法上の制度よりも，改善された制度になるであろうと主張したいのである[(1)]．離婚事由は結婚という契約の1つの構成要素に過ぎないようにみえるが，それは夫婦関係の質に基本的な影響力を持つことを議論する．配偶者による結婚の合意解消を認めることで，離婚時の夫婦間の財産取決について，欠陥のある現行法の重要性を軽減させることができるであろう．子どもに対して離婚が与える外部効果に対処する点では，国家はなお役割を有するであろう．

1. 結婚の成功

　結婚の成功の真髄は，気性の合う配偶者を求めての入念な探索と，その上での，家族の最善の利益に基づいて意思決定をするという，全ての当事者によるコミットメントである（Becker, 1991）．入念な探索から得られる最も明白な利益は，離婚に伴う痛みと苦痛を味わう可能性が減少することである．大半の成人は結婚を望み，結婚をする者の多く，基本的にはその全てが，結婚から利益が得られると信じ，相手に対して長期のコミットメントをするのである（Glenn, 1996）．人々はそれによってより良い状態となることを期待するときに結婚し，少なくとも一方の配偶者がそのより良い状態となっていないと結論を出すときに離婚する．

　離婚は，結婚前の未来の配偶者についての調査に欠陥があった場合により多く起こる．結婚後に人々は，自己の配偶者および他の選択肢についての情報を得て，夫婦関係についての当初の楽観主義が間違っていたと結論づけることになる（Becker, Landes, and Michael, 1997）．それらの情報の中には，例えば配偶者の健康状態の劇的な変化のように，求愛中には予想されえなかったものもあり，したがって，当初からその情報が知れていたとしても結婚するという決定を変更することはないかもしれない．しかしながら，他の基本的な情報，例えば子どもが欲しいか否か，欲しいとしてその数，についての相手配偶者の意見などは，より徹底した探索を通じて入手可能だったであろう．この種の情報をもたらす入念な探索を結婚前にしていたら，相手との結婚についての期待は，少なくとも一方の当事者にとっては変更されていたかもしれない．

　結婚の成功は，愛情と性的な魅力により促進されることは明らかであるが，

同時にそれは，配偶者が経済活動や社会活動の参加者に対するコミットメントの程度より，家族の構成員の幸福の方により強いコミットメントをすることによっても促進される．結婚とは，家族内でのある者の決定の多くが家族の他の構成員に影響を与える点で，他の社会関係ではほとんど見られない特殊な継続的社会関係への参加なのである．これらの影響は当事者達がより特定化された役割を引き受けることからしばしば生じる影響である．これら影響を与える意思決定は，それが家族の構成員の幸福を高め，したがって結婚からの利益を反映する限度において，促進されるべきである．現在，あるいは将来，相手から互恵的な行為でお返しを受けると期待できる場合には，これは促進される．一方の配偶者により用意される食事は全ての家族の利益になり，他方の配偶者による収入も同様の利益となる．市場の状況下では，人間関係が通常一時的であるがゆえに，他人のことに家族と同じような配慮をするインセンティヴはほとんど存在しない．

　結婚へ強くコミットメントする利益は，夫婦が子どもを欲する場合は特に重要である．大半の成人は子どもを欲し，子どもは夫婦に自分たちの幸福を増進させる機会を与える．しかしながらこの幸福は，通常両親がより特定化された役割を引き受け合って分業することから生じる．子どものいない夫婦は，それぞれの結婚前と同様の仕事と家庭内の役割の継続が可能である．子どもは，夫婦に家庭内での分業を強いることにより，状況に変化をもたらす．子どもの誕生は，通常一方の配偶者が，より家事に力点を置く結果を招く．両親は通常子どもたちを幸福で世話の行き届いた状態に置くことが重要と考えるので，恐らく子どもの養育のために責任を共有することに魅力を感じるであろう．しかしながら，より精緻な調査の大半は，両親双方が職を変える場合より一方の親のみが職を変える方が高収入をもたらすと結論づけている．高収入の仕事は，しばしば予想外の残業や出張を強いる．もし両方の親がこの種の職を避けたり辞めたりすれば，一方の親——通常より高い収入の可能性をもつ方——がこの種の職の選択をし，他方の親が子どもの養育が考慮されている職を選ぶ場合と比較し，状況が悪くなる可能性がある．したがって家族は，夫婦がより分業化された役割を引き受けることにより，利益を受ける．

　配偶者を入念に探索し，他の家族の構成員の幸福を考慮することには明ら

かな利益があるが，これらの選択は当事者に負担を課すことにもなりうる．人生の大半を共に過ごそうとする相手に関する探索は，時間，お金，そして機会の喪失という点で負担は大きいかもしれない．時間とお金が費用であることは言うまでもなかろう．ある関係が成立した後になってから，さらに新しい関係を模索することは往々にして困難であるため，追加探索の潜在的費用とは，現在の関係を犠牲にすることと言える．

　家族の最善の利益を考慮して行う婚姻中の決断もまた高価な負担を課す可能性がある．配偶者の一方がキャリアアップの機会を得ても，そのために他の配偶者に大きな犠牲を強いることになるかもしれない．配偶者に対する心理的なコミットメントは，最終的に相手の配偶者が同様なコミットメントをしていないことを発見した場合に，特に悲惨な結果を招く可能性がある．結婚への長期のコミットメントのコストは，夫婦が子どもをもつ場合特に顕著になる．家族内での分業の促進は，当事者に長期のコストを課すこととなる．夫婦は子どもを持つまでは，しばしばこの種の分業を避けることができる．家庭内で責任を分担する一方，夫婦は自分達の仕事を維持することができる．親になることにより生じる分業は，同棲や子どもができる前の共同生活に通常伴う分業と比べ，より長期にわたる影響を持ちうる．この分業は，家族関係が続く限り，両親とその子ども達全員にとって最善の利益を通常もたらすものであるが，その関係が終わる時にはそれが大きな負担となる可能性がある．1つの家庭内で培われたスキルは，他の関係の中ではほとんど価値を持たず，市場においてはさらに低い価値しか持たないかも知れない．そのことは，家事に注力してきた配偶者を，離婚に際して不安定な立場に置くことになる．

　このことは，短期間の結婚でも問題になり得るが，より長期間の結婚の場合特に問題となる．収入確保の役割に特化してきた配偶者の場合，関係が終了してもそのスキルは影響を受けないであろう．それらの配偶者は相手配偶者から提供される家事労働の便益は失うかもしれないが，それらの便益は子どもが成長し家を出た後はその価値を減少させている可能性がある．

　婚姻期間中家庭で働く配偶者は，婚姻関係外ではほとんど価値を持たない家事労働のスキルだけを磨いているであろうし，家庭内で仕事をするだけなので，その配偶者の稼得能力は悪化してしまうのである．それらの配偶者達

は婚姻関係が解消されたときには，最初から結婚していなかったときに想定される場合と比較して，より厳しい状態に置かれるであろう．

人々が結婚に関するこれらの決定的に重要な決断を下すときは，自分達の選択の利益とコストを比較し，利益がコストを上回る限りにおいてその行為をするものとされる．追加的な探索の利益が，コストを上回る限りにおいてのみ探索は行われるであろう．結婚期間中に決定を下す過程において，特に2つの問題が生じる．第一に，いくつかの利益は意思決定者にはもたらされず，他の家族構成員にもたらされるという外部性の問題である．第二に，行為の利益とコストが同時には生じないという問題，すなわち利益より前にコストが発生することが多いという問題である．婚姻中を通じて配偶者双方が貢献しうるということこそ，結婚のインセンティヴであるが，その貢献に格差があることのために，例えば，外で収入を稼ぐ方の配偶者に対し，相手の貢献を享受した後に婚姻を解消して取り逃げするインセンティヴを創り出してしまう（Cohen, 1987）．結婚からの利益を増加させるためには，慎重に相手を選ぶこと，行為が持つ他の者たちへの利益を適切に評価すること，自分の貢献が他の者たちの行為により埋め合わされるのを期待すること，等々を配偶者に対して奨励することは重要である．

2. 法的環境

結婚前あるいは結婚中に行う人々の意思決定の性質は，まさにその直面するインセンティヴの反映であり，さらにそのインセンティヴはまさに法的環境の産物なのである．結婚において最も重要な法的規整は，離婚事由と，離婚の際に財産および子どもをどうするかである．アメリカ合衆国ではその歴史の大半を通じて，一方の配偶者が結婚にとって根本的に有害な行為で，その結果結婚の失敗に有責とされるような行為をしてしまったとき以外は，婚姻を解消することは困難であった．それらの行為とは通常，不貞，遺棄，あるいは虐待等であった．1969年から1985年にかけての期間，アメリカ合衆国の全ての州でこれらの有責事由が，回復不能の破綻，性格の不一致などの破綻主義事由で置き換えられるか，あるいは既存の有責事由へ破綻主義事由が追加された．法制度的には，その変化は有責主義から破綻主義へというものだったが，ここでの重要な変化は，離婚が事実上は合意に基づかなければな

らなかったのが，どちらかの配偶者の一方的意思による離婚も可能となったという点であった．

　有責事由制度は，結婚の失敗は一方の配偶者の行為に帰することができるという考え方に基づくものであった．しかしながらしばしば結婚の失敗は，少なくとも一方の配偶者の期待を結婚が満たさなかった場合に生じたのであり，とりわけ上述した条件が満たされなかった場合に発生したのである．すなわち，入念な探索が行われなかった場合や，両配偶者が婚姻関係に対し強いコミットメントをしなかった場合である．逆に言えば，一方の当事者のみが不貞を犯したとか，配偶者を遺棄したとか，あるいは相手の配偶者に対し受容し難いほどに残虐であったとかの一方的な理由のみで結婚が失敗することはめったになかったのである．たとえこれらの行為がなされた場合であっても，結婚失敗の理由はしばしばより複雑であった．不貞は，配偶者間の性的不一致により，他に満足を求めたことの結果かもしれない．遺棄は，過度の飲酒，薬物中毒のような様々な理由により，配偶者が家庭を追い出されたことに原因があるかも知れない．最後に身体的な虐待は，婚外の性的関係の告白のように，口頭でのより微妙な行為に対するものである可能性がある．法は，結婚の成功にとって有害な行為がどのようなものかは理解していたが，結婚失敗の大半の理由はそれとは別の所に存在したのである．

　結婚が失敗するのは，お互いや自分たちの関係についての新しい情報や，よりよい婚姻の機会についての新しい情報が配偶者にもたらされたことが原因となる場合の方が多かったのである．もし離婚が有責事由を必要としかつ両配偶者ともそれらの行為をしていなかったなら，あるいは少なくともその行為を証明し得なかった場合には，離婚したいなら夫婦はその事由を立証するために証言を偽造することに同意しなければならなかった．有責事由の下での離婚率が特に第二次大戦後に上昇するに伴い，離婚を希望する夫婦にとっては，有責事由の立証のために証言を偽造することがより一般的になった（Rheinstein, 1972, p. 247）．但し，これは彼らが協調してこの行為をしたことを意味しない．しばしば一方の配偶者のみがまず婚姻の解消を望み，その配偶者は相手の配偶者の協力を得るために譲歩を強いられることになった．これらの譲歩は当事者間の合意に基づくものであるので，法の規定を無視することができた．結婚のために仕事を諦めていて，もし法がそのまま適用され

ていたら，収入低下の可能性に直面したであろう配偶者も，離婚に同意する見返りとしてより多くの代償を要求することが可能であった．結婚の現実とこれらの譲歩との組合せは，両配偶者の協力を得るためには重要であった．

　有責主義離婚制度は，結婚は長期のコミットメントであるという期待に基づき，家族に利益をもたらす献身を配偶者に奨励するという点で魅力的であった．配偶者は，自己の協力がなければ相手にとって離婚は困難であることを知っていた．他方でこの制度は，結婚からの利益の誤った予測をするという失敗を犯した配偶者に多大なコストを課すことにより，離婚を欲しない配偶者には大きな力を与えた．もし裁判所が離婚を明確，真正な離婚事由に限定していたならば，結果は悲惨なものであったであろう．最終的に間違いに気づいた夥しい数の夫婦が，いかなる合理的基準に照らしても失敗といえる結婚の継続を余儀なくされたであろう．偽造された有責性を認めることによって，裁判所は全当事者の純利益がマイナスの可能性の高いときは，合意による婚姻の解消を許可したことになるのである．

　有責制度の下での偽証以外による離婚の困難性は，改革の動きを誘発し破綻主義離婚法の成立をもたらした（Parkman, 2000）．当初いくつかの州では，破綻主義事由が立証されたか否かについて，裁判所は判断を下すであろうと期待していた．しかしながら裁判所はすぐにその判断が無意味な行為であることを認識し，離婚はしばしば一方の配偶者の希望のみで自動的に可能となった．

　離婚に際しての財産の取り扱いについての規定は，離婚事由の変更についての審議の過程で無視されてしまった．制定法による規定としては，婚姻財産の分配，監護権のない親から監護権のある親への子どもの養育費の支払い，短期の職業訓練期間中の配偶者への扶養料支払い等がありうる．これらの措置は，しばしば夫婦は限られた婚姻財産しか持たず，また，子どもや配偶者への扶養料も取立て困難であるため，実施上の問題を有する．

　これらの実施上の問題に加えて，離婚時の財産的取決を規定する法は，離婚のコストを過小評価する傾向がある（Parkman, 1998-9）．離婚時に明らかに除外される点は，結婚が配偶者の稼得能力に及ぼす影響についての体系的な考慮である．しばしば配偶者にとって，婚姻中の仕事は限られたものしかできないため，結婚していなかったらあるいは仕事が結婚で制約されていな

かったら得ていたであろう収入に匹敵する将来の所得は期待できない．もし稼得能力の減少に対して補償されないなら，離婚の全コストが考慮されたことにはならない．頻度は低いがなお問題となる点は，収入を得ている配偶者の将来所得が結婚の結果増加したという状況である．これが起こった場合は，一方の配偶者にとっては，主たる収入を得ている配偶者に対する投資のコストが発生していたと言えるかもしれない．これらの投資に対する補償の欠如もまた離婚のコストとみなしうる．これら法の欠缺は新しい制定法の下で対処されるかもしれないが，裁判所では算定不能な他の離婚コストも存在する．相手の配偶者が婚姻の解消を望んでいることを承知していたとしても，離婚させられた配偶者がなおその相手と子ども達に強く惹かれる場合があるかもしれない．これらの関係の喪失あるいは希薄化は，その配偶者にとってのコストであろう．現在の結婚は，可能性としては長くコストのかかる探索の結果であった．いまや離婚させられた配偶者は，新しい生活環境を求めての新規で不本意な探索を余儀なくされる．最後に子どもの生活の質は，もし両親が離婚しなかった場合に得られたであろう質と比較して潜在的には悪化するであろう．

　非効率的な結果を招く可能性は，代替的選択肢のコストを過小評価した場合には高くなる．これは取引契約にたとえて示すことができる．経済学者は一般的に，契約を破棄したい当事者に対して，契約を履行するか，または，破棄しない側に発生するコストの補償をするかの選択肢を突きつけるという点で，契約法は魅力的であると評価するのが通常である（Posner, 1992）．したがって契約に関して当事者は，その破棄に伴う利益が履行のコストを上回る場合にしか契約を破棄しないというインセンティヴを得る．もし破棄のコストを過小評価する場合は，純利益がマイナスであっても契約は破棄されるかもしれない．

　同様にもし離婚時の取決が離婚のコストを過小評価する場合は，全ての関係当事者の離婚による純利益がマイナスの時でも離婚は起こりうる．したがって破綻主義離婚制度の下では，全ての家族構成員にとっての利益がそのコストより少ない時でさえも容易に離婚は起こりうる．しかも，離婚する配偶者にとってのみ離婚の利益が離婚のコストを上回るときでも，離婚は彼らにとって道理にかない合理的なものとなる．

破綻主義離婚は魅力的であると考える者もいる．その理由は，婚姻関係について間違った決定をした夫婦にとって，かなり低コストで結婚のコミットメントから逃れることができるからだというのである．しかし，誤った決定のコストを減少させてくれることにより，合理的な人達はそれを回避する努力をあまりしなくなる．このことから予測されるのは，結婚候補者についての決定がますますいい加減になるということである．破綻主義離婚はまた，結婚が長期のコミットメントであることに基づいて犠牲を払ってきた人達に対する補償を減少させる．その結果，人々はこれらの犠牲を払うことに対しより弱いインセンティヴしか持たなくなってしまう．インセンティヴという点では，破綻主義離婚は非常に魅力の乏しい制度と言わざるをえない．離婚が一方的にまたしばしば非常に低コストで可能になったため，人々は配偶者を求めて入念な探索をしたり，結婚後家族の利益のために犠牲を払ったりすることに対し，より少ないインセンティヴしか持てなくなってしまう．

要約すれば，有責主義離婚法制は，相手が同意した場合のみ離婚できる制度として事実上機能していたと言えるのである．このことによって有責主義離婚法制は，人々が入念な探索をするように，また，結婚の利益の核心にある犠牲を払うように奨励するものであった．有責主義離婚法制の主要な問題点は，結婚に関し軽率な決断をした配偶者に対し大きなコストを課すことになりえたという点であった．他方インセンティヴの観点からは，破綻主義離婚法制は入念な探索や結婚に対するコミットメントを妨げるという理由から，それを擁護すべき点はほとんどない．破綻主義離婚法制は，配偶者の選択に際しての失敗のコストを軽減するという利点はあるにはあるのだが……．

3．望ましい離婚事由

望ましい離婚事由は，離婚を全ての当事者の純利益がプラスである状況に限定するものでなければならない．合意離婚は一定以上続いた結婚に対してはこの結果を生みだす可能性が高い．とは言え，配偶者は結婚の初期にお互いについての重要な新情報を得るものであり，その時点での離婚のコストは小さいので，破綻主義離婚は結婚の初期の段階においては魅力的でありうる．他方，虐待をするような配偶者の場合にも離婚に合意を要求すると，本来婚姻関係を解消した方が確実に利益をもたらすであろう場合にも，相手が同意

しないために，犠牲となった配偶者が婚姻関係に閉じ込められてしまうことになる．そのような場合，有責主義離婚法制は上記の望ましさについての基準を満たす．

離婚のための要件として破綻，合意，有責性を組み合わせて用いることで，結婚をしようとする成人が直面するインセンティヴの問題は大きく改善されるであろう．国家は伝統的に，家庭内の通常の人間関係に介入することには消極的であったが，それは本章でも支持する立場である．国家が子どもを保護するべき役割を持つことは明白であり，したがって結婚中，および離婚後の子ども保護のためのルールを定めた法律を国家が制定することは正当である．婚姻を解消するための要件は，婚姻関係自体の質に対して従来考えられていたより遥かに大きな影響力を持つことを認識しなければならない．なぜなら，離婚の要件は，結婚前における配偶者探索の質，および，結婚後に配偶者が家族になすコミットメントに対して強い影響を与えるからである[3]．

合意離婚

合意こそ主要な離婚事由たるべきである．結婚は，両配偶者が失敗と認める場合のみ解消されるべきである．有責主義離婚制度の反対者は――そして最近では破綻主義離婚制度を支持する人達も――合意離婚制度に対し十分に真剣な考慮を加えているようには見えない（Kay, 1987）．破綻主義からの変更に積極的な人達の間で考慮される対案は，合意離婚ではなく有責主義離婚法制であるのが通常である（Ellman, 1996, Bradford, 1997，および Ellman and Lohr, 1997を参照）．現行法の問題が一方的な離婚を認める点にあるとすれば，考慮すべき適切な対案は，有責主義離婚ではなく合意離婚の方である．

離婚事由に関しての議論では，見えやすい利益が過度に重視され，見えにくい利益が等閑視されていると評しうる．破綻主義離婚は，最早これ以上共に生活することを望まないような人と結婚してしまうという計算違いをしてしまった人達――その明白な例は，離婚事由が合意ないし有責性のいずれかであったなら，愛のない結婚に閉じ込められていたであろうかわいそうな女性である――を保護するものであるという理由で擁護されている（Coontz, 1997, p. 82）[4]．そのような議論で看過されているのは，より良い決定を既に行った，あるいはこれからしようとしている人達を励まし報いることの利益で

あり，それが看過される理由は，それがあまりに微妙で見えにくいものだからである．ちゃんとした人々は気の合う配偶者を求めて入念な探索をすることを欲し，そして結婚から得られる自分および家族の利益を増加させるような決断を下すことを望むものである．

　一定期間以上続いた結婚に対する離婚事由は合意であると知れば，夫婦は結婚に利益となるような犠牲を喜んで払うようになるであろう．一方，一定期間以上続いた結婚の全てが成功という訳ではない．もし夫婦が自分達の結婚を維持すべきか疑問を抱くようになった場合にも，合意離婚の制度であれば，結婚そして潜在的には離婚のもたらす全員の利益とコストとを夫婦が正しく認識し，それらに相応の価値を置くようなインセンティヴを与えるであろう．

　合意離婚の下での離婚を望まない当事者は，結婚の利益のために自分が払った犠牲に対する補償を，離婚に同意する代償として要求するインセンティヴを持つであろう．この点は，次の2つの例で明確にすることができる．妻から離婚を要求された夫は，自分がもはや妻にそれほど魅力を感じないとか，離婚しても子ども達とは満足な関係を維持できるであろうとか，自分は家族のために十分な犠牲を払ってこなかったとか，さほどの努力なしでも今の妻と同程度は魅力的な女性を見つけることができるかもしれないと思い，さらに，どの子どもも離婚によって悪い影響を受けることはないであろうと考えるかもしれない．このような場合，したがって彼は，妻にそれほどのコストをかけずに，離婚に合意するかもしれない．このような合意離婚は，離婚の利益がコストを上回るので，それを許可することにより社会厚生は改善される．この例とは逆に，夫はなお妻に強く魅かれていること，離婚により子ども達との関係の質は顕著に悪化するであろうこと，結婚は永続するであろうという期待に基づき大きな犠牲を払ってきたこと，また長くコストのかかる探索によってのみ同等の新しい配偶者や新しい生活環境を見つけることができるであろうこと等々を感じ，そして，もし両親が結婚を続ければまだ可能な生活の質と比較して，子どもたちは大きな犠牲を払わされることになるであろうと考えるかもしれない．こういう状況の下では，夫は妻がとても提供しようとは思わないようなレヴェルの補償を要求するかもしれない．言い換えれば，この状況では，相手（夫）や子ども達が結婚の継続に置くほどの価

値を，離婚を欲する配偶者（妻）は離婚に対して置いていないということである．そのような場合，社会厚生は，結婚を継続することにより改善される．

　合意離婚の魅力的側面の1つは，両親が，離婚の結果子ども達に生じるコストにも配慮する可能性が高まることにある．これらのコストは，子ども達への養育費の支払いでカヴァーされる単なる扶養料をはるかに超える．もし離婚を考慮中の夫婦が，自分達の離婚の惹起する全てのコストに配慮するよう強いられたなら，自分達の結婚を正常化させることができるかもしれないし，それによって子ども達は利益を得る[5]．離婚後子どもの監護権を期待する親は，子ども達に生じるコストに必ずや目を配るであろう．もし離婚後子ども達の幸福度が低下したならば，子どものそんな様子によって監護権のある方の親の厚生は大きな影響を蒙るであろう．子ども達および監護権のある親に生じるこのような厚生（幸福度）の低下は，離婚を考慮している両親に対して合意離婚法制が配慮するよう促すコストの1つである．

　合意離婚のもう1つの利点は，自分達の結婚のための妥当なルールを検討するインセンティヴを夫婦に与える点である．一定期間以上続いた結婚の主要な解消事由が合意であることを人々が知っているなら，そのことによって婚前婚姻契約や婚後婚姻契約を締結するインセンティヴを持つようになるであろう．有責主義離婚や破綻主義離婚の下では，結婚しようとしている男女は，自分達の婚姻の解消事由を個別に設定することができない．合意離婚法制においては，婚姻の解消事由は，国家の設定する基準ではなく夫婦自らが決める基準によることになる．そういう状況下での当事者は，自分達独自の離婚事由を結婚に際して特定化しようとするようになるであろう．たとえば，離婚事由として家庭と仕事の両立不可能性を規定する夫婦が出てくるかもしれない．なお，配偶者間のいかなる婚姻契約も，子どもの利益の保護を意図した法規整には従わなければならない．

　合意も問題の完全な解決ではない．もし一方の当事者が，結婚が当事者にもたらすコストを無視しようとするなら，結婚の継続という結果になりうる．これは一方の配偶者が，意趣返しのつもりで，いかなる状況下でも離婚に反対する場合に起こりうる．しかしながら人々は，結婚，離婚といった感情的な事柄を扱うときにも驚くほど理性的であり得る．多くの離婚の場合少なくとも一方の配偶者は，当初は婚姻の継続を希望するが（Wallerstein and Kelly,

1980, p. 17)，しかし全ての関係者——特に全ての子ども達——にもたらされる離婚の利益が結婚のコストを上回る場合には，社会厚生は離婚により増加する．そのような状況下で夫婦は，両者共により良い状態になれるような内容の契約を結ぶインセンティヴを持つ．有責主義下での（偽装）合意に基づく多くの離婚から明らかなように，交渉に不利な条件下でも夫婦は積極的に交渉して効率的な離婚合意に至ることができるのである．

　合意を離婚事由とすることについては，それにより人々を失敗し虐待に至るかも知れないような結婚関係に閉じ込めてしまいそうであるという理由で不評である．しかし，積極的に長期のコミットメントをする人々にもたらされる合意の利益は等閑視されている．以下に述べる離婚のための有責主義事由および破綻主義事由についての規定は，失敗した結婚のもたらしうる問題への対処を用意しておくべきである．さらに我々は，対立している夫婦を別れさせる上で合意には限界があることを認識すべきである．というのも，以下の不利益さえ覚悟の上なら，配偶者はいつでも相手から一方的に去ることができるからである．その不利益とは，他者からのネガティヴな反応，法により課せられるお互いおよび子ども達に対する財産的な義務，そして——いうまでもなく——他の人と結婚できなくなる，という不利益である．

　離婚についての同意に際して，夫婦は子どもの利益を保護する目的以外のいかなる法令も無視することが可能である．とは言え，財産および子の監護権については，別途の合意がなされていない場合には適用される任意規定を置いておいた方が良いであろう．現行法からの最も重要な変更点は，結婚が当事者の稼得能力にもたらす影響への対処法を，より体系的に組み入れるという点である（Parkman, 1998-99）．

破綻主義離婚

　破綻主義離婚は，結婚の初期においてはなお魅力的である．合意離婚は，離婚を望まない配偶者に大きな力を与える．この力の濫用を防ぐために，結婚の初期，子どものいない場合のように離婚の潜在的コストが低い時には，破綻主義離婚を認めることは効果的に思われる．婚姻の初期では，夫婦はなお評価の過程にいる．この評価時期において破綻主義離婚は，当事者達に自分達の婚姻関係へのコミットメントを調査するインセンティヴを与えるとい

う意味で，引き続き離婚事由となるべきである．

　その内には少なくとも一方の配偶者が，結婚への長期のコミットメントに基づき犠牲を払うであろう．そうしたらその後は，離婚事由は合意へと移行するべきである．これらの犠牲は，一方の配偶者が仕事をやめたり出世を諦めたりした場合や，夫婦が子どもを持った場合に通常生じる．非常に移動性の高い我々の社会では，夫婦が転居することは普通である．しばしばこの過程では，夫婦の長期利益にかなうと思われる仕事を一方の配偶者が得るために，他方の配偶者は望ましい職を放棄することを余儀なくされる．それに加えて子どもがいると，子どもの世話をするために一方の親は仕事を犠牲にせざるをえない．夫婦の状況のこのような変化に伴い，離婚事由は合意へと移行するべきであろう．結婚の長期的利益のための適応は微妙で截然と線引きできるような事柄ではないので，破綻主義から合意離婚への移行への基礎として，5年のような期間を予め設定しておくことは合理的なように思える．離婚事由が一定の事態，たとえば転居，子どもの誕生，あるいは一定の期間の経過など，により変化すると知っていれば，夫婦は互いのコミットメントを再評価せざるをえなくなる．もし合意離婚に伴う制約に不満であれば，離婚に対し破綻主義事由を維持することを相互に同意することができる．

　破綻主義離婚に対しては，財産的措置を規定する法が必要とされるかもしれない．しかしながら仕事を犠牲にしていない場合や子どもがいない場合は，財産的な考慮の範囲は限定されるべきである．

有責主義離婚

　有責主義離婚も，婚姻の解消においてなお役割をもちうる．合意離婚は，「結婚から希望して抜け出た」のではなく「結婚から追い出された」場合に問題を生じさせることがある．配偶者や裁判官も含め誰にとっても，有責性を明確に見極めることはしばしば困難である．婚姻からの追放は，有責主義離婚法制が対処しようとしている問題と同様な問題を生じさせる．有責主義離婚の下では「有責」な配偶者は，「非有責」の配偶者に対して婚姻を解消する権利を与えるような行為を行い，その意味で，非有責配偶者は結婚から追い出されたのである．合意離婚は，一方の配偶者が虐待や不貞などの犠牲者でありながら，「有責」な配偶者が離婚を望まない場合には解決を与えない．し

かしながら，有責主義離婚の時代においても裁判所は，このような事件を適切に解決することはできなかった（Rheinstein, 1972）．有責主義離婚の根拠として主張された事由はしばしば見せかけのものであり，結婚は他の理由で失敗したのであった．そして有責性が証明された場合でも，婚姻失敗の真の理由は，有責性の根拠を構成するとされた行為などよりは恐らく遥かに複雑なものであった．にもかかわらず有責主義離婚の採用は，配偶者や子ども達への虐待というような明白な証拠が存在する場合は適当であるように思われる．虐待は社会的に受け入れ難い振る舞いであり抑止されなければならないゆえに，離婚の際の財産および監護権の扱いにおいて当然に考慮されなければならないからである．

4. 結論

　夫婦の合意に基づく離婚の制度は，家族が直面する問題の完全な解決にはならないが，その他の離婚制度，とりわけ破綻主義一本やりの離婚制度よりは優れている．合意離婚は，配偶者を求めて入念に探索をしたり，結婚中に自分達の利益だけではなく家族全員の利益に基づいて意思決定をするインセンティヴを人々に与えるという点から魅力的である．結婚初期に破綻主義を適用すれば，非常に低いコストで互いの相手に対するコミットメントを再評価するように夫婦を仕向けることができる．しかも背後に有責主義離婚制度があることで，配偶者の社会的に許し難い行為の実行を抑止できる．

　（1）　大半の先進国でも破綻主義離婚法を採用しており，したがってここでの分析はそれらの国々でも等しく当てはまる．アメリカ合衆国での破綻主義に関するより詳しい議論は Parkman (2000) 参照．
　（2）　伝統的にアメリカ合衆国の家族は社会の礎石とみなされてきており，その結果国家の立法府や裁判所は家庭に介入することに消極的であった．*Maynard v. Hill*, 125 U.S. 190, 205 (1888) 参照．なお，立法府が介入を希望したときは，その権限は1965年までは広いものとされていた．しかし，*Griswold v. Connecticut*, 381 U.S. 479 (1965) で連邦最高裁判所は，避妊具の使用を禁止したコネティカット州法は，既婚の夫婦に適用される場合には違憲となるとして，家庭に対する州立法府の介入権限に制約を課した．
　（3）　離婚事由は国家が規整する権限を有するが，法定の離婚事由による離婚

の容易さや取決を好まない人々は，婚前婚姻契約を結ぶことを余儀なくされた．伝統的には，婚前婚姻契約を裁判で強制することは難しかったが，統一婚前婚姻契約法（Uniform Premarital Agreement Act, 9B U.L.A. 369 (1987)）が通過した州においては事態は改善された（Bix (1998) を参照）．しかし，結婚前のカップルには将来どのようなことが起きるか予想がつかないし，予想できたとしてもそれらの出来事にどのような要件を付与したらいいか分からないので，婚前婚姻契約はほとんどの夫婦にとって魅力がない．Alexander (1998) も参照．

（4） 破綻主義離婚は，親の失敗から子どもを守るという議論をする者もいる．しかしこの見解は，両親がより良い決定をするインセンティヴを持つということからもたらされる子どもへの利益を無視するものである．Gordon (1998) 参照．

（5） 破綻主義離婚の下では，多くの離婚が配偶者間の些細な不一致でも起こりうる．Amato and Booth (1997, p. 220) を参照．

《文献》

Alexander, Gregory S. (1998), "The New Marriage Contract and the Limits of Private Ordering," *Indiana Law Journal*, 73, 503-10.

Amato, Paul R., and Alan Booth (1997), *A Generation at Risk*, Cambridge, MA: Harvard University Press.

Becker, Gray S. (1991), *A Treatise on the Family*, Cambridge, MA: Harvard University Press.

Becker, Gray S., Elisabeth M. Landes, and Robert T. Michel (1997), "An Economic Analysis of marital Instability," *Journal of Political Economy*, 85, 1147-87.

Bix, Brian (1998), "Bargaining in the Shadow of Love: The Enforcement of Premarital Agreements and How We Think about Marriage," *William and Mary Law Review*, 40, 145-207.

Bradford, Laura (1997), "The Counterrevolution: A Critique of Recent Proposals to Reform No-Fault Divorce Laws," *Stanford Law Review*, 49, 607-36.

Cohen, Lloyd (1987), "Marriage, Divorce, and Quasi Rents: or, 'I Gave Him the Best Years of My Life,'" *Journal of Legal Studies*, 16, 267-303.

Coontz, Stephanie (1997), *The Way We Really Are: Coming to Terms with America's Changing Families*, New York: Basic Books.

Ellman, Ira Mark (1996), "The Place of Fault in a Modern Divorce Law," *Arizona State Law Journal*, 28, 773-836.

Ellman, Ira Mark and Sharon Lohr (1997), "Marriage as Contract, Opportunistic

Violence, and Other Bad Arguments for Fault Divorce," *University of Illinois Law Review*, 3, 719-72.

Glenn, Norval D. (1996), "Values, Attitudes, and the State of American Marriage," in David Popenoe, Jean Bethke Elshtain, and David Blankenhorn (eds.), *Promises to Keep: Decline and Renewal of Marriage in America*, Lanham, MD: Rowman & Littlefield.

Gordon, Robert M. (1998), "The Limits of Limits on Divorce," *Yale Law Journal*, 107, 1435-65.

Kay, Herma Hill (1987), "An Appraisal of California's No-Fault Divorce law," *California Law Review*, 75, 291-319.

Parkman, Allen (1998-9), "Bringing Consistency to the Financial Arrangements at Divorce," *Kentucky Law Review*, 87, 51-93.

—— (2000), *Good Intentions Gone Awry: No-Fault Divorce and the American Family*, Lanham, MD: Rowman & Littlefield.

Posner, Richard A. (1992), *Economic Analysis of Law*, 4th edn, Boston, MA: Little Brown.

Rheinstein, Max (1972), *Marriage Stability, Divorce, and the Law*, Chicago: University of Chicago Press.

Wallerstein, Judith S., and Joan Berlin Kelly (1980), *Surviving the Breakup*, New York: Basic Books.

第5章　不貞の法と経済学[*]

エリク・ラスムセン
訳：太田勝造

「汝は，此の女性を汝の妻として結婚し，神の御定めに従って聖なる夫婦の道を歩もうとしますか．汝は，此の女性の健やかなる時も，病める時も，此れを愛し，此れを慰め，此れを敬い，此れを大切にし，汝ら両人の命の続く限り，他の如何なる者の誘惑をも拒絶し，此の女性だけを愛することを誓約しますか」（『祈祷書（*The Book of Common Prayer*）』1662）

1. はじめに

　二人の人間が結婚するとき，お互いに節操を誓い合う．不貞とは，夫婦の一方がこの誓約を破ることを言う．約束を破ることは一般に良くないことだとされており，とりわけ結婚の誓いを破ることは良くないとされる．「いかなる悪行にも償う術はある」と衡平法の法諺は言う．本章のテーマは，不貞に対する適切な償いの方法にはどのようなものが考えられるか，である．現代のアメリカ合衆国法における不貞に対する公式の救済方法は，不貞の犠牲となった配偶者が離婚を申し立て，夫婦の資産の分割を不貞者に強制するというものである．とは言え，これは真の意味での救済とはならない．なぜなら，現代の破綻主義離婚法の下では誰でも離婚を申し立てることができるのであり，その際にはいかなる理由も必要とされないからである．離婚が不貞を抑止するとすれば，それは不貞が犠牲者を不幸にするからに過ぎないことになる．法制度の観点から見れば，不貞も，相手の不貞への糾弾も，ともに十分な離婚原因となる点で同等なものなのである．

　過去においてはその他の救済方法も存在したし，その痕跡は今も残ってい

る．不貞に対する刑事罰，不法行為による損害賠償訴訟，および，自力救済などがそれである．本章においては，法と経済学の分析道具を使って不貞に対する救済方法を分析する．法と経済学の方法においては，不貞についての法を効率的な契約の問題として捉える．すなわち，婚姻関係が夫婦の純利益の最大化に資するように，結婚を構造化するような法制度を構築するという問題として捉えるのである．その際には，必要に応じて，第三者への影響にも注意を払う．そのような第三者への影響が存在しない場合には，すなわち最も単純な場合には，不貞についての法は，効率性を実現するために次のようなものでなければならない．すなわち，取引費用が低廉であるならば夫婦が自ら選択したであろうような結婚の取決をそのまま内容とするものでなければならない．これから分かるように，道徳の問題や社会秩序の問題，家父長制の問題，あるいは譲渡が禁止された権利の問題，などとして不貞の問題を扱うのではなく，個人の主観的厚生（幸福）の問題として扱うのである．

2．モデル

諸仮定

　不貞のコストと利益の分析を明確化するために，言葉によって定式化されたモデルを構築することは有益であろう．簡単化のため，まず，「妻」の視点でものを考えてみよう．妻は，「夫」をより深く愛するにはどうしたらいいかを学ぶとか，仕事を諦めるとか，夫と他の町へ引越しをするとかのように，結婚関係継続にとってのみ有益な犠牲で，夫が裏切っていることを知ったら後悔するような投資をしようかしまいかと考慮しているとする[1]．ここで，夫の不貞相手を「愛人」と呼ぼう．妻が結婚のための投資をしなかった場合には，妻は夫の不貞を見つければ即座に離婚をしようとすること，および，この離婚の威嚇は夫に不貞を思いとどまらせる上で十分なものであることとを仮定しよう．

　逆に，妻が結婚のための投資をした場合には，妻の離婚の威嚇は夫にとって信用に値するものではなくなってしまう．なぜなら，先行投資のために離婚によって妻の失うものがあまりにも大きくなっているからである．夫が妻を裏切らないなら，夫も妻のした結婚への投資から利益を享受できる．とは

言え，夫にとってのベストは，妻が結婚への投資を行い，かつ，自分は不倫をエンジョイするというものである．妻としては，コストをかけて夫を監視し，万一夫が不貞を犯したらすぐ判るようにしようとする[2]．夫は，コストをかけて不倫相手を探し，そして，不貞が妻にばれないように努める．このための夫がかけなければならないコストは，妻の予防・監視のコストによって異なってくる．夫が不貞を働いている場合には，夫と妻のコストをかけた努力によって決まるある確率で，妻はそれを発見する．妻に不貞がばれると，夫の効用は低下し，妻の効用は増加するとする．ただし，夫の不貞を暴くことの喜びのためだけに，妻が夫に不貞をさせようと投資するようになるほどは，妻の効用は増加しないとする．夫にとって不貞がばれることの負効用は，法とは無関係なペナルティであり，不貞がばれたことの当惑や愛人の身元が妻に知られたための不便などを指している[3]．多くの，あるいはほとんどの男女にとって，不貞がばれることの負効用が非常に大きいし，不倫自体はたいした利益をもたらすものではないので，不貞を働こうとはしなくなるであろう．これはちょうど，恥の意識や良心の呵責のゆえにほとんどの人々は泥棒などの犯罪をしようとはしないのと同じである．とは言え，法が取り組まなければならないのは，社会規範では十分に制裁できないような種類の人間であることを忘れてはならない．

　これまで説明してきたモデルでは，夫が不貞を働いているなら，妻は不貞を暴くことからある程度の利益も受ける反面，ばれない不貞によっても被害を受ける．しかし，こんなことはありうるのだろうか？[4] この疑問への部分的な答えとしては，次のようなものが考えられる．すなわち，妻の監視活動によって夫の不貞を発見できなかったとしても，夫が裏切って愛人をこしらえているらしいことは，うすうす感じ取ることがある，というものである．しかし，知れば不幸になることが分かっているのに，なぜ妻は厭なことを詳しく知ろうなどとするのであろうか．この疑問には正面からは答えないことにする．かわりに，顕示選好という経済学の考え方を援用することにする．すなわち，特定の結果を得るために資源を費消しようとしていることをそのまま反映する利得関数を用いるのである．言い換えれば，心理的な幸せを反映するものとしての効用は考えないのである．こうして，妻は夫の不貞を暴くことから利益を得るという仮定は，妻が資源を費消して夫の不貞を暴こう

としていると述べる以上の意味を持たないことになる．妻が夫の不貞発見後に，より幸せに感じるか否かについては何も前提しないことにするのである．

分析

　まず，法的制裁がなかったらどうなるか検討してみよう．妻は先のことを慮り，結婚関係に投資した後の夫の不貞を防止するには，夫を監視しなければならないことに気づくであろう．そこで2つの可能性が生じる．第一は，妻は結婚関係のための投資をして夫を注意深く監視する．この場合，夫は愛人を作ろうとはしない．第二は，監視のコストが高すぎると判断して，結婚関係のための投資をしない．

　この単純化されたモデルにおいては，不貞は決して生じない．なぜなら，妻が監視すればその予防によって不貞は抑止されるし，妻が監視しないなら，結婚関係のための投資をしないことで信用力を付けた妻の離婚の威嚇によってやはり，不貞は抑止される．しかしながら，これらの場合には社会厚生上の損失が生じる．しかも場合によっては非常に大きな社会厚生上の損失が生じうる．すなわち，前者のケースでは抑止それ自体，すなわち妻の予防費用という損失が生じ，後者のケースでは妻が結婚関係のための投資をしないために夫婦両方に損失が生じる．さて，ここで，夫が感じる誘惑の程度を妻が正確に知りうるという仮定を緩めれば，均衡状態でも不貞は生じうるようになる．それは，不貞抑止に必要な予防のレヴェルを妻が過小に見積もってしまった場合である．この妻の過小評価によってさらに2つのコストが生じる．それらは，妻が蒙る直接的費用と，不貞を働きそれを隠そうとすることから夫に生じる取引費用とである．

　ここでモデルに，さらに不貞に対する法的制裁を加味するとしよう．これによって，不貞がばれて当惑するという夫の私的コストに法的コストが加重されることになる．不貞を効率的に抑止するためには，法的制裁は十分に大きくて，妻が監視にコストを全くかけない場合にも，夫にとっては法的制裁のために不貞の総取引費用が不貞のもたらす利益を凌駕するようでなければならない．この場合には，夫は不貞を抑止され，妻は安心して結婚関係のための投資をすることができ，しかも妻は監視費用をかけずに済む．こうして社会的余剰が最大化される．したがって，事前時点（*ex ante*）では，夫婦は

双方とも，不貞に対する強烈な制裁のリスクを喜んで引き受けるであろう．夫もこのリスクを引き受けようとするのは，この制裁があれば不貞を働かず，よって制裁を科される虞れがないからである(5)．

契約については既にしばしば指摘されているし，結婚についてもとりわけ指摘されることは，違反・裏切に対する制裁がないと，長期的関係は崩壊してしまうものであり，だからこそ当事者の双方は制裁の取決を進んで締結しようとするということである(6)．実際のところ，契約という法制度自体が，制裁によってコミットメントを信用できるものにするという，このような考え方に由来するものなのである．不貞に対する制裁は，契約違反の制裁の論理のもう1つの応用例に過ぎないと言える．しかしながら，事後時点（*ex post*）の状況においては，不貞に対する制裁は夫の自由権に対する不当な制限であるように見えてしまうし，そう論じる学者さえいる（例えば，Note, 1991 参照）．

外部性

これまでは夫と妻だけに注目して，契約法の論理を応用してきた．しかしながら，不貞は第三者への影響を有している．このような影響を経済学の用語では外部性と呼ぶ．愛人にとって，不貞はプラスの影響をもたらす．その他の人々にとっては，不貞は有害な影響を与える．夫婦の両親や子どもは不貞を嫌悪する．他の夫婦やカップルも不貞という悪事の例を目の当たりにして当惑するかもしれない．そして，多くの人々は，宗教上の理由，自然法的理由，あるいは美意識による理由から，自分のコミュニティ内に不貞が起きるとそれを嫌悪する．このように不貞が部外者たちの利害に影響を与える点は，公害，人種差別，環境破壊，ビルの新築などと同じである．不貞についての法は，土地利用法のようなもので，コミュニティの構成員たちは自分の近隣の人々がしていることをお互いに気にし合うということに基づいて，人々がどのように共生するべきかを規整しようとする法であると言える．土地利用法がコミュニティごとに激しい相異を見せているように，不貞についての法もコミュニティごとに大きく異なるであろうと予測される．

以上のモデルによれば，夫および愛人に不貞のもたらす利益の総和が，妻やその他の人々に与えるコストの総和によって凌駕されるならば，不貞は非

効率である．この場合，妻と部外者たちは，可能であれば，夫および愛人にお金を支払ってでも不貞を思いとどまらせようとするであろう．しかし，取引費用や組織化のコストのためにこの交渉ができない場合には，不貞は犯されてしまうだろう．ここで法が不貞を防止するなら，法は社会的余剰を増加させることになる．なぜなら，このような法は，取引交渉をコスト・ゼロで行えていたなら，全ての当事者たちが合意したであろう内容を実現するからである．

　コスト・ベネフィット分析において第三者たちの要望をも計上しなければならないという点には，異論が多い．そこで，この点を少し説明しておこう．経済学的な効率性，富の最大化，およびパレート最適という考え方は，全て，人々の選好を所与のものとしており，人々の選好に対する道徳的な価値判断を下すことを回避するものである．消費者がチョコレートが好きだと言えば，チョコレートに対して中立的な立場を取る分析者なら，チョコレートを禁止することはなんらの害悪を惹起しないなどと主張したりはしない．ここで，夫および愛人は，不貞をする権利を得るためなら，それぞれ5万ドルおよび4万ドルまでなら支払うとしよう．また，夫の不貞を防止するためなら妻は6万ドル，部外者100人は各自1000ドルまでなら支払うとしよう．この場合には，不貞は非効率である．ここで「部外者たちは本当に損害を蒙ったのか？」とか「この外部性は本当に存在するのか？」などと問うことは意味をなさない．ある行為を防止するために人々が1000ドルまで支払おうというのなら，当該行為はその人たちに損害を与えるのであり，経済学者はその動機などを問題とはしないのである．(7) 当該部外者たちの目的が，例えば，宗教上のものであろうと，物質的なものであろうと，夫や妻の要望の背後にある動機と同様，ここでは問題とされないのである．(8)

　普通に見られる伝統的な立場は，人々は社会の美徳を大切にしなければならないというものである．現代の一般的な立場は，そんなことはない，というものであり，他人の私的な生活にあれこれ言うべきではない，というものである．(9) 本章では中立的な立場を採る．これは，経済学者が通常採用する嗜好や趣味などの選好を所与のものと扱う多元主義的な立場に沿ったものである．不貞について人々がどの程度気にするかは，もちろん，経験科学的には極めて重要なテーマである．これは，人々が何処に住むか，誰を友人にする

か，誰を配偶者にするか，などの選択に反映するであろう．さらには，政治取引において，不貞についての法案と租税政策案との間でどのように人々が投票しようとするか，などにも反映するであろう．

3. 制裁

制裁の構成要素

　ここまでで，効率性を達成するためには，不貞に対する何らかの制裁が必要であることが示されたと思う．そこで，どのような制裁が考えられるかを検討しよう．まず，制裁の選択肢を挙げておくべきであろう．

●制裁を起動させるのは誰か？　不貞に対する公式の制裁手続きにはそれを起動させるか否かの決定権を持つ者がいる．不法行為訴訟の場合は損害を蒙った原告であり，刑事訴追では，大陪審ないし検察官である．

●制裁は罰金刑か，それとも現実の資源の破壊か？　不貞に対する制裁としては，金銭の移転のように現実の資源には影響しない場合と，禁固刑のように他の誰をも同程度に利することなく夫を害するものもある．

●罰金を収受するのは誰で，現実の資源への制裁賦課の費用を負担するのは誰か？　罰金が支払われた場合，その罰金を収受して制裁から利益を得る者がいる．現実の資源を破壊するような制裁の場合，破壊に要する費用を負担する者がいなければならない．

●制裁の内容は行為の前に決まっているか，それとも行為後に決まるのか？　制裁の内容は事前時点 (*ex ante*)，すなわち損害の発生前に決めておくこともできれば，事後時点 (*ex post*)，すなわち損害の程度が判明した後に決定することもできる．この違いは，契約法においては，損害賠償額の予定と填補賠償の違いに相当する．また，刑事法における刑期法定制と刑期裁量制の違いに相当する．「事前の制裁」は，夫にとって納得づくの意思決定ができるとともに，施行する上でもより低廉で済む．但し，制裁のレヴェルが，個別の事案での具体的損害と大きく乖離する場合が生じる．[(10)]

●妻は自己の権利を譲渡できるか，制裁の権利を放棄できるか？　妻には制裁が科されることを停止することができる場合や，制裁が科されないよう

にすることを事前に同意しておく場合などもありえよう．制裁手続を起動させたのが妻である場合，手続きを継続しなければ良いのであるから，制裁が科されることを止めることは妻にはできるだろう．このことと，制裁を止めるという拘束的な合意を妻が予め結ぶことができるか否かとは別問題である．妻がこれを望むとすれば，それは夫から引き出した何らかの譲歩との取引が成立した場合である．また，妻には制裁手続を始動させる権能がない場合であっても，妻にそれを停止させることはできる場合もありうる．たとえば，刑事手続の続行に対する拒否権を妻に与えるような場合である．

●制裁を受けるのは誰か？　夫か，愛人か，それともその双方か？　不貞に対する制裁は，不貞行為者の双方に科される場合も，不貞行為者のどちらかにのみ科される場合もありうる．

不貞についての法は，以上の構成要素のさまざまな組合せによって多様なものが構成できる．上に述べた構成要素は6つあるので，それぞれの構成要素に2つずつ選択肢があるとすれば，理論上は64種類の法を構成できることになる（2の6乗）．とは言え，本章ではその内の3つだけについて検討する．すなわち，民事の損害賠償，刑事制裁，および自力救済である．

民事賠償

民事賠償の法制度の下では，妻は賠償金という罰金的な制裁を起動することになる．この意味の罰は，妻の懐に入るものであり，その額は損害額の大きさによって変化する．妻はこの制裁を科す権利を譲渡することができる．制裁を科されるのは愛人の方である．

ある人が他者に損害を与えた場合，その私的な損害を賠償させるための制度として不法行為法と契約法が存在する．これらの法制度は不貞にもぴったり使えそうである．不貞では，妻と交わした合意に夫が違反し，愛人は夫の違反を幇助し，妻に損害を与える行為をするのである．このように不貞の状況には，契約違反的要素，他人間の契約に対する不法行為的な介入の要素，そして，一般的な故意の不法行為の要素が見られる．不法行為責任の1つの類型を本章のモデルに当てはめれば，愛人は妻に対して補償的な賠償金を支払うべき責任を負うことになろう．ここで，夫および愛人が，妻への賠償金そ

の他の不貞の費用全額を共同で支払うことで合意したと仮定し，さらに，差し当たりは妻が自分の請求権を他人に譲渡する可能性は無視するものとしよう．妻には不法行為の損害賠償請求ができない場合に比べて，この仮定の下で妻が監視にかける費用はより多額になる場合もあれば，より少額になる場合もありうる．一方では，賠償金を受け取ることができるということは，不貞によって妻が蒙るネットの損害が小さくなることを意味する．妻の監視費用の大小によっても不貞発見の確率がさほど変化しない場合，それでも妻が監視を行う理由は，夫が愛人を見つけるための費用を十分に高めて，不貞を抑止しようとするためである．ところが，不貞の損害に対して妻が完全賠償を受けるならば，妻のこの不貞抑止のインセンティヴはなくなってしまう．他方では，不貞が起き，妻がそれを発見する場合，妻は賠償金を受け取ることができる．いずれにせよ，妻は結婚関係のための投資をもっとするようになるであろう．なぜなら，愛人の賠償責任によって，投資後の夫の不貞がもたらす妻の損害が縮小するからである．

　夫の不貞後の和解や不貞発生前の妻による権利放棄などの形で，妻が請求権を譲渡できる場合の民事賠償の利点の１つは，夫および愛人が不貞から享受する利益が，妻が夫の不貞から蒙る損害よりも大きいなら，全員で合意を結ぶことができる点である．妻は自分の請求権を夫や愛人に渡してお金と引き換えるであろう．そして，当事者の全員は，不貞探知や不貞隠匿のための取引費用を節約できる．しかし，このことは，外部の第三者への影響が大きい場合には，民事賠償の欠点ともなる．なぜなら，部外者たちは上記当事者間合意に含まれていないからである．先の例を用いれば（115頁），夫および愛人は妻から不貞の許可を得るためにならたとえば61,000ドル支払おうとするであろう［し（61,000＜50,000＋40,000），妻はそれに合意するであろう（61,000＞60,000）］が，部外者たちの合計100,000ドル分の損害は補償されない．

　民事賠償の最も重大な欠点は，被告が判決を無視できる場合があるということである．愛人に賠償金を支払う資力がない場合，妻の請求権は画餅に過ぎなくなる．多くの人々，それどころかほとんどの人々にとって，婚姻関係の破壊を補償するに足るだけの大きな額の賠償金を支払う資力はないであろう．もしかすると，妻の弁護士費用さえ補償する資力がないかもしれない．

このような場合，民事賠償は実効的な制裁としては全く意味のないものとなる．これこそ，種々の非行，すなわち犯罪に対しては民事賠償が用いられないことの標準的な経済学的説明なのである（Posner, 1998, 第7.2節参照）．民事賠償が持つ不貞に固有の問題は，夫と妻が経済的に相互依存関係にあるということである．愛人が賠償金を全額支払うことができたとしても，家計の一員であるゆえ夫もその賠償金の半分を使えるということになれば，民事賠償の抑止機能の大半は雲散霧消してしまう．あるいは，愛人の賠償金支払いを夫が支援してやるのであれば，結局は家計から賠償金が出て家計に戻るだけとなってしまう．

　民事賠償の持つもう1つの一般的欠点は，賠償額算定のコストである．アメリカ合衆国の損害賠償請求で通常見られるように原告が報酬として判決額の3分の1を弁護士に支払い，かつ，被告の側もだいたい同じくらいの額を自分の弁護士に支払うのであれば，そして，弁護士市場が競争的であるとすれば，賠償責任を認めさせ賠償額を算定するためのコストは損害額自体の3分の2ほどに上ることになる．不貞による被害は金銭的被害ではないので，これを金銭評価することはとりわけ困難である．たしかに，不貞の場合の賠償責任の認定は，他の典型的な不法行為訴訟や契約訴訟に比べれば比較的容易ではあろうが，賠償額の立証はそれらより困難である．もちろん，民事賠償の判決額が事件ごとに変化しなければならないわけではない．労働災害補償保険が，身体の何処を失ったかに応じて固定された保険金額を支払うように，不貞の損害賠償額を固定することも考えられる．しかしこの場合，原告は本当の損害が小さくても訴訟を提起しようとするという問題が生じる．なぜなら，固定制は裁判所が賠償額の算定でのプラス方向の過誤を容認していることを意味するからである（Rasmusen, 1995 参照）．

　しかしながら，民事賠償は，パートナーシップ（組合）という商法の中で結婚と最も近い関係にある分野で最もよく使われる救済方法である．リヴモア（Levmore, 1995）が，キャラブレジとメラムド（Calabresi and Melamed, 1972）の財産権ルールと責任ルールの二分法の枠組みを用いて見事に明らかにして見せたように，パートナーシップ紛争でのコモン・ロー上の救済方法は，パートナーシップを解消してから元の非行について民事訴訟をするというものであった．リヴモアによれば，パートナーシップの解消をまずしなけ

ればならないことのために問題が生じ，パートナーシップ法制を次第に台無しにしてきたのである．さらにリヴモアによれば，パートナーシップ法制と結婚法制を比較すると，まず関係解消しなければならないという要件が結婚法制ではより強く残っており，逆にその後訴訟になる確率はより小さいとする．なお，忘れてはならない点は，一定以上重大な忠実義務違反がある場合には，パートナーシップにおける非行は刑事制裁の対象ともなるということである．

刑事制裁

　刑事制裁の法制度の下では，国家が刑罰の形の制裁を起動させ，そのための費用は国家が負担する．制裁は固定され，損害の大きさとは無関係とされる．妻にはこの制裁を中止させることができ，かつ，中止させる権利を譲渡することができる．制裁の対象は，夫および愛人の双方である．

　多くの種類の故意の加害行為に対する制裁として刑事法は使われる．民事法の分野では同じ制裁目的で懲罰的賠償が使われるが，これは賠償額が事前時点では全く固定されておらず，かつ，損害を受けた者がこの制裁手続を起動させ，手続から利得を得ることになる．刑事法が使われるのは，強姦や強盗など重大とされる犯罪で，実損ベースでは被害が小さくても被害者の蒙る心理的コストが甚大であるような非行である．この点は，不貞に対しても刑事法が適切であるかもしれないことを示唆する．

　不貞に対して刑事法を使う1つの形態としては，妻の告訴を要件として，カウンティの検察官がその裁量に基づいて不貞行為者を訴追するというもので，刑罰としては例えば州の刑務所に5年間収監するなどである．この刑期が十分に長ければ，妻が監視をほとんどしなくても，また，愛人が不貞から得られる享楽の利益相当分まで夫に補償しようとしても，夫は不貞をしようとはしなくなるであろう．これによって効率的な結果が達成される．すなわち，妻は安んじて結婚関係に投資することができ，妻も夫も取引費用を浪費しなくて済む．

　当事者三者の観点から見たときに不貞の方が効率的となる場合には，妻の権利の譲渡可能性が重要となる．刑事制裁のレヴェルが大きい場合，刑事訴追への妻の拒否権が譲渡可能でない限り，効率的であっても不貞は生じない．

逆に，それが譲渡可能である場合，国家が刑事制裁のレヴェルをいくら高く設定しても，なんらの問題も生じない．なぜなら，刑事制裁が科されるということは起きないからである．というのも，補償金と引き換えに妻は刑事手続に拒否権を発動するからである．その結果，刑事制裁は妻と夫の間の交渉の出発点を設定するだけの役割となる．[11]

　譲渡可能性には2つの欠点がある．第一に，他の人々への外部性が存在しても，不貞を我慢することの引き換えに妻が夫や愛人から支払いを受ける際には，それら外部性は無視されてしまう．この問題は刑事法の多くの分野で生じる問題である．犯罪被害者は，刑事制裁を科すことで加害者から譲歩を引き出す機会を失うよりは，加害者と取引することの方を望むものであり，その結果，自由になった加害者が他の人に対して犯罪を加えることになっても，自分に対して加害しない限り構わないと思うものである．例えば，使用者にとっては，横領社員が後に別の使用者から盗むことを阻止するよりも，自分が横領金の返還を受ける方を望むであろう．譲渡可能性の第二の欠点は，譲渡可能性のために戦略的な事前コミットメントができなくなることである．制裁というものは，夫にとってだけでなく妻にとっても多くのコストがかかるものである．なぜなら，夫婦ともに人前で恥ずかしい思いをすることになったり，夫の稼ぎが減ってしまったりするからである．こうして，妻は家計を守るためだけに夫に対する不貞の刑事訴追に拒否権を発動するかもしれない．実を言えば，妻は刑事訴追への拒否権が譲渡不可能であった方が有利になるのである．なぜなら，その場合には，刑事制裁の威嚇は信用できるものとなり，夫は不貞を抑止されるからである．このパラドクスは単なる机上の空論ではない．配偶者への暴力の抑止として一般的になっている「不寛容政策（zero-tolerance）」の正当化根拠こそまさにこの論理だからである．[12] 多くの州や国家において，夫に殴られた妻が助けを求めて110番通報をした場合で，駆けつけた警察が実際に夫が妻を殴ったと判断した場合，妻が反対しても夫に対する刑事手続が進められる．

　アメリカ法律協会（ALI）が1962年に提案し，合衆国の州レヴェルの刑法典に大きな影響を与えている「模範刑法典」は，意図して不貞を非犯罪化した．その理由については「個人的な問題たる不道徳性は，刑法の守備範囲の外である」というものである（第二部第213条，「不貞と未婚性交についての

注釈」）．いずれにせよ不貞についての法はほとんど適用されたことがないと言われる．それを強制しようとしてもコストがかかりすぎるだけだとも言われる．また，「不道徳だと一般に考えられているというだけの理由で」ある行為を違法としてはならないとも言われる．不貞についての法が有権者の間では支持されていること，および，不貞は被害者のいない犯罪ではないことを認めてはいるが，アメリカ法律協会はこれらを些末な点に過ぎないとする．

　不貞についての法が強制されていないという論点は目くらましにすぎない．ほとんど訴追されないような犯罪はたくさん存在する．その悪名高い例としては，アメリカ合衆国の「ブレイディ法（Brady Bill）」がある．これは重罪犯人が銃を買おうとするだけで犯罪になるという法律である．これは不貞に比べればずっと訴追しやすい．なぜなら，政府当局には重罪犯人が法を破ったことの書面による証拠があるからである．この法律が施行されていた2年あまりの間に，政府は186,000件の違反を探知したと主張した．しかし，現実に訴追したのはほんの7件だけであり，2万分の1の割合でしかなかった[13]．侵入盗のような議論の余地なく犯罪とされる類型でも，起訴されるのは稀である．1994年において，アメリカ合衆国で起きた侵入盗のたった1.4％が有罪判決まで行っただけであり，収監までされたのはほんの0.8％であった[14]．確かに，全く0％という多くの州における不貞の訴追率と，ブレイディ法の0.005％の訴追率との間には質的な差があるといっても良いかもしれない．しかし，この僅かな差がどれほど重要であるかは疑問である．印象論で言ってしまえば，アメリカ法律協会にとって本当のところは，不貞を不道徳だとは全く考えていなかったということであろう．というのも，他の犯罪行為と不貞を区別する根拠をなんら示していないからである．動物虐待禁止法についても同様の問題がある（Beirne, 1999 参照）．「模範刑法典」の250.11では，「コミュニティの感性を逆撫でることを防止するために」動物虐待禁止法が提案されている．アメリカ法律協会は，本章で説明した外部効果の議論を全く考慮していないことは確かである．だからこそ，復讐性向は野蛮で不当だという1950年代にもてはやされた立場をいまだに後生大事にしているのであろう．

自力救済

自力救済という法制度の下では，制裁を起動するのは妻であり，制裁は実質的なものであり，制裁を科すための費用も妻が負担する．制裁の規模は事案によって変わる．制裁を科す権利を妻は譲渡することができる．制裁の対象は，夫と愛人の双方である．

　「自力救済」とは，国家が通常は禁止するような行為を私人がすることを認める場合である[15]．私人が勝手に他人の家具を持ち出して売り飛ばすことは，通常では禁止されている．しかし，債権者はまさにそのようなことができる．不貞の場合の自力救済とは，不貞を働いた夫に対して妻が通常は違法とされる行為によって制裁を加えることである．たとえば，散財するとか，子どもを連れて出て行くとか，夫を経済的に支援することを拒否するとか，夫に襲いかかるとか，さらには，夫を殺すとかである．法は自力救済を正面から公式に認める場合もある．自力救済の制定法や判例法である．あるいは，法は自力救済を裏から非公式に認める場合もある．たとえば，訴追しないとか，陪審が法を無視して無罪評決を下すとかである．妻の自力救済の権利は譲渡可能でありうる．たとえば，妻が夫の不貞を許可したことが証明されて，不貞に対する自力救済であるとの抗弁を妻は却下され，通常の刑事被告人と同様に訴追を受けるような場合である．

　自力救済は，不法行為法と刑事法の双方の特色を合わせたものである．不法行為法のように，自力救済は被害者が起動するものであり，制裁のレヴェルは事案ごとに異なりうる．刑事法のように，制裁は相手に実質的コストを科す．自力救済は，民営化された刑事法制として位置づけることができる．国家ではなく妻が制裁を科すのであり，そのコストも妻が負担する．しかも妻には暴力を使うことが認められる．暴力は国家が通常は独占し，私人には禁止するものである．

　自力救済にも長所と短所がある．長所の1つは，取引費用が低廉であることである．政府としては自力救済が本当に正当化可能なものか決定しなければならないので，政府のコスト負担を完全に免除するものではないが，それでも明白な事例では弁護士も裁判所も不要となるし，国家の事実認定者が損害額の算定をしなくても制裁のレヴェルは決まる．さらに，制裁の規模に応じて制裁を賦課するコストも増加する場合で，不貞による感情的被害が大きくなるほど，より大きな制裁を課すことで妻がより大きな満足を得られると

すれば，妻は被害が大きいほどより大きな制裁を科そうとするであろう．こうして，例えば，不貞をさして気にしないような妻の場合は，夫を叱ろうとさえしないであろうし，逆に，不貞を極度に気にする妻の場合は，夫を殺してしまうかもしれない．この点は民事賠償と好対照をなす．民事賠償においては，不貞を気にしない妻も被害を受けた振りをして賠償金を取ろうとするのであった．

自力救済には欠点もある．人々が，配偶者が不貞をしているかの判断において，しばしば誤った判断をする場合，とりわけ裁判所よりも誤ってしまう場合，自力救済は制裁の量を最適点から遠ざけてしまうであろう．自力救済は判断の誤りのコストおよび制裁を科すコストを不貞の被害者に負担させるが，不貞の被害者にはそのようなコストを負担することができない場合があろう．不貞の被害者ではなく中立の委員会が「自力救済」を実行する場合は，もっともうまく行くであろう．古典的な自警委員会による自力救済である．とは言え，こうなるとほとんど刑事制裁と同じようになってしまう．この点は，裁判所とこの自警委員会はどこか異なるのであろうか，と考えればすぐ気付くであろう．いずれにせよ，たとえ自警委員会の場合でも自力救済は実質的なコストを惹起する．これは民事賠償と異なる点である．そして，自力救済は，民事賠償や譲渡可能な刑事制裁と同様に，一般の人々への外部性を考慮に入れない．

自力救済はもう1つの点でもここの議論にとって重要である．すなわち，民事法上の救済方法や刑事法上の救済方法を不貞の被害者に提供することの根拠となるという点である．民事，刑事の法的救済方法が利用できないなら，不貞の被害者はたとえ違法とされていても不貞行為者に制裁を科そうとするであろう．その結果，過誤の可能性が生じ，政府は不貞の被害者を処罰するための費用を負担しなければならなくなる．スミス (Smith, 1998) は，被害者によるこの種の報復が，恐喝を犯罪とすることの根拠となると論じている．この議論はその他多くの刑事法においても成り立つ．実際，この議論は1916年にローデシアで先住民が不貞を禁止する刑事法を制定する際に，その理由として明示で引用された．この先住民による刑事法はイギリス人によって廃止されたが替わりの刑事法は制定されなかった（但し，民事賠償は先住民の裁判所ではなお利用可能である）．その結果，多数の小屋が不貞に対する自

力救済として燃やされる事態となった（Mittlebeeler, 1976, pp. 122-134, 183）．もちろん，以上の議論は，各社会の名誉や暴力に対する文化的位置づけによって変わりうるものである．

4. 不貞についての法の現実

ポズナー（Posner, 1999, 第2章）とエプスタイン（Epstein, 1999）は，現実の判例や制定法と照らし合わせて見ることなく法の理論を展開することは危険なことだと説得的に論じている．このセクションでは，この警告に従うことにする．効率性の実現のためには法が必要であるとの考え方から予測されるように，さまざまな国でさまざまな時代において不貞に対する法的制裁を提供してきた．「汝，姦淫すること勿れ」の時代から現代に至るまでである．[16] ある特定の時代や場所の法を説明することは困難である．なぜなら，それらの多くは不文法であり，検察官の起訴裁量の判断，陪審の評価，あるいは，自力救済が許される限度などに化体しているものだったからである．しかも多くの場合に，印刷された判例は現実に起きていることを知る上ではあまり当てにならないものである．被害者と加害者の双方にとって不貞は恥であったので，静かに内々で処理することの方が望ましいものであった．したがって，より簡単な研究方法は，1つの州（国）だけを採り上げ，そこでの法制度が本章で用いた理論的枠組みにぴったり当てはまるかを示す方法である．そこで，本章では筆者が居住するインディアナ州を採り上げることにする．もちろん，インディアナ州法，英米法，あるいは1990年代の法が研究上最も重要であるなどという理由からではない．単に，筆者にとってアクセスしやすいからであり，また，インディアナ州法が現代アメリカ合衆国の法として特異なものではないからである．

民事賠償

イギリスのコモン・ローにおける不貞に対する救済方法は損害賠償を求める民事訴訟であった．ブラックストーン（Blackstone, 1765）は次のように説明する．

> 不貞，ないし，他の男の妻との性関係（criminal conversation）は，刑

法上の犯罪としては法は規制せず，宗教裁判所による制裁の強制にゆだねられている．とは言え，民事上の加害行為としては位置づけられており（もちろん，それ以上のものではありえないが），法は夫が不貞者に対して暴力侵害（trespass *vie et armis*）に基づく訴訟によって賠償を得ることを認めていた．この訴訟において認められる賠償額は通常，非常に巨額で懲罰的色彩が強いものであった．しかし賠償額は状況に応じて適宜増減された．たとえば，原告夫の地位や財産，妻の側の地位や財産，夫婦の間の関係や結びつき，妻から誘った不貞か否か（これは，妻の以前の行動や性格によって立証されるべきものとされた），財産分与その他の取決に基づく夫の側の子どもを扶養する義務の程度（夫は子どもが自分の子ではないかもしれないと疑わざるを得なくなっている）などを考慮した．[17]

不貞に対してコモン・ローは2つの異なる訴訟原因（cause of action）を認めていた．1つは「第三者による夫婦の離間（alienation of affection）」であり，もう1つは「他の者の配偶者との性関係」であった．アメリカ法律協会がコモン・ロー（判例法）を整理して条文化し注釈を施した『不法行為のリステイトメント』の第二版（1977年）では，これら2つの訴訟原因を次にように規定している．

　§683 第三者による夫婦の離間
　ある者の，その配偶者に対する愛情を，意図的に冷めさせた者は，そのために生じた，その配偶者の結婚からの法的に保護された利益に対する損害を，賠償する責任を負う．

　§685 他の者の配偶者との性関係
　ある者の配偶者と性交をした者は，そのために生じた，他方配偶者の結婚からの法的に保護された利益に対する損害を，他方配偶者に対して賠償する責任を負う．

これら2つの訴訟原因は，要件要素に相違がある．第三者による夫婦の離間

の場合の利益侵害は，夫婦関係に対する予見された損害であり，第三者による関与が生じる前に結婚関係が破綻していてはならない．なお，この訴訟原因の場合，第三者の関与は不貞に限られるわけではなく，たとえば，義理の母が結婚を破綻させたとして責任を問われることもありうる[19]．他方，他の者の配偶者との性関係は，厳格責任に近い責任である．第三者が意図して性行為を実行しなければならないという点で，故意の不法行為である．但し，相手が既婚者だとは知らなかった場合にも責任を免れることはできない[20]．1度の行為で十分である反面（とは言え，1回だけなら賠償額が小さくなるであろうが），物理的な行為が必要である．

インディアナ州はこれら2つの訴訟原因を1935年に廃止した．1930年代にこれらを廃止した州の中でも最初の州である．廃止理由は，「婚約破棄および第三者による夫婦の離間という2つの民事上の訴訟原因を廃止することによって，公衆道徳を促進するための立法」であった[21]．この立法は，1937年に提起された訴訟で合憲性が争われた．すなわち，インディアナ州憲法第1条第12項において「すべての人は，身体，財産，あるいは評判を侵害された場合，適正な法の救済方法が認められなければならない」と規定されているので，これらの訴訟原因の廃止は憲法違反だと攻撃された．インディアナ州最高裁判所はこの違憲の主張を棄却した．その理由は，身体，財産，評判のいずれも（不貞によって）侵害されるわけではないし，また，結婚は契約法や財産法の問題ではなく，国家の規制権限内の社会的地位の問題である，というものであった[22]．

第三者による夫婦の離間は，不法行為の問題とするには時代遅れのものとなっていた．これは，アメリカ合衆国における不法行為責任の一般的な増加傾向の例外であると言える[23]．奇妙なことに，契約関係に対する同様の行為は，不法行為として残っているどころか，訴訟で活用されている（Landes and Posner, 1980, BeVier, 1990, McChesney, 1999 参照）．『リステイトメント』は次のように規定する．

　§766 契約履行に対する第三者の意図的な阻害行為
　　誘導その他の方法で，意図的かつ不当に，相手方と第三者の間の契約の

履行を阻害し，第三者に契約不履行をさせた者は（結婚の契約を除く），第三者が契約の履行をしなかったために相手方に生じた金銭的損害を相手方に賠償する責任を負う．

結婚は例外として排除されていることに注目してほしい．多くの法分野におけると同様，結婚に関する合意はビジネス上の合意よりもはるかに弱い保護しか与えられていない．ビジネス契約に対する第三者の不法行為的な阻害行為が賠償責任を発生させるのと同じように，婚前婚姻契約も裁判で強制されるか否かは，興味深い問題であるが，私の知りえた限りでは，この問題に判断を示した裁判所はまだない．とは言え，詐欺や心理的ストレスの意図的付与などの一般的な不法行為を根拠として配偶者を訴えた訴訟では，原告側敗訴に終わっている．裁判所の理由は，他の者の配偶者との性関係のような不法行為を結婚関係については廃止したのであるから，結婚関係以外であったなら不法行為を構成するような行為も現在では合法的なものと判断されなければならない，というものである(24)．こうして，州の中には不貞をめぐる法が変化してしまい，結婚関係以外であれば不法行為となるような行動も，不貞と関連性があるということを示しさえすれば不法行為責任を免れることができるまでに至ったものが出て来ている．興味深いことは，フェミニスト法学者たちもこの同じ点を指摘していることである．もちろん，フェミニストは夫婦間の分配への影響の方に注目してはいるのであるが…．リンダ・ハーシュマンとジェイン・ラースンは，離婚の処理においても不法行為においても不貞を見直すべきであると提案している (Hirshman and Larson, 1998, pp. 283-286)．ラースンは次のように述べる (Larson, 1993, p. 471)．

「本稿のためのリサーチをしていて驚いたのは，（結婚のような）プライヴェイトな関係における行為よりもビジネスにおける行為の方が，誠実さや取引の公正さの点でより高い基準が適用されるということであった．……親密でプライヴェイトな関係にある者たちの間の責任にみられるこのようなディレンマに対する答えとしては，特権と権力を持つ側の独立性と行動の自由に対して，堅苦しい個人的な要求をする女性を，黙らせ，貶めようとする陰謀である，と位置づけることがあげられる．愛と性の

人間関係における性差別の歴史を振り返れば，われわれの社会で性関係の自由を求めてきたのは主として男性であり，性的関係に依存するために自らの利益に犠牲を強いられてきたのは女性であった.」

刑事制裁

1976年まで，不貞はインディアナ州では犯罪であったし，今でもアメリカ合衆国のいくつかの州では依然として犯罪であり続けている(25). 1976年にインディアナ州では不貞の条文が刑法から削除された. と言っても，それまでの法も不貞そのものを犯罪としていたわけではない. むしろ，「本法の本条で禁止される犯罪行為は，『不貞』とか『未婚性交』とかと呼ばれることがあるが不正確であり，不貞ないし未婚性交を含む形態で異性と同棲することである. ……本法の目的は，モーセの十戒の第七戒律（汝姦淫すること勿れ）への違反に対して制裁を科そうとするものではなく，適法な結婚をすることなく，夫と妻であるかのように生活を共にする者を罰しようとするものである」(*Warner v. State*, 202 Ind. 479, 483 ［1931］). 不貞行為が犯罪行為とはならないことがときとして，ないし，しばしば生じた. したがって「同棲」することが犯罪を構成する本質的要素であった.

このことから分かることは，不貞を犯罪化していたのは被害にあった配偶者のためではなく（1935年までインディアナ州では民事賠償と有責行為を理由とする離婚が可能であった），むしろ公益のためであったということである. 公衆道徳の頽廃という悪しき結果が，一般大衆の道徳感情に対する直接的な侵害であると考えられたのか，それとも，一般大衆の道徳観を荒廃させる傾向があると考えられたのかははっきりしない. しかし，非有責配偶者の受けた損害は，ここで主たる問題とはされていないことは明らかである. インディアナ州の一般大衆の道徳感情が1976年までに変化していたのなら，旧来の刑法はそれまでは効率的だったのであり，その後人々の選好の変化によって非効率となった，ということも可能ではある(26).

自力救済

不貞が離婚自由とされていることによって，自力救済と同様の制裁の機能を生じさせる. その意味は，さもなければ違法となるような行為を非有責配

偶者がしても，相手に不貞があれば罪を問われなくなるということである．より具体的には，非有責配偶者は，一方的に婚姻を解消できるということである．しかし，不貞に基づく離婚は，今でも裁判所に申し立てなければならないという点で，最も純粋な形態としての自力救済とは異なっている．単に，あたかも結婚が不存在であるかのような行動をした後，たとえば他の人と結婚をするなどをした後になってから，その後刑事訴追をされたり，民事訴訟を提訴されたりした場合に，相手方の不貞を非有責配偶者が主張して責任を免れることはできない．適法な自力救済とは，裁判所の支援を受けることなく制裁を科し，相手の不貞による正当化なくしてはその制裁が違法となる場合にも裁判所が黙認する場合を指す．最も劇的な自力救済は他人を殺したことを正当化するために主張される不貞である．[27] インディアナ州では不貞による殺人の正当化を公式に認めたことはないが，陪審が不貞の犠牲にされた配偶者に殺人罪で有罪の評決を下すか否かは必ずしも明らかではない．このような場合に，陪審が殺人罪で有罪にしたがらないことは「不文の法」としてよく知られている．この不文の法は時代や文化を通じて一般的に見られ，そのために書かれた法の重要性が疑われるほどである．[28] 検察官が刑事訴追をしようとせず，陪審が有罪評決を下そうとしないなら，書かれた法の重要性は疑われざるをえない．とは言え，インディアナ州裁判官の陪審への説示においては，数多くの判例法が示すように，有罪と評決するようにとの説示が常になされている．不貞によって訴因を殺人罪から致死罪へと軽減することはあっても，殺人を完全に免責することはできない．また，不貞による罪の軽減のためには，殺人が不貞発見後即座になされたものでなければならない．

「他人の妻と性交をしたという事実だけでは，不貞者の命を奪うことを正当化することはできない．よって，他人の妻との性交の事実の証明だけでは，殺人罪での刑事訴追における免責事由とはならない．この証明に意味があるとすれば，それは状況に応じて訴因を殺人罪から致死罪へとグレード・ダウンさせうる場合がある点である．自分の妻と性交をしている最中の男を発見して，そのために激怒状態に陥ってその男を殺害した場合，犯罪としては致死罪のみとなる．」(*Thrawley v. State*, 153 Ind. 375, 378 [1899])

実際のところ、この判例法理（原則）の解釈としては、インディアナ州では自力救済として殺人者に刑期の点で割引を認めている、とは理解されていない。むしろ、配偶者の不貞を発見して激情に駆られ殺意を催すことは人々にとって典型的なリアクションというべきであるから、そのような場合にまで被告人の殺人行為について、通常なら殺人罪としてではなく致死罪を問うべき精神状態に被告人があったか否かを審理することは時間の無駄でしかない、したがって致死罪でよいという内容の判決であると解釈されている。

同様に、不貞は、配偶者に対する暴行を正当化しうるだけの挑発行為になるとは一般に考えられていない。そして裁判所は、そのような暴行の被害者には、懲罰的賠償を含め損害賠償を請求する法的権利があるとする。このことは、検察官が裁量を行使して激怒した配偶者に対する刑事訴追をしなかった場合にも、不貞を働いた第三者は自らの損害の賠償を求めて裁判を起こすことができるということである。とは言え、そのような請求に対して陪審が賛同するかどうかはやはり疑わしい。[29]

不貞は、殺人や重大な傷害のような激烈な帰結となる場合よりも、もっとおとなしい結末となる場合の方が普通である。そのような場合の1つは、不貞の犠牲となった配偶者に、さもなければ課されるはずの婚姻関係上の義務を免除させるというものである。1933年のインディアナ州法は次のように規定する。

「不貞その他の悪性や不道徳性のある行為を原因とする場合を除き、妻を遺棄し、生計のための合理的なサポートおよび継続的サポートのない状態に放置した者、あるいは、子どもを遺棄し、生計のための合理的なサポートおよび継続的サポートのない状態に放置したり、本インディアナ州の市町村の監護の手に放置したりした者は誰でも、重罪（felony）を犯したことになる。この重罪について有罪判決が出された場合、1年以上3年未満の期間、州刑務所に収監される。さらに、3年の期間にわたり、選挙権を剥奪されるとともに、信認の官職や有給の官職に就くこともできなくなる。」[30]

この規定は，甲斐性なしの親爺から被選挙権を剥奪するという点で興味深い規定であるのみならず，婚姻上の義務からの不貞を根拠とした免除の点でも興味深い規定と言える．不貞を働いた妻に対する従前どおりの生計上のサポートを拒否することが夫にはできるのみならず，妻子の全員を捨てて公的慈善の手に頼らざるを得ないようにすることもできるのである．これも自力救済の明確な例の1つであるとともに，本章で既に述べた困難性の例の1つでもある．すなわち，不貞行為者に対して夫が加害することが認められる場合であっても，その結果夫自身も苦しむことになるのである．法は，夫が子どもたちを貧困に突き落とすことを認める．これは明らかに妻にとって不幸な事態ではあるが，同時に，制裁者にとっても被制裁者と同程度に苦痛となる．少なくとも，子どもたちが夫の本当の子どもである限り，これは言えることになろう[31]．

　不貞を働くことがもたらすさまざまな法律上の不利益を，民事，刑事，自力救済へと類別することは困難である．と言うのも，これらの制裁の場合，制裁コストが国家または被害者によって負担されるわけでもないし，制裁が財産権の移転でもないからである．インディアナ州で現在施行されている法制度からは例を1つしか見出せなかった．すなわち，積極的かつ継続的に不貞を働いている者や遺棄者からの，無遺言で死亡した配偶者の相続財産に対する請求を認めないという制裁である[32]．過去においては，他の権利剥奪も存在していた．とりわけ，それらは離婚と関連したものであった．1971年にインディアナ州が破綻主義離婚法制を採用するまでは，不貞は夫婦財産の分配において考慮要素とされるとともに，そもそも離婚を可能とする法律要件でもあった[33]．さらに，それ以前の判例法の「汚れた手」の法理を採用して立法した法律の下では，不貞を働いた配偶者は，自分の配偶者の不貞を根拠に離婚を求めることができない，とされていた[34]．

　以上をまとめると，インディアナ州という1つの法域においては不貞に対してほとんど何も制裁がない．しかし，過去においては，不法行為法，刑事法，および，自力救済をさまざまに用いて不貞に制裁を課し，様々な目的を達成しようとしていた．不法行為法は，不貞に対する抑止効果と損害補償効果とを富裕な階層に対して持っていた．自力救済は，判決を痛くも痒くも感じない無産階層に対して抑止効果を有していた．刑事法は，あからさまな不

貞が人々の感情を傷つけることを防止していた．中でも最も重要な制裁は，離婚手続きにおける不貞の位置づけであろう．すなわち，刑事制裁と同様に，損害に対して不相当なものとなりえたとともに，民事賠償と同様に，犠牲となった配偶者のイニシアティヴによりその利益のために科されるものであった．

5. 終わりに

　結婚における効率性のためには，企業形態としてのパートナーシップにおけると同様，不貞という裏切に対して法的救済方法が存在しなければならない．民事賠償，刑事法，および，自力救済は全てこの観点から見て長所と短所をそれぞれ持っている．法制度としては，救済方法としてこれらのどれか1つに限定しなければならない理由は全くないとともに，現実にも伝統的に複数の組合せが使われてきた．いかなる法制度が最適であるかは，人々の感情を傷つける程度，犠牲とされた配偶者の蒙る損害の程度，そして，判決額を支払うために利用できる資産の量などの経験科学的に確定しうるレヴェルによって大きく変わりうる．言うまでもなく本章では，効率性以外の目的については検討しなかった．しかし，たとえここで検討しなかったその他の目的の方が重要であると考える者とても，いかなる場合に富が浪費されてしまうかを知っておくことは有益であろう．自由な社会を達成するには何が必要かについてのある特定の個人の信条や，美徳に溢れる社会の達成に必要なものは何かについての別の特定個人の信条などと効率的な法制度とは，相互に矛盾対立するかもしれない．しかし，そのような社会がどれだけコストのかかるものであるかを知っておくことはやはり非常に有益であろう．

　富の最大化の観点から見て明白に有用で，たぶん自由や美徳の観点からも有用であると思われる政策の1つは，婚前婚姻契約によって人々が自発的に不貞に対する制裁を設定することを認める政策であろう．人々が，不法行為，刑事罰，あるいは自力救済などの制裁を自発的に選択することを法律上認める制度を構築するのである．これは，人々が一定範囲の経済的な取決を自発的に結ぶことを法が認めているのと同様の方策である．このためには刑事法，自力救済について具体的な法を制定することが必要であろう．なぜなら，それらは契約違反に対する制裁として標準的に利用可能な種類の制裁ではない

からである．民事賠償については，単に信頼できる政府が婚前契約を強制することが必要なだけである．すなわち，婚姻関係の規整であるからと裁判所が勝手に裁量権を行使して，婚前婚姻契約を無視した判決を出してはならない．そのような婚前婚姻契約はだんだん使われ始めており，検討もされ始めている(35)．これを正当化する論理は，契約の強制可能性という一般的な論理と同様のものである．すなわち，契約のそのままの強制によって，履行期が契約当事者間で異なる契約を可能とし，将来の相手方の履行を信頼して行動することを奨励するものだから，という論理である(36)．契約の中には，たとえば価格操作契約や殺し屋契約のように，第三者に対してマイナスの外部性を及ぼすものもある．これらはそのまま強制されてはならない．しかし，外部性が不存在ないしプラスであるなら，裁判所がそれを強制することは公共財的役割を果たすことになる．法はこれを超えて介入し，全ての結婚のためのディフォールトとして，不貞に対する制裁条項を規定するべきか，あるいはさらに進んで，結婚の際には不貞への制裁条項を取り決めることを要求するべきかは，外部性の規模次第の困難な問題である．

* アントニィ・ドゥネス，リリアン・ベヴィア，マーガレット・ブリニグ，ケヴィン・コーダナ，ジェフリー・マン，J・マーク・ラムザイヤー，マーク・ラシュトン，ジェフリー・ステイク，および，パーデュー大学経済学部，ヴァジニア大学フェデラリスト協会，ノースウェスタン大学ロー・スクールでのセミナーの参加者の皆さんに，有益なコメントを頂戴したことを記して謝したい．

(1) このモデルにおける「夫」とは，「不貞への誘惑を感じている側の配偶者」を意味すると理解されなければならない．「男性配偶者」を意味しているわけではない．しかし，経験則的には，女性よりも男性の方が誘惑に駆られやすい．この点は，アレンとブリニグ (Allen and Brinig, 1998) が研究したヴァジニア州フェアファクス・カウンティの39件の事例からも示されていると言える．時代のほとんどを通じ，またほとんどの文化を通じて，不貞についての法が男性と女性とを非対称的に扱ってきたことを十分に認識している．このことの理由（進化生物学的説明？　売春婦との不貞が相対的にあまり重要ではないとされてきたことによる説明？　嫉妬に激した男性の暴力の方が女性のそれよりも危険であることによる説明？）については，研究するべき価値

が大きい．しかも本章の理論枠組みを用いて研究することができる．女性は夫の犯した不貞に対して，その一定範囲のものにはそれほど気にしないような文化においては，不貞についての非対称的な法は効率でありうるだろう．妻の蒙る夫の不貞からの被害を法が単に無視しているのであれば，非効率な法である．本章ではアメリカ合衆国に焦点を集めて検討することにした．

（2） ここでは，妻の監視費用がゼロの場合でも，夫の不貞発見の確率がプラスであるとの，黙示の仮定をおいている．これは，妻が結婚に対して投資をしなかったとしても，妻の離婚の威嚇によって夫は不貞を抑止されるからである．リリアン・ベヴィアが筆者に示唆したのは，妻の不貞防止努力は社会的な有用性を持っているかもしれないという点である．これはたとえば，妻の不貞防止努力の内容が，夫の願望に対して妻が非常によく面倒を見ようとすることであるような場合，不貞監視への投資からの利益が夫婦双方にとって増加するであろうからである．この効果が十分に大きいときには，不貞を完全に合法化して，妻の監視努力をこのようなよりよい方向に向けさせるべきかもしれない．これはちょうど，運転者の過失の責任を廃止すれば，歩行者はより注意深くなるであろうことと同じ論理である．

（3） 「法とは無関係なペナルティ」ということの意味は，不貞についての法が存在しなかったとしても，不貞に対するペナルティは同じ価値となる，ということである．法によって不貞に対するペナルティが上昇するとわれわれは通常は考えるものであるが，理論的には，夫の不貞に怒る妻に制裁を科すことで，不貞を働く夫を保護する法も考えられる．このような法は，不貞に対する私的なペナルティを現実的に弱めるものとなる．これは非現実的に見えるかもしれないが，破綻主義離婚法制は実はこれと類似の機能を有していると言えるのである．というのも，不貞に対して妻があまりに非難がましくて嫌になれば，不貞を働いた夫の方から妻を離婚することができるからである．

（4） この点は他の文脈においても生じる．たとえば，婦人科医師が患者をその知らない間にレイプしたようなときである．*People v. Minkowski*, 204 Cal. App. 2d 832 (1962) での裁判所の判断によれば，現実に犯罪的な加害行為が行われていた．

（5） 例えば，Cohen (1987) や Dnes (1998) 参照．このモデルは修正を施すことで，抑止不能な不貞を組み込むこともできる．必ずばれると分かっていても，そしてばれれば死刑になると分かっていても，どうしても不貞を止められない人々が本当にいるとすれば（個人的にはそんなことはありえないとは思うが，信じている人もいる），その場合には夫が何をしようと一定の確率で生じる不貞という形でそれをモデルに組み込むことができる．そうしてもモデル自体はあまり大きな変化を受けないであろう．

（6） リリアン・ベヴィアが筆者に指摘したことによれば，法が不存在の場合でさえも，長期的関係は，違反に対する報復の相互威嚇によって存続しうるとされる．これは筆者自身も Rasmusen (1994) の第5章で分析した内容と一致する．ただし，これが成り立つには，両方の当事者が将来に対して十分に大きな利害関係を有していなければならないとともに，違反に対してお互いに脆弱さを有していなければならない．だからこそ裁判所がここで有用となるのである．相互の威嚇は，即座に気付く不躾な言葉遣いのように軽い加害の場合によりうまく機能する．というのも，このような場合，将来の報復のリスクを敢えて冒してまで試みるほどの利益は，このような軽い加害行為はもたらさないからである．このことと，被害に比較して高価になる裁判費用とこそが，裁判所が軽微な家庭内紛争には決して介入しようとしないで来たことの理由なのである．

（7） 発見されなかった非行による損害というパズルがここでも再び生じる．夫が不貞を働き，妻はこれに気付いたが，他の人々は誰も気付かなかった場合，それでも人々は損害を受けるのであろうか？ もし受けないのであれば，夫の不貞を喧伝した妻に制裁を科すことは適切となるかもしれない．これと同じ問題は，動物虐待の場合にも生じる．虐待を見ることによって不幸に感じることだけが被害であるとすれば，論理的には隠れた虐待は違法でないとし，虐待を人々に喧伝した者の方を処罰するべきことになる．もちろん，これら不貞と動物虐待の両方の場合に，人々は現実にそれを目撃しなくとも，そういう行動が世の中のどこかで行われていると知るだけで嫌悪感を催すであろうとも思われる．とりわけ，人間性の現実と法的制裁の欠如との2つからこのような行動の存在を推論することもあるからである．

（8） ここでの経済学的アプローチはもちろん，人々の願望の中には不等なものもあるという反功利主義の標準的な立場からの批判を甘受しなければならない．そのような立場によれば，たとえば，世の中に十分たくさんのサディストがいる場合，拷問は社会的に望ましいものとなってしまうと批判する．とは言え，この点に関する主張・立証責任は，人々の所与の願望を批判する者が負担することが正当であることは言うを俟たない．このことを本文のモデルの例で見れば，夫の不貞の利益か，あるいは，妻およびその他の人々に不貞がもたらす負効用のいずれかを無視しなければならないと主張することになる．そして，これらのいずれかを無視するべきであるということは，宗教上あるいは哲学上の考慮を持ち込むということであり，法と経済学の守備範囲の外に出ることに他ならない．以上に関する一般的原則についての議論については，Rasmusen (1997) を参照．

（9） ジョン・スチュアート・ミルはこのような立場の最も古い時代の擁護者

の1人であり，その著書『自由について』（Mill, 1859）の主要なテーマとして議論している．現代の法的議論ではあまり主張されない次の点をミルは明確に主張している．すなわち，悪に対する社会的な否定でさえもミルは否定しており，まして，法的制裁はさらに否定する．論理一貫しようと思えば，この立場を採る者は，自力救済を槍玉に挙げるべきで，通常は合法的行為とされる自力救済を，それが悪い動機から行われたときには違法な行動とするべきことになろう．たとえば，アメリカ合衆国の家主たちは，その他の理由で賃貸を拒絶することが認められるとしても，賃貸人の人種を理由としては賃貸を拒絶できない．不貞の文脈で言えば，性的嗜好はプライヴァシーによって保護されるべき領域であると考える法制度の下では，夫を遺棄するとか，家計を支えるための協力や家庭の法律問題での協力を拒絶するとかの行為を妻が行って不貞をした夫に制裁を科すことは，それらの制裁行為は通常の場合は合法的行為であるにもかかわらず，夫の性的嗜好というプライヴァシーの侵害として妻の方を処罰するべきことになる．

(10) ここでの「事前時点」と「事後時点」の区別は，ロバート・クーターの「価格」と「制裁」の区別と似ている．すなわち，道徳的非難の色彩がなく，行動の悪性の程度に応じて変化する処罰と，道徳的非難の色彩があり，固定的で離散的な処罰との間の区別である．Cooter (1984) は，行動が望ましくないことは立法者に分かるが，そのもたらす害悪を立法者は簡単には評価できない場合には，制裁の方が適切であると主張している．この意味の制裁は不貞の場合にぴったりするように思われる．

(11) このことから，不貞についての法は広く存在するにもかかわらず，不貞に基づく刑事訴追がこれまで一度も一般的に行われたことがないことを説明するであろう．不貞についての法は重要ではあろうが，それは不貞を働いた配偶者から被害配偶者が譲歩を引き出す上での威嚇としてでしかない．不貞についての法がこの目的に役に立つ限度で，その制裁自体は現実に科される必要はないのである．

(12) Rorie Sherman, "Domestic Abuse Bills Gain Momentum in Legislatures," *National Law Journal*, 4 July 1994, p. A9.

(13) 17ヶ月のうちに7つの刑事訴追がなされた．"Implementation of the Brady Handgun Violence Prevention Act," Report to the Committee on the Judiciary, US Senate, and the Committee on the Judiciary, US House of Representatives, GAO/GGD-96-22 Gun Control, January 1996 を参照．186,000件の違法行為が最初の28ヶ月のうちになされている．Ron Scherer, "Gun-Control Laws Scrutinized after Empire State Shooting," *Christian Science Monitor*, 27 February, 1997, p. 3 参照．

(14) Langan and Farrington (1998, pp. 19 and 20). イギリスでは侵入盗の0.6%が有罪判決まで行き，0.2%（500分の1）が投獄まで行ったのみである．

(15) もう少し狭く定義すれば，自力救済とは，さもなければ法的手続きを踏んで行うことが要求されるような行為を私人が即時に行うことを認める場合を指す．たとえば，裁判所の命令を待つことなく，担保に供されていた自動車を取り戻すような場合である．本章では自力救済という言葉を，特別の状況下でない限り違法とされるような行為をとることの意味で用いる．

(16) この戒律は『出エジプト記』20:14の「汝，姦淫をすること勿れ」に由来し，より具体的内容は，『レビ記』20:10に「そして，他の男の妻と姦淫をした男は，たとえそれが隣人の妻と姦淫をした者であっても，姦夫と姦婦は必ず死刑に処すべし」と記されている．死刑を科す権限が譲渡可能なものであるとすれば，金で解決されることになって，イスラエルでは不貞による死刑が実行されることはほとんどなかったであろう．Posner and Silbaugh (1996)の第8章が，アメリカ合衆国の現在の不貞についての州法および連邦法の最も分かりやすい解説となっている．Haggard (1999) と Weinstein (1986) も参照．

(17) ブラックストーンの『コメンタール』の第3巻第8章参照．第4巻第34章も参照．そこでは，刑事法の文脈における不貞が論じられている．とは言え，ブラックストーンの議論は，若干ミスリーディングである．というのも，宗教裁判所の制裁についての警告こそが決定的に重要だからである．1640年にその管轄が狭められるまで，宗教裁判所は不貞を積極的に訴追していたからであり，重い罰金を科しその不払いには投獄をもってしていたからである (Stephen, 1883, 第2巻第25章)．また注目に値するのは，マコーレィのインド刑法典が不貞を，夫による告訴をまって訴追される重罪としていた点である．イギリスはその頃，家庭内行為の犯罪化を拒絶していたにもかかわらずである．マコーレィは外部効果を十分に認識していた点で，たぶん今で言えば功利主義的考え方に立脚していたと言えるであろう．というのも，彼の刑法典の298条は，他人の信じる宗教を意図的に侮辱する行為も犯罪としていたからである (Stephen, 1883, 第3巻第33章)．

(18) 第683条に対するコメント h では「行為者は単に，ある者のその配偶者への愛情の喪失をもたらしただけではなく，まさにそれを目的として行為したのでなければならない」とされている．

(19) そのような判例として，*Beem v. Beem*, 193 Ind. 481 (1923) がある．この事件は同時に悪意の要件についても明らかにしている．インディアナ州最高裁判所は，代理人弁護士が申し立て，事実審裁判官が却下した次のような陪審への説示を認めた (§489．強調は原典による)．「彼ら［被告である両親］が，当該原告に対する悪意・害意に駆り立てられていたのか，あるいは，善意で

第 5 章 不貞の法と経済学   139

あって悪意はなく，当該ブルースの最善の利益のためだと思って行動したのか．後者であるならば，陪審としてのあなた方の評決は被告勝訴でなければならない．」ただし注意を要するのは，義理の母などの場合とは異なり，不貞を働いた第三者が，結婚を崩壊させた自分の動機には悪意・害意はなかったなどというような抗弁を主張することはほとんど不可能だという点である．

(20) §685への次のコメントがある．「相手が結婚していることを知っていたか否か，ないし，そう信じていたか否か，が§683の規定する第三者による夫婦の離間による責任の成否にとって本質的に重要であるのに対し，本条の責任の成否にとってはそれらは問題とならない．結果として既婚者との性的関係を持った者は，相手が他の者と結婚しているかもしれないというリスクを引き受けたと言える．相手が未婚だと嘘をついていたという主張も抗弁とはならない．」

(21) *Pennington v. Steward*, 212 Ind. 553, 554 (1937) からの引用．Nolan (1951) は，19世紀のインディアナ州が当時の離婚製造州であったことを記している．ニュー・ヨーク州の人々が簡易に離婚をするためにインディアナ州へ旅行していたのである．1999年現在，インディアナ州法典§34-12-2-1a は，未だに明示でこれら2つの訴訟原因を排除している．同条は同時に，婚約破棄および婦女誘惑も廃止している．

(22) *Pennington v. Steward*, 212 Ind. 553 (1937)．結婚は契約ではないという判断はアメリカ合衆国の裁判所では一般的に見られるものである．より最近の例としては，*In re the Marriage of Franks*, 189 Colo 499（1975, 大法廷判決（en banc））があり，そこでは，既存の結婚という契約を破綻主義離婚法が無効にしてしまう点で，破綻主義離婚法は州憲法に規定する契約保護条項に違反するとの主張を否定した．ただし，*Pennington* 事件の裁判所は当該1935年法の中の，第三者による夫婦の離間に基づく訴えを提起しようとすること自体に対して，1年以上5年以下の禁固刑を科す条項については違憲であると判断している．

(23) インディアナ州と同様，多くの州では第三者による夫婦の離間に対する刑罰を1930年代に廃止しており，当時のロー・リヴュー上でこの点が多いに議論されている（Weinstein, 1986, p. 220）．イギリスは，他の者の配偶者との性関係に対する刑罰を法律20と法律21（Stat. 20 & 21 Vict. Ch. 85, sched. 59 (1857)）で廃止し，不貞誘惑に対する刑罰を法制度改革法（Law Reform (Miscellaneous Provisions) Act 1970, sched. 5) で廃止した．第三者による夫婦の離間に基づく不法行為責任を未だに認めている州は2つだけであり，それらはイリノイ州とノース・キャロライナ州である．Carol Sander, "Alienated-affections Case Ends in $11,667 Verdict," *Chicago Daily Law Bulletin*, 28 July

1997, p. 3, "Personal Negligence: Alienation of Affection 90,001 Verdict: Emotional Distress," *Personal Injury Verdict Review*, 7, 22 (24 November 1999).

(24) *Doe v. Doe*, Court of Appeals of Maryland, Sept 1998, no. 99 (2000), http://pub.bna.com/fl/99a98.htm, *Weicker v. Weicker*, 22 N.Y. 2d 8 (1968), *Koestler v. Pollard*, 162 Wis. 2d 797 (1991), *Speer v. Dealy*, 242 Neb. 542 (1993). 夫婦間における不法行為訴訟免除というコモン・ローのルールが廃止されて初めて、これらを訴訟原因として配偶者を訴えることができたのであり、その上でこれらの訴訟原因が廃止されたわけである。

(25) インディアナ州法典には次のように記載されている。「§§35-1-82-1〜35-1-82-3.【削除】『編集者の注記』近親相姦、同棲、不貞誘惑に関する本章の規定は、1976年法（Acts 1976, P.L. 148)、§24によって削除された。」興味深いことに、名誉毀損に関するインディアナ州法典§34-15-5-1は未だに次のように規定する。「いかなる者に対するものであれ、近親相姦、同性愛、獣姦、未婚性交、不貞、または、買春についての虚偽の指弾は、重罪を指弾する名誉毀損の場合と同様の仕方で、訴えることができる。」Haggard (1999) の脚注（4）が、1998年段階で不貞を禁止する24の州法を引用している。ニュー・ヨーク州、ノース・ダコタ州、および、ユタ州では既婚者の不貞のみが法律上の責任を問われる（Haggard, 1999, p. 474）。ミネソウタ州とノース・ダコタ州では、犠牲にされた配偶者には刑事訴追を止めることができると明定されている（Minn. Stat. Ann. 609.36, N.D. Cent. Code 12.1-20-09 (1997)）。アメリカ合衆国軍隊においては、不貞が未だに頻繁に訴追されている。*United States v. Green*, 39 M.J. 606 (A.C.M.R. 1994) 参照。白人奴隷売買禁止法（「マン法」）ch. 395, 36 Stat. 825 (1910) という連邦法も適用される。*Caminetti v. United States*, 242 U.S. 470 (1916), *Whitt v. United States*, 261 F.2d 907 (1959, CA6 Ky).

(26) もう1つ別の問題は、不貞を禁止する刑法などその他の法律が州憲法や連邦憲法に違反することがあるかである。連邦レヴェルでは、多くの判決の傍論において、不貞は刑事法の正当な対象であるとされている。しかし、連邦最高裁判所が将来同様の判断を示すかはわからない。*Poe v. Ullman*, 367 U.S. 497, 546, 552 (1961) のハーラン判事の反対意見は、「不貞、未婚性交、同性愛を禁じる法律は、われわれの社会生活の実質の中に非常に深く組み込まれたものであり、よっていかなる憲法上の原則もこれを基礎としなければならない。不貞、同性愛、未婚性交、および、近親相姦は、それがいかに私的な領域で行われたものであろうと、刑事法上の審査の対象外であるとは考えない」と述べる。*Griswold v. Connecticut*, 381 U.S. 479, 498 (1965) は「コネティカット州は不貞と未婚性交を禁止する制定法を有しており、それらが合憲

であることは疑いを容れない」と述べる．*Bowers v. Hardwick*, 478 U.S. 186, 208 (1986) は「貞節へのコミットメントを含む婚姻関係上の利益のための契約的コミットメントを州は定義し，その契約の違反に対して個人を処罰する権能を州は有する」と述べる．

(27) テキサス州，ユタ州，ニュー・メキシコ州，および，ジョージア州では1970年代まで，不貞現場（*in flagrante delicto*）で不貞者を殺害したことの抗弁として不貞の主張が認められていた．なお，これはジョージア州では裁判所の解釈として認められ，その他の州では制定法で認められていた（Weinsten, 1986, p. 232）．筆者は，グロティウスが大陸法でも同様であると述べていると聞いたことがあるが，出典を見出せなかった．興味深いことに，テキサス州では不貞者を殺す代わりに去勢することは認められていなかった（*Sensobaugh v. State*, 92 Tex. Crim. 417 (1922)）．この点についてのジョージア州の最初の判例では，陪審による法の無視および民主的なコモン・ローという2つの論点に興味深い議論がなされている．「これまでアメリカ合衆国の陪審が，自分の妻を誘惑した男を殺した夫や父親を，殺人や殺人致死罪で有罪にしたことがあったであろうか．そして，過剰なまでに広汎で包括的な立法をすることで，この州で有罪評決を陪審に強制して偽証のレッテルを彼らに貼ることは正当化されるであろうか．住居や財産に対して暴力をもって攻撃した者を誅殺することが正当化されるにもかかわらず，家庭の平和と尊厳とを虐殺した不貞者を誅殺することは，この世界において本当に正当化できないものなのかを，その理性と正義の観点から判断することは陪審の固有の権能なのではなかろうか．」（*Biggs v. State*, 29 Ga. 723, 728 (1869)）

(28) 3つの悪名高い例としては次のものがある．（1）閣僚でオーリンズ市の市長でもあった夫が，愛人と別れることを拒否したときに，銃で撃ったイヴォンヌ・シェヴァリエが1952年に無罪となった事件（Stanley Karnow, *Paris in the Fifties*, New York, Random House, 1997, pp. 127-131）．（2）夫の手足を切断したロリーナ・ボビットが無罪となった事件（David Margolick, "Lorena Bobbitt Acquitted in Mutilation of Husband," *New York Times*, 22 January 1994, p.1）．（3）妻の愛人を殺害した連邦下院議員ダニエル・シックルスが，その後連邦司法長官や軍務大臣を歴任することになるエドウィン・スタントン弁護士の弁護のおかげで無罪となった事件（Daniel Rezneck, "It Didn't Start with O. J.: Like the Simpson Saga, the 1859 Murder Trial of Dan Sickles Gripped the Nation," *Washington Post*, 24 July 1994, p. C5）．

(29) 次の2つの判例が，どのようなことになりうるかを示している．*Hamilton v. Howard*, 234 Ky 321 (1930) は，事実審裁判官の誤った陪審への説示による控訴事件である．そこでは，足に3発の銃弾を受けて負傷した原告が被告

の妻を誘惑してその愛を奪おうとしていたのであれば，被告には賠償責任はない，と陪審に説示していた．控訴審裁判所は，原判決を破棄して原審に差し戻した．ただし，原告による妻の誘惑を陪審は懲罰的賠償額の算定において考慮することができるとも判断している．ちなみに懲罰的賠償が本件では原告請求の大部分を占めていた．*Chykarda v. Yanush*, 131 Conn 565 (1945) は，妻の愛を奪ったと主張され，殴打暴行の目標とされた原告に72ドルの損害賠償を認めた一審判決からの控訴事件である．一審で陪審は，72ドルには補償的損害賠償額と懲罰的賠償額の双方が含まれていると評決していた．控訴審裁判所は，懲罰的賠償額を決定する上で原告側の妻の誘惑を考慮した点で正当化されると判断した．

(30) *Crumley v. State*, 204 Ind. 396, 399 (1933), citing "Section 2866 Burns 1926, Acts 1913, p. 956, ch. 358, § 1."

(31) 当時のインディアナ州では，子どもは夫の子であるとの法律上の推定がなされたので，夫に妻子を遺棄することを認めるこの法は，この法律上の推定を修正するという実務的な目的に奉仕したのかもしれない．

(32) インディアナ州法典§29-1-2-14は次のように規定する．「夫または妻が相手方配偶者を遺棄した場合で，相手方配偶者の死亡時に不貞関係を送っていた場合，不貞配偶者は死亡した配偶者の相続財産に対する何らの権利も有しない．」このような事案は，1990年代という最近まで公刊判例として出て来ている．*Oliver v. Estate of Oliver*, 554 N.E.2d 8 (Ind. App. 1st, 1990) および *Estate of Calcutt v. Calcutt*, 6 N.E.2d 1288 (Ind. App. 5th, 1991).

(33) この点は *Clark v. Clark*, 578 N.E.2d 747 (Ind. App. 4th, 1991) で議論されている．裁判所の判決意見は，その750頁において現行法についてクラーク夫人に冷たく説明している．「妻の側は，裁判所が弁護士費用および訴訟費用を認めた際，事実審裁判所は夫が別の女性と暮らしていたこと，妻は別居を望んでいなかったこと，および，不貞の責任は全て夫の側にあること，を考慮しなかったという誤りを犯したと主張している．しかしこの妻の側の主張は間違っている．裁判所は離婚の際の夫婦財産の分与においてそのような事項を考慮してはならないのである．」ヴァジニア州のような一部の州では，不貞は今でも離婚の際の財産分与や扶養料の算定で考慮される．*L.C.S. vs. S.A.S.*, 453 S.E.2d 580 (Va. App. 1995) および Va. Code Ann. pp. 20-107. 2-3 参照．

(34) *O'Connor v. O'Connor*, 253 Ind. 295, 307 (1968) はインディアナ州法（§3-1202）を次のように引用している．「次に挙げるどの場合においても，不貞を根拠とした離婚は認められない．……第三に，離婚を求める配偶者が不貞を犯している場合で，その相手方配偶者が非有責ならばその者には離婚を求めることができるような状況である場合，」さらに次のように記している．「も

ともとのこの法律は1873年に制定されたが（Acts 1873, ch. 43, § 9, p. 107），その法原則自体はそれ以前から判例法として承認されていたものである.」

(35) Desa Philadelphia, "Bad Boy' Clauses," *Time*, 19 February 2001, p. 14, Ian Brodie, "Suspicious Wife Tests Husband's Dirty Linen in Public," *The Times* (London), 29 December 2000 参照.

(36) 詳しい議論については Cohen (1987), Stake (1992), Rasmusen and Stake (1998), Dnes (1998) を参照. 1997年のルイジアナ州「婚姻契約法」は，2つのタイプの結婚からの選択を認める点で，この方向へ若干進めるものといえる. 9 Louisiana Revised Statutes sec. 272-275 および 307-309 を修正する 1997 La. House Bill 756 参照. 婚前合意を強制するかしないかについて法が混乱状態にあることについて，Graham (1993) と Haas (1988) 参照. 他方，財産法の観点からの批判について Merrill and Smith (2000) も参照. そこでは，多数の形態を結婚に認めると，雇用者など結婚上の地位に応じて区別しようとする者たちの取引費用を上昇させてしまうと批判されている. Merrill and Smith はこの議論を結婚法に正面から適用しているわけではないが，議論においては含意されている.

《文献》

Allen, Douglas and Margaret Brinig (1998), "Sex, Property Rights, and Divorce," *European Journal of Law and Economics*, 5, 211-33.

American Law Institute (1962), *Model Penal Code and Commentaries*, Philadelphia: American Law Institute, 1980.

American Law Institute (1977), *Restatement of the Law, Second*, Torts, Philadelphia: American Law Institute,.

Beirne, Piers (1999), "For a Nonspeciesist Criminology: Animal Abuse as an Object of Study," *Criminology*, 37, 117-48.

BeVier, Lillian (1990), "Reconsidering Inducement," *Virginia Law Review*, 76, 877-936.

Blackstone, William (1765), *Commentaries on the Laws of England*, New York: Garland, 1978.

Calabresi, Guido and A. Douglas Melamed (1972), "Property Rules, Liability Rules, and Inalienability: One View of the Cathedral," *Harvard Law Review*, 85, 1089-128.

Cohen, Lloyd (1987), "Marriage, Divorce, and Quasi Rents; or, 'I Gave Him the Best Years of My Life," *Journal of Legal Studies*, 16, 267-303.

Cooter, Robert (1984), "Prices and Sanctions," *Columbia Law Review*, 84, 1523-60.

Dnes, Antony (1998), "The Division of Marital Assets Following Divorce," *Journal of Law and Society*, 25, 336-64.

Epstein, Richard (1999), "Life Boats, Desert Islands, and the Poverty of Jurisprudence," *Mississippi Law Journal*, 68, 861-85.

Graham, Laura (1993), "The Uniform Premarital Agreement Act and Modern Social Policy: The Enforcealibity of Premarital Agreements Regulating the Ongoing Marriage," *Wake Forest Law Review*, 28, 1037-63.

Haas, Theodore (1988), "The Rationality and Enforceability of Contractual Restrictions on Divorce," *North Carolina Law Review*, 66, 879-930.

Haggard, Melissa (1999), "Note: Adultery: A Comparison of Military Law and State Law and the Controversy This Causes under Our Constitution and Criminal Justice System," *Brandeis Law Journal*, 37, 469-83.

Hirshman, Linda and Jane Larson (1998), *Hard Bargains: The Politics of Sex*, Oxford: Oxford University Press.

Landes, William and Richard Posner (1980), "Joint and Multiple Tortfeasors: An Economic Analysis," *Journal of Legal Studies*, 9, 517-56.

Langan, Patrick and David Farrington (1998), *Crime and Justice in the United States and in England and Wales, 1981-96*, Bureau of Justice Statistics, NCJ 169284.

Larson, Jane (1993), "Women Understand So Little, They Call My Good Nature 'Deceit': A Feminist Rethinking of Seduction," *Columbia Law Review*, 93, 374-472.

Levmore, Saul (1995), "Love it or Leave it: Property Rules, Liability Rules, and Exclusivity of Remedies in Partnership and Marriage," *Law and Contemporary Problems*, 5, 221-49.

McChesney, Fred (1999), "Tortious Interference with Contract versus 'Efficient' Breach: Theory and Empirical Evidence," *Journal of Legal Studies*, 28, 131-86.

Merrill, Thomas and Henry Smith (2000), "Optimal Standardization in the Law of Property: The Numerus Clausus Principle," *Yale Law Journal*, 110, 1-70.

Mill, John Stuart (1859), *On Liberty*, New York: Norton, 1975.

Mittlebeeler, Emmet (1976), *African Custom and Western Law: The Development of the Rhodesian Criminal Law for Africans*, London: Holmes & Meier.

Nolan, Val (1951), "Indiana: Birthplace of Migratory Divorce," *Indiana Law Journal*, 26, 515-27.

Note (1991), "Constitutional Barriers to Civil and Criminal Restrictions on Pre- and Extramarital Sex," *Harvard Law Review*, 104, 1660-79.

Posner, Richard (1998), *Economic Analysis of Law*, 5th ed., Boston: Little, Brown.

—— (1999), *The Problematics of Moral and Legal Theory*, Cambridge, MA: Harvard University Press.

Posner, Richard and Katharine Silbaugh (1996), *A Guide to America's Sex Laws*, Chicago: University of Chicago Press.

Rasmusen, Eric (1994), *Games and Information: An Introduction to Game Theory*, 2nd edn., Oxford: Blackwell.

—— (1995), "Predictable and Unpredictable Error in Tort Awards: The Effect of Plaintiff Self Selection and Signaling," *International Review of Law and Economics*, 15, 323-45.

—— (1997), "Of Sex and Drugs and Rock'n Roll: Law and Economics and Social Regulation," *Harvard Journal of Law and Public Policy*, 21, 71-81.

Rasmusen, Eric and Jeffrey Stake (1998), "Lifting the Veil of Ignorance: Personalizing the Marriage Contract," *Indiana Law Journal*, 73, 454-502.

Smith, Henry (1998), "The Harm in Blackmail," *Northwestern University Law Review*, 92, 862-915.

Stake, Jeffrey (1992), "Mandatory Planning for Divorce," *Vanderbilt Law Review*, 45, 397-454.

Stephen, James (1883), *A History of the Criminal Law of England*, New York; Franklin, 1964.

Weinstein, Jeremy (1986), "Note: Adultery, Law, and the State: A History," *Hastings Law Journal*, 38, 195-223.

第6章　ルイジアナ州の婚姻契約法：
子どものためのものとしての結婚の再生

キャスリン・ショウ・スパーツ

訳：西本健太郎

　「アメリカ離婚法は，確かに奇妙な法制度となってしまってはいるが，はじめからそのように設計されたわけではなかった．しかし，それでも実際にでき上がったアメリカ離婚法は強力なイデオロギーを持ち，コミットメント，責任，相手への依存についてはっきりしたメッセージを発している．……法や多くの文芸作品で語られているアメリカ合衆国の結婚についての物語は次のようなものである．結婚とは，各当事者の満足を主たる目的とする関係である．この機能を果たさなくなったとしても，誰かのせいというわけではなく，単にどちらからでも思うままに終了させることができるようになるだけである．」(Glendon, 1987, pp. 106, 108)

1. はじめに

　上のような結婚の再定義は「西洋諸国で一夜にして起こったものではなかった」(Glendon, 1987, p. 65)．この変化のプロセスは，「破綻主義」離婚法制がアメリカ合衆国や他の西洋諸国において一般的に採用された1960年代や1970年代よりもずっと前から始まっていた．実は，先進国における離婚法制は，過去200年間にわたって，概ね一つの方向に進み続けてきたのである．すなわち，結婚に不満な配偶者にとって，結婚関係から逃れること，そしてその結果，家族に対する責任から逃れることがますます容易になってきていたのである．

　アメリカ合衆国での結婚観のこれほど急速な変化は，何によるものなのだろうか．強力な社会的，経済的，文化的影響力によって，伝統的な道徳的責

任の観念が侵食されてきたことは疑いがなく，法改正もそのような傾向を反映してきた．「破綻主義」離婚の思想は，客観的な価値判断を嫌悪し，各当事者の主観的な自己実現を過度に重視する最近流行の考え方とも合致している(1)(Kramer, 1997. また，Glendon, 1987, p. 119, Gallagher, 1996, p. 265, Whitehead, 1997, p. 194も参照)．不法行為法の世界では，交通事故における「無過失」賠償責任保険という革新的な制度が法的・文化的な文脈でもてはやされるようになっていた．これを受けて家族法でも，「無過失」という用語が使われるようになったのは，グレンドンの言うように，単なる偶然の一致にすぎないのかもしれない(2)．しかし，この用語は，アメリカ人が結婚や家族への責任という問題に対して抱きはじめていた考え方を見事に言い表している(3)．

　しかし，アメリカ法が語るとされる結婚と離婚の物語には，どこかおかしいところがあるのではないだろうか，と問うべきだろう．結婚が，「個々の配偶者を満足させることを主たる目的として存在する関係」になり下がることは，望ましいことなのだろうか（Glendon, 1987, p. 108. Popenoe and Whitehead, 1999aも参照）．結婚によって生まれた子どもに対する夫婦共同のコミットメントはどうなるのか．また，人間は生まれてまず家族という共同体に入ることになるが，安定した家族を作り出すことに対して，「破綻主義的」な考え方がどのような影響を与えるのだろうか．

　こうした問題はさらに次のような一連の問題につながる．現在のアメリカ法が語る離婚の物語は完結していると言えるだろうか．結婚という第1章に続く物語の第2章で登場してきた，ご機嫌に笑う幼い登場人物たちが物語の最終章には登場してこないというのに……．平均的なアメリカ人にとって，この物語は出来の悪い縮約版にしか思えないのではないだろうか．あるいは，物語を書き直して，ハッピー・エンドにしたいと思わないだろうか．

　実際，一部のアメリカ人にとって，アメリカ婚姻法が語る物語は，都会の荒廃にも似た文化状況の下で展開されるポーの小説のようになってきている(4)．そして，このホラー・ストーリーには重大な社会的影響がある．

　　「離婚と婚外子が普通のことになり，ひとり親の家庭が増え始め，そして徐々にそれが結婚にとってかわるようになり，単に少数の者のみならず，多くのあるいは大多数の親たちがひとり親の家庭というリスキーな

子育てをするようになると，これまでより少しだけ多くの子どもが少しだけよけいに苦しむようになるというのではない．それは，アメリカ社会の疲弊と，決してゆっくりではないペースでのアメリカ文明の衰退をもたらすのである.」(Gallagher, 1996, p. 4)

アメリカ合衆国と他の西洋諸国の繁栄（そしてそれどころか，おそらくはその存続）は，社会の構成要素たる家族が健全か否かにかかっている(5)．しかし，我々の法は家族生活の中心をなす制度である結婚を，配偶者個人の私的な選好の問題であるかのように扱ってしまっており，生まれた子どもや社会一般には何ら影響のないものとしている(6)．

家族生活を安定させ育んでいくための永続的な制度としての伝統的な結婚の意義を，法改正をしようとする者が取り戻すには(7)，どうすればよいのだろうか．アメリカ合衆国の2つの州，まずルイジアナ州(8)，そしてその1年後にアリゾナ州(9)は，結婚の概念を捉えなおすための法的枠組みとなるような立法を試してみることにした．すなわち，この立法によれば夫婦は，より結びつきが強く，より永続的な「婚姻契約による結婚（契約結婚）」という共同体へとお互いを法的に結びつけることができる．より拘束的でより永続的な契約結婚の選択の際には，教会による結婚前カウンセリングが奨励され，さらには教会による離婚前カウンセリングも期待されている(10)．もっとも，夫婦に選択肢を与えるというアイディアは，ルイジアナ州が初めてというわけでもルイジアナ州の専売特許というわけでもない．1945年にフランスの高名な法学者，レオン・マゾー（Léon Mazeaud）が，離婚することができない結婚を選択できる制度をフランスで提唱している(11)．契約結婚は夫婦によって選択されるものなので，この立法は最終的には文化そのものを変える可能性を秘めている(12)．それは次のような理由によるものである．第一に，より強固な結婚へのコミットメントの選択を普及させるためには，契約結婚の推進者たちは，結婚しようとしている男女に契約結婚の望ましさを説得しなければならない．このためには，熱心に契約結婚を「伝道」し，男女を一組ずつ改心させることが必要となる．第二に，1999年に発表された研究結果は，離婚に対して寛容な立場をとる男女の方が，より寛容でない男女よりも実際に離婚する確率が高いことを明らかにしている(13)．したがって，「結婚の永続性へのコミット

メントという理念は結婚を持続させるための重要な安全装置である．要するに，信じていれば本当にそうなる，ということなのである」(Horn, 1999, p. 4)．婚姻契約による結婚はまさにこのような意味のコミットメントを含んでおり，しかもそのコミットメントは単に夫婦の確信（と愛情）次第なのではない．「法的」な拘束力をも有するのである[14]．

2．子どものための結婚の強化

　1970年代から80年代には家族の構成について相対主義的な見方が支配的になったが，最新の実証的な証拠は，以前から直感的には知られてきた事実を証明している．それは，家庭に母親（女性）と父親（男性）がいることによって，子どもは明確な利益を受けるということである (Fagan, 1999)．子どもは，肉体的にも[15]，情緒的にも[16]，心理的にも，そして経済的にも利益を受ける (Fagan, 1999)．サラ・マクラナハンとゲアリー・サンデファーによるひとり親家庭についての最も権威のある本では，ひとり親家庭に育った子と両親がそろっている家庭で育った子との間で，学業成績，有職率・職業への定着率，および婚外妊娠率の各項目についての比較がなされている (McLanahan and Sandefur, 1994)．この比較によれば，「ひとりの親のみと住んでいる子の方が，高校を中退するリスクがはるかに高いことがデータの上で明らかとなっている[17]．」さらに，「ひとりの親のみの家庭で育った若い男性が未就労である率は，両親がそろっている家庭で育った若い男性の場合の約1.5倍である」(McLanahan and Sandefur, 1994, pp. 48-9)．ひとり親家庭の若い女性に関しても，この数字よりそれほど良いわけではない[18]．また，両親がそろっている家庭で育った若い女性に比べて，ひとりの親しかいない家庭で育った若い女性の方が，未婚のまま子どもを出産するリスクははるかに高く，特に父親がいない場合には際立って高い (McLanahan and Sandefur, 1994, p. 114)．これらの要素に加えて，ひとりの親しかいない家庭で育った子は両親がそろっている家庭で育った子に比べて，生活に困窮するリスクが高い[19]．

　　「両親がそろった家庭で終始育てられた子どもの大多数は子どもの頃に貧困を経験することはない．これに対して，ひとりの親しかいない家庭を経験した子どもたちの大多数は貧困を味わうことになる．」

（Ellwood, 1988, p. 46. Fagan, 1999も参照）

　マクラナハンとサンデファーによる比較に加えて，他の研究ではひとりの親しかいない家庭にいる子どもは「身体的および精神的な健康に関してより低い水準にあること」が実証されている（Stanton, 1997, p. 119; Larson, Swyers, and Larson, 1996）．容易に推察される通り，両親がそろった家庭では，子どもたちは大人2人分の経済的および情緒的なリソースを利用することができる．さらに，両親がともに子と生物学的につながっている家庭の利点は，「親が子と一体感を持ち，子どものために犠牲を厭わないようになる可能性を高め，どちらかの親が子を虐待する可能性を低くすることができる」（McLanahan and Sandefur, 1994, p. 38）[20]という点であることが証明されている．もちろん，以上で用いてきた「ひとりの親しかいない家庭の子」というカテゴリーは，実の親がそもそも結婚していない婚外子と，両親が離婚した後ひとりの親と一緒に住んでいる子の両方を含む．この婚外子と離婚については，マギー・ギャラガーが『結婚制度の廃止（*The Abolition of Marriage*）』という本の中で，両者の間の興味深い関係を示している．すなわち，「結婚があまりにも脆弱なものとなり，離婚がごく普通のものになるという傾向が一定の閾値を超えると，多くの女性たちはそもそも結婚なしに済ませてしまった方が安全であると判断するようになるのである．こうして，離婚の急増を受けて，婚外子が急増する」という（Gallagher, 1996, p. 123. Fagan, 1999も参照）．

　社会科学者の間でも一般人の間でもよく名前が知られているデイヴィッド・ポウプノウとバーブラ・ダフォウ・ホワイトヘッドの2人は，同棲という急増している社会現象について大規模な調査を行い，報告書にまとめている（Popenoe and Whitehead, 1999b）[21]．この報告書ではその結論の1つとして，「同棲関係は結婚という制度を弱め，女性と子どもに対して，明白かつ現在の危険をもたらしている」と述べる[22]．

　離婚経験のない両親の子どもに比べて，両親が離婚した子どもは，その福利厚生のほとんどありとあらゆる面で損害を受ける[23]．1985年にレノーア（Lenore）・ワイツマンは，離婚が子どもにもたらす破滅的な経済的効果を明らかにした（Weitzman, 1985）[24]．法学者であるメアリー・アン・グレンドンとジュディス・ヤンガーも1980年代初頭に，離婚の急増が引き起こしたと各自の考

えた問題について，それぞれ異なった解決策を呈示している．グレンドンは夫婦の財産を「子ども第一」原則(25)に従って分割することを提唱した．それは，夫婦の財産が，まずは子どもの経済的な必要を充たすために用いられることを要求するものである．ヤンガーは幼い子どもを持つ夫婦について，離婚前よりも離婚後の方が子どもが幸せになるということを，裁判所で証明しなければ離婚できないという離婚法を提唱した (Younger, 1981)(26)．しかし，離婚は個人にとって積極的な意義を持つものであり，子どもは回復力に富んでいるから一時的に苦しむだけだという広く一般に出回っていた見方を槍玉に挙げ(27)，それをある程度まで破壊したのは，今日では有名となった，バーブラ・ダフォウ・ホワイトヘッドの1993年の『アトランティック・マンスリー』(*The Atlantic Monthly*) に掲載された，「クウェイル副大統領は正しかった (Dan Quayle was Right)(28)」という論文である．また，ジュディス・ウォーラスティンも次に紹介する最新の論文以前に，サンドラ・ブレイクスリーとの共著の中で，「離婚は，子どもにとってと大人にとってとでは本質的に違った経験となる．なぜなら，子どもにとって離婚は，その成長のために必須のもの，すなわち家族構造の喪失を意味するからである．」(Wallerstein and Blakeslee, 1989, p. 11)

1997年6月，ジュディス・ウォーラスティンは離婚した夫婦の子どもたちを対象とした25年間にわたる追跡調査の中の最近の面接結果を明らかにした(29)．子どもたちは離婚の当時，2歳から6歳という年齢であった．

　「大人の場合と異なって，子どもの苦しみは離婚の時点で頂点に達し，その後徐々に和らいでいくというものではない．子どもにとって離婚はその影響が累積していくものであり，しかも時間とともにその影響は増大する．この影響は子どもの成長の各段階でそのたびに改めて，異なった形で経験される．……この影響はまず思春期の前半にさしかかるに従って大きなものとなる．この時期には子どもたちはしばしば不十分な監督と不十分な保護しか受けることができないからである．またこれに加えて，この時期には新たな継親やその連れ子に慣れなければならない（これより早い場合もあるが）からである．また，思春期の後半にも，自分の親と同等の職業を選択したり，同等の教育を得たりすることが経済

的な理由から困難となるという形で，離婚の影響が再び現れる．さらに再度，成人期においても，自分の結婚も両親の場合と同じように失敗するのではないか，という不安が高まる形で離婚の影響が現れる．このようにして，両親の離婚の影響は子どもたちの人生の最初の30年を通して，再三にわたって現れるのである．」(Wallerstein, 1997)

　調査の対象とした子どものサンプルについて問題が指摘されてはいるものの[30]，ウォーラスティンの調査は，これほどの長期間にわたって徹底的な（イン・デプスの）追跡調査がなされているという点では類例をみないものである．さらに，全てではないにせよ，ほとんどの後続の研究によって彼女の研究結果は基本的に確かめられている[31]．彼女に対する最も声高な批判者であるアンドリュー・チャーリンでさえ，1998年の共著論文の中で，次のように結論付けている．「小児期から思春期での両親の離婚は，子どもが20代から30代前半にいたるまで悪影響を及ぼし続ける」(Cherlin, Chase-Lansdale, and McRae, 1998. Cherlin et al., 1991やCherlin, 1993と比較せよ)．

　　「離婚が当たり前の文化の中では，子どもたちが最も『不自由』である．大人の心配事や悩み事などから一定以上隔離され，両親の双方と日常的にコンタクトを取り，社会福祉サーヴィスやセラピーとは無縁に暮らし，裁判所に指示された形態ではなく自律的に家族との時間を過ごす権利を子どもは有しているはずである．しかし，離婚はこのような子どもの権利を奪ってしまう．離婚は，大人から子どもへ苦痛の極端な再分配を行うものであり，道徳的に中立な行為と見ることはできない．」(Whitehead, 1997, p. 184)

　ウォーラスティンとシャーリンの報告書と同様に興味深いものに，最近の3つの研究がある[32]．それらによれば，「配偶者の一方が暴力を受けているのではなく，単に結婚に不満を持っているだけであるのなら，離婚するよりも結婚を継続した方が子どもにとっては良い」(Horn, 1998, p. 25)．また，ウェイド・E・ホーンがコメントするように，「一般的には，不幸な結婚を継続するよりも離婚した方が子どもにとってはよいと言われている．……しかし，

このような考え方，そしてこのようなことを言う専門家は，実は間違っているのである．最近の3つの研究によれば，子どもにとって一番良くないのは，夫婦間の争い合いではなくて，離婚の方である」(Horn, 1998, p. 25)．ホーンが紹介している研究の1つは『危機に瀕した世代 (Generation at Risk)』と題されたポール・アマトとアラン・ブースの本である．彼らは研究の成果について次のようにコメントしている．

> 「自らの決断によってこの世に産み出した自分らの子どものためなのだから，人生の3分の1を不幸な結婚生活の中で送ることを両親に要求しても，それは，決して理不尽な要求ではないはずだ．」(Amato and Booth, 1997, p. 238)

　子どもに対する離婚の25年後の影響についての研究成果の1つとして，ジュディス・ウォーラスティンは，離婚した親と子どもとの関係の質は，子どもが誰と暮らし，大半の時間を誰と過ごしたかによりしばしば異なると結論付けている．彼女は子どもたちとの面接調査によって，「親子関係を生じさせる場であった夫婦の絆から切り離された後の親子関係は，夫婦の絆がつながっている親子関係よりも，本質的に不安定であると言える」(Wallerstein, 1997) とする．中でも監護権のない父親と子どもの関係は特に不安定なものであった．両親が離婚しても母親さえ干渉しなければ父親と緊密な関係を維持することができるはずであると，法律の上では想定されているが，現実ははるかに複雑なのである．離婚後の父親の子どもに対する関心は，父親が「自分の人生の他の部分を成功とみているか失敗とみているか」によって異なるし，また，父親が再婚しているか否かによっても異なる (Wallerstein, 1997)．
　デイヴィッド・ブランケンホーンは『父親不在社会アメリカ (Fatherless America)』(Blankenhorn, 1995 参照) という独創的な研究の中で，家庭における父親の存在の重要性はいくら強調してもしすぎることはないという証拠を，次々と提示している．彼によれば，「ほとんど全ての人間社会で，子どもの福祉は，父親による比較的高いレヴェルの投資の有無に決定的に依存する」(Blankenhorn, 1995, p. 25)．家庭における父親は，物理的な保護を行い，物的資源を提供し，文化を伝達し，日々の養育を行うことによって，家族と

子どもに投資するのであり，それは単なる養育費の支払いでは代えることができないものである。ブランケンホーンによれば，「父としての役割を果たす必須条件には2要素ある．それらは，子どもとの同居と，『母親との親としての協力関係』である」(Blankenhorn, 1995, p. 18, 強調付加)．このように，生物学上の父親が子どもと同居することと，父親と母親の協力関係が必要であるというブランケンホーンの結論については，ジュディス・ウォーラスティンの研究によっても裏付けられている．

　「このサンプルでは，3人ばかりの例外を除いて男性はみな離婚後すぐに再婚した．サンプルの3分の1は子どもが成長している途中でさらに三回以上離婚と再婚を繰り返している．子どもとの接触のあり方も，父親の再婚の有無，再婚相手の態度，および新たな家庭での子どもの存否といった要素によって異なってくる．また，父親の2回目の離婚の有無によっても異なってくる．継母たちは，夫の初婚の子どもを不快に思い，家庭への侵入者と見ているとの本音をしばしば語ってくれた．これは継母に自分自身の子どもがいる場合に特にそうであった．彼女らの中には次第に夫の子どもを愛することができるようになった者もいたが，多くの場合はそううまくはゆかなかった．一人の女性が言った『私が求めたのは子どもではなくて夫の方だったのに……』という言葉が全てを象徴しているようである．このような態度は強大な影響力を持つものであった．よく理解できることだが，父親の方も新たな結婚関係を成功させることに熱心になり，初婚の子どもよりも新たな家庭を優先する．再婚相手の連れ子を大学へ行かせた父親が，別れた妻との間の自分自身の子に対しては大学へ行くための資金援助をしないという場合もあった．」
(Wallerstein, 1997)

　父親とその生物学上の子どもとを結びつける唯一の有効な手段が父親と母親の協力関係であるならば，父親を母親と結びつけ，家庭における父親の決定的に重要な存在を確保する最も有効な手段は結婚の維持である (Blankenhorn, 1995, p. 223)．
　生涯続く結婚によって相互のコミットメントを堅持する父親と母親という

イメージが，責任感を持ち，豊かで，精神的にも安定した市民を育てるための理想的な環境を象徴するものであるとしても，はたして法は結婚という制度を強化し，回復することができるだろうか．合衆国における新たな結婚のほとんど半分は離婚で終わり，そのほとんどの離婚には幼い子どもがいるという予測がある中で，法は，かつて自らが崩壊させてしまった結婚の安定性を蘇生させるために何ができるだろうか．永遠の自己犠牲的な愛という理想を復活させるための最もよい手だては何であるのか，こそが喫緊の課題なのである．

3. ルイジアナ州の婚姻契約法の制定

　ルイジアナ州の市民は，生涯続くべきものという意義を結婚に再び与えようという実験を1997年8月15日にスタートさせた．この立法は生涯続くべきものとしての結婚の重要性と価値を市民に周知させようとの趣旨を有し，そのために他の「コミュニティ」からの支援を求めている．ここで想定されているコミュニティとは主に教会という，道徳的な権威を持つとされ，結婚の維持へ向けて支援する上での独自の適格を持っているとされる組織ないし制度である．この法律は，他の「コミュニティ」の参加を奨励し，「コミュニティ」に再生する機会を与えることによって，結婚という制度さらには家族そのものを支援する機能を持たせようとするものである．

　すでに説明したように，婚姻契約法は，男女が私的契約を結ぶことによって，より拘束的でより永続的な結婚を選択できるようにするものである．「契約結婚」は，結婚とは生涯続くべきものであるという理念を法に定着させるものであり，法は配偶者間でのより拘束的なコミットメントを構成する法的義務を規定している．そのようなコミットメントは，結婚の開始の時点では，配偶者が契約結婚の意思の宣言をし，結婚関係の継続中に問題が生じた場合には結婚カウンセリングも含め必要な手段を全て尽くすという合意をすることによってなされる．

　契約結婚法制は，結婚とは永続的であるべきだという理想主義的な考え方を採用している．しかし他方で，夫婦の間で問題は起こるであろうし，それを解決するために援助が必要になる場合もあるであろうことは最初から認識されている点で現実主義的な制度でもある．さらに，離婚原因となる事由が

限定されており，しかも1つの例外を除けば，一方の配偶者に有責事由がある場合しか離婚原因として認められない．このように，結婚関係における行為を判断する基準となるように，客観的道徳というより広い観念を婚姻契約法は復権させようとするのである．そして，少なくとも契約結婚においては社会の理念を反映して，一方配偶者による他方配偶者に対する一定の行為は特に非難に値するものであることを認め，結婚関係を維持することの社会的利益にもかかわらず，害された配偶者は婚姻関係を解消できると法は宣言する．こうして，「有責主義的」な離婚原因は結婚生活における一定の行動，例えば配偶者やその子どもに対する身体的虐待に対する社会の一致した非難を象徴するものとなる．こうした仕組みは（有責性を問題としない）破綻主義離婚を認める法制には完全に欠落しているが，このような社会の一致した非難の力は誰もが否定できないはずである．

　さらに，婚姻契約法は法律上の別居という制度を復活させている．これは，教義において離婚が禁止されているカソリック教徒にとって特に重要である．離婚原因となる事由は別居の事由ともなり，さらに別居の事由として精神的虐待とアルコール依存症（常習的大酒飲）という，夫婦の共同生活の継続を不可能にする2つの事由が追加されている．後者の2つの事由は法律上の別居の場合にしか認められず，離婚の事由とはならない．それはルイジアナ州の立法府がこれらの事由を，結婚関係の解消の判断にとって，不貞行為あるいは性的虐待ほど深刻ないし決定的理由になるものとは認めなかったからである．さらに，「精神的（ないし心理的）虐待」が，どんな不和でも，あるいはささいな不和でも含むように司法府によって解釈されてしまうと，これを離婚原因として認めることは結局契約結婚も，別居期間などの制限のない即時離婚によって解消できてしまうことになってしまうからである．しかし，これはルイジアナ州の通常の「破綻主義」離婚法制の下でも認められていない．

4. 婚姻契約法制定の目的とそのための手段

結婚の強化

　婚姻契約法の第一の，そして最大の目的は結婚という制度を強化することである．この目的は次のような手段によって達成される．第一に，結婚前の

第6章　ルイジアナ州の婚姻契約法：子どものためのものとしての結婚の再生　157

カウンセリングが義務づけられ，結婚の重大さと男女の結婚関係が生涯続くであろうという点が強調される．(55) 第二に，結婚関係の継続中に離婚の危機に陥った場合には結婚カウンセリングも含め，結婚を維持するために必要で合理的な全ての手段をとる旨の法的に拘束力のある合意(56)が契約結婚の意思の宣言の形でなされる．(57) 第三に，離婚原因が限定され，結婚関係の中で社会の一致した非難の対象となるような非行を相手が犯すか(58)，あるいは2年間という長期にわたる別居という待機期間を経てでなければ，離婚はできなくなる．(59)

　義務的な結婚前カウンセリングは，結婚しようとする男女に対して，結婚が重大なものであること，結婚を生涯続けるコミットメントをすることになること，離婚の危機が生じた場合にはカウンセリングを受ける義務があること，を印象づける意図で設けられているものである．そして，宗教上のカウンセラーからは結婚が精神的なものであることが説示される．結婚前カウンセリングは，静修会，セミナー，自己再評価集会，有効な夫婦喧嘩解決法についての講習，一定期間の講座を一定数受ける，といったようなものを含むこともある．結婚前カウンセリングは結婚しようとしている男女に対して，真剣さ，熟慮，自省，そして準備を促すものである．

　結婚生活の危機が訪れた場合，婚姻関係を維持するために全ての「合理的な手段」をとらなければならないという義務は，「法的に強制可能」な義務である．ルイジアナ州法の下では，嫌がる配偶者に無理やりカウンセリングを受けさせるという方法でこの義務を履行させることは，通常の場合にはできない．(60) しかし，他の契約の不履行の場合と同様に，法は害された当事者に対し，損害賠償を求める権原を与える．(61) この損害賠償の対象はその性質上，金銭的なもの(62)と，非金銭的なもの(63)の双方を含む．金銭的な損害については，たとえば，別居期間中に2つの世帯を維持することを余儀なくされたことによって余計に生じた費用や，他方の配偶者に義務に従うよう求めるために必要となった強制費用で，不履行との因果関係が認められるもの(64)がこれにあたる．非金銭的な損害というのは，「人の特有財産の『物質的』ないし有形の部分には影響しない精神的な損害」のことを言う．相手配偶者が結婚関係を維持するための合理的な手段をとる義務を履行しないことのために他方配偶者が蒙る損害でこの類型に該当するものの例としては，恥，精神的苦痛，屈辱感，心理的損害が挙げられる．この類型の損害については，ルイジアナ州法は裁

判所に大幅な裁量を認めており，言うまでもなくそれは名目的損害賠償の範囲である必要はない．また，婚姻契約の適用を回避しようとして，他の州に移住してその州のよりリベラルな離婚法の下で離婚したとしても，この義務は免れることができない（Spaht, 1998a; Spaht and Symeonides, 1999 参照）．

離婚は結婚の敵であり，結婚という神聖な制度に対し究極的なダメージを与えるものであるとすると，離婚原因を一方配偶者による深刻な非行の場合あるいは長期の待機期間の後のみに制限することは，結婚を攻撃に対して強化することになるに違いない．婚姻契約法が契約結婚について語っているのは，当初の契約結婚の意思の宣言においてなしたコミットメントは簡単には否認できないということである．このコミットメントはたとえ結婚と離婚に対してより緩やかな考え方を持つ他の州に移住することによってすら，無効とすることはできないのである（異説はある）．なぜなら，契約結婚の意思の宣言によって両配偶者は，ルイジアナ州婚姻契約法に拘束されることをも合意していることになり，かつ，この合意が国際私法の原則によれば準拠法選択の契約条項に該当するからである（Spaht and Symeonides, 1999 参照）．

過去の30年間によって，アメリカ人が何らかの教訓を学んだとすれば，それは夫婦の絆を脆弱なものとしてしまうことの危険性である（Popenoe and Whitehead, 1999a 参照）．ルイジアナ州の婚姻契約法の3つの「法的」構成要素が組み合わさって作用することによって，結婚の強化という称賛に値する目標を達成できることが期待されている．

調停の再活性化：結婚維持のための宗教からの支援

婚姻契約法制定のもう1つのあまり目立たない目標としては，宗教を「公の場」（Neuhaus, 1984）に再び招き入れて，結婚の維持という，宗教が独自の適格を持っている機能を果たさせるということがある．牧師，神父，ユダヤ教におけるラビなどは，婚礼を司式する者であるから，それと同じように，婚姻契約法の義務づける婚前カウンセリングも行うことができる．もっとも，結婚式の場合と同様に，非宗教的な選択肢，すなわち結婚カウンセリングの専門家を選ぶこともできるようになっている．本格的な結婚前カウンセリングを行うことによって，上手く行かない結婚を事前に防いだり，不和が生じかねない部分を明らかにしたりしていくためには，それぞれの個別のカップ

第6章　ルイジアナ州の婚姻契約法：子どものためのものとしての結婚の再生　　159

ルに応じた念入りな配慮が必要である．さらに，聖職者がカウンセリングを行うことによって，カウンセリングの際に結婚の意義の宗教的な側面や，カップルは結婚を維持するために真剣な努力をするよう「コミュニティ[73]」から期待される，ということを伝えることができる．

　婚姻契約法は公の場に宗教を再び「招き入れる」ものであるので，限度を越えてカウンセリングの内容を「指図」して「しまわないように」注意が払われている[74]．さらに，結婚前カウンセリングについて，一定の必修時間数を規定することもしていない．これは宗教の領域に不必要に介入しないようにするためである．多くの宗教団体ではすでに充実した結婚前カウンセリングのプログラムを持っている．たとえばカソリック教会のプリ・カナー（Pre-Canaa），結婚準備コース（Prep Course），婚前自己再評価プログラム（Prepare Inventory）や婚前自己診断プログラム（Foccus Inventory）というものがある．最後の二者の結婚前カウンセリング・プログラムに対しては注目が高まっており，「コミュニティ結婚規約（Community Marriage Policy）」を採用しているキャリフォーニア州のモデスタ市（Milbank, 1996），テキサス州のオースティン市，ミシガン州のグランド・ラピッズ市[75]のようなところでは特にそうである．初めての全国的な団体である「マリッジ・セイヴァーズ［結婚救援所］（Marriage Savers）[76]」の創設に伴い，本格的で充実した結婚前カウンセリング・プログラムは，種々の宗教団体によって今後さらに創設されることであろう．

　結婚が危機に陥った場合，契約結婚をしている夫婦はお互いの立場の違いを乗り越え，結婚関係を維持するために，カウンセリングなど何らかの形でさらなる指導を受けることを承諾することになる．夫婦が離婚の危機に直面した時に受けるこのカウンセリングに，非宗教的カウンセラーだけではなく教会をも招いて，婚姻契約法は夫婦の絆を強めるプログラムに参加させる[77]．このように婚姻契約法によって宗教は，その信者はもちろんのこと，カウンセリングを受ける人々が住んでいるコミュニティ成員一般に対しても，奉仕できるようになる．牧師や，神父や，ラビは結婚維持のための援助の手を差し伸べる独特の適格を有しており，相談相手の先輩夫婦（mentoring couple）を紹介したり，教会に設置されたカウンセリング・センターを用いたり，夫婦のための静修会プログラムを活用したりして，夫婦が結婚関係を維持する

のを手助けする．静修会プログラムの例としては，大変な成功を収めている『カソリック夫婦教化プログラム（Catholic Retrouvaille）』が挙げられる．非宗教的なカウンセラーとは異なり，宗教的なカウンセラーは個人の心理や自己実現よりも結婚関係の維持に重点を置くものである（Doherty, 1997; Kramer, 1997 参照）．

「非有責」配偶者への交渉力の回復

　婚姻契約法は誓約内容を守り，結婚の維持を希望する「非有責」配偶者に交渉力，ないしレバレッジ（梃子）を回復しようとするものである．一方的な離婚請求を認める破綻主義離婚は，家庭を「崩壊させた」配偶者からの離婚の請求をも認めるので，婚姻を継続したい「非有責」配偶者にはなすすべがなくなってしまう．キャリフォーニア大学バークレー校ロー・スクールの学部長であり，破綻主義離婚を擁護し続けているハーマ・ヒル・ケイでさえ，「一方的な」破綻主義離婚は「別居よりも遺棄に近い」としているくらいである（Kay, 1990, p. 8）．これに対し，婚姻契約法は破綻主義離婚が可能になる待機期間を2年へと延ばすこと（および，その期間中有責配偶者には自分自身の有責行為に基づく離婚申立を認めないこと）により，「非有責」配偶者に交渉力を与えるものと言える．それは，この2年の期間内においては，「非有責」配偶者だけに他方配偶者の帰責事由に基づいて離婚を請求する権利が認められるからである．

　こうして得られた「非有責」配偶者の交渉力は結婚を維持するために真面目にカウンセリングを受けるよう要求したり，カウンセリングを打ち切ることの交換条件として，自分自身または子どもたちにとって有利な経済的条件を要求したりするために用いることができる．婚姻契約法は他に，2年間の暫定的給付を受けることのできる権利を定めており，これは通常最終的に請求することのできる金額よりも高額であるが，このような権利もすでに婚姻契約法によって与えられた相当程度の交渉力を強化するものである．またこの暫定的な給付に加えて，「非有責」配偶者は，他方の配偶者が婚姻を維持するための全ての合理的な手段を尽くす義務に違反した場合には，損害賠償の請求をすることもできる．

　自分の責に帰すべき事由により家庭を「崩壊させた」配偶者からすると，

離婚しようとするために2年間待たなければいけない，ということである．そして待っている間には，離婚後に支払うよりも極めて高い扶養料，すなわち先ほどの暫定的給付を払い続けることになる．さらに，カウンセリングを受ける義務に違反したために損害賠償を支払わなければならない場合もある．加えて，再婚しようとする場合には，この離婚法制の転換の影響を最も受ける人たちとなる．婚姻契約法を批判する者でさえ，たとえば次のような脚注でこうした利点があることは認めている．

「再婚できるまでこの遅れがあることは，離婚に直面した夫婦にとって，次の2つの利点がありうる．1つ目は，結婚の扶養義務が存続する期間が延長されることによって，経済的に弱い立場にある配偶者が，離婚後に経済的に適応するための時間をより多く与えられるという点である．2つ目は，夫婦の抱えている問題が修復不能なものではない場合に，夫婦間の和解を促進する点である」（Carriere, 1998, p. 1720, n. 118）．

まさに，その通りである．

離婚法における道徳的な言説の再生と「非有責」配偶者の保護

正面から議論され明示されてきた破綻主義離婚の根拠の中には，次のようなものがある．すなわち，両親の争いによって子どもを傷つけないように離婚手続の険悪な雰囲気を軽減すること，どちらが結婚関係の崩壊をもたらしたのかという「不可能な」認定を行うのを避けること，離婚から懲罰的な要素を排除することなどである．これらは，癒し志向の現代文化とマッチするものであった．[85]しかし，離婚から険悪さが取り除かれたことは今まで一度もなかった．少なくとも現在のルイジアナ州では，監護権をめぐる争いにおいて相手が子どもに性的虐待を行ったという，本当に無節操な主張をする形で，離婚の険悪さが現れている．[86]離婚手続の険悪さを問題とするのであれば，このように他方配偶者が性的虐待を行ったと非難するよりは，他方配偶者から1年間遺棄されたとか，あるいは，相手が不貞を働いたとかと非難する方がまだましなのではないだろうか．何しろ，子どもの性的虐待の疑惑が持ち出されると，医師が子どもの体を詳細に診察する必要が生じるのである．自分

たちの関係が「終わっている」ことについて夫婦間で納得している場合でなければ，離婚における険悪さがなくなることはありえない．納得している場合でなければ，信頼関係への違背や，人間関係の中で最も親密な関係においてロマンティックな関心がなくなってしまったことに対して，どちらか一方の当事者に責任があるという話になるからである．さらに，仮に両当事者が自らの関係が「終わっている」ことについて納得していたとしても，子どもの利害はどうなるのだろうか．子どもの多くは両親が別れないことを望んでいる．両親が望んでいることと子どもの利害が衝突しても，何も問題はないと言うのであろうか．

「道徳的な言説」を離婚法に再生させることは（Schneider, 1985），婚姻契約法に批判的な論者が他のどの面よりも問題とするところである．⁽⁸⁷⁾「道徳的な言説」は，結婚関係における一定の行為に対する社会の一致した非難からなる．配偶者の行為について，客観的な道徳的判断を再び下すことは，道徳を制定法化することはできないという考え方を脅かすものである．⁽⁸⁸⁾しかし，これは連邦議会でも州議会でも日常的に行われていることである．そうしたことに異議が出されるのは，個人が家族を去って法的に「独身」になる「自由」⁽⁸⁹⁾を，制定法化された道徳が侵害する可能性がある場合にだけである．契約違反の場合は，契約不履行をとがめること，契約を信義誠実の原則に則って履行すべきであるとすること，あるいは，当事者が契約の違反を害意をもって行ったか否かに応じて損害賠償の額に差を設けること，などのように道徳的な義務を制定法化することに異議を唱える者はいない．このように契約法の法理が他人同士の関係における道徳的な判断を伴うものであるならば，30年間結婚していて3人の子どもがいる夫婦について，法が道徳的な判断をすることを躊躇する必要がどうしてあるのであろうか．

離婚法に有責性を復活させることに対するもう1つの議論は，有責性は証明することが不可能であり，したがって離婚を希望する者は偽証せざるをえなくなるというものである．このような偽証は破綻主義離婚が認められるようになる以前には広く行われていたことであると言う．しかし，不貞行為や身体的虐待という形での有責性の証明は証拠の優越（有責である蓋然性の方がそうでない蓋然性より高い場合）で足り，また証拠は直接的なものでなくてもよく，状況証拠でよい．とすれば，自動車の事故を起こした運転者の過

失の証明や，その過失割合の証明などよりも，不貞行為を配偶者が証明することの方が難しいとは言えないであろう．偽証が広く行われるとの懸念に関しては，それは裁判官と弁護士が責任を持つべき問題であるとの回答が可能である．(90) もちろん，偽証は許されるべきではない．ただ，裁判所を欺くためには，「両配偶者が協力すること」が少なくとも必要であったのであり，現在の一方配偶者による遺棄が法的に認められてしまうような状況ではそもそも不可能であった．

　婚姻契約法が離婚手続に広い意味での有責性を復帰させるものであることについては疑いがないので，婚姻契約が存在しているということそれ自体と，各配偶者のコミットメントの強さは，扶養料や子どもの監護権といった付随的救済の問題に，影響を与えるであろう．

　そもそも破綻主義離婚への移行が，扶養料や子どもの監護権といった問題において，有責性の懲罰的要素を排除することに動機づけられたものであったとすると，そのような離婚の核心部分の問題において有責性の考慮を復活させるべきことは，破綻主義の否定の論理的帰結である．

　「非有責」配偶者に与えられる暫定的な給付の査定において，その配偶者のニーズ，他方配偶者の支払い能力，および結婚中の生活水準を基準にすることは，生活レヴェルの現状維持の目的に資するものである．(91) 契約結婚においては，「『非有責』配偶者が望めば」，結婚関係の法的現状を維持しつつ，結婚関係を存続させるために必要な手段をとる義務を2年間存続させることができる．この2年の間を通じてずっと暮らしに困る「非有責」配偶者に対しては，結婚中の生活水準を維持するのに必要な額の給付が与えられるべきである．契約結婚におけるこの2年間の暫定期間（待機期間）の目的は，結婚の維持を目的として設計された全ての合理的な手段をとる機会を保障するためである．そしてこの「暫定」期間中，結婚が再びうまくゆくことを願って現状を維持しておくことは，婚姻関係の再建という容易ならぬ作業にとって最適な環境を保障する．このようにトラウマを惹起するような経済的破綻からの，可能な限りの保護を与える理由，とりわけ「非有責」配偶者に与える理由は，契約結婚の当事者がより拘束的なコミットメントを，真剣にかつ「熟慮の上で」引き受けたからである．つまり，夫婦間に婚姻契約が締結されていることが，最大限可能な期間について相当な額の暫定給付をしなければな

らないことを正当化できるのである．

　ルイジアナ州において，定期的な扶養料の給付の額の最終的な決定のためには，裁判所は，離婚の申立て以前の原告の有責性の要素を考慮に入れなければならない．(92) 契約結婚をした夫婦の合意は，カウンセリングや熟慮を経た後になされたものであるから，特に重大なものとして取り扱われるべきものである．一方配偶者が約束を破れば，その配偶者がその帰結を受け入れなければならないのは当然である．したがって，契約結婚において離婚原因あるいは別居原因となるような行為をしたと一方の配偶者が証明すれば，他方の配偶者は離婚後の扶養料の給付を受けることができない．さらに，相手方がそのような行為をしたと証明できた配偶者は，「非有責」であるとの推定を受け，この推定は他方配偶者が明確な証拠を提示しなければ覆されない．(93)

　離婚原因あるいは別居原因となるような有責な行為がなされたかどうかは，子どもの監護権に関連する事項を判断する際の要素，特に「道徳的な適性」(94) を判断する要素として考慮に入れられるべきである．というのも，そもそも契約結婚の目的は結婚を強化することであり，この目的を達成する１つの手段が，結婚関係の中で認められない行為について社会の一致した判断を下すことだからである．婚姻契約法は，通常の結婚をした夫婦に法が強制する以上の強いコミットメントを，夫婦が自らに課す機会を与えている．このことは，結婚から生まれる子どもの利益にかなうので認められているのである．そして，このコミットメントを自発的に引き受けることによって，契約結婚をした配偶者は自らの行動についての社会の判断を受け入れる．また，夫婦は誓約した義務に違反しようものなら，特に子どもとの関係において，それなりの報いを受けることを覚悟しなければならない．

　１人の配偶者に，５人の家族からなる家庭を一方的に崩壊させることを実質的に認めてきたこと，とりわけその配偶者が道徳的に有責で，その行為になんらの理由もない場合でも，その者に全くおとがめなしで家庭の一方的破壊を許してきたことが，アメリカ社会を蝕んできた．離婚率の急上昇と最近の同棲率の急上昇という現象の中で，アメリカ社会の崩壊が明らかになる中，責任ある政策担当者はもはや絶望と無力感の中で手をこまぬいていることはできない．今必要とされているのは行動することなのである．婚姻契約法の制定は，結婚という制度とそれを保護することについての社会的関心が復活

するという，大きな流れの小さな始まりとなることが期待される．なぜなら，結婚という制度は「家族」のよってたつ基礎だからである．

5. 結論

「何世紀もの経験を通して，西洋の伝統は結婚関係の形成，維持，解消に関する規範をバランスさせることを学んだ．……このことから得られる教訓は，結婚関係の形成と解消を規定するルールの厳格さは，お互いに見合ったものでなくてはならないということである……．今日見られるように，結婚関係の形成に関する緩やかなルールは，解消に関する緩やかなルールを必要とする．『離婚という現代的な問題』を解決するためには，ルールの改革は婚姻関係というプロセスの両端で行われる必要がある」(Witte, 1997, pp. 217-18)．

婚姻契約法は結婚関係の形成，維持，解消に関するルール間のバランスを実現させるものである．結婚関係の形成については，結婚前カウンセリングを義務化し，カウンセラーおよび公証人による関与が必要な書類を作成させ，申請させることによって，より厳格な規整を行う(95)．結婚関係の維持に関しては，婚姻契約の意思の宣言に含まれる契約条項の効力として，両配偶者に合理的な手段を尽くさせることにより，可能なかぎり結婚関係を維持する義務を課す(96)．そして最後に，これも重要であるが，結婚関係の解消に関しては，より厳格なルールが離婚による解消について規定されている(97)．

マギー・ギャラガーは，結婚のことを，ほとんどの人が行うことができる唯一の真に勇敢な行為，と表現している(98)．簡単な離婚は，そのような英雄的行為を行う可能性を我々から奪ってしまう．契約結婚という制度は，ルイジアナ州の市民に対して，勇敢なことを行い，自己犠牲の大きさを示すよう促しているのである．さらに，

「歴史の中での現時点において最も重要なのは，ルイジアナ州の立法府が，アメリカ合衆国における破綻主義離婚への傾向が今まで結婚の制度に害を及ぼしていたことを認め，この傾向を逆転させようと圧倒的多数の賛成をもって議決したということである．……アメリカ合衆国では，

結婚関係の崩壊の危機に直面してしまったので，結婚という制度を弱体化させるのに加担してきた法制度の根本的改革への取り組みが始まっている．英国や他のヨーロッパ諸国も，アメリカ合衆国ほど事態が悪化するまで待つのではなく，すぐにでも合衆国の改革の動きを範とするべきであろう」(Rowthorn, 1999, p. 688).

そして，考えてみれば，危機からの脱却を最初に始めたのがルイジアナ州なのである．

(1) アメリカ合衆国では，「破綻主義」すなわち「無過失」による離婚という発想は心理学用語と容易に融合した．そして，無過失という心理学用語は，アメリカ人の対人関係についての考え方に強い影響力を及ぼしている．この発想は結婚が破綻しても決して誰にも責任はないのだという意味合いを帯び始めた．それは，そもそも結婚というものは時には破綻してしまうものなのであり，お互いから気持ちが離れていくことはあるのであって，こうしたことが起ってしまったら，子どもがいたとしても，男女はそれぞれの幸せを追求する権利がある，という考え方である．「無過失」という用語は，最近ますます流行している言説にぴったり合う．そこでは価値観は単なる好みの問題として扱われ，罪の意識を持つことはよくないことだとされ，個人の主要な責務は自分に対するものだとされている．そして何よりも，人は他者の行動や意見を「判断」すべきではないとされる．ベラー(Bellah, 1985)が指摘するように，心理療法の考え方は道徳的な立場をとることを拒否するだけではなく，積極的に「道徳性」への不信感を促進するものである．(Glendon, 1987, pp. 107-8)

(2) 「破綻主義離婚への移行が日常言語では『無過失』による離婚と言い表されるようになったのは，法の世界では同時発生的であったように思われる．……いったん不法行為法で『無過失』責任が確立されると，「無過失」という用語が新しい離婚法の分野においても転用されることになるのはほとんど必然的であった．新しい離婚法でも提案されていた法改正が不法行為法と同様，過失の問題をめぐる訴訟がなくなるように設計されたものであったからである．」(Glendon, 1987, pp. 79-80)

(3) 「有責主義離婚への不満は市民一般よりも精神衛生の専門家や学者の方がより強く感じていたようである．」(Glendon, 1987, p. 66)

(4) 離婚の増加という社会問題への取り組み提案の例として，Stanton (1997),

Whitehead (1997), Gallagher (1996), Blankenhorn (1995), Glendon (1987), Gallagher and Blankenhorn (1997), Parkman (1993), Wardle (1991), Scott (1990), Younger (1981), Popenoe (1992) がある．ローマ教皇までも，家族の崩壊について述べている (Apostolic Exhortation of John Paul II, 1994).

（5） Yankelovich (1992, p. 4) は，経済と家族の健全さとの間には，次のような関連があるとする．「市場を基盤とした経済の成功は，高度に発達した社会道徳に依存するという深く直感に基づく理解が存在している．信頼性，誠実さ，次世代への配慮，他者への奉仕という道徳，困窮している者の面倒を見る人間的な社会，欲張りよりも倹約，品質に対する高い水準，社会に対する関心といった社会道徳である．そして，こうした経済的に望ましい社会的価値は，家族の価値に根差したものと考えられている．このように，健全な家族と活気ある経済の間の関係は，間接的ではあるものの，明確で確固としたものとして人々は捉えているのである．」

（6）「我々は，自力本願で自律した生き方を我々の強みの源であると考えており，このことには確かに理由がある．……しかし，我々は，こうした点を強調しすぎることから生じるとトックヴィルが警告した危険についてはあまり自覚的ではない．……自由が他の共和主義的な美徳 (republican virtues) から切り離された国の行く末では，個人主義と他者順応の矛盾した同居，落ち着きのなさやせわしなさ，権威の拒絶や政治的機能不全が見られるという逆説的状況になってしまう」(Glendon, 1987, p. 119).

（7）「結婚が成功するためには，あるいは単に存続するだけのためでも，我々は結婚というコミットメントに対する見方を取り戻し，それ自体意味のあるものとして再創造しなければならない．」(Gallagher, 1996, p. 264)

（8） Louisiana Revised Statutes Annotated [La. Rev. Stat. Ann], Sect. 9: 272(St. Paul, MN: West Supp., 1999) (1999 Louisiana Acts [La. Acts] 1298, §1による改正). Spaht(1998a) 参照．

（9） Arizona Revised Statutes Annotated, Sect. 25-901-906 (St. Paul, MN: West Publishing Co., 1999).

（10） La. Rev. Stat. Ann., Sect. 9: 273(A)(2)(a)（1999 La. Acts 1298, §1による修正）が，義務的結婚前カウンセリングを定める．このカウンセリングでは，結婚というものの重大さと契約結婚は生涯続くコミットメントであることなどが話し合われる．同法はさらに，結婚の危機が生じた場合には，牧師，神父，ラビなど宗教の聖職者あるいは専門的な結婚カウンセラーによるカウンセリングを受ける義務も定める．

（11） Léon Mazeaud, "Solution au Problème du Divorce," in *Recueil Dalloz, Jurisprudence*, 1945, pp. 11-12 参照．その後，アンリ・マゾーが同様の解決策を

Contre-projet, Travaux de la Commission de Reforme du Code Civil 498 (1947-48) で提案している．同書（pp. 499-511）の中では1947年12月5日に Commission Plenière が行った提案についての議論が転載されている．また，Mazeaud and Mazeaud, *Leçons de Droit Civil : Tome Premier,* 1318-1334 (3rd edn, Editions Montchrestien) も参照．これらの文献については，発見したチューレーン大学ロー・スクールのシンシア・サミュエルに負う（また，Wolfe, 1995 参照）．

(12) Laconte (1998) 参照．そこで著者は，契約結婚を眠れる巨人に喩えている．「契約結婚は夫婦を結婚のコミットメントの本質に直面させるために，法と市民社会の両方を活用するものである．このように夫婦を結婚のコミットメントの本質に直面させることは，我が国の文化の最も問題のある一面を改善する一助となりうる．」

(13) この研究はネブラスカ大学の社会学者ポール・アマトとステイシー・ロジャーズによって行われたものである(Amato and Rogers, 1999 参照)．「彼らの研究の知見は次のようなことである．離婚に対して寛容な態度をとる夫婦は時間とともに自らの結婚関係の質の低下を経験する傾向があるのに対し，離婚に対してより厳格な態度をとる夫婦は時間とともに結婚関係の質の改善を経験する傾向にある．この傾向は男女を問わず，また結婚の長期・短期を問わず見られるものであった．一口で言えば，離婚に対する寛容な態度は夫婦の関係に対して危険であるということである．」(Horn, 1999, p. 3)

(14) 「意図されたものであるかどうかは別としても，法は，それが行う他の諸々の事柄の他に，法を形作るとともに，法によって形作られるものでもある文化について語るという面がある．そこで語られるのは，我々が誰であるのか，どこから来たのか，そしてどこへ行くのかについての物語である．」(Glendon, 1987, p. 7)

(15) 報告書は Sedlak and Broadhurst (1996) の研究および Whelan (1993) の研究のデータをまとめている．「イギリスの研究によれば，家族構造が母親と子どもの安全に直接関連しているという有力な証拠がある．母親とその子どもにとって最も危険なのは，母親が子どもの父親ではないボーイフレンドと同棲している場合である．この場合には，子どもへの虐待の危険性は33倍も高い．子どもたちの父親との同棲の場合においてさえ，20倍もの危険性を示している．すなわち，『両親が正式に結婚することが，子どもにとって最も安全な環境を提供する．』したがって，アメリカ合衆国における子どもの安全と幸福の促進にあたって，結婚のあり方は実際に大きな影響を与えるものなのである．」Fagan, FitzGerald, and Hanks (1997, p. 14)

(16) Guidubaldi (1998), Demo and Acock (1988), and Kunz (1992) 参照．また，Brinig (1998), Stanton (1997) 参照．Stanton (1997) は，結婚の積極的な側面を

強調しようとする者によって書かれた著書として最新のものの1つであり，離婚の弊害についての出版時までの全ての社会学的なデータをまとめている．

(17) Stanton (1997, p. 105) では McLanahan and Sandefur (1994) を引用するに際してその研究成果を次のように要約している．「どの調査結果を見ても，ひとり親家族の子どもは両親がそろった家族の子どもよりも学校を中退する確率が約2倍高い．」(p. 41)

(18) Stanton (1997, p. 110) が，McLanahan and Sandefur (1994) を要約している．

(19) 「アメリカ合衆国の子どもにとって，家庭に両親がそろっていることが貧困からの最善の保護であると言っても決して大げさではない．」(Kammack and Galston, 1990, p. 12)（また Fagan, 1990 も参照）

(20) 虐待の可能性についてのこの結論は，Fagan, FitzGerald, and Hanks (1997) で言及されているイギリスでの研究でも確かめられている．

(21) この最近の研究の包括的な概観は『次世代シリーズ (Next Generation Series)』(ホワイトヘッドとポプノウによって発行されている同棲と結婚に対する若者の意識についての年報) の一部である．

(22) Popenoe and Whitehead (1999a) は同棲についての報告書を結婚率の低下と関連づけて論じている．また，「スウェーデンのモデルの最も大きな間違いは，最初の出発点にある．すなわち，家族を比較的不変の人間の本性に根差したシステムとして捉えるのではなく，新たな経済的条件に絶えず適応し続ける，可塑的で派生的な社会構築物と捉える前提が間違っているのである」とする Carlson (1998, p. 7) も参照．この2つの代表的な研究は，キャスリン・T・バートレットの「家族活性化のための改革モデル」という考え方 (Bartlett, 1998) と真っ向から対立するものである．バーレットは，同棲も含めありとあらゆる家族形態が，全て少なくとも潜在的には望ましいものであると見なし，こうした多様な家族形態（ゲイやレズビアン同士の結婚など）を規律する法的ルールを提唱している．

(23) Stanton (1997) の第5章「神話の破壊：離婚と再婚の裏切られた約束」(pp. 123-58) 参照．例えば，Kunz (1992) 参照．Waite and Gallagher (2000) では，結婚が夫と妻双方にとって同じ利益があるとしている．

(24) 男性と女性・子どもの間での，離婚後の収入と生活水準の格差を分析したワイツマンの具体的な推計については異論があるものの，男性よりも女性と子どもの方が離婚後経済的な困難に逢着するという結論についてはほとんど争いがない．この点については，Hoffman and Duncan (1988), Stroup and Pollock (1994), Peterson (1996), Fagan (1999) 参照．

(25) Glendon (1984)，また Glendon (1987) も参照．「子ども第一原則」の実施の提言については，Spaht (1999) 参照．

(26) ルイジアナ州民法（La. Civ. Code）第102条，第103条（1991年1月1日施行）を改正し，18歳未満の子どもを持つ夫婦が有責性の証明をすることなしに離婚することはできないとする新たな条項を加えたルイジアナ州上院法案（Senate Bill No. 160, ルイジアナ州議会1997年度通常会期）も参照．この法案は賛成12，反対25となって上院を通過することができなかった．

(27) Whitehead (1993). この論文の大部分は，のちの Whitehead (1997) に含まれている．彼女はこの研究成果について，PBS（日本のNHK教育に相当する教育・教養番組専門の公共放送局）の「ナショナル・デスク・シリーズ」というシリーズ物の一部である『離婚後の子ども』と題された優れたヴィデオの中で語っている．このヴィデオでは，ジュディス・ウォーラスティンも，彼女が面接した子どもたちとともに登場している．

(28) Thornton (1989). さらに，離婚は「個人的」に有意義な体験になる可能性があるとする Ahrons (1985) も参照．Stanton (1997) の中の一章は「たった紙切れ一枚だけ：大人にとっての結婚の利益」と題されている (pp. 71-95)．この章でスタントンは，初婚の成人の生活の質が，未婚者，離婚者，再婚者のいずれと比べても，どんな測定基準によっても優っていると論じている．この点については，Waite and Gallagher (2000) も参照．Wallerstein and Blakeslee (1996) では，結婚した夫婦のどのような特質が長期の豊かな結婚に結びつくのかを具体的に明らかにしている．

(29) この研究成果は，Wallerstein, Lewis, and Blakeslee (2000) として刊行されている．離婚後の，より早い段階における子どもたちとの面接の結果については，すでに Wallerstein and Kelly (1980) と Wallerstein and Blakeslee (1989) の中で公刊されている．

(30) 彼女の研究のデータセットは，130人の子どもおよびその両親との対面面接などである．子どもたちは全員北部キャリフォーニアの中流家庭で育っており，両親は高学歴であった．

(31) これらの研究の結果については，Stanton (1997), 第5章, pp. 123-58.

(32) 最初の研究はレックス・フォアハンドと彼の同僚によって行われ，その結果は Forehand, Armistead, and David (1997) の中で公表されている．さらに，2つ目の研究は Amato and Booth (1997), 3つ目の研究は Simons (1996), pp. 203-5の中でそれぞれ公表されている．

(33) 「子どもの観点からすれば，子どもの養育費は，それが仮に完全に支払われたとしても，父親の経済力の代わりとなるものではないし，さらに根本的には，父親の代わりとなるものではない．」(Blankenhorn, 1995, p. 127)

(34) Institute for American Values (1998) 参照．そこでは，アメリカ合衆国の民主主義を道徳的に改革するために，まず，より多くの子どもたちが，結婚

している両方の親とともに育つ可能性を高めることが必要であるとの提言が行われている．そしてより具体的には，各州の立法府が破綻主義離婚法を改革することを検討すべきであるとしている．

(35) Friedberg (1998, p. 608) は次のように述べている．「より広く一方的な離婚を認める離婚法を採用した州ほど離婚率は大きく上昇している．もっとも，経験的な証拠によれば，どんな形であれ，一方的な離婚を認める離婚法は離婚率を上昇させる．」同様の点について，Brinig and Buckly (1998) 参照（破綻主義離婚は離婚を請求するコストを減少させたため，離婚率を大幅に上昇させたとする．この研究では人口統計上の要素や社会的な要素の効果から法的な要素の効果を分離して検討している）．また，Wardle (1991) 参照．Wolfe (1995) では「他方で，仮に（破綻主義離婚法が）より深層での文化の変化に伴う現象であるとしても，いったん法の中に固着すると，離婚は我々の文化の「道徳的生態系」の一部となってしまい，多数の市民の結婚に対する態度と期待とを形成してしまうのである」とされている．さらに，Teitelbaum (1996) では「結婚が深刻な理由がなければ終了させることができない法的な関係から，任意に終了できる関係に変化したことは，結婚の非司法化（dejuridification）につながった」と指摘されている．ただし，Ellman and Lohr (1997) 参照．

(36) Scott and Scott (1998, p. 1227) では，「ルイジアナ州の立法は，離婚をめぐる現在の社会的・法的状況に対する不満，および破綻主義の離婚法の下では結婚制度それ自体が脅かされているという認識の中から生まれてきたものである」とされている．

(37) 現在，ルイジアナ州の離婚法改革については，2つの独立した実証的研究が行われている．1つ目は，ヴァジニア大学のスティーヴ・ノックとチューレーン大学のジム・ライトとローラ・サンチェスがアメリカ合衆国国立科学財団（National Science Foundation），ブリガム・ヤング大学（Brigham Young Univ.）の家族研究センター（Center for the Family），およびスミス・リチャードソン財団（Smith Richardson Foundation）からの助成金のもとに行っている5年間の研究であり，これについてはすでに社会調査とフォーカス・グループ法による調査の最初の結果について2つの論文が公表されている．2つ目はルイジアナ州立大学のキャスリン・ロージアによるルイジアナ州の婚姻契約法についての同様の研究である（Rozier, 1998 参照）．

(38) 1997 La. Acts, No. 1380. この立法は『アメリカ法曹協会ジャーナル（*American Bar Association Journal*）』において，「対離婚ステルス兵器」(Carter, 1997a) として言及されている．

(39) 婚姻契約法は，それをまだ知らないような市民に周知させる方法として，

ルイジアナ州の司法長官によるパンフレットの形での情報提供を選び，そこでは，式を挙げる前につぶれる結婚さえあることを知らせている．このパンフレットではさらに，契約結婚という形での理想の結婚について広報している．もっとも，市民に周知させる取組みはこの情報提供にとどまるものではない．契約結婚の理念にコミットしたい場合には，義務的な結婚前カウンセリングを通じて，結婚の重大さについてさらに踏み込んだ案内を受ける．そして，その後結婚しようとする男女とカウンセラーとは公正証書に署名する．署名する書類は契約結婚の意思の宣言，男女が必要なカウンセリングを受けた旨，およびカウンセラーが必要なカウンセリングを施した旨を証明する公正証書である（La. Rev. Stat. Ann., Sect. 9: 273 A（1999 La. Acts, No. 1298, § 1による改正））．したがって，契約結婚の理念にコミットする男女はその意義を十分理解した上でそうするのである．

(40) La. Rev. Stat. Ann., Sect9: 273 A.(2)(a)（1999 La. Acts, No. 1298, § 1による改正）．

(41) 「市民的道徳の苗床」としての「コミュニティ」には，人間がその中で生まれる最初の共同体である家族をはじめ，教会，近隣，学校，さらには人間の社会関係を涵養するためにアメリカ合衆国に無数に存在している任意団体や宗教団体，慈善団体を含む．Glendon and Blankenhorn (1995) は，これら市民的道徳の「苗床」についての論文集である．その序文で，グレンドンは「子どもを育てる家庭と，それを支える諸制度が同時に弱体化していることは，我々の文化において最も重要な長期的問題である」(1995, p. 3) という点について論文集の全ての寄稿者の意見が一致しているとしている．家庭の弱体化が深刻であるのは，アメリカ社会では家庭が子どもたちの社会化の役割の大きな部分を担っているからである．子どもたちは家庭とそれを支える諸制度から自由主義の美徳を学んでいるのである．また，Glendon (1991) 参照．

(42) La. Rev. Stat. Ann., Sect 9: 272（1997 La. Acts 1380 § 3による追加［以下 R.S. と略している］）．
　「A. 契約結婚とは，結婚が生涯続く関係であることを理解し承諾する男女によってなされる結婚である．……婚姻契約上のコミットメントの完全違反があった場合に限り，違反を行っていない当事者は，結婚関係がそれ以降法的に不存在であるとの宣告を求めることができる．
　B. 男女は，R.S. 9: 224(c) の定めに従い，結婚許可証の申請書に婚姻契約をする意思を宣言し，R.S. 9: 273 に定める方式に従い，婚姻契約の意思の宣言を実行することよって婚姻契約を結ぶことができる．」(傍点強調付加)

(43) マックス・ラインスティーンが1972年に論文を発表した際，彼は実務上

は合意離婚が容易に認められるようになった中で条文上は厳格な有責主義のままとなっていた現状を批判しなかったほとんど唯一の家族法学者であった．離婚に対するこの二重のアプローチは，彼によれば「民主主義的な妥協」なのであった．そして，この妥協が「関心を持っていたほとんど全ての人たちを満足させていた．」それは，大半の人々の理想と，そうした理想に原理的には賛同しながらもそれに適った生活をできない人々の現実の行いとの辻褄を合わせる1つの方法だったのである」(Glendon, 1987, p. 66).

(44) 解消できない結婚という選択肢を提唱している Wolfe (1995, pp. 37-8) 参照．「様々な理由から，破ることができず，法的にも強制可能な婚姻関係を自らに課したい人々もいるかも知れない．それができれば，結婚するという最初の意思決定を慎重に行うことのインセンティヴが双方ともに生じ，かつ，お互いに相手が慎重に意思決定を行ったことを保証しあえるようになる．同様に結婚生活の中でも，各配偶者に結婚がうまく行くよう最大限努力するインセンティヴが生じ，また相手も同じインセンティヴを持っていると確証できる．この方法は結婚が成功する可能性を最大化する1つの『戦略』と考えることができる．」

(45) La. Rev. Stat. Ann., Sect. 9: 273(A)(1)(1997 La. Acts, No. 1298, § 1)「契約結婚を結ぶ意思の宣言は次の全てを含むものとする．

　　『両当事者による以下の趣旨の読み上げ』

　　契約結婚：『私たちは，結婚とは，命ある限り夫婦として共に暮らすことを承諾する男女の間の契約であることをここに厳粛に宣言します．私たちは，お互いを慎重に選び，この結婚をする決断に影響を与える可能性のある事項については，お互いに全て開示しました．私たちは，結婚というものの性質，目的，および責任についての結婚前カウンセリングを受けました．私たちは婚姻契約法を読み，契約結婚は一生のものであることを理解しています．私たちが，結婚中に困難に遭遇した場合には，結婚カウンセリングを含め，私たちの結婚を維持するために，全ての合理的な手段をとると約束します．』

　　『このコミットメントの意味するところを完全に理解した上で，私たちは，私たちの結婚が契約結婚に関するルイジアナ州法により拘束されるものであることを宣言し，私たちは夫婦として生涯を通じ，愛し合い，尊重し合い，大事にし合うことをここに誓約します．』」

(46) 「契約結婚」制度を法制化する原案であるルイジアナ州下院法案（House Bill No. 756（ルイジアナ州議会1997年通常会期））では，不貞行為と1年間の遺棄という2つの理由に限って即時離婚が認められるとされていた．法律上の別居については，配偶者に対する身体的虐待，あるいは，いずれかの配偶者の子に対する身体的または性的虐待の場合にのみ認めるとしていた．実

際に成立した法律には6つの離婚原因が規定されている．このことから明らかなように，立法過程で法案はかなりの修正を受けている．

(47) La. Rev. Stat. Ann., Sect 9: 307(A)(5)(1997 La. Acts, No. 1380, §4). これに対して，ルイジアナ州では，契約結婚でない結婚については，離婚の申立て後180日間（La. Civ. Code, Art. 102）または申立て前6ヶ月（La. Civ. Code, Art. 103）別居していれば，離婚することができる．

(48) もちろん，結婚関係に客観的道徳を再び持ち込むことについては，実務家，学者を問わず法律家の中で強い反発がある．そうした議論の一例として，Ellman and Lohr (1997), Oldham (1997), Sugarman and Kay (1991) の中の論文参照．また，Carter (1997b) 参照．

(49) 婚姻契約法が身体的虐待と性的虐待を即時離婚の原因としているのは，ルイジアナ州でそうした行為が離婚原因となるとされた初めての例である．ただし，これは契約結婚に限ってのことである．

(50) 卓床離婚（法律上の別居）の制度はルイジアナ州議会が1990年に廃止した．La. Civ. Code, Art. 101 (Jan. 1, 1991 施行) についてのコメント (c) を参照．したがって，契約結婚ではない結婚では法律上の別居を行うことはできず，婚姻上の地位を変更したい配偶者は離婚するという選択肢しかない．

(51) La. Rev. Stat. Ann., Sect. 9: 307(B)（1997 La. Acts 1380, §4による追加）．

(52) La. Rev. Stat. Ann., Sect. 9: 307(B)(6)(1999 La. Acts 1380, §4による追加）．「相手方配偶者によって，アルコール依存症，過度の飲酒，虐待行為，あるいは暴行等が行われ，そうした暴力行為や虐待が夫婦の共同生活を不可能とするような性質のものである場合．」

(53) La. Civ. Code, Arts. 102 and 103(1) 参照．

(54) 各目的とその目的をいかにして婚姻契約法が達成しようとしているかについての詳細な検討については，Spaht (1998a) 参照．

(55) La. Rev. Stat. Ann., Sect 9: 273(A)(2)(a)(1999 La. Acts. 1298, §1). 婚姻契約法は結婚前カウンセリングの概略のみを定めている．詳細はカウンセラー（多くの場合は宗教的カウンセラー）が決めることができる．

(56) 結婚関係を維持するために結婚カウンセリングを含めた全ての合理的な手段を尽くすという夫婦間の合意は，家族法上の義務は当事者間で変更することができないという基本的な原則の限られた例外として，州により許容され強制されるものであり，法的な拘束力を持つ．

(57) La. Rev. Stat. Ann., Sect. 9: 273(A(1)(1997 La.Acts 1298, §1 による追加) 参照．また, La. Rev. Stat. Ann., Sect. 9: 273A(2)(a) （1997 La. Acts 1298, §1による追加）参照

(58) La. Rev. Stat. Ann., Sect. 9: 307 (A) and (B)(1997 La. Acts 1380, §1による

追加).ここで言う非行としては,不貞行為,重罪(felony)で有罪となり懲役あるいは死刑の判決を受けた場合,1年以上にわたる遺棄,配偶者または子どもに対する身体的虐待,残酷な扱い(精神的虐待),または,夫婦の共同生活を不可能とするような性質の暴力行為に基づく法律上の別居に加えてさらに1年あるいは1年と180日間の別居(いずれかは未成年の子どもがいるかによる)があった場合,がある.

(59) La. Rev. Stat. Ann., Sect. 9: 307 (A)(5)(1997 La. Acts 1380, §1による追加)).契約結婚におけるこの離婚原因は,破綻主義的な離婚の1例と考えられている.しかし,「通常の」ルイジアナ州法の下での結婚における一方的な破綻主義離婚と,「契約」結婚におけるそれとの大きな違いは,契約結婚の方が期間が1年半長いことである.この2年間は「通常の」結婚の離婚までの180日の期間に比べると,かなり離婚のプロセスを長引かせるものである.La. Civ. Code, Arts. 102, 103.

(60) La. Civ. Code, Art. 1986.

(61) La. Civ. Code, Art. 1986, 1994-7.

(62) La. Civ. Code, Art. 1995.

(63) La. Civ. Code, Art. 1998.

(64) 配偶者の違反はカウンセリングへの参加請求に対する特定の対応によって立証することができる.

(65) La. Civ. Code, Art. 1998, cmt.(b).

(66) La. Civ. Code, Art. 1999.「損害の正確な算定が不可能である場合には,裁判所が損害の合理的な評価をするにあたって広範な裁量が認められる.」

(67) La. Civ. Code, Art. 1999, cmt.(b).

(68) 通常,牧師(minister)とはプロテスタントのキリスト教会(バプテスト派,メソジスト派,ペンテコステ派)の聖職者をいう.

(69) 神父(Priest)という場合には,カソリック教会とアメリカ合衆国聖公会の聖職者をいう.

(70) La. Rev. Stat. Ann., Sect. 9: 202(1). また,La. Civ. Code, Art. 91とそれに対する注釈を参照.

(71) La. Rev. Stat. Ann., Sect9: 202(2). 州判事または治安判事が結婚式を行うことができる.

(72) 1999 La. Acts 1298, §1.

(73) ここでいう「コミュニティ」とは教会または寺院の信者コミュニティ(congregation)のみならず,近隣コミュニティや社交クラブ,市などの,男女の暮らしの場である社会一般を指す.

(74) 基本的な枠組みとは,結婚の重大さの強調と,結婚が生涯続くことを意

図することになることの強調とである．当初，カウンセラーは契約結婚の離婚原因が通常の場合と異なることも説明するよう義務づけられていたが，この義務は1999 La. Acts 1298, §1で外された．離婚原因の違いについての公式の説明は，「婚姻契約法」と題された司法長官の発行するパンフレットにある．

(75) グランド・ラピッズ市の「コミュニティ結婚規約」については Sider (1998) に紹介がある．

(76) マリッジ・セイヴァーズとはマイク・マクマナスを代表者とする団体で，8500 Michael's Court, Bethesda, MD 20817 に所在している．マイケル・マクマナスはコミュニティ結婚規約の立案者でもあるが，彼は教会とシナゴーグは政策の成功にとって不可欠であると言う．少なくともアメリカ合衆国での結婚の75％は教会で行われるので，アメリカ合衆国の聖職者と信者コミュニティは結婚制度の蘇生について，特別な責任があると同時に特別な機会をも有している．

(77) La. Rev. Stat. Ann., Sect. 9: 273(A)(2)(a)（1999 La. Acts 1298, §1による改正）「[神父，牧師，ラビ，クェーカー教徒の聖職者，任意の宗教団体の聖職者，あるいは]専門的な結婚カウンセラーによる結婚前カウンセリングを受けたという旨の各当事者からの宣誓書．なお，このカウンセリングでは，契約結婚は生涯続くコミットメントであるという点についての説示，結婚中に困難が生じた場合には結婚カウンセリングを受ける義務があるという点についての説明，そして，契約結婚を離婚あるいは法律上の別居後の離婚によって終了させる際の排他的な離婚原因についての説明をしなければならない．」（傍点強調付加）

(78) 「離婚は男性よりも女性にとってより深刻な経済的影響を与えることが知られてきた．その理由の1つとして，破綻主義離婚が非有責配偶者——多くの場合は妻である——から有責主義離婚制度の下では有していた交渉力を奪ってしまったことが挙げられる．すなわち，それまでの有責離婚主義の下では，十分な扶養料，財産分与，子どもの養育費，資産と引き換えでなければ離婚に合意しないということができた．……1997年までに，離婚した女性の経済的状況を改善しようとしながらも成果を得られなかった者たちと，離婚が子どもに与える影響に新たに危機感を抱き始めた者たちが，宗教上の，あるいは道徳上の理由から簡易な離婚に反対してきた者たちと力を合わせ始めた．彼らはそれまでとは違ったアプローチを試してみるために団結した」（Samuel, 1997, p. 189）．結婚の維持を望む配偶者への破綻主義離婚の影響については，Spaht (1998b) 参照．

(79) 「有責主義は捨てられた配偶者に対して，同情と，ある程度の経済的な保

護と，子どもの監護権者として望ましい者としての地位を与えてきたと言えるかもしれない．そうであるとすれば，特に扶養，財産分配，子どもの監護権といった，有責主義と関連してきた離婚の核心的な部分から有責主義を排除するするためには，一層の正当化根拠が必要となるであろう．……しかし，離婚に有責性が不要とされるようになれば，それまでこの原理を活用することのできた当事者は，離婚協議の場面においても，裁判の場面においても，脆弱な立場に置かれることになる.」(Kay, 1990, p. 8) 同じ論文で，ケイはさらに次のように付け加えている.「破綻主義すなわち非有責主義の離婚法は経済的に依存する立場にある者よりも経済的に独立している者を優遇し，公平な解決をさぐる財産法のあり方を歪曲する点で，害を及ぼすものである.」(p. 36)

(80) この現象については，Mnookin and Kornhauser (1979) に言及がある．また，Kay (1990) 参照．

(81) 例えば，契約結婚でない場合に受け取ったであろう以上の，夫婦共有財産の割合あるいは扶養料の額など，である．

(82) このことは，「非有責」配偶者が，無職あるいは他方の配偶者よりも収入が少なく，かつ子どもが成人を迎えつつあって大学に行くような年代で，お金が一番かかる時期にあるという場合には，特に言えることである．ルイジアナ州では，18歳以上の子に対する扶養義務は州民法 (La. Civ. Code) の229条 (Art. 229) に定められている．未成年の子どもに対する扶養義務の場合と異なり，成年に達した子どもに対する扶養義務の場合は，教育（すなわち，大学教育）のための金額を含まない．さらに，229条は扶養の範囲を食料，衣料，住居に限定しているのみならず，請求者が自分自身では生計を立てることができない場合に限るとしている．そこで，「非有責」配偶者は，契約結婚がもたらす交渉力を使って，2年間の期間が経過する前に離婚手続を開始することに合意する代わりに，子どもが大学に通っている間は扶養料を支払ってもらえるようにする（すなわち，信託を形成する）といったことができる．

(83) La. Civ. Code, Art. 113. この暫定的給付は，離婚や別居手続が開始されなくとも，別々に生活を開始した時点から請求することが可能である．La. Rev. Stat. Ann., Sect. 9: 291 参照．

(84) La. Civ. Code, Arts. 111, 112. 暫定的給付のための要件と，最終的に決定される定期的な給付のための要件を比較せよ．

(85) Glendon (1987, pp. 107-8) と注1参照．

(86) La. Rev. Stat. Ann., Sect. 9: 364 の本質は子どもに対する性的虐待の主張を離婚手続における「原子爆弾」と化すところにある．性的虐待の存在が立

証されれば，虐待を行った親の監護権と訪問権は剥奪される．

(87) 例えば，Carriere (1998, p. 1723) 参照．「しかし，家庭の中での行為で，どのような事情の下でなされたかが責任の度合いに全く影響しないほど強烈に社会規範を侵害する行為は比較的少数であろう．結婚に伴う義務の明らかな違反であり，決して好ましくはないことである不貞行為においてさえ，事情によっては一方の当事者のみが責められるべきでない場合があるとの主張を裏付ける根拠が西洋の文献には多数登場する．」アイラ・エルマン教授は，どんな目的であれ，離婚手続に有責主義を復活させることについて特に猛烈に反対している．エルマン教授はアメリカ法律協会の「家族関係解消の法理」プロジェクトの主任である．このプロジェクトにおいて，有責性が離婚における婚姻財産の分配や損害賠償を判断する際の1要素とされていないことは，エルマン教授の有責性への強い反発を考えれば納得がゆく．

(88) あるいは，「善い結婚というものを法制化することはできない．なぜならば，結婚するほとんどの男女は自らの愛が永遠のものであり，コミットメントは一生のものと信じているからである．しかし，ものごとは変わってしまうことがあり，人も変わってしまうことがある（傍点強調付加）．そして，どんなに努力してもどんなにコミットしても結婚がうまく行かないときもある．」（「離婚が困難となっては悲惨さが増すだけだろう」("Difficult Divorces May Add to Misery," *The Advocate*, 13 June 1997, 10B) という記事を引用しているLindsay, 1998, n. 120）．この新聞の社説で言われていることと，Stackhouse (1997, p. 159) の次の文章とを比較せよ．「契約を通じて男女は緊密な関係性を構成する．そして，これを通して利己主義，身勝手さ，近視眼的なあり方，軽率さといった人間の傾向は制約され，利他主義，寛大さ，長期的な視野，思慮深さの可能性が引き出されるのである．」

(89) 「家族形態を標準化する改革（夫と妻により支えられる伝統的な家族への回帰）は，より健全なコミュニティや家族の概念がまさに前提としている，個人の多様性や個人の自由という概念を脅かすものである」(Bartlett, 1998, p. 818, 傍点強調付加)．

(90) Samuel (1997, p. 193) 参照．「こうした問題が悪化した一因として，法律上は全ての夫婦について離婚に対して厳格な態度が採られていたときに，弁護士や裁判官が離婚に対して甘い態度を採っていたことが挙げられる．しかし，結婚前カウンセリングを経た後に，男女が自発的により厳しい離婚制度を選択するのであれば，弁護士や裁判官が法律または証拠を操作することや，彼らが操作することを認めることによって夫婦の離婚を認めてしまうことは正当化できない．偽証の『問題』は弁護士と裁判官の問題なのである．」

(91) La. Civ. Code, Art. 113.

(92) La. Civ. Code, Art. 111.
(93) Spaht (1998a), pp. 127-9 参照.
(94) La. Civ. Code, Arts. 131, 134(6).
(95) La. Rev. Stat. Ann., Sect. 9: 273(A)(1999 La. Acts. 1298, § 1 による改正), 同 (B)（1997 La. Acts 1380, § 3 による改正).
(96) Ibid., § 273(A)(1).
(97) Ibid., § 307.
(98) Gallagher (1996, p. 265):「思い切って1つの愛に人生の全てをかけるという行為は，我々のほとんどが行うことの中で最も非凡なことである．結婚制度の廃止は，我々から英雄的行為を行う最後の可能性を奪ってしまう．」

《文献》

Ahrons, Constance (1985), *The Good Divorce: Keeping Your Family Together When Your Marriage Comes Apart*, New York: HarperCollins.

Amato, Paul and Stacy Rogers (1999), "Do Attitudes toward Divorce Affect Marital Quality?" *Journal of Family Issues*, 20, 69-86.

Amato, Paul and Alan Booth (1997), *A Generation at Risk*, Cambridge, MA: Harvard University Press.

Bartlett, Katharine T. (1998), "Saving the Family from the Reformers," *University of California at Davis Law Review*, 31, 809-35.

Bellah, Robert (1985), *Habits of the Heart*, Berkeley: University of California Press.

Blankenhorn, David (1995), *Fatherless America*, New York: Harper Perennial.

Brinig Margaret F. (1998), "Economics, Law and Covenant Marriage," *Gender Issues*, 16, 4-34.

Brinig Margaret F. and F.H. Buckley (1998), "No-Fault Law and at Fault People," *International Review of Law and Economics*, 18, 235-325.

Carlson, Allan (1998), "The Family, Public Policy & Democracy: Lessons from the Swedish Experiment," *The Family in America* (Newsletter of the Howard Center for Family, Religion & Society), 12, 7.

Carriere Jeanne (1998), "It's a Deja Vu All Over Again: The Covenant Marriage Act in Popular Cultural Perception and Legal Reality," *Tulane Law Review*, 72, 1701-48.

Carter, Terry (1997a), "Stealth Anti-Divorce Weapon," *American Bar Association Journal*, 28.

—— (1997b), "End No-Fault Divorce? Yes: Maggie Gallagher; No: Barbara Dafoe Whitehead," *First Things*, August/September, 24.

Cherlin, Andrew J. (1993), "Nostalgia as Family Policy," *The Public Interest*, 110, 1-8.

Cherlin, Andrew J., P. Lindsay Chase-Lansdale, and Christine McRae (1998), "Effects of Parental Divorce on Mental Health through the Life Course," *American Sociological Review*, 63, 239-49.

Cherlin, Andrew J., Frank F. Furstenberg, Jr., P. Lindsay Chase-Lansdale, Kathleen E. Kierman, Philip K. Robins, Donna Ruane Morrison, and Julien O. Teitler (1999), "Longitudinal Studies of Effects of Divorce on Children in Great Britain and the United States," *Science*, 252, 1386-89.

Demo, David and Alan Acock (1988), "The Impact of Divorce on Children: An Assessment of Recent Evidence," *Journal of Marriage and Family*, 50, 619-22.

Doherty, William J. (1997), "How Therapists Threaten Marriages," *The Responsive Community*, 7, 31-42.

Ellman, Ira Mark (1996), "The Place of Fault in a Modern Divorce Law," *Arizona State Law Journal*, 28, 773-838.

—— (1997), "The Misguided Movement to Revive Fault Divorce, and Why Reformers Should Look Instead to the American Law Institute," *International Journal of Law Policy and Family*, 11, 216-45.

Ellman, Ira Mark and Sharon Lohr (1997), "Marriage as Contract, Opportunistic Violence, and Other Bad Arguments for Fault Divorce," *University of Illinois Law Review*, 3, 719-72.

Ellwood, David (1988), *Poor Support: Poverty in the American Family*, New York: Basic Books.

Fagan, Patrick F. (1999), "How Broken Families Rob Children of Their Chances for Future Prosperity," *Heritage Foundation*, 11 June.

Fagan, Patrick F., William H.G. FitzGerald, Sr., and Dorothy B. Hanks (1997), "The Child Abuse Crisis: The Disintegration of Marriage, Family, and the American Community," Roe Backgrounder No. 1115, *Heritage Foundation*, 15 May.

Forehand, Rex, Lisa Armistead, and Corinne David (1997), "Is Adolescent Adjustment Following Parental Divorce a Function of Predivorce Adjustment?" *Journal of Abnormal Child Psychology*, 25, 157-64.

Friedberg, Leora (1998), "Did Unilateral Divorce Raise Divorce Rates? Evidence from Panel Data," *American Economic Review*, 88, 608-27.

Gallagher, Maggie (1996), *The Abolition of Marriage: How We Destroy Lasting Love*, Washington DC: Regnery.

Gallagher, Maggie and David Blankenhorn (1997), "Family Feud," *The American*

第6章　ルイジアナ州の婚姻契約法：子どものためのものとしての結婚の再生　181

Project, pp.12-15.,
Glendon, Mary Ann (1984), "Family Law in the 1980s," *Louisiana Law Review*, 44, 1553-74.,
—— (1987), *Divorce and Abortion in Western Law*, Cambridge, MA: Harvard University Press.
—— (1991), *The Missing Dimension of Sociality, Rights Talk: The Impoverishment of Political Discourse*, New York: Free Press, 109-44.
Glendon, Mary Ann and David Blankenhorn (eds.) (1995), *Seedbeds of Virtue: Sources of Competence, Character, and Citizenship in American Society*, Lanham, MD: Madison Books.
Guidubaldi, John (1988), "Differences in Children's Divorce Adjustment across Grade Level and Gender: A Report from NASP-Kent State Nationwide Project," in Sharlane A. Wolchik and Paul Karoly (eds.), *Children of Divorce: Empirical Perspectives on Divorce*, New York: Gardner Press.
Hoffman, Saul and Greg Duncan (1988), "What Are the Economic Consequences of Divorce?," *Demography*, 25, 641-5.
Horn, Wade E. (1998), "Strong Case for Staying Together Despite Discord," *Washington Times*, National Weekly Edition, 18 January, p.25.
—— (1999), "Divorce ? If You Believe in It…It May Come," *Fatherhood Today*, 4, 3-4.
Institute for American Values (1998), "Call to Civil Society," Council on Civil Society and University of Chicago Divinity School, 28 May.
Kammak, E. and W. Galston (1990), *Putting Children First: A Progressive Family Policy for the 1990s*, Washington DC: Progressive Policy Institute.
Kay, Herma Hill (1990), "Beyond No-Fault: New Directions in Divorce Reform," in Stephen Sugarman and Herma Hill Kay (eds.), *Divorce Reform at the Crossroads*, New Haven, CT: Yale University Press.
Kramer, Peter (1997), "Divorce and Our National Values," *New York Times*, 29 August.
Kunz, Jenifer (1992), "The Effects of Divorce on Children," in Stephen Bahr (ed.), *Family Research: A Sixty-Year Review, 1930-1990*, New York: Lexington Books, 325-76.
Laconte, Joe (1998), "I'll Stand Bayou," *Policy Review*, 89, 30-3.
Larson, David B., James B. Swyers, and Susan S. Larson (1996), *The Costly Consequences of Divorce: Assessing the Clinical, Economic and Public Health Impact of Marital Disruption in the United States*, Rockville, IL: National Institute for

Healthcare Research.

Lindsay, Nicole D. (1998), "Marriage and Divorce: Degrees of 'I Do,' An Analysis of the Ever-Changing Paradigm of Divorce," *University of Florida Journal of Law and Public Policy*, 9, 265-86.

McLanahan, Sara S. and Gary Sandefur (1994), *Growing up with a Single-Parent: What Hurts, What Helps*, Cambridge, MA: Harvard University Press.

Millbank, Dana (1996), "Demographics: More Get Marriage Counseling before Marriage," *Wall Street Journal*, B1, 6 February.

Mnookin, Robert and Lewis Kornhauser (1979), "Bargaining in the Shadow of the Law: The Case of Divorce," *Yale Law Journal*, 88, 950-97.

Neuhaus, Richard John (1984), *The Naked Public Square: Religion and Democracy in America*, Grand Rapids, MI: Eerdmans.

Oldham, J. Thomas (1997), "ALI Principles of Family Dissolution: Some Comments," *University of Illinois Law Review*, 1997, 801-31.

Parkman, Allen M. (1993), "Reform of the Divorce Provisions of the Marriage Contract," *Brigham Young University Journal of Public Law*, 8, 91-106.

Peterson, Richard R. (1996), "A Re-Evaluation of the Economic Consequences of Divorce," *American Sociological Review*, 61, 528-36.

Pope John Paul II (1994), *Apostolic Exhortation: The Role of the Christian Family in the Modern World*, Washington D.C.: US Catholic Conference.

Popenoe, David (1992), "Fostering the New Familism," *The Responsive Community*, 2, 31-4.

Popenoe, David and Barbara Dafoe Whitehead (1999a), "The State of Our Unions," *National Marriage Project*, Rutgers, State University of New Jersey, July.

—— (1999b), "Should We Live Together? What Young Adults Need to Know about Co-habilitation before Marriage," *National Marriage Project*, Rutgers, State University of New Jersey, February.

Rowthorn, Robert (1999), "Marriage and Trust: Some Lessons from Economics," *Cambridge Journal of Economics*, 23, 661-91.

Rozier, Katherine (1998) "No Honeymoon for Covenant Marriage," *Wall Street Journal*, 17 August.

Samuel, Cynthia S. (1997), "Letter from Louisiana: An Obituary for Forced Heirship and a Birth Announcement for Covenant Marriage," *Tulane European and Civil Law Forum*, 12, 189-90.

Schneider, Carl E. (1985), "Moral Discourse and the Transformation of American Family Law," *Michigan Law Review*, 83, 1803-40.

Scott, Elizabeth S. (1990), "Rational Decisionmaking about Marriage and Divorce," *Virginia Law Review*, 84, 1225-334.

Sedlak, Andrea J. and Diane Broadhurst (1996), "The Third National Incidence Study of Child Abuse and Neglect" (NIS-3): Final Report, *U.S. Department of Health and Human Services, National Center on Child Abuse and Neglect*, Washington DC, September.

Sider, Roger (1998), "Grand Rapids (Michigan) Erects a Civic Tent for Marriage," *Policy Review*, 78, 6-7.

Simons, Ronald L. (1996), *Understanding Differences between Divorced and Intact Families: Stress Interaction, and Child Outcome*, Thousand Oaks, CA: Sage Publications.

Spaht, Katherine Shaw (1998a), "Louisiana's Covenant Marriage: Social Analysis and Legal Implications," *Louisiana Law Review*, 59, 63-130.

―― (1998b), "Why covenant marriage? A Change in the Culture for the Sake of the Children," *Louisiana Bar Journal*, 46, 116-21.

―― (1999), *Family as Community Act*, a position paper of the Communitarian Network, New York: Rowman & Littlfield.

Spaht, Katherine Shaw and Symeon Symeonides (1999), "Covenant Marriage and Conflict of Laws," *Creighton Law Review*, 32, 1085-120.

Stackhouse, Max L. (1997), *Covenant & Commitments: Faith, Family, and Economic Life, Louisville*, KY: Westminster John Knox Press.

Stanton, Glenn S. (1997), *Why Marriage Matters: Reasons to Believe in Marriage in Post-Modern Society*, Colorado Springs, CO: Pinon.

Stroup, Atlee L. and Gene E. Pollock (1994), "Economic Consequences of Marital Dissolution," *Journal of Divorce and Remarriage*, 22, 37-54.

Sugarman, Stephen D. and Herma Hill Kay (eds.) (1991), *Divorce Reform at the Crossroads*, New Haven, CT: Yale University Press.

Teitelbaum, Lee E. (1996), "The Last Decade(s) of American Family Law," *Journal of Legal Education*, 46, 546-8.

Thornton, A. (1989), "Changing Views towards Family Issues in the United States," *Journal of Marriage and the Family*, 51, 873-93.

Waite, Linda S. and Maggie Gallagher (2000), *The Case for Marriage*, New York: Doubleday.

Wallerstein, Judith (1997), unpublished paper presented at the Association of Family and Conciliation Courts conference, San Francisco, June 6.

Wallerstein, Judith and Sandra Blakeslee (1989), *Second Chances*: *Men, Women, and*

Children a Decade after Divorce, Boston: Houghton Mifflin.

—— (1996), *The Good Marriage: How and Why Love Lasts*, New York: Houghton Mifflin.

Wallerstein, Judith and Joan Berlin Kelly (1980), *Surviving Breakup: How Children and Parents Cope With Divorce*. New York: Basic Books.

Wallerstein, Judith S., Julia Lewis, and Sandra Blakeslee (2000), *The Unexpected Legacy of Divorce: A 25-Year Landmark Study*, New York: Hyperion.

Wardle, Lynn D. (1991), "No-Fault Divorce and the Divorce Conundrum," *Brigham Young University Law Review*, 79, 79-142.

Weitzman, Lenore (1985), *The Divorce Revolution: The Unintended Social and Economic Consequences on Women and Children in America*, New York: Free Press.

Whelan, Robert (1993), *Broken Homes & Battered Children: A Study of Relationship between Child Abuse and Family Type*, London: Family Education Trust.

Witte, Jr., John (1997), *From Sacrament to Contract: Marriage, Religion and Law in the Western Tradition*, Louisville, KY: Westminster John Knox Press.

Wolfe, Christopher (1995), "The Marriage of Your Choice," *First Things*, February, 37-41.

Yankelovich, Daniel (1992), "Foreign Policy after the Election," *Foreign Affairs*, 7(1), 3-4.

Younger, Judith T. (1981), "Marital Regimes: A Story of Compromise and Demoralization, together with Criticism and Suggestions for Reform," *Cornell Law Review*, 67, 45-102.

第7章　同棲と結婚[*]

アントニィ・W・ドゥネス
訳：飯田高

1. はじめに

　単純な形態の同棲は次のように行われる．一組の男女があたかも結婚しているかのごとく一緒に住むのだが，コモン・ロー上の婚姻に必要な公認の結婚式や会合は行わない．この同棲という非常にインフォーマルな関係は，ここ数十年の間にますます重要性を帯びてきている．結婚に類似したそのような状態の場合，婚姻関係を特徴づける法的義務はあまり伴わなくなる．イギリスでは，1753年の国会制定法以来，同棲は法律上承認されていなかった．このことが特に何を意味するのかというと，損害賠償・慰謝料の請求や配偶者権の主張をされることなく，家を所有している方の同棲当事者が他方当事者を家から追い出せるということである（もっとも，他方当事者をそのような境遇に置いてしまうことは法律委員会で現在見直されている）．その他の国，たとえばアメリカの一部の州やヨーロッパの大陸諸国ではもう少し強い法的権利が認められているものの，通常は婚姻と比べると限られた権利でしかない．*Marvin v. Marvin*（1976）[1]に見られるような同棲契約（たとえば，別離の際に同棲相手に分け与える「パリモニー（palimony）」を取り決める契約など）を州が認めているところでは，家族法の領域でではなく契約法の領域でその問題を扱っている．

　興味深い問題が何点かある．まず，なぜお互いに対する法的義務が軽くなるのをわざわざ選ぶ男女がいるのだろうか．同棲の増加傾向は，何らかの意味で，これらの男女の厚生を促進することになるのだろうか．もし促進する

のであれば，同棲の増加傾向は効率的であると判断されよう．あるいは，除去すればすべての人が得をするような，結婚に対する障害が存在するのだろうか．そしてさらに，同棲の増加傾向を与件とするなら，国がとるべき最善の対応策はどんなものだろうか．

2. 同棲の動向

　人々が同棲へと向かうこの傾向は，戦後における人々の社会行動が非常に大きく変化したことを示している．1960年から2000年までの時期，多くのヨーロッパ諸国そして北米との間には似通った傾向が見られる(2)．イギリスを例にとると，男性人口1000人あたりの初婚件数は約70から30へと下落している．初婚年齢は，一般に上昇してきている．たとえばイギリスでは，1960年と比べて，2000年の時点では男女とも初婚までに3年余計に待つようになっている．また，婚外子の出生の割合は，全出生数の5％から35％に上がっている．それに加えて，20代から50代の女性に占める同棲者の割合は3倍にもなっている．この点に関連してはさらに，過去30年の間に離婚率が劇的に上昇していることが知られている．

　この現在の傾向は，かつて見られたものとは異なった結婚回避傾向であることが分かる．重要なのは，結婚率が低下して同棲率が上昇したという変化である．人々は，18世紀のイギリスの場合とは異なり，単に結婚の前段階として同棲を行っているのではないのである．同棲は結婚に先立つ一種の「試運転」なのだ，と同棲している人たちはしばしば主張するが（Lewis, Datta, and Sarre, 1999），この主張が当を得ているのは「結婚しても弱いつながりしかなさそうな関係が（結婚に至る前に）ふるい落とされる」という意味においてだけである．というのも，同棲したとしても結婚という結果には至らないことがかなりあるように見えるからである．その上，1970年代以降離婚率が上昇した後の婚姻関係よりも，同棲関係の方がもっと不安定である．実情は，多くの人たちが同棲を結婚の代用としているか，あるいは，「試運転」はしたが比較的早期に関係を解消してしまっているかのどちらかなのである．結婚の代わりに同棲することには不可解な面がある．それは，同棲が女性の利益にそぐわないということである．結婚は長期にわたる家族の投資を支援するための良いメカニズムになりうる．結婚がなければ，「狡猾な自己利益

追求」(Williamson, 1985) として定義される機会主義的行動に対し，女性の側はなすすべがなくなってしまいかねないからである．

3. 結婚との関わりから見た同棲

　同棲を分析するには，結婚との関係を考慮しながら同棲を検討しなければならない．「出発点」として有用なのは，結婚を2者間の契約と見ることである．もっとも，婚姻関係は契約の発達よりも前の時代に身分関係として発生したものであるということには注意せねばならない．他に注意しなければならないのは，婚姻関係の場合，たとえば婚姻関係に入ったりそれを解消したりすることに関して，契約の自由に対する制限がたくさんあるという点である．さらに，そのような取引のアナロジーを用いると，最終的には信託契約や信託関係に着目する結果となる (Brinig, 2000)．出発点として結婚を契約とみなすのが有益なのは，たとえそれが限られた意味においてであろうと，結婚の中にも契約的な要素が存在するからである．

　契約的アプローチは相当な精緻化にも耐えうる．とりわけ，関係的契約の議論で登場する要素を導入し (Scott and Scott, 1998)，当該関係を取り巻く一連の社会規範の中で徐々に発展していくものとして婚姻関係を考える場合はそうである．特に，離婚の際の財産分与のように性質からして経済的な問題が争点になっている場合には，契約的アプローチを即座に捨て去ってしまっても益するところはない．経済分析においては，結婚も同棲も，目的のある合理的行動の結果だと考える．どの当事者も行為から生ずる利益を追求し，その利益には，経済的そして他の（多いのは心理的な）便益やコストが織り混ざっている．契約的アプローチは，子どもの扶養に関わる問題などの金銭的な問題を検討するのにはすぐれて良い分析方法である．但し，契約的アプローチを金銭的問題のみに限る必要はない．とは言っても実際のところ，政策決定者や裁判所は感情的な問題よりも金銭的な問題を解決するよう求められることが多く，その意味で長期的関係を議論する場合には金銭的要素が趨勢を左右するのである．[3]

　家族に経済的アプローチを用いることに反対する論者は，ベッカーの先駆的業績 (Becker, 1991) に敵対的な態度を示すことがある．事実，家族についてのベッカーのモデルはかなりの利他主義的要素に染まってはいるが，現代

の制度派経済学者の中には，射程が狭すぎるとしてベッカーのモデルを拒否する人が多いだろう（Lundberg and Pollak, 1996）．ベッカーは，結婚とは探索とマッチングのプロセスが極限に達した点であると考えており，結婚によって家庭内の生産関数が形作られるとする．そして生産関数は分業の発生を可能とし，もっと言えば婚姻から生ずる共有「財」（子どもなど）がもたらされることになる[(4)]．探索は，結婚市場に焦点が当てられた場合には広く浅く行われるが，婚姻関係が形成された後に起こる社会化が目的の場合には，探索は狭く深く行われるであろう（Oppenheimer, 1988）．これに対して離婚は，再婚市場での探索の結果生じるものであり，したがって，最初のパートナー探索が非効率的であったことの帰結なのである（Becker, Landes, and Michael, 1977）．このようなベッカーによる家族のモデルは，同棲をするインセンティヴや，離婚の脅威を背景としながら存在する非協力的な婚姻関係については実はほとんど何も教えてくれない．

　他の「伝統的な」結婚観を持つ人たちと同様，ベッカーは結婚を家庭内のサーヴィスの交換とみなしている．このような家庭内サーヴィスは，典型的には女性によって，長期にわたる経済的援助の見返りとして提供される（Carbone and Brinig, 1991）．婚姻による「生産物」は相手がいることによって個人的に受ける利益（たとえば，老後や疾病時をカヴァーする互恵的な保険の機能が挙げられる）だけではない．子どもなどの婚姻上の共有「財」や，あるいは共同生活というライフスタイルの他の局面も，婚姻による「生産物」である．いくらかの「余剰」，つまり結婚当事者の間で分割すべき純利益が通常存在している．また，「投資」（たとえば子どもを養育するのに使われる時間）の多くは非常に長期間に及び，当該婚姻関係でしか意味を持たない特殊なものである（ので，回収できない「サンク・コスト」になる）．別離後の扶養料支払い義務と「実質的に契約違反があった」という証拠とを連動させることなく，離婚を容易に認めたり，同棲を容認したりする法的環境の場合，ベッカーの結婚観は重大な問題を孕むことになるだろう．特に，もし夫が妻を簡単に捨て去ることができるならば，（妻にとっては）家庭内生産のための投資を行うインセンティヴがほとんどなくなり，そしてこのインセンティヴの問題は同棲の場合により強い形で現れてしまうのである．

　近年，経済学者たちは合意の要素を弱くした「家族の交渉モデル」に注目

しており，このモデルが強力な洞察を与えてくれる．このアプローチでは，人々は利己的かつ機会主義的に振る舞うことができる．ロイド・コーエン（本書第2章）の研究では，家族内における機会主義的行動が非常に目立った位置に置かれている．結婚でも同棲でも，当事者はお互いに助け合うという約束を交わすことが必要であり，助け合いの価値はそれが提供される際の態度に大きく左右される[5]．伝統的な形態の結婚では，妻が提供する家庭内サーヴィスの多くは結婚生活の初期段階でなされ，他方，夫の提供する経済的援助は，彼のキャリアが上がるにつれて，長い時間をかけて増大していくだろう．両当事者の有する経済的機会と結婚市場での機会は（情熱的な愛情は関係が長くなるほど弱まっていくと考えると）変化しうるため，片方の当事者が契約を破るインセンティヴを持つようになるかもしれない．別居そして（結婚をしている場合は）離婚は，両方の当事者にコストを課す．少なくとも，同等の価値のある代替パートナーを見つけるコストぐらいはあるだろう．第2章でコーエンは「離婚したがらない側の当事者になるリスクやコストは非対称に分配されている」と主張している．夫の方は，妻が結婚初期に提供するサーヴィスを受け取った上で，妻と別れて将来の収入を自分で使いたくなるかもしれない．その際，ことによると若い配偶者を得る場合もあるだろう．つまり「隣の芝生は青い」効果である（Dnes, 1998）．離婚を経験した若くない女性は，特に子どもがいるとなおさら，同年代の男性と比べて再婚が難しい．45歳から54歳までのグループでは，女性が再婚できる確率は同世代の男性の半分ぐらいしかないのである．

　同棲の場合，上記の類の機会主義を抑制するために，同棲関係の中で自然に発生する「人質（カタ）」に当事者たちは大きく頼らなければならない．そうした人質は子どもの存在によってもたらされるかもしれない．というのも，親は子どもとすぐに会えるような状態にいたいと思うだろうからである．また，新しいパートナーを見つけるための探索コストや，独りで生活していることに伴う社会的スティグマがあるので，結果として長い期間一緒にいるようになるかもしれない．結婚の場合，前の配偶者との間に法的義務が発生し，人質は通常強化される．たとえば，子どもに対する扶養料，あるいはもしかすると配偶者に対する扶養料を支払わねばならなかったり，制定法や判例法に従って婚姻財産を分割しなければならなかったりする．子どもの扶養につ

いて何らかの立法が行われている国では，子どもの扶養料を支払う義務に関する限り，同棲解消と婚姻解消の間にはほとんど差異はない．だがそれでもなお，関係解消のときにお互いに対して負う法的義務を当事者たちが回避しようとしているならば（国・州によっては法的義務が弱められるだけかもしれないが），同棲を選択するのが合理的なのは明らかである．

「隣の芝生は青い」機会主義の問題を脇に置いてちょっと見ると，同棲と結婚には同じような精神的利益と道具的利益があるように思える．誰かがある人にコミットしたいと望むことは，結婚の場合も同棲の場合も，注がれる愛情の価値を示す良いしるしになっている．しかしながら，結婚の方が同棲よりも解消のコストが大きいため，シグナルは結婚のときの方が強力になる．長期的なパートナーになるかもしれない人が表明している愛情がどのくらい強いかを査定しようとする人たちにとっては，このことは他との差を示す非常に貴重なシグナルとなる．道具的な側面から言うと，結婚は保険の役割を果たす．夫は，同じコミットメントを妻にしてもらって自分の将来の見通しが良くなれば，新しいパートナーを探す自由を放棄するだろう．とは言え，同棲であれ結婚であれ，パートナーが年老いたり病気になったり，あるいは他の生活の変化を経験したりするときにお互いに支え合うのは可能である——もっとも，初めのうちは結婚の方が強いコミットメントとなるが．結婚も同棲も，ポズナー（Posner, 1992）の考えた遺伝子からの命令を果たすのに役立つのである．

4. 同棲の最適レヴェル（同棲が最適になる場合）

長期間にわたる扶助のような義務に関して「間違った」司法的アプローチをとってしまうと，離婚，結婚，同棲が多くなりすぎたり少なくなりすぎたりする可能性がある．そのことに着目すると，「離婚の最適レヴェル」という考え方が出てくる．この考え方は，「違反した方の当事者（すなわち，離婚したがっている方の当事者や『婚姻契約違反（婚姻上の罪）』を犯した方の当事者）が違反による損害を受けた当事者に補償をなすことができれば，離婚させてよい」（Dnes, 1998, p. 343）というようなルールに大雑把に集約される．同様に，同棲や結婚の最適レヴェルについても考えることができる．

同棲の最適レヴェルとはどんなものだろうか．当事者たる男女から見れば，

当事者双方がお互いについて知りうる限りの情報を有しており，かつ，結婚から生ずる長期の法的義務を負わない方を好むというときに，同棲は最適な結果を生む．相手を騙している場合，たとえば一方の当事者が自分は結婚できないと偽って言っている場合，同棲は最適とはならない．また，同棲関係はコモン・ロー上の婚姻となり，関係を解消したら財産を長期間分け与える法的義務を負うと誤って信じている場合（多くの人はそのような義務があると考えているが，イギリスや合衆国のほとんどの州ではそのようなことはない）も，同棲は最適な状態を導かない．イギリスでの同棲に関する実証研究（たとえば，Lewis, Datta, and Sarre, 1990）では，「同棲はコモン・ロー上の婚姻にはならないということをあなたは知っていますか？」という重要な質問を避けているのが普通である．それゆえ，誤情報の程度に関する証拠はたいてい逸話的なものにとどまっている．私は多くのイギリス人女性やアメリカ人女性とこの点について議論をしたことがあるが，「同棲はコモン・ロー上の婚姻と同じであり，財産に関する義務を負うことになる」と誤って信じているのが普通だという印象を受けた．著名人カップルが別れたということがたまにメディアで報じられるが，同棲していた当事者が自分には財産を分け与えられないと知って驚いていることがある．したがって，契約法から借用した用語で言えば，少なくともいくつかの同棲は錯誤の上に成り立っており，当事者にとって最適ではありえない．

　同棲が最適になりそうなのは，両当事者が自分たちは熟慮に基づいて婚姻法を避けていると理解していること，そしてそれが自分たちの利益にもっとも適うと感じていることが明らかな場合である．次に掲げる非常に多様な例から，いろいろと異なった理由に基づいて同棲が行われうるということが分かるであろう．以下のケースのいずれにおいても，当事者は婚姻と同棲の違いについて正しく理解している，と仮定しておこう．

【ケース1　ジェームズとアン】　ジェームズがアンと知り合ったのは，ロンドンのキャムデン・タウンにある「オプティミスティック高校」で教えているときであった．2人とも同じようなキャリアがあり，当初から仕事は続けていくつもりだった．もしアンが産休をとらねばならなくなっても，有給の産休となる短い期間だけにしようということで合意していた．アンは，万

が一別れてしまった場合，ジェームズと比べて，そして自分自身の人生設計に関して自分は不利になってしまう，と感じたことはまったくなかった．ただ，伝統的な家庭で妻は同様な状況に置かれるとほとんど選択肢がなくなってしまう，ということは十分に意識していた．ジェームズとアンは家計支出と財産所有は2人共同して行うことに合意しており，それゆえ関係解消の際になされる財産分与についても取り決められていた．別離のときには児童養育庁（Child Support Agency）が扶養料を決定するということも，双方とも理解していた．彼らは，自分たちが平等であることを信じているし，非対称的な義務を作ってしまうよりは同棲することを好んでいる．

【ケース2　ナンシーとダグ】　ナンシーは途方もなく裕福だが，自分の家の財産が結婚によって他の家へ流れてしまうのをよしとしない．彼女は，合衆国で成功したエンジニアであった母から遺産を受け継いだ．ナンシーは格別ロマンティックな人間でもないが，男性の連れ合いを歓迎し，パーティーやその他の似たようなイベントで連れがいることによる社会的な便益は喜んで受け入れる．ダグは，ナンシーと知り合う前はニューヨーク州北部でテニスのインストラクターをしていた．ダグ自身はっきり分かっていたことだが，ダグが主に惹かれたのは，ナンシーと一緒に暮らすことで彼の生活水準がすぐに上昇するということだった．実際，彼は「金鉱掘り（金目当てに女性を誘惑する男性）」だと自認しているのである．彼らは，同棲が終了したときにはそこそこの財産をダグに贈与する，ということで合意している．同棲中であれ同棲後であれ，ナンシーの財産や収入を実質的に共有することは決してない，とダグは知っていた．しかしダグは，自分が持っていたであろう他の選択肢のいずれと比べても，自分の状況がずっと良くなっているので幸せである．

【ケース3　トラヴィスとローラ】　ケース2と同様だが，男女の富のレヴェルが逆転しており，ローラが裕福なトラヴィスと同棲している．

【ケース4　ニールとジャーメイン】　ニールとジャーメインは体制にとらわれない文化に属している．どちらも財産を持っておらず，大した収入もな

い．彼らは社会保障手当に頼りながら，犬と一緒に過ごし，ホームレスの人が集めてきた雑誌をノッティンガムの街路で売っている．相手は結婚する気がないのだという信念をどちらも持っている．現在の同棲を結婚として形式化しても，お互いに対する見方は変わらないだろう．

【ケース5　ノエルとガートルード】
　ロンドンのショー・ビジネスで脚光を浴びている2人が，将来の結婚のお試し期間として同棲を始めた．彼らは自分たちが大きな誤りを犯していることに気付き，結婚はしないと決めて別れた．

　上記のどのケースでも，一方または他方の当事者が何らかの理由で契約能力を欠くというのでない限り，同棲はおそらく最適になる．彼らは事実関係を知っており，婚姻状態よりは同棲の方が望ましいということを「事前的には」はっきりと理解しているようである．これらの場合に同棲の最適性を損なうかもしれない唯一の可能性は，第三者に課される有害な外部効果が見つかり，行動の自由がカップルにとって有する利益を超えてしまうという可能性である．外部効果が明らかにありそうなのは，子どもに関係する領域である．非嫡出であることの社会的スティグマはもはや強くはない．また，両親の別離によって子どもにもたらされる有害な効果については，結婚解消にも同棲解消にも同様に当てはまるものだと思われる（Popenoe, 1996）．ゆえに，有害な外部効果は金銭的なものであるはずで，たぶん関係解消後の義務に関わる問題であろう．しかしながら，現在の児童養育庁によって適用されるルールの下では，同棲していた両親であろうと離婚した両親であろうと，負うべき子どもの扶養義務に違いはないのが通常である．よって，カップルにとっての同棲の利益に主たる焦点を当てるのが適切なように思われる．
　とりあえずの結論は以下の通りである．個人の合理性の観点から見て同棲が完全に健全な機能を果たしているとしても，同棲は必ずしも結婚の前段階とはならない．さまざまな理由によって人々は結婚を避けることを選択しており，彼らが好み，したがって熟考の上で選んだ同棲という共同生活形態を採用しているだけなのである．

5. 経済状況の変化に対する反応としての同棲

　最適性の問題に関係する論点が,「同棲の増加は社会状況の変化への合理的な反応にすぎないのか否か」という問いである．法律の変化の問題をしばらく横に置くとすると，この点において目立った状況変化が2種類ある．1つは女性の経済的自立の進行，もう1つは若い男性の財産の減少である．オッペンハイマー (Oppenheimer, 1988) が指摘するように，若い男性が経済的に一人前になるのが遅くなってきていること，そして独身の若い女性の財産が増加していること，これら両方の変化によって，結婚する年齢が上昇し，同棲が魅力的なものになっているのであろう．

　1960年代以降，若い男性の所得の中央値は年々下がってきている（たとえば現在25歳の人たちと現在45歳の人たちを比較するとよい）．オッペンハイマーによると，若いアメリカ人男性の所得の「絶対的」中央値は，1950年から1970年の間に約20％下落している (Oppenheimer, 1988)．したがって，若い男性が経済面で成熟するまでには長い時間がかかるようになっており，女性からすれば結婚相手として魅力的でなくなっているのであろう．それはただ単に，働いていない人が増えており，彼女たちにとって十分な収入のある男性が減ってきているからである．現在の職業は，前の年代と比べてより多くの人的資本を投下せねばならなくなっているように見える．男性の持っている財産は人口学的変化を促す重要な要因であるとオッペンハイマーは主張している．たとえば，戦争または景気循環と結婚率の間には統計的な関連が存在する．

　以上と同じ時期（だいたい1950年代以降），25歳から40歳の間で見ると，男性の労働力率に対する女性の労働力率の比率は，およそ40％から80％に上昇している．女性の実質賃金も，男性の賃金よりは低い水準にとどまってはいるものの，この時期に上昇している．このようにして女性は職業に生きる道に乗り出したのであり，職業の価値がどのくらいになるかを彼女たちは十全に予測することはできなかったかもしれない．

　女性の経済的自立が促進されても，男性の経済的成熟が遅れても，いずれにしても早期に結婚する価値についての不確実性は増すことになりそうである．ベッカーによる「求婚の探索理論」の立場と整合する形としては，2種

類の反応が予測されるだろう．第一に，長期の性的パートナーを広い範囲で探索することに多くの労力を注ぎ込むという行動であり，それによって婚期が遅くなるかもしれない．第二の合理的反応は，パートナーとなりそうな人をより綿密に評価するという行動であろう．つまり，同棲は不確実性を減じるために有用なメカニズムとなりうるのである．この実験的段階には，望まない妊娠のリスクがかつてはつきまとっていたが，そのリスクは今日の避妊法により大きく減少している．このことから導かれるインプリケーションは次の通りである．たとえ同棲という実験が失敗するとしても，失敗する結婚を避けるという点で同棲は有益であった可能性が高いのである．

もし本当に同棲が不確実性を減じる合理的方法であるなら，同棲を結婚に変えさせるのを目標にした政策は非常に不適当な結果をもたらすことになる．(同棲を行っていれば) 避けるべきだとすぐに分かるような結婚を従来よりも多くの人がしてしまうと，離婚率はおそらく上昇するだろう．現在の世界は1930年代とはだいぶ違っているのだから，同棲や結婚のパタンが変わっていても驚くべきことではないのである．

6. 司法のインパクト

結婚を避けて同棲を選択する理由として，あまり望ましくない別の理由がある．それは，婚姻法が機能不全に陥っていて，人々の行動に関して意図せざる結果を生み出しているということである．当事者たちが自分たちの行動から生じる共同純利益を婚姻中に最大化できるならば，結婚することは最適となる．もし共同の余剰がマイナスになるなら，すなわち，精神的利益と道具的利益を足した値がマイナスになる (純コストになっている) なら，婚姻関係を続けることは最適ではなくなる．こうしたことが同棲するインセンティヴにどのような影響を与えるかを理解するには，離婚法の根拠をいくつか検討しておくとよいだろう．

双方の合意に基づいてのみ離婚が可能となるような世界で，少なくとも一方の当事者が離婚をしたがっているケースを考えてみよう．そのような場合，婚姻状態から生ずる純コストに両当事者があえいでいるならば，彼らはあっさりと離婚に同意するだろう．けれども，片方が純利益を得ていて他方が損失を受けているとすると，損失を受けている方は離婚に対する同意を得るた

めに他方に補償をしなければならない．そういう制度においては，自らの意に反して離婚させられ，しかも婚姻中よりも悪い状態に置かれたままになる，ということはないはずである．婚姻関係から一方的に得をしていた当事者は買収されるはずなのである．これには2つのことが含意されている．第一に，得をしていた方の当事者は，離婚したがっている当事者によってともかくも支払いをしてもらう必要があるということである．第二に，共同の余剰が本当にマイナスでなければ離婚は起こらないので，純コストを蒙っている当事者は利益を得ている当事者を買収でき，その後はそれでもなお状態は良いと感じられることになる，ということである．つまり，「効率的」な離婚のみが生じ，「非効率的」な結婚は終了する，と言える．離婚後はどちらの当事者も状態は良いままなのである．

　実際のところ，双方の同意を要求する離婚法制の機能を妨げるほどに交渉コストが高くなることは普通ありそうもない．これは古典的な2人交渉のケースであり，当事者たちはお互いを知っていて，コミュニケーションには大したコストがかからない，という状況である．そのようなケースでは，法の経済分析の立場からは，きちんと画定された財産権を出発点として達成される交渉解が望ましいとされる（Calabresi and Melamed, 1972）．婚姻関係において分割できないものがある場合には交渉が困難になるだろう．子どもの監護権が最も良い例である（Zelder, 1993）．また，婚姻中に得た財産についての交渉を法律が制限しているとき（Dnes, 1998）や，あるいは人々が戦略的に行動して必要以上の補償を得るためにごねるようなときにも，交渉は難しくなるであろう．これらの困難は本章での問いにとってさほど大事でもないので，ここでは深追いしない．銘記すべきなのは，効率的な関係解消を考える際には，双方の同意を要求する制度が良い基準線となる，という点だけである．すなわち，人々が進んで補償を受けているのであれば，彼ら自身の評価からしてみると彼らはより良い状態になっているということである．

　離婚するつもりでいる人に対して，他方配偶者に婚姻関係喪失の補償を行う義務を婚姻法が課すならば，契約法と類似した期待利益の賠償のシステムが働くことになろう（Dnes, 1998）．このシステムでもまた，効率的な離婚しか生じないようになる．さらに，裁判所が監督を行って，当事者（配偶者）たちがごねるのを制限して一連の補償計画を管理するだけでなく，子どもの

利益をより手厚く保護することもあるかもしれない．配偶者たちの財産や収入を裁判所の裁量によって必要だと思われる分に合わせる制度や，原状回復を目標にしたり，信頼利益に基づいた財産移転を目標にしたりする制度 (Trebilcock, 1993) など，他のどんなシステムを用いても離婚（と結婚の両方，またはそのいずれか一方）は非効率的なレヴェルになってしまう．たとえば，子どものいる妻（妻でもあり母でもある）が婚姻関係から純コストを蒙っていて，離婚したがっているとしよう．家が唯一の財産で，そしてルール上その家を母に帰属させるようになっているなら，必要分に応じた支払いの制度の下では，夫には交渉の余地がなくなってしまう．婚姻の継続によって彼が受けるネットの余剰がどれほどあろうと，彼は妻にとどまってくれと説得することはできない．法律が実質上彼の交渉の可能性を閉ざしてしまうのである．このような法制度になると知っていれば，男性は結婚を避けるであろう（あるいは少なくとも，たとえば家などの財産を所有することをある方法で避けるだろう）．原状回復や信頼利益を基準として支払いをしても不適当なだけで (Dnes, 1998)，結婚を回避するインセンティヴを作り出してしまうということを示す例を挙げるのも可能である．

　支払い額を信頼利益に基づいて算定するという方法は，婚姻関係に入るにあたって女性が負担する機会費用を強調する論者によって提案されることがある．そして，多くの家族法制にはこのような要素が存在している（とは言え，イギリスの法制委員会では「（支払い額の算定にあたって）憶測に頼る部分が大きすぎる」という理由で1980年に否決された）．機会費用は，女性が手放した将来の見込みの価値からなる．契約の用語で言えば，これは失われた信頼利益ということになる——そうなると，機会費用は無駄な支出分と類似したものになり，件の提案されたルールは，結婚しなかったならば置かれていたであろう状態(以前の状態, *status quo ante*)に女性を置くことになる．結婚したり子どもを産むために仕事をやめたりしたときに，多くの女性がキャリアを得る機会を失ってしまうが，このことの意味についてはスコットとスコットの論文が十分にカヴァーしている (Scott and Scott, 1998)．しかし，経済力のある女性（または結婚以前には経済力のなかった女性）が離婚をした場合には，この信頼利益アプローチの下では何も受け取れないかもしれない．というのも，結婚によって彼女は何も失っていない，と証明されうるからで

ある．

　期待利益の賠償と同一にならない限り，信頼利益による基準を支払いの際に用いると，離婚が「安価」になりすぎる傾向が出てくるだろう．結婚は自分の生活を良くするものだと女性が期待しているなら，信頼利益は期待利益よりも小さくなるのが通常である[6]．結婚により失われた生活を妻に完全に補償する義務を課せば離婚を思いとどまったであろう男性の中からも，（一方的に）妻と離婚する者が出てくるだろうからである．このことを女性が知っていれば，彼女たちは約束の価値を割り引いて考え，結婚したがらなくなるであろう．信憑性のある約束を男性がするのは困難である．原状回復の方法によれば，女性による結婚特殊的投資を最小限保護することになる．つまり女性は，たとえば子どもを産むために仕事を諦めたがゆえに生じたコストを補償してもらえるだろう．

　カーボーンとブリニグ（Carbone and Brinig, 1991）は，彼らが原状回復アプローチとして述べている離婚法制が現代において発展してきたことを明らかにしている．原状回復アプローチは信頼利益アプローチとは区別される．妻は夫や子どもを家庭内で支え，その間ビジネス上の資本の増加を可能にしたり，その他の形で配偶者のキャリアに貢献したりしているが，裁判所はこれに返報するような財産分与を徐々に強調するようになってきている．原状回復アプローチはアメリカ法に由来すると考えられることが多いが，イギリスの判例法の中にも，たとえば *Gojkovic v. Gojkovic*（1992）[7]などに原状回復の要素を認めることができる．1984年の夫婦・家族関係事件手続法25条（f）は，家庭内サーヴィスという寄与の価値に配慮している．簡単明瞭なのは，妻が子どもの世話をし，そのため夫は仕事あるいはビジネスに打ち込むことができる，という例であろう．契約法においては，契約を破られた方の当事者により支払われたお金が返還されず，破った方が不当に得をするという場合，原状回復が適切な救済策として言及されることがある．犠牲に対する「返報」を強調したがるカルチュラル・フェミニストたちにとっては，原状回復はイデオロギー的に受け入れられるものである．

　原状回復アプローチの下では，（典型的には）妻が内助を選択してくれたために夫が市場から得られた追加的利益を分け与える，という形で補償がなされる．たとえば，医学の学位から生ずる利益を分けたり，ビジネスからの利

益を分けたりする，などである．したがって，「犠牲」によって「市場からの測定可能な追加的利益」がもたらされる場合に限り，原状回復が可能なのである．これに対して信頼利益アプローチは，手放した機会の価値の測定が基礎になっている．例を挙げると，子どもを育てるために職場を離れる代わりに，仕事を続けていたとすればその価値がどれくらいかを見積もる．すなわち，産出額の測定ではなく投入額の測定なのである．けれども，信頼利益の場合と同様に，原状回復の場合も，妻は婚姻関係の喪失から生じる損害を十分に補償してもらえない．なぜなら，職業への夫の投資が何らかの意味で失敗だったのでもない限り，期待利益の額は原状回復利益の額を上回ると考えるのが妥当だからである．それゆえ，似たようなコメントが当てはまる．つまり，支払いを原状回復の基準で算定すると，離婚が安価になる傾向が生じ，婚姻関係に入るという行動を不安定にさせてしまうのである．

離婚時の分与額の算定に使われる基準の考察とは別の問題として，その基準がどういうときに適用されるかという問題がある．契約法では，違反が起こると，期待利益の賠償の基準により補償が行われる．（利益を得た人が損をした人に補償をしてもなお余りあるときは）この基準を採用すれば効率的な契約違反しか生じない，というのが標準的な分析結果である（Dnes, 1996）．違反があった場合にのみ補償がなされるのである．イギリスの婚姻法の下では，契約違反（有責性のある行為とは必ずしも同一ではない）と補償の間には必然的なつながりはまったくない．夫が妻と別れて他の（富裕であるかもしれない）女性と付き合い，前妻の居住に必要な額（前妻に子どもがいる場合はその額プラス子どもの養育費）を支払えばよい，という可能性もある．（中下級層の家の）妻が夫を捨てた上に，裁判所が彼女にとって必要だと判断すれば，婚姻中に得た財産の大部分を受け取るということもできる．イギリスの法律は，結婚が失敗したときに有責性の有無を確かめようとする試みをずっと昔にやめている．この有責性の概念は契約違反の概念と関連はしている（破綻主義離婚もまた契約違反を意味するので，これら2つの概念は異なっている）．契約違反と賠償を結び付けられなければ，結婚の契約的要素は完全に揺れ動いてしまうはずである．結婚に契約的要素がまったく存在しないと信じている人はまさかいないだろう．そう考えると，契約違反と賠償が連動していないのは大きな問題である．

結婚解消を取り巻く法的環境は，逆効果をもたらすインセンティヴ構造を容易に作り出しうる．資産を持っている人々，あるいは資産を貯めそうな人々は，自分たちが喜んで惜しげなく約束してしまえばしまうほど，長期的な資産を保護しておきながら婚姻関係に入ることはできなくなる，と感じるかもしれない（婚姻前の取決が依然として違法である国・法域があることに注意されたい．たとえばイギリスなど）．もっと重要なのは，コミットメントをシグナルによって示すことができないならば結婚制度は不安定になるかもしれない，ということである．離婚後の財産分与の額を決定するときに，ニーズを基礎とした基準，原状回復の基準，期待利益の基準が混ざった形で用いられており，さらに法律が有責性ないし契約違反をうまく扱えないため，シグナリングの効果は少なくとも弱まってはいる．この意味で，同棲の増加という現象は，かなり混乱した婚姻法に対する合理的反応にすぎないのかもしれないのである．

7. 結論

婚姻法と個人のインセンティヴ構造との相互作用を分析すれば，以下のような示唆が得られる．すなわち，同棲は，お互いになそうとするコミットメントを一定程度に限定したいと望んでいる人たちがよく考えて選択した，たいへん合理的な状態なのかもしれない，ということである．もしかすると，結婚パートナーを慎重に探索するという行動パタンの一端なのであろう．その点で，同棲を結婚という形態に転換させようとすると逆効果になるだろう．残念なことに，これはまさしく現在いくつかの国で行われている法制度改革の流れなのである．イギリスでも，同棲に関する法律を婚姻法に相当近くなるようにするよう，法制委員会が提案すると見られている．しかし，そのような改革を行っても結婚は促進されないだろうし，むしろ結婚をしにくくさせるかもしれない．なぜなら，結婚パートナーになるかもしれない人たちの間の不確実性を統御する余地が小さくなってしまうからである．結婚に代わる1つの選択肢としても，あるいは「試運転」期間としても，同棲を保護する必要があるように思える．

「同棲している人たちが同棲関係に入るとき，彼ら，特に女性の方（Barlow and Lind, 1999）は自分たちのしていることの意味を分かっていないのだ」と

いう批判をかわすには，同棲前の取決を求めるようにすればよいであろう．強制可能な婚姻前の取決をより広い領域にわたって要求することもでき，同棲前の取決はその一環となる．婚姻前の取決を要求することにより，関係が終了した場合の財産分与の方法を当事者で決めてもらうよう奨励するのである．国家の役割として適当なのは，人々が利用しうるモデルの提示であろう．もし人々が自分たち自身で取決をすることができないなら，おそらく標準モデルを採用させることとなる．手続的な保護手段が存在していれば，婚姻前の取決が持ちうる価値は一般に受け入れられてきているように思える (Thorpe, 1998).

現在のところ，多くの同棲は婚姻法に対する防御策にすぎないのかもしれない．というのも，他の法の契約違反で用いられる期待利益賠償という標準的な原則を婚姻法は無視しているのである．不可解なことに，多くの人々は，離婚率の上昇，同棲の増加，そして出産年齢の上昇を問題視しながら，戦後の婚姻法改正がこのような変化をもたらす役割を果たしたのではないか，という当然生じそうな疑問をなおざりにしているのである．失われた期待利益の補償に注意を払ったり，契約違反により利益が生ずるのをできる限り避けたりするなど，婚姻法がもっと合理性のある基盤の上に築かれれば，同棲はきっと減少するだろう．すると，結婚制度はより信頼できる制度となり，多くの人々にとって魅力のあるものとなるであろう．そうなれば，同棲は選好にはっきりと従って選択された，おそらくは試運転メカニズムということになる．離婚後の財産分与に関する現在のルールの効果や，破綻主義離婚の生じやすさを考えて，男性は結婚を避けているのかもしれない．多くの女性は結婚し長期にわたる関係特殊的投資に対する強い保護を享受する機会に恵まれていないのかもしれない．これらは，非合理な婚姻法からもたらされる，意図せざる，そして思わしくない結果なのである．

　　＊　本研究を支援して下さった Leverhulme Foundation for the Study Abroad Fellowship に感謝申し上げたい．

　（1）　18 Cal. 3d 660 (Cal. 1976). ミシェル・マーヴィン（Michelle Marvin）がリー・マーヴィン（Lee Marvin）と次のような口約束をし，それを強制した

という事件である．すなわち，一緒に住んでいる間は協力をし，双方の収入はまとめ，そして財産は共有にする，という約束である．また，ミシェルは伴侶，主婦，コックとして行動し，芸能人兼歌手としての自分のキャリアを断念するということになっており，一方，リー・マーヴィンは，彼女が生きている間ずっと経済的援助を行うことになっていた．だが，後になってリー・マーヴィンは彼女を家から追い出し，以後の生活費を払ったり財産権を共有したりするのを拒んでしまった．裁判所は，契約条項は何ら不法な約因に基づくものではなく，確認判決による救済を事実審裁判所が言い渡しうるような適切な要件を備えたものである，と判示した．

（2）　後に示す数字はイギリスについてのもので，*Population Trends* 89 (HMSO, 1999) から要約された数字である．

（3）　（アメリカの判例）*Piper v. Hoard*, 107 N.Y. 73, 13 N.E. 626 (1887) において認められている通りである（裁判所は感情にはほとんど関与せず，結婚の経済的・取引的側面に焦点を当てている）．

（4）　共有（厳密に言うと「公共」）財とは，消費が相互に排他的とならない財のことである．［訳注：普通は非競合性と排除不可能性が公共財の特徴とされるが，ここでは非競合性だけを問題にしている．］つまり，2人以上が1つの財を共有できるのである．両親ともに同じ子どもから利益が得られ，「2人で暮らしても1人分のコストですむ」のである．

（5）　結婚したカップルは相互扶助の法的義務を負わねばならないのが通常である．この義務は，「生活上の必要に関して夫は妻を支えなければならない」というコモン・ロー上の義務に取って代わったものである．

（6）　本章で用いられている例は，性別を入れ替えても構わない．ただ，結婚によって女性の経済状態が改善される場合が典型的だと思われる，というだけである．

（7）　[1992] Fam 40：「経済的必要と同じくらい重要なのは，……家族の幸福な生活のために……なされた貢献である．」*Cowan v. Cowan*, Court of Appeal, May 17, 2001 や *White v. White* (2000) WLR 1571 など，最近の判例も参照のこと（「均等分割」という反証しうる推定がなされることの根拠として，原状回復の考え方が挙げられている）．

《文献》

Barlow, J. and C. Lind (1999), "A Matter of Trust: The Allocation of Rights in the Family Home," *Legal Studies*, 19, 468-89.

Becker, G. (1991), *A Treatise on the Family*, 2nd edn, Cambridge, MA: Harvard University Press.

Becker, G. and E. Landes, and R. Michael (1977), "An Economic Analysis of Marital Instability," *Journal of Political Economy*, 85, 1141-87.

Brinig, M. F. (2000), *From Contract to Covenant*, Cambridge, MA: Harvard University Press.

Calabresi, G. and A. D. Melamed (1972), "Property Rules, Liability Rules and Inalienability: One View of Cathedral," *Harvard Law Review*, 85, 1089-1128.

Carbone, J. and M. F. Brinig (1991), "Rethinking Marriage: Feminist Ideology, Economic Change, and Divorce Reform," *Tulane Law Review*, 65, 954-1010.

Dnes, A. W. (1996), *The Economics of Law*, London: International Thomson Business Press.

—— (1998), "The Division of Marital Assets Following Divorce," *Journal of Law and Society*, 25, 336-64.

Lewis, J., J. Datta, and S. Sarre (1999), *Individualism and Commitment in Marriage and Cohabitation*, Research Paper 8/99, London: Lord Chancellor's Department.

Lundberg, S. and R. A. Pollak (1996), "Bargaining and Distribution in Marriage," *Journal of Economic Perspectives*, 10, 139-58.

Oppenheimer, V. (1988), "A Theory of Marriage Timing," *American Journal of Sociology*, 94, 563-91.

Popenoe, D. (1996), *Life without Father*, New York: Free Press.

Posner, R. A. (1992), *Sex and Reason*, Cambridge, MA: Harvard University Press.

Scott, E. S. and R. E. Scott (1998), "Marriage as a Rational Contract," *Virginia Law Review*, 84, 1225-332.

Thorpe, A. (1998), *Report to the Lord Chancellor by the Ancillary Relief Advisory Group*, London: Lord Chancellor's Department.

Trebilcock, M. J. (1993), *The Limits to Freedom of Contract*, Cambridge, MA: Harvard University Press.

Williamson, O. E. (1985), *The Economic Institutions of Capitalism*, New York: Free Press.

Zelder, M. (1993), "Inefficient Dissolutions as a Consequence of Public Goods," *Journal of Legal Studies*, 22, 503-20.

第8章　シグナルとしての結婚[*]

ロバート・ローソン
訳：飯田高

1. はじめに

　西洋諸国において結婚とは，永続的で，相互に性的独占をしあう関係を男女間に確立するための制度である．そして，個人が「そのような結合関係を自分たちは望んでいる」というシグナルをお互いに，さらに自分たち以外の人たちに対して送るのに役立っている．結婚の契約的側面は，法と経済学の視点から近年広汎に分析されてきている．そこでは，どのような種類の契約が最適であるか，あるいは，結婚に関する行動や離婚についてのさまざまな種類の契約がどのような結果をもたらすか，といった問題が長い間議論されてきた．けれども，ウィリアム・ビショップ（William Bishop）による優れた（しかし無視されてきた）論文や最近の一握りの論考を除けば，法と経済学の研究がシグナルとしての結婚の役割に言及することはほとんどなかった[1]．

　本章の構成は以下の通りである．まず，第2節で結婚を契約の観点からどう基礎付けるか，そしてこの分野における現在の改革案について簡単に論じる．その後，シグナルとしての結婚の役割に一節を割く（第3節）．第3節では，シグナリングの経済理論を簡潔に解説し，シグナリング理論を結婚の場面に応用する．最後に，同棲や同性結婚に関する政策が意味するところを検討して本章を締めくくる．

2. 契約としての結婚

　法と経済学の研究が当初注目していたのは「伝統的」な家庭であった．「伝

統的」な家庭においては，母親は家に留まって子どもを世話し，父親は外で稼ぎを得て家族を扶養することになっている．ゲアリー・ベッカー（Gary Becker）は，そのような分業を行えばパートナー間の比較優位を利用でき，専門化されたスキルを発達させるのを可能にするため，分業が効率的になりうると論じている（Becker, 1976, 1991）．しかしこうした分業があると，妻たちは家族が崩壊したときの影響をもろに受けやすい立場に置かれることにもなる．というのも，もし婚姻関係が終わりを迎えて女性が自分の生計を立てなければならなくなった場合，彼女が一定水準以上の職を得る見込みは小さいかもしれないからである．このような状況では，夫が妻を捨て去るのを抑止すること，仮に妻を見捨てたとしても彼女を養い続けるようにさせることが婚姻という契約の目的となる（Landes, 1978; Ellman, 1989）．そのような取決は効率的である．なぜなら，専業主婦になって家庭内に投資するために必要な保障を彼女に与えることになるからである．伝統的な家庭はもうそれほど広くは見られないとは言え，子どもがいる家庭のほとんどで同じ問題が今でも生じている．今日では母親たちの大多数が職に就いているが，彼女たちの多くはパートタイムで働くだけであり，今でもやはり家庭崩壊の影響を受けやすい立場にある．パートタイム労働者がフルタイムの良い職に移ることは難しく，結果として，子どものためにパートタイムの仕事をするという決定は，女性にとって重大な経済的リスクを伴う決定となるかもしれない．したがって，主婦に特化することから生じるリスクを相殺するための法的保護を，多くの女性はまだ必要としているのである．そして，フルタイムの専業主婦が普通であった昔と比べると力は弱くなっているとしても，結婚をする伝統的な理由は現在でも同様である．

　子どもを育てることだけが結婚を正当化する理由ではない．夫婦は共に暮らすことで相互に利益を得る．このような利益には，財産の利用における規模の経済，窮乏に陥った場合の経済的援助，病気になったり虚弱になったりしたときの世話，夫婦間の親交，あるいは定期的な性生活などが含まれる．そのような利益を獲得するためには，パートナー（配偶者）たちは自分たちの関係に投資をしなければならず，しかも他の魅力的な選択肢を放棄しなければならない［機会費用］．ある男性は相手の女性を看病して元気にさせてやるために何年も費やさねばならないかもしれないし，ある女性は相手の男性

が大学を卒業できるよう働かねばならないかもしれない．また，別の好ましい人が求婚してきても一蹴しなければならなくなるだろう．そうした行動には，多大な時間とエネルギーを支出することが必要となるかもしれず，あるいは，当事者の将来の可能性を大きく狭めることになりうる．自分たちの関係は大丈夫だと個人が感じているなら，彼らは進んでそのような愛情行動やコミットメント行動をとるだろう．しかし，相手が自分を騙すのではないかという感じを抱くようになると，そういう行動をする意思は大きく減殺されよう．そしてもしそのような行動をとると，後で相手が自分を捨てたり虐待したりした場合には深刻な損失を蒙ることになる．関係がだめになったときに苦痛を伴うことが多い理由は，このことから説明できる．一方の当事者が愛情あるいは義務感から莫大な犠牲を払うのに，後になって相手に退けられたり裏切られたりするだけ，ということもあるかもしれない．したがって，子どもがいないときであっても，相手に搾取されるかもしれないリスクを減少させる装置としての役割が結婚にはある．契約の観点から言えば，パートナーの将来の行動に制約を課したり，離婚の場合に適正な財産分与をなすことを保証したりすることによって，この結果を達成できる．

　ドメスティック・ヴァイオレンス，強姦，子どもの虐待などを別にすると，継続中の婚姻関係に法律が直接介入することは稀であり，配偶者が利用できる法的サンクションのうちで中心的なものは「離婚するぞ」という脅しである．結婚に関する法と経済学の文献の中で離婚が非常に目立った形で現れてくるのはそういう理由である．婚姻関係が続くと期待されている限り，パートナー間の関係は社会規範によって規律される．社会規範においては，不品行に対する主たるサンクションは愛情を消滅させることであったり，相手との協力を拒否することであったりする．また，社会規範は内面化されて行動が個人の良心によって規律されるようになるかもしれない．そうでないなら，社会規範は親類やコミュニティによって強制されるであろう．社会規範の重要性や関係の継続的性質を考慮して，婚姻関係を関係的契約として表現することがある (Scott and Scott, 1998)．法的枠組みが婚姻関係には何らの影響も与えないなどという含意はないが，関係的契約というのは結婚関係の適切な表現である．社会規範は何もないところで作用しているのではない．婚姻関係における夫と妻の交渉力，そして交換して譲り合うインセンティヴは，そ

れらが作用する際の法的制約に左右される．したがって，法的な条件は離婚を統御するのである．

　法律は同時に，結婚の文脈において重要な公示（表明）的機能を果たす．配偶者たちがお互いに対してどのように行動すべきか，ある特定の行動をすると離婚の場合にどの程度の罰を受けることになるか，などを一般的な言葉で明示している．このような法規定は現今の社会規範を反映しているだけでなく，社会規範を形作る役目も果たしているのである．共同体主義者が破綻主義離婚に対してしばしば敵対的なのはこのような理由による．彼らが主張するところによると，離婚法制は道徳的な面を持っており，害された当事者のために正義を確保するのみならず，結婚した人たちの道徳上の了解やコミットメントを強化してもいる．破綻主義離婚法制の下では，不義や遺棄をしたという理由で罰せられることはない．このことがほのめかすメッセージは，婚姻関係の崩壊について誰か特定の人に主な責任があるわけでは決してない，ということである．

　現在の法制度改革が，意図も予見もしていなかった有害な結果をたくさんもたらしているという証拠が存在している(2)．離婚率の急激な上昇の背景には法制度の変化があり，かつての有責主義離婚法制の場合と比べて，離婚した女性は法の変化のために経済的に貧しくなっている．また，母親を過度に働かせたり，一説によると夫をより暴力的にしたりする(3)など，法制度改革は人々の行動を変化させている．法と経済学の流れに属する研究者はこうした証拠の多くを受け入れはするが，損失を消し去るには何をすればよいかについてはほとんど合意がない．私を含めた一部の研究者は次のように考えている．すなわち，有責性は離婚法に不可欠な要素であり，離婚の利用可能性や離婚の条件は婚姻関係における行動によって決めるべきだということである．離婚条件には，財産分与，そしておそらく子どもの監護権が含まれよう(4)．このアプローチを完全に拒絶し，効果的な離婚手当（アリモニー）システムの確立を主張したり（Ellman, 1989），離婚の申立てから婚姻関係の終了までに長期の待機期間を置くよう主張したり（Scott, 1990; Scott and Scott, 1999）する人たちもいる．本書第4章では，アレン・パークマンが以下のように主張する．子どもがいなければ，結婚後5年間は一方的な離婚を無条件に認めるべきである．5年経った後，あるいは子どもがいる場合は，婚姻上の重大な違

反を一方の配偶者が起こしたとき,または両当事者が婚姻関係解消に合意したときに限り,離婚を認めるべきであるとする.私はここで離婚法について詳しく論じるつもりはない.これらの提案に言及したのは,これらすべてが将来の行動に対する何らかの制約に関係しており,婚姻関係に投資したパートナーたちにある程度の保護を与えるものになっている,という点を指摘しておきたかったからである.契約としての結婚が有するこれらの側面は,シグナルとしての結婚の役割にとって重要な意味を持つ.

3. シグナルとしての結婚

　他の人が考えていることは直接には観察できず,ただ間接的な証拠から推論しうるのみである.それゆえ,関係にコミットしたいと望んでいる人たちは,自分たちの意図を信憑性のある形でお互いに知らせる方法を探さねばならない.そのようなシグナルとして1つ考えられるのは,「結婚したい」という意思表示である.また結婚は,世間の他の人たちに対しても,そのカップルの意思や自分たちのコミットメントの強さを示すシグナルにもなる.シグナルとしての結婚の役割を論じる前に,ちょっと本題から外れて,シグナリングの経済理論に触れておくのが有益であろう.

シグナリング理論

　このテーマに関する先駆的論文の中で,マイケル・スペンスは市場におけるシグナリングをこう定義している.「市場にいる個人の行動ないし属性で,故意あるいは偶然に,市場にいる他者の信念を変えたり,他者に情報を伝えたりするもの」(Spence, 1974, p.1)[5].属性は変えられるものであっても,変えられないものであってもよい.変えられない属性の例として年齢が挙げられる.年齢が高い人は新しい技術を習得するのが概して得意ではないとしよう.そうすると,技術を習得する能力のある労働者を雇いたいと思っている雇用者にとっては,若い応募者を優先して採用するのが合理的になるだろう.そのような行動は社会に有害な影響を及ぼすかもしれないし,年齢は高いが新しい技術がたまたま得意な労働者にとってみれば不公平であろう.けれども,個々の応募者を評価するためにコストのかかるスクリーニング・プログラムを行う必要が避けられることを考えると,そうした行動は完全に合理的

なのである．

　可変の属性の場合，経済学者は2種類のシグナルを区別する．1つは，特定の属性を獲得するためのコストがシグナルの受け手とは無関係になっているシグナルである．もう1つは，送り手に関する情報を伝えるという理由で，属性獲得のコストが重要になるようなシグナルである．前者のタイプのシグナルは「チープ・トーク（cheap talk）」として知られている．チープ・トークは，「シグナルの受け手を深刻なまでに惑わそうというインセンティヴを送り手が持っていない」ということが共有知識（common knowledge）であるときに用いられる．たとえば，休日旅行ツアーを宣伝する人は，企画しているツアーをかなり正確に述べ伝えるだろう．というのも，大きく誤解させても居心地の悪い添乗になるだけで，関係する人全員が惨めな思いをするだけだからである．宣伝を行う人はツアーの魅力を少し誇張するかもしれないが，あまり誇張すると逆効果になりそうである．宣伝を見る人たちは誰でもそういうことを承知しているので，宣伝をする人は，自分の言っていることが本当であると人々に確信させるために多大な労力を注ぎ込む必要はないのである．

　経済的活動で用いられるシグナルの大半はチープ・トークの類のシグナルではない．多くの状況では，シグナルがかなりのコストを送り手に課すものでなければ，シグナルは信憑性を持たないのである．例を挙げると，ある雇用者は，平均以上に頭の良い労働者を雇いたいと思い，このタイプの労働者にはたとえば1時間あたり5ポンドを上乗せして賃金を支払おうとするかもしれない．この雇用者は，どうすればそうした労働者を見つけることができるだろうか．もし応募者が正直に答えると分かっているなら，雇用者は彼らが求められている属性を持っているかどうかを尋ねればよい．これに失敗すれば，スクリーニング・プログラムを実施して望ましくない応募者を除くことができよう．しかし，そのようなプログラムにはお金と時間がかかるので，雇用者は頭の良さを示す代理変数として何か別の属性を用いるかもしれない．分かりやすい代理変数は教育である．頭の良い学生は比較的簡単に学士号（大卒資格）を取得でき，1時間あたり5ポンドのプレミアムがもらえるなら喜んでそのささやかな労力を注ぎ込もうとしているとしよう．また，頭の良くない学生は学士号を取得するためにはもっと多くの労力を払わねばならず，

そんなプレミアムでは割に合わないと考えているとしよう．このケースで雇用者は，学士号を持つ人であれば誰にでも5ポンドのプレミアムを提示するとよい．というのは，わざわざ学士号を取得しようとするのは頭の良い応募者だけだからである．学士号取得を通じて得られた知識や経験が当該職業と関係ないとしても，雇用者にとってはそうした行動が合理的となるだろう．これは「分離均衡（separating equilibrium）」の一例である．これとは別に「一括均衡（pooling equilibrium）」の例もあり，たとえばそこではすべての応募者が学士号取得は利益になると考えることになり，雇用者はもはや頭の良さを示す代理変数として学士号の資格を用いることができなくなる．この場合，雇用者は博士号など別の代理変数を求めるようになるかもしれない．

　上記の例では学士号が効果的なシグナルになっている．なぜかと言うと，あるタイプの人にとっては，他のタイプの人よりも，シグナルとなるものを取得するのはよりコストのかかることだったり，より難しかったりするからである．これは「正直なシグナルにはコストがかかる」という原理を示す例になっている．生物学の性淘汰の理論では，このことは「ハンディキャップ原理」として知られている．動物たちは，何らかの方法を使って自分自身にハンディキャップを課し，つがいの相手となりそうな個体に対し，自分の遺伝子の質についてのシグナルを送るのである．オスのクジャクの尾は，その分だけクジャクが捕食者から逃げるのを難しくしてしまうため，ハンディキャップになっている．したがってメスのクジャクは，尾が無駄に大きいオスを見ると，そのオスはたいへん強いのだと推測できる．大きい尾があれば，強くないと生き残れないだろうからである．力強さは望ましい属性であるため，尾のサイズそれ自体には直接の興味がないとしても，尾の大きい相手を探すのがメスにとって合理的となる．尾のサイズがシグナルとして働くのは，大きな尾を身に付けて維持するのには生死に関わるコストがかかり，力の強い個体だけがそのコストを負担できる，という理由による．[6]

　シグナリングの文脈でのコストの概念は広く解釈されなければならない．シグナルを送るコストは資源の直截的な消費である場合もあれば（たとえば教育の例），将来の行動に対する制約となっている場合もある（たとえば製造物のどんな瑕疵も修繕するという法的に強制可能な保証など）．将来の行動に対する制約は，何か不都合なことが起こったときにのみ実際のコストや制

限が生ずるという意味で，条件付きであることがしばしばある．上の教育の例では，労働者たちは理論上次のようにして自分の頭の良さや能力をシグナルで示せる．つまり，自分たちがこうした個人的属性を持っていないと分かれば雇用者に弁償する，と約束するのである．そのような約束が強制可能だとすると，将来雇用されたときに役立つかどうか疑わしい学位を取得するために多大な時間と労力を費やすよりは，効率的なシグナルの方法となるかもしれない．これを一般的な形で言い直すと，将来の行動に対する強制可能な制約を自発的に受け入れるという行動は，私的情報についてのシグナルを他者に送る効率的な方法だということになるが，今述べた約束の例はそのことを示している．このような行動は，時間やお金を直截的にたくさん消費する他のシグナルと比べて，より安価で正確なシグナルとなるかもしれない．

結婚

　結婚はいくつかの点でシグナルとしての役割を果たす．ある人が他の人に結婚を申し込んだり，そのような申し込みを受け入れたりするとき，通常それは永続的な関係へのコミットメントや希望を指し示しているものと解釈される．ある人が結婚していると言うとき，「彼または彼女はある関係にコミットしており，外部の人とは性的な関係を持たない」ということを普通示している．また，ある人が結婚しているという事実は，雇用してくれるかもしれない人や政府に対し，その人の個人的な属性（たとえば健康状態，信頼性，向上心など）を示すものとなるかもしれない．さらに，あるカップルが結婚しているという事実は，彼らの関係において見込まれる安定度を示す良い指標となりうる．

　シグナルとしての結婚の効果は，それが有意味なコストを伴っているということに依存している場合が多い．たとえば結婚式は非常に高くつくかもしれないし，新郎新婦は結婚前に長期のカウンセリングやその他の手ほどき（イニシエーション）を受けねばならないかもしれない．ここで想定されているのは，真剣に結婚を考えている人たちだけがこれらのコストを負おうとする，ということである．あるいは，法律上の結婚をしようとしている事実だけで，その人たちが将来の関係をどう見ているかがよく分かるかもしれない．結婚が将来の行動に対して重要な制約を課している場合は，まさにそうであ

る．真摯な人たちのみがそのような制約を受忍するであろうからである．

効果的なシグナルとして機能するには結婚に大きなコストが必ず伴っていなければならない，というわけではない．2種類のタイプだけからなる母集団を考えてみよう．一方のタイプは十分なコミットメントのある排他的な性的関係を望んでいる．もう1つのタイプは，かりそめのオープンな性的関係を望んでいる．どちらのタイプの人も，自分とは違うタイプの人をパートナーにしてしまうと不幸になり，コミットメントを行った人たちは自分の選好を決して変えない，と仮定しておこう．その場合，お互いを騙して誤解させるインセンティヴは誰も持たず，シグナルをコストのかかるものにする必要もない．これらの条件の下では，結婚は効果的なシグナルとして機能する．そしてその際，法的な制約，社会的サンクション，多額の経済的支出などを一緒に用いる必要はない．関係している個人が現在結婚しているということを公的に示せば十分である．現在結婚しているという事実は，指輪を交換してずっと身に付けておくことで示されうる．そうした方法により，お互いや他の人々に対して「自分たちはすでにコミットメントを行ったカップルであり，そのように扱っていただきたい」というシグナルを各人が送れるのである．外部の人たちはそのカップルの関係を安定したものとみなすようになり，また，カップル内の人とは性的関係を結べないと考えるようになるだろう[7]．結婚を選択しなかったカップルはこれらの条件を満たしていないと推定される．このようにして，コミットメントを行ったカップルが結婚し，コミットメントをしていないカップルは結婚しない，という分離均衡が現出するのである．

上の例は「チープ・トーク」によるシグナルの1例になっている．この例自体は相当に単純化されているが，一部の国において同棲をしている人たちが置かれている状況をたいへんよく表している．イギリスでの調査資料によると，同棲しているカップルのほとんどは別れるか最終的に結婚するかのどちらかである．ジョン・アーミッシュとマルコ・フランチェスコーニは，イギリス家庭状況パネル研究（British Household Panel Study）のライフヒストリー（生活史）データを用いて，約60％の同棲カップルが結婚をし，35％は10年以内に別れていると見積っている（Ermisch and Francesconi, 2000）．同棲していたカップルが結婚した動機として挙げているのは，たとえば法的な

保障や親からの圧力などさまざまである．けれども，最も頻繁に動機として挙げられるのは「公的なコミットメントをしたいという希望」である．スーザン・マクレイはイギリスで同棲をしている母親たちの調査を行い，最終的にパートナーと結婚した人たちの53〜57％が結婚の主な理由として「コミットメント」を挙げていることを見出している (McRae, 1993)．したがって，カップルがお互いをよく知っていて彼らの選好がうまく調整されている場合は，結婚は純粋にシンボル的な機能を担い，コミットメントを形成してそのことを外部にシグナルとして示すのに役立つかもしれない．この目的からすれば，法律上の結婚はさして重要ではなく，たとえば指輪の交換など，コミットメントを社会が認知できるように明示さえすればまったく同じことになる．

　これは，結婚に関するリベラルな考え方を吹き込む見方である．この見方に従うと，結婚というものは，サンクションも制約もない，ほとんどコストがかからず非拘束的な宣言にすぎないことになる．こうした見方に立脚する人々が法的な結婚を不必要な制度だとしばしば考えるのも無理はない．しかしこの見方は，パートナーを選択して共に生活を作っていくときに人々が直面する重大な問題点のいくつかを見逃している．第一に，人々が自らについて述べることは常に正確とは限らないので，パートナー候補のコミットメントの程度を測定するには，単なる言葉以上の何かが必要となりうる．たとえば，ある男性がある女性と永続的な関係を結ぼうとしているが，それは子どもが欲しいと思っているからかもしれないし，もしかするとただ単に愛情や親交のためかもしれない．その男性のパートナー候補の女性の中には彼と同じような希望を持っている人がいるかもしれないが，カジュアルな関係を望んでいる女性や，彼についてどう思っているか自分でもよく分からない女性もいるだろう．すべてのパートナー候補の女性が十分かつ正直に答えてくれるとその男性が確信していれば，彼女たちに質問するだけで，彼女たちがどう思っているかを確かめることができよう．だが，自分の思っていることをわざとごまかしたり不信感を隠していたりする人もいるのではないか，と彼は不安になるかもしれない．このような場合，パートナー候補が彼を確信させるためには，単なる宣言以上のものが必要である．すぐに思いつくシグナルは，パートナー候補の「結婚したい」という意思表示である．ただし，そうしたシグナルが信憑性のあるものとなるのは，不適当なパートナーが負い

たがらないような「コスト」を結婚が伴っているときだけである．コストが十分に大きければ，パートナー候補の女性がそのようなコストを払おうとしているという事実そのものが，彼女の真意を示す信憑性のあるシグナルとなるだろう．そうなると，結婚はシグナルとしての役割を果たし，分離均衡を導く．そこでは，コミットメントを希望する人たちは結婚の申し出をしたり受け入れたりすることによって自分のタイプを示し，他のタイプの人はそうした行動を避けるのである．

第二の問題は，個人も環境も変化するということから生ずる．あるカップルがお互いに正直に「自分たちはコミットした関係を望んでいる」と言い，忠実で愛情を持った伴侶として残りの生涯を過ごすつもりであったが，後になって，この約束を全うするのは考えていたよりも難しいと一方が思うようになる可能性もある．この人は家族生活について予想外の事柄を発見したのかもしれないし，彼または彼女の感情や興味が思いもよらない方向へ変化したのかもしれない．あるいは，その人が他の誰かに夢中になってしまったのかもしれない．法的な拘束力のある契約が存在していると，そういう事態が起こって婚姻関係が崩壊するリスクは減少する．すると，パートナーたちは自分たちの婚姻関係に安心して投資でき，当該関係をだめにするような行動を避けるようにもなるだろう．同時に，理由のない関係崩壊の影響から個人を守るのにも契約は役立つ．この点で，契約としての結婚は製造物の品質保証と似ている．契約そのものが他方当事者をリスクから守り，その上，そうした契約にサインしようとしているという事実は，その人の意図や期待についての情報を提供するのである．

結婚するという行為によって伝わる情報の量は，結婚という契約の性質に左右され，したがって，離婚に関する法律に左右される．そしてまた，結婚していないカップルの場合とは違った権利や責任を結婚したカップルがどの程度有するかにも依存する．現代になって離婚は容易になり，不義や一方的な関係終了に対するペナルティは軽くなったり完全に消えたりしている．加えて，結婚していない親やパートナーにも新しい権利が拡張され，また責任が課されるようになっている．とりわけ，婚外子に対する父親の経済的責任が拡大されるとともに積極的に強制されるようになり，多くの国では，そうした婚外子に対する面会権や監護権などの新しい法的権利を父親が持つよう

第8章 シグナルとしての結婚

になっている．こうした動きの望ましさについてはいろいろな意見がありうるが，シグナルとしての結婚の価値を損なうという集合的帰結を生んでしまう点は疑いえないように思われる．

かつて結婚とは義務のパッケージであった．結婚した女性が夫との間に子を産めば，夫が彼女のもとに残って彼女と子どものために経済的援助や実際の手助けをしてくれる，とあてにすることが普通はできた．これに対して結婚していない女性が子どもを産んだ場合，高い確率で父親は彼女を捨て去り，彼女とその子どもを大変な苦境に置いていた．それゆえ，結婚ができるということ，そして結婚したがっているのを示すことは，女性とその関係から生まれるであろう子どもに対して生活全般にわたる長期的な保護を与えようという男性の意思を示すものとして，明瞭で価値のあるシグナルとなっていた．逆に女性は夫を支援し，安全な家庭と家族を提供する．これらの責任は当事者全員が理解しており，結婚の申し込みとその受け入れという行為はコミットメントを示す明確で信頼できるシグナルであった．結婚するのを拒否する人や，すでに結婚しているために結婚ができない人は，あてにすべき対象ではなかったのである．

公共政策や社会生活の領域での変化はこうしたイメージを一変させた．男性も女性も，自分たちのコミットメントを結婚によってシグナルするのは難しくなったのである．というのも，結婚がパートナーたちに要求するコミットメントの程度が昔よりも弱くなったからである．パートナーたちは以前と比べて簡単に婚姻関係から抜け出せる．そして，結婚に伴う経済的援助の義務は，結婚していない父親やパートナーの義務とあまり峻別されないようになった．けれども，リベラルな国でさえもたいていは離婚に対する心理的抵抗や実際上の障害がまだ残存していて，非婚の人々には適用されないようなある種の権利や責任が結婚にやはり伴う．これらの「コスト」があるため，以前と同様，結婚はコミットメントを示すシグナルとしての信憑性をいくぶんは残している．さらに，最近の離婚法の改正により，シグナリングの役割のうちのある側面は強められているかもしれない．多くの国や法域では，離婚された妻は前夫の年金や将来の収入を分けてもらう権利を持つようになっている．結婚していない性的パートナーにもこれらの権利が拡張されない限り，こうした変化によって，婚姻関係を終了させる行為はより大きなコスト

を男性にかけることになる．それゆえ，結婚をするという意思決定は以前よりも信憑性のあるシグナルとなっている．だが逆に，これと同じ変化のため，女性にとって婚姻関係を終了させるコストは小さくなっており，結婚して自分のコミットメントを示すということがしにくくなっている．したがって，最近の法律の変化が結婚のシグナリング機能にどう影響しているかはよく分からない．しかし「現代において，コミットメントを示すシグナルとしての結婚の効果は弱まっている」という全般的な結論に変わりはない．

結婚の標準型

　大半の国や法域では結婚という契約の標準型の規定があり，配偶者相互の責任，婚姻を終了させうる条件，そして離婚時の財産分与額を決める原則などについて一般的な用語で定めている．結婚の標準型は国や法域によってさまざまであるが，それぞれの国や法域には1種類の標準型しかないのが普通である．アリゾナ州やルイジアナ州は他とは違って2種類の標準型が存在する．1つは離婚が容易な通常の結婚であり，もう1つは有責主義に基づく厳しい婚姻契約（covenant marriage）である．多くの国・法域においては，当事者が婚姻上の契約を特別に締結することで，法定の標準型の結婚を回避することを認めている．すなわち，一定の法規定は，婚姻前あるいは婚姻後の取決で変更できる．しかしながら，そのような取決ができる範囲は限られているのが普通で，結婚の標準型のうちのいくつかの点は強行規定になっている．

　結婚の標準型に関しては，次のような疑問が生じる．なぜそのようなものが必要とされるのだろうか．結婚のシグナリング機能と標準型はどう関係するのだろうか．どのくらいの種類の標準型があるとよいのだろうか．標準型に盛り込むべき要素は何か．そして，全ての結婚について強行規定とされるべき要素は何だろうか．

　結婚の標準型を準備しておくことにはたくさんの長所がある．経験則によってすでに形成された標準型を当事者に与え，すべてをゼロから作り上げる必要性を小さくするので，取引費用が削減される．また，当事者が大失敗をしでかすのを防いでくれる．さらに，当該法域内のすべての結婚がある基本的な特徴を具えているということを保証し，結婚していることや結婚しよう

としていることがどのような意味を持つかについての理解を人々が共有するようになる．それによりシグナリングは容易になるのである．シグナルとしての結婚の役割を考えるとき，このことは大きな重要性を有する．もしそれぞれのカップルが，自分たちの結婚という契約を初めから他の人の指導を受けることなく作成しなければならないとすれば，混乱をきたすであろう．契約に多様性がありすぎるようになり，誰かが結婚しているという情報の意味内容はないに等しくなってしまうのである．

「婚姻前の取決は結婚に対して有害な影響を及ぼすから，標準型の結婚を修正するのは禁止すべきだ」と主張することもできよう．婚姻前の取決を容認すると自己中心的で打算的な態度で結婚に臨むことになる．そうなると，パートナーのコミットメントの程度に関して，それに婚姻関係が長く続きそうだという自分たちの信念に関して，誤解を導くようなシグナルが発生することになる．同時に，結婚という契約の修正が禁じられれば各人の結婚の法的基盤が同じになってそれが共有知識となるので，あるカップルが結婚していることの意味を外部の人たちは容易に理解できるようにもなる．そうではあるが，これはやや極端な立場である．標準型の結婚は，たとえば離婚の場合の財産配分を細かく定めた項目など，細目をいくらか含んでいる．これらは外部の人にとってはさほど重要ではなく，結婚のシグナリング機能を大きく損なわないままこれらの部分を変更することも可能なのである．外部の人たちの主たる関心は，そのカップルの人がどれくらい相互にコミットしているか，彼らが婚姻中は助け合おうとしているという事実，彼らは他の性的関係をどの程度受け付けないのか，ということにある．彼らが結婚しているという事実に興味があるのは，その事実がこれらの点に関する情報を提供してくれるからである．例を挙げると，養子縁組斡旋所は子どもが置かれる家庭の安定度に関心があるので，結婚しているカップルを好むであろう．性的パートナーを探している人が，特定の人が結婚しているかどうかということに興味を持つのは，その人と関係を結べる可能性についての情報を与えてくれるためである．外部の人たちとの関係で言えば，結婚のシグナリング機能の中で主な機能は「このカップルの人は他と性的関係を持たず，相互に助け合う生涯のコミットメントをしている」というメッセージを伝えることである．この機能を大きく阻害してしまうような標準型の修正は禁止すべきである．[8]

シグナルには外部効果がある．所与の結婚にシグナルとしての効果があるかどうかは，他の人の結婚の性質や他の婚姻関係にある人たちの行動にかかっている．たとえば，貞節の誓い，関係永続の誓い，相互扶助の誓いを結婚という契約から削除するのが慣行になっていたとしよう．そうなると，私の結婚には依然としてそれらの誓いが含まれているということはいったい誰に分かるのだろうか．もし不貞行為や離婚が広く行われているとして，私の婚姻関係は他とは異なるということを誰が知りうるのだろうか．自分の婚姻関係が永続的であり性的に他を受け付けないコミットメントであるというシグナルを送りたいと思っているとすれば，そのようなコミットメント条項がすべての結婚という契約に強行規定として盛り込まれることを望むであろう．また，他のカップルを引き留めて性的な排他性を保つようにさせておくような社会的ないし法的メカニズムが存在するなら，それは私の利益に適うであろう．不貞行為の１つ１つが，性的な排他性を示すシグナルとしての結婚の信憑性を低下させてしまうのである．誰かが配偶者を遺棄するたびに，コミットメントのシグナルとしての結婚の信憑性が損なわれる．そして，ある家族が崩壊するたびに，「自分たちの両親はちゃんと一緒にいてくれる」という他の子どもたちの信頼を脅かす．子どもがおらず大人の当事者同士が合意をする場合は，離婚は誰も傷つけないまったくプライヴェートな事柄であるようにも見える．だがこれは正しくない．たとえ合意に基づく離婚であったとしても，離婚の１つ１つが，他の婚姻関係も解消するという主観的なリスクを増大させ，永続性を示すシグナルとしての結婚の信憑性を下げるのである．結婚は職業上の資格のようなものであり，シグナルとしての価値はその評判に大きく左右される．その職業に就いていて能力のある人と客になりそうな人は共通の利害関心を持っている．それは，資格試験の水準を維持すること，そして彼らの資格に対する人々の信頼を失うような行動をさせないことである．同様に，コミットメントを行ったカップルと社会一般も利害関心を共有している．彼らは，結婚という契約の修正を行わせないこと，結婚の評判を損なう行動をさせないことを望むのである．

婚姻契約（covenant marriage）

上述の通り，アリゾナ州とルイジアナ州には現在２種類の結婚形態が存

していて，1つは離婚が容易な通常のタイプの結婚であり，もう1つは有責主義に基づく婚姻契約による結婚である(9)．普通のタイプの結婚から婚姻契約による結婚に変えることはできるが，逆の変更は認められない．そのような選択肢があると，結婚のシグナリング機能にどのような影響を及ぼすのだろうか．この答えは，婚姻契約を選択した人たちの経験にいくぶん依存している．強いコミットメントを行っている人たちだけが婚姻契約を選ぶなら，この形態の婚姻の場合は離婚率が低くなり，婚姻関係に満足している度合いが高い，ということになるだろう．そうなれば，婚姻契約は真剣なコミットメントを示すシグナルとして遍く捉えられることとなる．これは別に，ふさわしくないカップルに圧力をかけて婚姻契約を結ばせるよう急かすべきだと主張しているわけではない．なぜなら，そうしたところで多くのカップルは後で離婚してしまい，婚姻契約による結婚の評判を悪くしてしまうからである．婚姻契約の主唱者はそうした危険性を認識している．婚姻契約をしようとしているカップルは，婚姻契約に付随する責任や制約をはっきりさせるための結婚前カウンセリングを受けなければならないのだが，これはそうした危険性が認識されているためだと説明できよう．

　では実際には，2種類の結婚形態はどのように共存しているのだろうか．婚姻契約が存在すると，通常の結婚のシグナリング機能にどういう影響が及ぶのだろうか．考えられるシナリオはいくつかあり，そのうちのどれになるかは婚姻契約が将来どれだけ普及するかで決まる．まず，婚姻契約が実際には広まらなかったために，ごく少数のカップルが（たいていは強い宗教的信念から）このタイプの結婚を用いるのみで，かなりのコミットメントをしている多くのカップルを含めた他のカップルは通常の婚姻を選択する，というケースがあろう．このケースでは，通常の結婚が持つ社会的意味はそれほど影響を受けず，このタイプの結婚も現在のような役割を果たし，コミットメントを示す適度な信憑性のあるシグナルであり続けるだろう．これと別のシナリオは，高度なコミットメントをしているすべてのカップルが最終的に婚姻契約を選択する，というケースである．すぐに婚姻契約をするカップルもいれば，通常の婚姻を経た後で婚姻契約を結ぶカップルもいるであろう．このケースの場合，通常の結婚形態を選ぶ人たちのコミットメントの程度の平均は大きく低下し，通常の結婚が現在有しているようなシグナルとしての信

憑性はかなり減殺される．そうなると通常の結婚は「登録された同棲」とほとんど変わらなくなる．

そういう状況からは，シグナリングに関する興味深い問題が出てくる．どちらのタイプの結婚でも，同じ用語が使われ続けるのだろうか．「夫」や「妻」という言葉は，両方のタイプの配偶者を表す言葉として使われるのだろうか．婚姻契約を行った人は，自分たちが高いレヴェルのコミットメントをしていることを明らかにするために，他とは違った特有の用語を使うのだろうか．あるいは，通常の結婚をしている人たちに適用されている用語を格下げしようとするのだろうか．通常の結婚を「内縁関係（domestic partnerships）」として分類し直し，通常の婚姻関係にある者を「夫」「妻」ではなく「（内縁の）パートナー」として法律上定義する，というのも1つの手であろう．もし婚姻契約が広く浸透するようになれば，ちょうど今日通常の結婚と同棲との間で闘われているのと同じように，婚姻契約と通常の結婚との間で用語の争いが起こりそうである．リベラルな人たちは，結婚をしているカップルとしていないカップルの双方を区別することなく，「パートナー」という言葉を用いるのが普通である．多くの既婚カップルはこの用語法に対して憤然とする．コミットメントの程度が曖昧で，既婚カップルよりも概してコミットメントの度合いが相当低い同棲カップルとは一緒にされたくないと彼らは思うからである．「夫」「妻」「配偶者」のような特有の用語を使って自分たちのコミットメントをシグナルしたいと彼らは考え，また，これらの用語を使うことで，こうした区別を他の人たちに認めてもらいたいと望む．それと同様に，婚姻契約を締結したカップルも，「夫」「妻」という用語が通常の婚姻関係と共用されていることに憤慨するようになるかもしれない．通常の婚姻関係はコミットメントの度合いが曖昧で，その度合いは典型的な婚姻契約の場合と比べ概してかなり低いのである．

結婚に対する態度と行動

本章では，2つの中心的概念が，いかなる結婚という契約においても強行規定として強制されるべきだということを論じてきた．その2つの概念とは，コミットメントと性的な排他性である．これは理由もなしに選んだわけではなく，結婚はこうあるべきだという一般の考え方と合致している．結婚は生

涯続く結合関係であるという考え方は広く支持されている．離婚率が高くなっているにもかかわらず，婚姻関係を生涯続かせることは大半の人が熱望しており，そして多くの人はそれを実現している．たとえば，1994年にイギリス大法官部（British Lord Chancellor's Department）は結婚に対する態度についての調査を委託している（MORI, 1994）．質問された人の72%は「婚姻関係は永続させるべきだ」ということを肯定しており，その調査よりも3年前の調査（58%）に比べて相当上昇している．これに対し，否定的なのは14%にとどまった．また，不貞行為は信頼に対する重大な裏切であると広く認識されていて，婚姻外の関係を持つのは実際のところかなり稀である，ということがその調査から分かる．「イギリスにおける性に関する態度とライフスタイルの全国調査(British National Survey of Sexual Attitudes and Lifestyles)」によると，婚姻外の性的関係はどんなときも悪い，あるいはたいていは悪いものだと考えている人は，男性の79%，女性の84%に上る（Wellings et al., 1994, p. 249）．16歳から24歳の人たちについて言うと，男性の82%，女性の87%がそう考えている．この状況は合衆国でも同様である．エドワード・ローマンとその共同研究者が報告するところによれば，アメリカの成人男性の90%が「婚姻外の性的関係はどんなときも悪い，あるいはたいていは悪いものだ」と考えている（Laumann et al., 1994, table B 4）．18歳から34歳の男性の場合も，その値は約90%である．このことが示しているのは，そのような考え方はどの年代にも共通して見られるもので，単なる過去の遺物ではない，という点である．

　すべての人が自分の信念に沿って行動しているわけではないので，不貞行為は悪いと考えているのに婚姻外の関係を持ってしまったという人がいても別に驚くべきことではない．そうではあるが，結婚したカップルの大方は，自らの配偶者に対して今まで誠実であったと言っている．前述のアメリカの調査では，夫のうち25%，妻のうち15%の人たち（現在離婚している人も含む）が婚姻中のある時期に婚姻外の関係を持ったことがある，と認めている（Laumann et al., 1994, table 5.15）．これらの数字はおそらく現実よりも過小な数字であろう．というのも，自分の不貞行為を認めるのを恥じる回答者がいるはずだからである．けれども，性的行動に関して詳細な質問が他にもいろいろあり，これに対して彼らが積極的に答えようとしていた様子を見ると，

恥ずかしくて婚姻外の関係を白状できない回答者がたくさんいたとは思えない．実際の不貞行為がかなりありふれたものであったとしても，次のように考えるのが妥当である．すなわち，結婚した人の大半は自分の配偶者に対して誠実であり続けていて，婚姻外の関係を持ってしまったとしても，その多くは継続的な行動パタンではなく一時の気の迷いなのである．

性行動に関する態度がリベラルになり，そして離婚率が高くなっているのにもかかわらず，明らかにたいていの人々は結婚を「一生涯続く，性的に排他的な結合関係」とみなしており，彼らの中の多くがやはりその理想をうまく達成している．それゆえ，今日でも依然として，結婚は性的な排他性を示すための適度な信憑性を有するシグナルとなっているのである．

4．同棲

共同体主義者や他の結婚擁護者は，結婚と同棲の間に現在あるような法的区別は維持されるべきで，強化もされるべきである，とよく主張する．(10) さらに，結婚はコミットメントと安定性のシグナルであるということを政策主体ははっきりと認識すべきで，この理由から，結婚制度には同棲とは違った特別な地位が与えられるべきだ，と主張されることもある．私の国イギリスでそんな考えを述べると反論の嵐に遭うのが普通である．「なぜそれほどまでに不寛容なのか？」「もし当事者が望まないなら，無理に結婚させるべきではない」「同棲しているカップルであっても，結婚したカップルと同様にお互いにコミットメントをしていることもある」「同棲を差別するのは間違っている」「私たちはなぜ結婚したカップルとして扱ってもらえないのか」．そうした反論を評するにあたっては，同性愛者の場合と異性愛者の場合を区別しておかねばならない．現在のところ同性愛者は法的に結婚をすることはできず，結婚しないことは彼らの関係の性質や彼らの意思を何ら示すものではない．しかしながら異性愛者の場合は事情が異なっている．彼らは法的に結婚できるのである．もし異性愛者が結婚ではなく同棲を選ぶとすれば，彼らの関係が有すると見込まれる安定度に関して，何らかの事柄をその行動は示しているのである．多くの国で得られた資料によると，同棲関係よりも婚姻関係の方が概して長続きしやすい．(11) 子どもがいようといまいとそれは当てはまる．イギリスでは，子どもが生まれる前に結婚したカップルのうち，子ども誕生

から5年以内に別れる確率は8％であるとキャスリン・キーアナンが推定している（Kiernan, 1999, table 11）．子どもが生まれた後に結婚したカップルの場合は25％，結婚しなかった同棲カップルの場合は52％に上昇する．ここから分かるのは，第一子誕生時に同棲の段階であったカップルについてさえ，その後に結婚したか否かが安定性を示す指標となるということである．ジョン・アーミッシュは，結婚しなかった同棲カップルの約6組のうち5組までが第一子誕生後10年以内に別れている，ということを別のデータを用いて推定している（Ermisch, 1997, p. 128）．イギリスの場合ほど極端な差にはあまりならないが，他の西洋諸国の多くでも同様のパタンが見られる[12]．同棲が長らく広汎に行われてきたスウェーデンにおいてすら，小さな子どものいる同棲カップルが別れる確率は既婚カップルの約4倍もある（Kiernan, 1999, table 11）．同棲関係が不安定であることは驚くにあたらない．生涯続くコミットメントがなく，別れるという選択肢を意識的に残している，ということが同棲の前提になっているのが普通だからである．自分たちをばらばらの個人と見ている人たちは，自分たちを永続的なカップルの片方と見ている人たちよりも，関係を断つ可能性が高いのである．離婚率が高くなってはいるが，あるカップルがずっと一緒にいるかどうかを統計的に予測するための指標として最良なのは「彼らが結婚しているか否か」である．したがって，結婚をコミットメントと安定性のシグナルと考えてよかろう．

　結婚はまた，他にも多くの結果を示す指標になっている[13]．同棲をしている人たちよりも結婚をしている人たちの方が，性的な貞操をよく守っている．結婚している人は概して身体的に健康であり，独身の人，同棲している人，離婚した人，あるいは別居している人よりも死亡率が低い．それに，結婚している人は不安や抑鬱などの心の病気に悩まされることが少ない．また，性的な満足度も高いと報告されている．彼らはより規則正しい生活を送っており，アルコールや薬物の濫用などの有害な活動を行うことは少ない．結婚した男性は平均的により良い被用者であり，より多くの収入を得ていることや昇進の階段を上るのがより速いということにそれが反映されている．結婚した人はお互いに対して暴力的になることが概して少なく，両親が結婚している場合は，身体的そして性的な虐待を子どもに加えることは少なくなっている（Stets and Straus, 1995）．子どもにとって最もリスクの高い状況として，

継親のいる家族で育てられることが挙げられる（Daly and Wilson, 1998）. しかしながら，継親となる大人が単に同棲しているだけの場合と比べて，継親が結婚している場合は継親家族での虐待発生率が相当に小さくなる，ということを示す証拠がある（Whelan, 1994）.

相関関係と因果関係は同じではない．安定性や健康といった性質と結婚との間に見られる相関関係の一部は，選択バイアス（selection bias）に起因している．「同棲カップルよりも既婚カップルの方が別れることが少ない」という事実は，結婚によってその関係の安定性が増すという理由のみからもたらされるのではない．結婚をしたカップルは，同棲をしている人たちよりも平均してコミットメントの程度がもともと高い．この理由からだけでも，結婚をしたカップルの方が長続きすると予想できるはずである．同じように，平均よりも健康な人，信頼できる人，暴力や子どもの虐待を起こしにくい人は結婚率が高くなるかもしれない．だが，話がそれだけではすまないことは確かである．観察される相関関係がすべて選択バイアスに帰せられるとか，結婚は人間の行動に何の影響も与えないとかということは信じ難い．アメリカの社会学者スティーヴ・ノックは男性というものをテーマにした一冊の本を著しているが，そこで彼は，男性が結婚したときにいかにして彼らの行動が大きく変化していくかを説明している（Nock, 1998）[14]．結婚は，男性が直面するインセンティヴと彼らの選好の双方を変化させる．男性が結婚した場合，彼らは世間一般のルールや社会的期待に従うようになり，それによってより信頼でき，コミットメントをより深く行う人間になる．結婚した男性は夫としての社会的役割を引き受ける．彼らは夫として他の男性よりも信頼しうる人であることが期待され，夫のように考え行動することによって，これらの期待を内面化する．同様の変化は女性が結婚した場合でも起こるかもしれない．ただし，女性はそもそも初めから信頼できる人間なので，結婚の効果は男性のときよりも弱いかもしれない．

当事者の行動や2人の関係に結婚が及ぼす因果的な影響に関しては，他の多くの研究も似たような結論に到達している．キャスリン・ロスは『ジャーナル・オヴ・マリッジ・アンド・ザ・ファミリー（Journal of Marriage and the Family）』誌で次のように書いている．

結婚が幸福感に与えるプラスの効果は強力で一貫したものである．精神的に健康な人が結婚をするとか，あるいは精神的に不健康な人が離婚をするという選択からこの効果を説明することはできない．(15)

ジョージ・アカロフは興味深い計量経済学的分析を行っており，結婚は男性の行動に対して因果的な影響を及ぼすことを見出している（Akerlof, 1998）．だが彼の分析結果が示唆するのは，その効果は時代とともに弱まっているということである．法律と文化が変わったために結婚の機能が損なわれ，結婚制度は以前ほど重く捉えられなくなった，という事実をこの結果は反映しているのかもしれない．そうだとしても，その効果は弱まってはいるが，依然として結婚はさまざまな好ましい成果と相関しており，行動に対して重要な影響を与え続けているのである．

結婚が社会に利益をもたらす効果を持つ限りは，社会がカップルに同棲ではなく結婚を勧めるのもよい．しかし，結婚が行動に影響を及ぼさないとしても，結婚にはやはりシグナルとしての重要な役割がある．もしわれわれがあるカップルに関する詳細な個人的情報を保有しているなら，彼らが結婚しているいないにかかわらず，彼らの関係の安定度がどのくらいになりそうかを査定できよう．カップルに関してそうした個人的情報がない場合は，婚姻関係の有無といった入手しやすい指標に頼らなければならない．あるカップルが結婚しているか否かが分かると，彼らの関係の安定度，親としての能力，そして健康状態や信頼性といった他の個人的属性について，外部の人に貴重な情報が伝わることになる．そのような情報には確率的な性質がある．既婚カップルや同棲カップルのすべてが外部の人のステレオタイプに当てはまるとは限らないからである．だがそうは言っても確率は重要であり，われわれが生活上行っていることの多くは，個々のケースの詳細な知識ではなく統計的な情報に基づいているのである．世間一般の人が個人の心の中を覗いたり個人の生活を詳しく調査したりすることはできない．そのため，単純な指標やシグナルに頼らねばならない——婚姻関係の有無は最も信頼性が高い指標であり，容易に分かる情報でもある．結婚という契約が現在よりも拘束的なら，もっと信頼できるシグナルになっていただろう．

結婚というシグナルに対して，政府はどのように反応すべきなのだろうか．

結婚していない人々には与えられないような特別な経済的援助を既婚カップルに与えるべきなのだろうか．理論的に言うとかつてイギリスはこういう立場であり，この点は，結婚したカップルに対する税制上の所得控除を労働省が最近廃止するまでそうであったと言える．他のいくつかのヨーロッパ諸国でも，既婚カップルを税制上優遇している．このような政策は結婚していない人たちに対する不当な差別だとして攻撃されることがある．けれどもなぜ，高い安定性，良好な健康状態，低い犯罪率という点で社会に利益をもたらしてくれる婚姻関係に特別な税制措置を施すのが不当なのだろうか．窓に鍵をつけている人や喫煙しない人が被保険者の場合，保険会社は保険料を安くしている．それと同じ論理で，社会に利益を与えて国庫への負担を減らすような生活形態を国家が支援するのは正当だと言える．しかしながら，ここにはモラル・ハザードが生じるおそれがある．結婚に対する補助額が大きすぎると，コミットメントをしていない多くの人たちも結婚するようになる．そうなると彼らの結婚後の行動が結婚の評判を落とし，よってシグナルとしての価値を低下させることになる．

　理論的には面白いが，今のところ結婚に対する補助金の問題は実際上さほど重要ではない．たいていの国では，他の税や給付金の制度のところで結婚した人にとって不利なバイアスが隠れており，それらは今ある数少ない表立った補助金を相殺してなお余りあるのである．したがって適切な問いは「結婚した人を優遇するかどうか」ではなく「結婚を不利にするバイアスをどう除去するか」である．「ニーズ」に基づいて福祉援助額を決めると，ひとり親を援助したり別離や結婚失敗のコスト分をいくらか融通したりすることになり，結婚が不利になるよう差別する結果となる．それに，「ひとり親」の中にはどこかに無申告のパートナーが存在している場合もあるので，間接的に同棲を補助することにもなる（Smart and Stevens, 2000）．アメリカの低所得者控除（Earned Income Tax Credit: EITC）やそれに相当するイギリスの制度もまた，結婚している人を不利に扱ってひとり親になった人を優遇している．結婚をしたカップルよりも働くひとり親に対して多くの補助金を与えるのが普通だからである．そのような歪みを除去し，結婚に関して真に中立的な税・給付金システムを確立するだけでも大仕事となろう．ただでさえ貧しくて福祉援助や税制上の控除に大きく依存しているひとり親がたくさんいるのだ

が，彼らを今以上に貧しくすることなく上記の課題をどう成し遂げうるかは明らかではない．そういうわけで，理論的には税・給付金システムを通じて結婚を支援するのが望ましいのだが，現下この目標を達成するのは無理なように思える．結婚を不利にするような現在の財政上のバイアスを消滅させるのはたいへん難しいであろう．

税や給付金のシステムはさておいて，優遇の基準に結婚を用いる領域がある．一部の国では，自分のパートナーをその国に連れてきたり，養子をとったり，不妊症治療のための財政援助を得たりすることを既婚カップルのみに認めている．これらの政策は不公平だと非難されてきており，多くの国では部分的または全面的に廃止されている．そうした非難はたいがい的外れである．パートナーの移住や養子縁組，あるいは不妊症治療費受給権を与えるためには，問題となっているカップルのコミットメントを示す信憑性あるシグナルが当局には必要となる．結婚はそのようなシグナルの役目を果たすのである．もし当該カップルが，法的に結婚ができるのにそうしていないのであれば，「このカップルには求められる程度のコミットメントがない」と推論されてもそれは無理からぬことである．たしかにこの推論がどのケースでも正しいわけではないが，政策決定者は，隠された個人的情報ではなく容易に入手しうる情報に頼らざるをえないのである．

5. 同性結婚

異性カップルの場合，婚姻関係の有無は彼らの関係の安定度について貴重な情報を与えてくれる．彼らが結婚を拒否していれば，世間一般の人たちは当然彼らのコミットメントの強度に対して疑念を抱くだろう．この議論は同性カップルには普通当てはまらない．現段階では同性カップルの法的結婚はほとんどの国で認められていないからである．だからと言って，法律婚を同性カップルにも拡張すべきなのだろうか．それとも，ヴァーモント式のシヴィル・ユニオン（civil union）制度のように，結婚に相当するものを法的に新設してそれを同性カップルにあてがうべきなのだろうか．自分たちのコミットメントをシグナルして補強したいと思っている同性カップルにとって，自分たちの関係を公的に承認して法的に支えてくれる制度ができれば，それが自身の利益に適うのは明らかである．同時に，同性カップルのコミットメン

トの程度を評価したいと思っている外部者にとってもこうした制度は利益になろう。(17)

けれどもこれには異論も多い．異論のうちのいくつかは，「同性愛は治癒可能な障害である」とか「同性愛は罪であり，公的な承認によって許されるべきではない」とかといった見方に基づいている．また，「結婚は子どもを育てるためのものであり，したがって同性愛者には適さない」という主張もある．(18) フランク・バックリーなど多くの反対論者は，同性結婚を認めると深みにはまり，歯止めがかからず他に影響が及んでしまうと考えている (Buckley, 1999)．ひとたび同性結婚が認められるとすると，一夫多妻婚や，兄弟姉妹間，ひいては親子間の結婚を食い止める理由は存在するのだろうか．それに，子どもに対する影響も考えねばならない．現在同性カップルに育てられている子どものほとんどすべては一方の親と生物学的に血がつながっており，通常彼らは以前の異性関係でできた子どもである．大部分の国では，血縁関係のない子どもを同性カップルが養子にとるのは非常に難しいか，違法であるかのどちらかである．もし同性結婚が法的に認められると，そのような制限はおそらく緩和されるであろう．そして，同性カップルが血縁関係のない子どもを育てるということが普通になるだろう．同性婚反対論者は，関係する子どもにとってこれがダメージになると主張しているが，同性婚賛成論者はこの主張を否定している．(19)

だが，本章のメイン・テーマとより関連のある反論は，結婚のシグナリング機能についてのものである．西洋社会では，一生涯にわたる性的に排他性のある関係としての高い価値が結婚には置かれている．同性婚反対論者は，同性カップルはこうしたルールに理解がなく遵守もしないだろうと考えている．同性カップルは「一生涯続く一夫一婦婚（単婚）」という考え方も拒絶するであろう．現在の異性カップルと比べて同性カップルはずっと頻々と離婚したり再婚したりするだろうし，しかも婚姻中もかなり節操がないであろう．そうした態度や行動は結婚制度全体の評判を低下させ，異性カップルや社会一般にとっての結婚制度の価値を損なうだろう，と主張される．

これらの主張を評価するに際しては，結婚すると思われる同性愛者の数は全人口に占める割合として非常に少ない，ということに留意せねばならない．現在の推定によると同性愛者は全人口の約2％で，結婚すると思われるのは

そのうちの一部分にすぎない．同性結婚がどの程度起こるのかは，デンマークの経験から推し量ることができる．1989年，デンマークは「登録制パートナーシップ」として知られる法制度を整備した．これは，養子縁組の権利を除いて，異性カップルに認められる法的権利をほとんど与える，という制度である．以来，およそ5000人のゲイやレズビアンの人たちが自らのパートナーシップを登録しており，後になってそのうちの約700人が関係を解消している（Egerton, 2000）．デンマークの人口は500万人であるから，1200人に1人が同性のパートナーシップを登録して生活しており，7000人に1人がそうしたパートナーシップを以前に登録していた人だということになる．彼(女)らがどのように行動しようとも，ごくわずかな，そして明らかに他とは識別される少数派の行動が，異性愛の結婚を人々がどう見るかに決定的な影響を及ぼす，とは考えにくい．しかし，結婚制度が弱まっている現状を考えると，小さな一撃でも大きな損害を与えてしまうかもしれない．したがって，少数の人たちしか関係していないとしても，同性カップルが結婚後にどう行動しそうかということには正当な公共の利害関心がある．

　結婚した同性カップルはどのように行動するのだろうか．単婚や生涯のコミットメントという考え方を拒絶する同性愛者はたくさんいるが，これらの人たちの多くは結婚するという考え方をも拒絶している．また，生涯のコミットメントを信じており，自分たちのコミットメントを外部の者にシグナルで示したり，パートナーとの絆を強めたりするのを促進してくれる，という理由で同性結婚を支持する同性愛者もいる．登録制パートナーシップを導入したデンマークの経験から示唆されるのは，結婚を選択した同性愛者の大部分は後者のタイプの人たちであろうという点である．登録制パートナーシップは相当に安定度が高いということが分かっており，1989年以降結ばれたパートナーシップで今までに解消してしまったのはたった7分の1だけなのである．

　婚姻外の性交渉についてはどうだろうか．同性カップルも世間的なルールに従うのだろうか．最も著名な同性婚賛成論者の1人であるアンドリュー・サリヴァンは，不貞行為に対して非常に厳しい見方をしている（Sullivan, 1997, pp. 280-1）．他の論者，たとえばエヴァン・デイヴィスやジョナサン・ローチは，相互的な世話や扶助への生涯にわたるコミットメントを支持して

はいるが、ゲイの男性はあまり貞操を守らないため性的な排他性を基礎とした結婚は彼らには適さない、と考えている（Rauch, 1996; Davies and Phillips, 1999）．このことは、一般に男性は生まれつき貞操観念に欠けており、男性を抑制するのは女性だけだ、という考え方と一致している．アメリカとイギリスの調査から、同性愛者の節操のなさに関する次のような証拠が出ている[21]．平均的なゲイの男性には、平均的な異性愛者の男性と比べて2～3倍の人数の性的パートナーがいる[22]．しかし、ゲイの男性についての平均が全体として高くなっているのは、節操のない一部の人たちの行動を反映しているためである．つまり、単婚のように見える同性愛の男性もたくさんいるのである．イギリスの調査によると、ゲイの男性の40％以上は過去5年間で性的パートナーが1人しかいなかったと報告しており、他方、過去5年間で10人以上の性的パートナーがいたという人の割合は4分の1であった（Wellings et al., 1994, fig. 5.14）．レズビアンのカップルは強力かつ排他的な絆を形成するというステレオタイプがあるが、上記の調査はこのステレオタイプを確証する結果を得ている．60％のレズビアンは過去5年間で性的パートナーはただ1人だけだと答えていて、その期間に10人以上の性的パートナーがいたと答えたのはほんの一握りにすぎなかった．しかしながら、アメリカで行われた同じような調査によれば、平均的なレズビアンには、異性愛の女性の3～5倍もの性的パートナーがいるということが分かっている（Laumann et al., 1994, table 8.4）．ゲイの男性の場合にように、平均が高くなっているのは、節操のない下位集団がいるからなのかもしれない．

　多数の同性愛者が貞操を守らなかったり非常に不安定な関係にあったりするとしても、このことが同性結婚に対してどれほどの意味を持つのかは不明である．節操のない同性愛者の多くはおそらく結婚という選択肢を拒否するであろうし、いったん結婚したらそれまでとは違ったように行動するかもしれない．自分たちの関係を持続させ、他の人と性的関係を持たない、ということがひとたび同性結婚者の規範となったなら、そのような結合関係を望む同性愛者たちにとって、結婚は理想的な制度であろう．結婚することで、彼（女）らは自分たちの意図をお互いに、そして外部の人たちにシグナルできる．これは異性愛者の結婚の場合とちょうど同じである．上のような規範を定着させるには、適当なコミットメントを行った同性愛者だけのために結婚の選

択肢が残るように保証することが主要な問題となる．離婚や他との性交渉が同性結婚者に典型的な行動様式となってしまうと，自分たちの排他的なコミットメントを示して強化したいと思っている同性愛者にとって，結婚はもはや役に立たないものとなるだろう．

　同性結婚を全面的に認めて制度として確立した唯一の国はオランダである．最近，異性愛者に適用されていた既存の婚姻法が同性愛者にも適用されるように拡張されたのである．けれども，多くのヨーロッパ諸国や他の国々は，デンマークの例に倣って登録制パートナーシップを採用しており，従来は結婚に付随していた多くの権利や責任を，登録されたカップルにも拡張して与えている．中には，異性カップルと同性カップルの両方がパートナーシップを登録でき，実質上これらのパートナーシップは承認された同棲にすぎない，という場合もある．伝統的に結婚に対して与えられてきたような公的承認を希望する同性愛者たちからすれば，そのような制度は満足できるものではない．最近ヴァーモント州で始められた試みを取り入れる方が，彼らはもっと幸せになる．ヴァーモント州では現在，同性カップルは公的に認められた「シヴィル・ユニオン」を結ぶことができる．これには異性間結婚におけるのと同じ誓約が含まれ，異性間結婚とほぼ同等の法的権利・責任が与えられる．同性カップルが血のつながらない子を養子に迎える権利をまだ制限しているデンマークその他のヨーロッパ諸国と違い，ヴァーモント州におけるシヴィル・ユニオンの当事者には，結婚した異性カップルと同等の養子縁組の権利が付与される．異性カップルにはシヴィル・ユニオンが認められていない．実質的には，シヴィル・ユニオンは名称を変えた同性結婚と同じなのである．

　多くの活動家たちはヴァーモント式のシヴィル・ユニオンや類似の制度を歓迎してはいるが，この動きは完全な同性結婚に向けた闘いの中の過渡期にすぎないと見ている．新しいヴァーモント州法の根底にある「分離すれども平等（分離平等併行主義）」（cf., *Plessy v. Ferguson*, 1896）の哲学を彼らは受け入れない．彼らの究極的な目標は，同性間結婚と異性間結婚とを分ける法的な区別を一切消し去ることなのである．彼らにとって理想的な法律は，性別に言及せず，結婚を単に2人の「人」の間のものとする法律である．心理学的あるいは政治学的見地からは理解できるけれども，このアプローチはシグナリングの問題を無視している．同性カップルと異性カップルとの間で，外

部の人との性的行動に対する態度に平均して大きな違いがあるとしよう．「結婚」と呼ばれる同じ制度で2つのタイプのカップルを一緒にしてしまうと，それはどちらのタイプの利益にも適わないかもしれない．同性愛者は，自分たちにそぐわない「性的貞節を守らねばならない」という支配的な規範に従うよう圧力を受ける可能性がある．一方で異性愛者は，結婚した同性カップルの不貞行動のために自らのタイプの結婚の価値も損なわれてしまう，と感じるかもしれない．2タイプのカップルについて別々の法制度——異性カップルの場合は結婚，同性カップルの場合はシヴィル・ユニオンや登録制パートナーシップ——を用いると，この問題を最小限度に抑えることができよう．どちらの制度でも，永続性や相互扶助の点では同程度のコミットメントが要求されるかもしれないが，性的行動に関する期待は異なってくるであろう．

6. 結論

シグナリングは経済生活や社会生活で中心的な役割を果たす．どんな種類の協力でもコミュニケーションは必要であり，それゆえ情報伝達の方法も必要となる．少なくとも2つのレヴェルで，結婚はシグナルとして機能する．結婚するという意思決定を下せば，自分が永続的な関係を築きたいと望んでいること，そしてそれにふさわしい行動をする意図を持っているということを人々はお互いにシグナルで示せる．それと同時に，結婚するという意思決定は，コミットメントのある関係に自分たちが属しているということを外部の人たちに示すシグナルともなる．そのような情報は，その人たち自身にとっても社会一般にとっても非常に重要である．殊に家族関係の問題を扱う公的機関にとってはそうである．コミットメントが何を意味するかは社会によって異なり，それに社会内部でも異なる．西洋諸国において結婚は，「永続的で相互扶助的な，そして性的排他性のある関係へのコミットメント」として広く理解されている．大多数の人々が結婚によってシグナルしたいと望むのはこのことである．けれども，現代の法律および社会の動向はこのシグナルの信憑性を減殺している．現在は関係を終了させるのがずっと簡単になっている．遺棄や重大な不行跡（不貞行為など）に対するペナルティは消滅したり相当に軽くなったりしており，離婚率は急速に上昇してきている．その結果，当事者にとっても社会一般にとっても，結婚はもはやコミットメントを

示すための効果的なシグナルとはあまりなっていない．このことが意味するのは情報が大きく失われたということであり，それにより，コミットメントを行った人とコミットメントを行っていない人を見分けるのが以前よりも難しくなっているのである．そうではあるが，結婚は完全に信憑性を失ったわけではない．平均すると，結婚したカップルのコミットメントの程度は同棲しているカップルと比べてまだずっと高い．結婚しているか否かは，依然として，永続性を最も良く予測してくれる指標なのである．したがって，自分たちのコミットメントを示したいのであれば，結婚するのが合理的である．また，家族の安定性に関心を寄せる公的機関からしても，結婚していないカップルとは違ったように結婚したカップルを扱うのが合理的である．公的機関のそうした行動は，人種差別と同じ類の差別であると非難されることがある．だがこれは不適切なアナロジーである．人種とは異なり，婚姻状態はたいていの場合自発的に選ぶものであり，結婚せずに一緒に住んでいるカップルは自分の選択でそうしているのである．但し，同性カップルはこのルールの例外となりうる．というのも，大半の国や法域では，同性カップルには法律婚が今のところ認められていないからである．

　シグナリングの観点からは，同性カップルが結婚したり（たとえばオランダ），あるいはシヴィル・ユニオンや登録制の同棲のように，同性カップルのためだけの法的身分関係を形成したり（たとえばヴァーモント州や多くのヨーロッパ諸国）することを認めることには理由があると言える．そうした法制度がコミットメントを示すシグナルとして機能するためには，異性愛カップルの場合と同様，同性パートナーたちにとって意味のある権利や責任がそれに伴わねばならないだろう．同性の結婚ないし結合関係を法的に承認することについて以上のような所見を述べてきたが，これらはシグナリングという特定の側面しか考慮していない，という点を強調しておく必要がある．そのような結合関係を法的に承認するか否かという問題は複雑であり，本章でまったく探究していない多種多様な論点が関わってくる．したがって本章の内容を，同性の結婚や結合関係を法的に承認するよう要求するものと受け取ってはならない．とは言え，本章の主張の一部は，そうした政策を支持しやすい主張であろう．

* アントニィ・ドゥネス（Antony Dnes），アレン・パークマン（Allen Parkman），カルロス・ロドリゲス（Carlos Rodriguez），イレイン・タン（Elaine Tan）の諸氏からは，本章の草稿段階で有益なコメントをいただいた．お礼申し上げたい．

(1) Bishop (1994), Buckley (1999), Posner (1999), Scott and Scott (1999), Trebilcock (1999) 参照．本章はこれらの論文に大きく負っている．特に負っているのはビショップとトレビルコックの卓越した論文で，本章で提示されている理論的問題のほとんどを先取りしている．

(2) 破綻主義離婚の影響に関する証拠データは，Parkman (2000) の第5章で要約されている．

(3) 破綻主義離婚がドメスティック・ヴァイオレンスにどう影響するかは，Brinig and Crafton (1994) で詳しく検討されている．これに反対する見方として，Ellman and Lohr (1997) 参照．

(4) 離婚において有責性の要件が何らかの役割を有すると主張する論者はたくさんいる．たとえば Brinig (1999), Dnes (1998), Morse (1996), Rowthorn (1999), Woodhouse (1994) 参照のこと．キャスリン・スパーツの手になる本書第6章も参照．

(5) シグナリング理論の優れた解説として，Gibbons (1992) 参照．

(6) 「ハンディキャップ原理」は Zahavi (1975) による．

(7) Bishop (1984) はこれを「オマー・シャリフ効果（Omar Sharif effect）」と呼んでいる．

(8) シグナリングの観点からの理由以外にも，結婚という契約の修正を制限する理由がある．一方配偶者や子どもが生活保護の受給者になる確率を相当に増大させるような修正は，多くの国や法域で禁じられている．たとえば，「配偶者は，結婚している間，災難が起こったときには相互に扶助する責任を法的に負う」，「配偶者は，一定の年齢に満たない子どもを離婚後にも養育する責任を法的に負う」といった標準的な契約条項を削除するのは通常認められない．

(9) 本書第6章では，ルイジアナ州の婚姻契約法について説明している．

(10) この見解をはっきりと述べたものとして，Deech (1980) 参照．

(11) Morgan (2000) の第2章には，同棲関係の不安定さを示す証拠についての優れたサーヴェイがある．

(12) 西欧諸国における証拠データについては Kiernan (1999, table 11) 参照．

(13) Stanton (1997) と Waite and Gallagher (2000) は，このトピックに関する徹底したサーヴェイを提供してくれる．

(14) Waite (1995) と Akerlof (1998) は結婚の文脈における選択バイアスについて概観している．
(15) Ross (1995, p.129). これは Waite (1995) で引用されている．
(16) イギリスの勤労世帯税額控除（Working Families Tax Credit）は，アメリカの低所得者控除（EITC）をモデルにして作られている．Eissa and Hoynes (1999) の統計分析が示唆するところによると，合衆国の一部の人たちの間では，EITC が離婚や婚姻外出産を促進する結果となっている．なぜこうした影響が生じるかというと，安い給料で働いているひとり親は多額の控除を受けることができ，彼らを窮乏から救えるほど十分な収入のある配偶者と一緒に暮らしてしまうと控除が受けられないからである．イギリスにおける勤労世帯税額控除も同じように影響を及ぼしている．
(17) ジョナサン・ローチは，『ザ・ニュー・リパブリック（*The New Republic*）』誌に掲載された，同性結婚を擁護する力強い論文でこれらの点を指摘している (Rauch, 1996)．
(18) これらの問題は，Sullivan (1996) で詳細に議論されている．Sullivan (1997) は，先に引用したローチの論文も含め，同性結婚についての論文を幅広く収めている．また，Wald (1999) も参照．
(19) 血縁関係のない者同士の養子縁組（他児養子）というテーマに関する調査研究は散発的であり，この問題については，情報に基づいた判断を下すのは難しい．Sullivan (1997) の第7章には，同性カップルに育てられた子どもに関する調査研究を概観した論文が多数収められている．ベルカストロとその共同研究者は，それらの論文の1つで，この分野の研究には重大な欠陥がある，と指摘している．その上，これらの調査研究ではレズビアンの母親に育てられた子どもが主たる対象になっており，ゲイの父親に育てられた子どもがどうなるかを示す証拠はほとんどない．またこれらのサーヴェイは，生物的に血のつながっていない同性カップルに養育された子どもがどうなるかについては何も言っていない．ただこのようなケースは稀なので，データがないのも頷ける．
(20) Laumann et al. (1994, fig. 8.1) によると，女性の約1.4％，男性の2.8％が「同性」（ただしここでの「性」は「ジェンダー」である）の性的アイデンティティを持っているという．Black et al. (2000) は，そのような分類がどれほど正確かについて慎重に議論している．
(21) この証拠資料は Laumann et al. (1994) と Wellings et al. (1994) に依拠している．
(22) Laumann et al. (1994, table 8.4)，Wellings et al. (1994, table 5.10) 参照．

《文献》

Akerlof, George A. (1998), "Men without Children," *Economic Journal*, 108, 287-309.

Becker, Gary S. (1976), *The Economic Approach to Human Behavior*, Chicago: University of Chicago Press.

—— (1991), *A Treatise on the Family*, Cambridge, MA: Harvard University Press.

Bishop, William (1984), "'Is He Married?' Marriage as Information," *University of Toronto Law Journal*, 34, 245-63.

Black, Dan, Gary Gates, Seth Sanders, and Lowell Taylor (2000), "Demographics of the Gay and Lesbian Population in the United States: Evidence from Available Systematic Data Sources," *Demography*, 37, 139-154.

Brinig, Margaret F. (1999), "Contracting around No-Fault Divorce," in Frank H. Buckley (ed.), *The Fall and Rise of Freedom of Contract*, Durham, NC: Duke University Press.

Brinig, Margaret F. and Steven M. Crafton (1994), "Marriage and Opportunism," *Journal of Legal Studies*, 23, 869-94.

Buckley, Frank H. (1999), "Marriage and Homosexuals," in Douglas W. Allen and John Richards (eds.), *It Takes Two*, Toronto: C.D. Howe Institute.

Daly, Martin and Margo Wilson (1998), *The Truth about Cinderella: a Darwinian View of Parental Love*, London: Weidenfeld & Nicolson.

Davies, Evan and Melanie Phillips (1999), *A Fruitless Marriage? Same-Sex Couples and Partnership Rights*, London: Social Market Foundation.

Deech, Ruth (1980), "The Case against the Legal Recognition of Cohabitation," in John M. Eekelaar and Sanford N. Katz (eds.), *Marriage and Cohabitation in Contemporary Societies*, Toronto: Butterworth.

Dnes, Antony W. (1998), "The Division of Marital Assets Following Divorce," *Journal of Law and Society*, 25, 336-64.

Egerton, Brooks (2000), "Denmark Settles into Partnership Law while Gay-Union Debate Rages in U.S.," *Dallas Morning News*, 30 April.

Eissa, Nada and Hilary W. Hoynes (1999), "Good News for Low-Income Families? Tax-Transfer Schemes and Marriage," Department of Economics, University of California, Berkeley, mimeo.

Ellman, Ira M. (1989), "The Theory of Alimony," *California Law Review*, 77, 3-81.

Ellman, Ira M. and Sharon Lohr (1997), "Marriage as Contract, Opportunistic Violence, and Other Bad Arguments for Fault Divorce," *University of Illinois Law Review*, 3, 719-72.

Ermisch, John (1997), "Premarital Cohabitation, Childbearing and the Creation of One-Parent Families," in Inga Persson and Christina Jonung (eds.), *Economics of the Family and Family Policies*, London: Routledge.

Ermisch, John and Marco Francesconi (2000), "Cohabitation in Great Britain: Not for Long, but Here to Stay," *Journal of the Royal Statistical Sciety*, Series A, 163(2), 153-72.

Gibbons, Robert (1992), *A Premier in Game Theory*, New York: Prentice Hall.

Kiernan, Kathleen (1999), "Childbearing outside Marriage in Western Europe," *Population Trends*, London: Office of National Statistics, 11-20.

Landes, Elisabeth (1978), "The Economics of Alimony," *Journal of Legal Studies*, 7, 35-63.

Laumann, Edward O., John H. Gagnon, Robert T. Michael and Stuart Michaels (1994), *The Social Organization of Sexuality: Sexual Practices in the United States*, Chicago: University of Chicago Press.

McRae, Susan (1993), *Cohabiting Mothers: Changing Marriage and Motherhood?* London: Policy Studies Institute.

Morgan, Patricia (2000), *Marriage-Lite: The Rise of Cohabitation and Its Consequences*, London: Institute for the Study of Civil Society.

MORI (1994), *Public Attitudes to Marriage, Divorce and Family Mediation*, London: Research Survey Conducted for the Lord Chancellor's Department.

Morse Jr., Adriaen M. (1996), "Fault: A Viable Means of Re-injecting Responsibility in Marital Relations," *University of Richmond Law Review*, 30, 575-651.

Nock, Steven L. (1998), *Marriage in Men's Lives*, New York: Oxford University Press.

Parkman, Allen M. (2000), *No-Fault Divorce: What Went Wrong?* Lanham, MD: Rowman & Littlefield.

Posner, Eric A. (1999), "Family Law and Social Norms," in Frank H. Buckley (ed.), *The Fall and Rise of Freedom of Contract*, Durham, NC: Duke University Press, 256-74.

Rauch, Jonathan (1996), "For Better or Worse?" *The New Republic*, 6 May, 18-23, reprinted in Andrew Sullivan, *Same-Sex Marriage: Pro and Con*, New York: Vintage Books, 1997.

Ross, Catherine E. (1995), "Reconceptualizing Marital Status as a Continuum of Social Attachment," *Journal of Marriage and the Family*, 57, 129-40.

Rowthorn, Robert (1999), "Marriage and Trust: Some Lessons from Economics," *Cambridge Journal of Economics*, 23, 661-91.

Scott, Elizabeth S. (1990) "Rational Decision-Making about Marriage and Divorce," *Virginia Law Review*, 76, 9-94.

Scott, Elizabeth S. and Robert E. Scott (1998), "Marriage as a Relational Contract," *Virginia Law Review*, 84(7), 1225-334.

—— (1999), "A Contract Theory of Marriage," in Frank H. Buckley (ed.), *The Fall and Rise of Freedom of Contract*, Durham, NC: Duke University Press, 201-44.

Smart, Carol and Pippa Stevens (2000), *Cohabitation Breakdown*, London: Family Policy Studies Centre.

Spence, Michael (1974), *Competition in Slaries, Credentials, and Signaling Prerequisites for Jobs*, Stanford, CA: Stanford University Press.

Stanton, Glenn T. (1997), *Why Marriage Matters*, Colorado Springs: Pinon.

Stets, Jan E. and Murray A. Straus (1995), "A Marriage License as a Hitting License: A Comparison of Assaults in Dating, Cohabiting and Married Couples," in Murray A. Straus and Richard J. Gelles (eds.), *Physical Violence in American Families*, New Brunswick, NJ: Transaction Publishers, 227-44.

Sullivan, Andrew (1996), *Virtually Normal*, New York: Vintage Books.

—— (1997), *Same-Sex Marriage: Pro and Con*, New York: Vintage Books.

Trebilcock, Michael J. (1999), "Marriage as a Signal," in Frank H. Buckley (ed.), *The Fall and Rise of Freedom of Contract*, Durham, NC: Duke University Press, 245-55.

Waite, Linda (1995), "Does Marriage Matter," *Demography*, 32 (November), 483-507.

Waite, Linda and Maggie Gallagher (2000), *The Case for Marriage: Why Married People Are Happier, Healthier, and Better off Financially*, New York: Doubleday.

Wald, Michael S. (1999), *Same-Sex Couples: Marriage, Families and Children*, Seattle: Partners Task Force for Gay & Lesbian Couples.

Wellings, Kaye, et al. (1994), *Sexual Behavior in Britain*, London: Penguin Books.

Whelan, Robert (1994), *Broken Homes and Battered Children*, Oxford: Family Education Trust.

Woodhouse, Barbara Bennett (1994), "Sex, Lies and Dissipation; The Discourse of Fault in a No-Fault Era," *Georgetown Law Journal*, 82, 2524-69.

Zahavi, A. (1975), "Mate Selection — A Selection for a Handicap," *Journal of Theoretical Biology*, 55, 93-108.

第9章 より良くか，より悪くか？
結婚や離婚における交渉は効率的なのか？

マーティン・ゼルダー

訳：三村智和

　私たちが結婚したり離婚したりする過程や仕組みというものは，長い人間の歴史において芸術家や哲学者をひきつけずにはおかない主題だった．にもかかわらず，経済学者がこれらの現象に注意を向けるようになったのはごくごく最近のことである．当然ながら，経済学的アプローチは，（結婚に先立つ）潜在的な配偶者同士や，（結婚の最中か，離婚しかかっている）現実の配偶者同士の間におこる，交渉の結果や性質に焦点を当てる．この章ではそのような配偶者間交渉についての研究の概観を行うことに努める．本章で注目するのは，結婚前，結婚中，離婚の各段階での配偶者間交渉の性質と，それが効率的な結果を導くか否かの2点である．この章は4つの部分からなっている．第1節では婚姻形成の土台にある交渉を分析する．第2節では婚姻中の配偶者間交渉について評価する．第3節では離婚における交渉を検討し，第4節では結論を述べたい．

1．結婚形成にむけての交渉

　結婚を形成するための交渉の分析は，クープマンズとベックマン（Koopmans and Beckmann, 1957）によって開拓された割当て問題の一種にその起源がある．ベッカー（Becker, 1973, 1974, 1991）は，この割当てモデルを初めて結婚に当てはめた経済学者で，そこでは結婚におけるアウトプットの分割は内生的なものだとされる．ベッカーのモデルにおいては，交渉は結婚に関する3つの問題に対する同時解決になるとする．1つは結婚するかどうか，2つは誰と結婚するか，3つはどうやって結婚から生じる余剰を分け合うか

という問題である.

　このモデルが組み立てられてきた元々の過程から考えれば分かるように,この交渉は戦略的な行動を伴わない.すなわち,独身でいること,あるいは特定の結婚状態でいることによる個人の利得は,プレイヤー全員にとって既知である情報であるということである.したがって,結婚の相手選びは競争均衡であり,すべての結婚の社会的価値の総計が最大化されるようなやりかたで個人は結婚しようとすることになる.言い換えれば,ベッカーのモデルの結婚における均衡はパレート最適であるということになる.すなわち,1人の個人の厚生を高めるように結婚相手を入れ替えることは,それがいかなるものであれ,少なくとも他の一人の個人の厚生を必然的に損なうことになる.

　ベッカーは,はっきりと効率的結婚市場の「帰結」と,それらが効率的であるという「前提」とを分けて論じている.

> 「さらに,私は以下のことを強調したい.アウトプットの総計を最大化するという最適性は定理であって,行動に関する仮定ではない.おのおのの男性や女性は自分自身の『利己的』な厚生についてのみ関心を持ち,社会厚生に関しては関心を持たないと仮定されている.しかしながら彼らがその利己的な利益を追求する際に,結婚市場における競争の『見えざる手』によって,知らないうちにアウトプットの社会的総計を最大化するように導かれるのである.」(Becker, 1991, p. 112)

　このように,このモデルにおいては,結婚状態に入るか否かの意思決定に,ゲーム理論的な意味での交渉は存在しない.より具体的には,社会厚生の最大化の帰結としてではなく,個人的な最大化の結果として均衡を強調することによってベッカーは,協力ゲームの結果として結婚相手選択均衡を解釈することを排除した.協力ゲームにおいては,効率性は演繹されるのではなく,前提に含まれる.

　ベッカーの効率的結婚市場仮説は,スエンとルイ (Suen and Lui, 1999) によって支持されている.1976年の香港における国勢調査から,スエンとルイは,(学歴,年齢,所得,出生地という)個々の個人的属性ごとに結婚のもた

らすアウトプットの増加分を評定した．この評定から，スエンとルイは，自分たちのサンプルである772カップルの実際の男女の中で，アウトプットを最大化するような夫婦組合せを推定した．そしてその理論的な最適組合せと実際の夫婦組合せとを比較した．この比較によれば，実際の夫婦組合せは，もし最適組合せが得られたら理論上可能な結婚による余剰の80％を実現していたという．それゆえ彼らは次のように結論づけている．（上述のような）たった4つの属性に基づく分析からでも，このように20％の効率性の喪失しか見つからなかったのであるから，「効率的結婚市場仮説から引き出された実証モデルは，データと適合的である」(Suen and Lui, 1999, p. 45)．

もちろん，原則として，結婚相手選びについて協力ゲーム・モデルも非協力ゲーム・モデルも，ベッカーの定式化に代わるものとして構築できる．しかし，結婚市場を協力ゲームとして扱うのはおそらく非現実的であろう．なぜなら，パレート最適の前提は，結婚市場という個人的最大化が顕著に行われている環境で正当化するのは困難だからである[(2)]．したがって，非協力ゲームが理論的には，ベッカーの競争市場モデルに代わるものになる．

バーグストロムとバグノリ (Bergstrom and Bagnoli, 1993) による1つのこのようなモデルでは，個人が独身でいることの質に関する情報を私的なもの，すなわち他者に対する秘密の情報として構築している．具体的には，個々の男性の質（これは，さしあたり所得で近似される）は晩年になるまで開示されない．他方で，女性の質は，共有知識 (common knowledge) とする．個人の戦略としては，早く結婚するか遅く結婚するかの2つに限定する．両方の時期において独身でいつづけることは許されない．この枠組みの中で，彼らは「安定」である均衡が唯一存在することを証明した．彼らのいう「安定」とはパレート改善が不可能であることを意味する．

その他の非協力ゲームは，たとえばそこでは当事者の取りうる戦略の集合，すなわち戦略空間が広かったりするのだが，パレート最適な唯一の均衡を生み出さない場合が生じる．実際のところ，バーグストロムとバグノリのモデルを修正して，結婚を拒絶すること，すなわち，独身でいることを採りうる戦略として付加したものを構築することも可能である．こうしたモデル修正をして，標準的なレモン市場モデル，すなわち情報の非対称状況での非効率な均衡を得ることもできる．そのような均衡では，それが一括均衡 (pooling equilibrium) であれ分離均衡 (separating equilibrium) であれ，いわゆる逆選択（アドヴァース・セレクション）のために，高品質の男女が完全に，ないし，部分的に市場から放逐されてしまうのである．[(3)]

バーグストロム（1996）は情報に関する問題の2番目の類型に取り組んでいる．いわゆるモラル・ハザードの問題である．そして彼はそれが結婚市場均衡において意味するものについての見取り図的な説明をしている．このようなモラル・ハザードの問題の根源にあるものは，結婚を考慮中の個々人には，結婚した後の結婚による余剰の分配について信用できるコミットメントができないという問題である．もし彼らにそうすることができるのであったなら，結婚市場均衡はパレート最適になるだろうはずだからである．もしコミットメントが信用できるものでないならば，非協力ゲームにおける交渉は必ずパレート最適に到るとは限らない．国家は伝統的に，結婚途中に生起する諸問題に介入することや，結婚に関する義務についての契約を強制することには，あまり乗り気でないのであるから，信用できるコミットメントが不可能であるという仮定は妥当なものであろう．

ある特定のコミットメント問題，すなわち婚約破棄の問題が，ブリニグ（1990年)によって分析されている．婚約を強固にするよく知られた担保メカニズム，つまりダイヤの婚約指輪の贈与についての独創的な分析で，コミットメントの重要性について，ブリニグは間接的な実証的証拠を発見した．具体的には，フィアンセに婚約を破棄された女性が，「約束違反」に基づく損害賠償として相手を訴える権利が，歴史的に認められなくなってきたことの派生効果をブリニグは調べた．それによれば，1935年以降，州はだんだんと「約束違反」法を廃止してきており，これらの州では，フィアンセに捨てられた女性が有効な救済方法なく放っておかれることになった．それゆえ，ブリニグは次のような仮説を提示した．すなわち，男性の裏切に対抗するための担保としての役を果たすものとして，ダイヤモンドの婚約指輪への需要が生じるという仮説である．1935年から1960年の時期に対する時系列回帰分析によって，約束違反法の適用を受ける人口の割合が減少するに比例して，ダイヤモンドへの需要が増加していることをブリニグは発見した．[(4)] これは約束違反の罰則なしでは，結婚は過少となることを示唆している．

モラル・ハザードのさらなる形態は，結婚詐欺であるが，これにはブリニ

グとアレクシーヴ（Brinig and Alexeev, 1995）が取り組んだ．法的には，結婚詐欺とは，一方の配偶者がだましたことによって，さもなければ起きなかったような結婚が誘発されたときを指す．このような詐欺の例としては，社会的な地位を詐称したり，妊娠していると偽りの主張をしたり，結婚に先立って知ることのできない事実を隠したり（たとえば，子どもを持つ意思のないこと），性交渉が結婚の相手とできないとか，あるいはしたがらないとか，宗教的選好を隠すことなどである．ブリニグとアレクシーヴは，以下のような仮説を立てた．有責主義における離婚と婚姻の取消しとは，詐欺的になされた結婚の終了という点で代替的である．なぜなら，双方とも配偶者への扶養料の判断において詐欺を考慮できるからである．これと対照的に，破綻主義の法制度の下では，元配偶者への扶養料の判断において，相手方の有責性は排除されることが多い．したがって，有責主義から破綻主義に切り替えた法域においては，婚姻の取消しの方がより一般化してくることになるだろう．というのは，破綻主義下では詐欺に罰を与える唯一の可能な仕組みが婚姻の取消しだけとなるからである．1965年から1987年にかけてアメリカ合衆国の50州のデータをまとめて横断的（クロス・セクショナル）に分析してこの仮説を検証した結果，破綻主義に切り替えた法域では，婚姻の取消しの率が統計的に有意に高いことがわかった．詐欺に対する制裁の金額や確率によっては，離婚の取決内容に反映される詐欺への制裁金は，効率的な結婚詐欺の量を導出するかもしれない．

　結婚の形成に法的システムが介入するようなもう１つの実質的方法は税法を通してのものであろう[5]．具体的には，納税義務は，独身でいるカップルよりも結婚しているカップルのほうが重いという点で，多くの先進国は結婚に「制裁」を課していると言える[6]．経済学者の中には近年，このような結婚に対する制裁が，結婚をしようとする意思決定に与える影響を分析した者がいる．アメリカ合衆国全体の1947年から1988年までのデータを分析することによって，アルムとウィッティントン（Alm and Whittington, 1995）は，結婚における税金の負担が増えることは，結婚率を統計的に有意に低下させることを発見した．ただし，影響の大きさは小さかった．類似の調査（Alm and Whittington, 1999）によって個人レヴェルのパネルを用いたデータにおいてこのような結婚を妨げる効果が生じるかどうかが検査された．1968年から1992年に

かけての時期,彼らは,結婚に関するより重い課税は女性にとって初婚率を統計上有意に下げるが,男性にとってはそうではないことを見出した.ただし女性にとっての影響も小さいものであった.その上,結婚に課されるより重い制裁は,結婚を遅らせるということが,アメリカ合衆国（Alm and Whittington, 1997),カナダ,イギリス,ウェールズ（Gelardi, 1996) において明らかとなった.もし結婚市場に影響を与える政府の失敗や市場の失敗が課税による影響と同時に起きているのではないならば,税金による足枷によって不可能になるか,あるいは遅らされた結婚が存在する以上,回復不能の損失が社会に生じていることになる.

　政府の介入以外では,親が結婚相手を決定するときにも,非効率が生じるだろう.お見合い結婚の法と経済学は,今までのところ（経済学文献データベース EconLit による検索結果によれば）厳密な数学モデルによるものとしては,まだ経済学の文献に現れていないが,プリンシパル＝エイジェント・モデルの応用になるであろう.お見合い結婚制度のある文化においては（たとえば,子どもたちが自分自身の連れ合いを決めることができなくされている場合),親たちは子どもたちの契約代理人として位置づけられる.そういう場合,最もよい配偶者の選択を引き出すという契約がなさそうなので,親の効用最大化の選択は子どもたちの最適配偶者選択とは違うものとなるであろう.言い換えれば,このプリンシパル＝エイジェント・モデルでは,お見合い結婚はパレート最適にはなるけれども（結婚相手を変更すれば親か子が不利になる),結婚によるアウトプットの最大化は必ずしも達成されない[7].その上,この種の非効率性は,ゼルダー（Zelder, 1997b) が示したように,利他主義の存在するところですら生じるのである.最後に,ミスマッチの結婚による子どもたちへの害が,結婚をコントロールすることから得られる親の利益を超えるものになるという点で,お見合い結婚制度はカルドア・ヒックス非効率でもありうる.ベッカーが「伝統的な」社会について述べているように,「これらの社会の不運な結婚をした男女の家族は,もしこれらの男女が結婚していることから家族が利益を得続けることができるなら,男女には離婚しないように圧力をかけるだろう」（Becker, 1991, p. 346).

2. 婚姻中における交渉

ひとたび婚姻関係が形成されると，結婚（当事者）の中で資源をいかに配分するかの問題が発生する．当然ながら，結婚における資源の予測される配分は，仮定される交渉モデルに依拠するものである．すでに，4つの一般的なモデルが提案されてきている．つまり，(1)ベッカーの「一致選好」モデル，(2)離婚を威嚇点 (threat point) とする協力ゲーム・モデル，(3)結婚中の威嚇点として「家庭内離婚領域」をもつ協力ゲーム，そして(4)非協力ゲームである．

一致選好モデルにおいては，夫と妻の所得の合計のような，共通の目的を最大化するように，結婚における資源配分の決定がなされると仮定される．このようなモデルの初期の例はランデス (Landes, 1978) の中にみられる．そこでは家族全体の所得を最大化するように，妻は労働市場と家庭内の間で自分の時間を割り振るのである．結婚における資源配分の最適解においては，妻にとっての（そしてそのパートナーにとっての）家庭における増加した時間の限界コストは，増加した家庭内生産「および」夫の労働市場における増加した収益とからの限界利益によってちょうど相殺される．なお，妻にとっての家庭における時間の限界コストとは，妻の労働市場での収益や収益能力の減少のことである．

結婚における所得の最大化は，次の2つの仮定のいずれか一方が成立する場合には，妥当な目的と言えるだろう．すなわち，その2つの仮定とは，①離婚が不可能であること（あったとしても極端に稀であること），および②離婚のアウトプットについて契約条項で定めることに対して大きな取引費用が存在しないということ，である．第一の仮定の基準，すなわち離婚が極端に希であるという仮定は，多くの文化において満たされることはない．他方で，2番目の仮定の可能性，すなわち完全な契約を考えることは，ランデスが初めて指摘したように，効率的合意離婚制度の下でなら満たされるものである．離婚の合意がない場合（加えて結婚中の行動を規整する契約が強制できない場合には），妻たちは家庭用にしか使えないような財に対しても，夫の収益能力に対しても，効率的である投資より少ない投資しかしないだろうことをランデスは証明した．しかし，もし法体系によって，効率的な妻への離婚後の扶養料が期待できるものになれば，妻たちの時間の配分は，結婚における所得を最大化する効率的なものになるだろう．

この夫婦合算最大化モデルは，1980年代初頭から，マンサーとブラウン (Manser and Brown, 1980)，マッケロイとホーニー (McElroy and Horney, 1981) という2つのゲーム理論の論文の中で，非現実的だとして批判された．批判の根拠は，夫婦合算最大化モデルの前提とする予測への疑義である．つまり，家庭の所得増加は，それを家庭のどの構成員が享受するかにかかわらず，家計の消費に対して全く同じ影響を与えるだろうという前提への疑義にある．この予測に反する事実は1990年代まで挙げられていなかったけれども (Lundberg and Pollak, 1996)，そのような事実は疑いなく存在するという直感から，マンサーとブラウンおよびマッケロイとホーニーの初期の理論的モデルが現れるに至ったと言える．彼らの枠組みの中では，婚姻中の資源の配分をめぐる交渉は，協力ゲームとしてモデル化された．このアプローチは，夫婦合算最大化モデルと比べて，決定的な類似点と相違点をもっている．どちらも，パレート最適である均衡点を含んでいる．つまり，夫婦合算最大化点 (モデルからの導出結果) と協力ゲームのコア (仮定によるもの) とがそれである．しかし，夫婦合算最大化モデルにおいては，夫婦の一致した選好のアプローチがとられるのに対して，協力ゲーム分析はそれぞれの配偶者が，それぞれ固有の個人的効用を有しているものと扱う．

　どんな協力ゲームも威嚇点を含んでいる．たとえば，マンサーとブラウンのモデルやマッケロイとホーニーのモデルでの威嚇点は離婚である．これは以下のことを意味する．結婚からのアウトプットの分配についての交渉において，結婚当事者たちは，離婚となったときより悪くなるような分け前は拒絶するであろうということである．威嚇点に比べて，結婚中にそれぞれの当事者がどれだけ多くのものを受け取るかは，結婚からのアウトプットの分配を特徴付ける交渉のルールによって変わる．「独裁的な」交渉ルールの場合は，独裁的でない方の配偶者は自分の威嚇値にプラスすること僅かしか受け取ることができない．また逆に，ナッシュ交渉解のように当事者対等型の交渉ルールの場合は，より均等に結婚からの余剰を分けることができる．しかしながら，交渉ルールの如何を問わず，資源の究極的な分配はパレート最適になるのである．もちろんこうした属性は，協力ゲームの枠組みの中で前提されているからこそ存在するのである．

　これらのモデルに含まれている重要な改良点は，興味深い形でランドバー

グとポーラック（Lundberg and Pollak, 1993）によってさらに修正されている．彼らのモデルは協力ゲームの枠組みをとどめてはいるけれども，彼らが提案している実質的な修正点は威嚇点についてものである．具体的には，現実主義的に見て，多くの男女は，結婚からのアウトプットの分割に合意できなかった場合に法的に離婚するわけではなく，むしろ，婚姻関係内での非協力均衡（家庭内離婚）に至るものだと彼らは主張している．この「家庭内離婚領域」たる威嚇点は，家族のための公共財のそれぞれの供給が，各配偶者による独断専行的な貢献によってなされる点にその特徴がある．場合によっては，この均衡は両配偶者にとっての端点解（corner solution）となる状況も生じる．たとえば，夫が妻の選好を無視して，公共財1（たとえば，家の修理）の供給のための資源を配分する一方で，妻も，同様に，夫の選好を無視して公共財2（たとえば，子どもの面倒をみること）の供給のための資源を配分するといった均衡である．このような行動はナッシュ均衡に特徴的なものであるが，この場合はそれぞれの公共財は過少にしか供給されない．したがって威嚇点は婚姻関係における非効率な資源の配分を帰結する．威嚇点へ陥ることがもし回避できるならば，結婚による余剰とその分割は効率的なものとなる．

以上に対し，結婚をめぐる資源の分配を特徴づけるゲームが非協力ゲームであるなら，結婚における配分は非パレート最適となり得る．ランドバーグとポーラック（1994）は，結婚のための公共財の供給に貢献する上での私的最適反応戦略を，男女が非協力的に採用し合うというゲームを分析した．この枠組みでは，離婚が不可能なときでさえ，1回限りのゲームのときのナッシュ均衡は必ず非効率になり，また，繰返しゲームの場合であっても，非効率となりうるということをランドバーグとポーラックは証明した．パレート最適な均衡が生じるのは，繰り返しゲームにおいて，実効的な制裁が可能であるときのみである．

結婚における非効率的な資源配分が生じるような二番目のゲーム構造としては，次のような調整ゲームが考えられる．すなわち，家族のための公共財2つの供給について，夫と妻が特化するかどうか，および，特化する場合にはそれぞれがどちらの財の供給に特化するかを交渉するという調整ゲームである．（Lundberg and Pollak, 1994, 1996を見よ）．特化することで収益がますます増加するため，2つのナッシュ均衡が存在することになる．それらは，

結婚当事者のいずれにどちらの資源を割り当てるかの点でのみ異なる．しかしながら，生産において2人の当事者の立場に互換性がない場合には，生産における相対的な利点を基盤とする2つの公共財に，夫婦の特化が対応していない均衡はパレート劣位となるだろう．

最後に，潜在的に適用可能な多くの他の非協力ゲームの中で，バーグストロム（1996）は，ビンモア（1985）がルービンシュタイン（1982）の連鎖的交渉モデルを拡張した改造版モデルの応用について議論している．ルービンシュタインのモデルは，夫婦が合意に到達したときにのみ，結婚からの固定されたアウトプットの分割がなされ，したがって(0,0)が威嚇点となることを含意するモデルであるが，ビンモアの改造版モデルでは，各自の利得がゼロ以外となる威嚇点を認めている．ビンモアは，このゲームの唯一のサブ・ゲーム完全均衡はパレート最適であることを証明した．これを結婚関係に応用する際に，バーグストロムはビンモアの非ゼロ的威嚇点を「どぎつい言葉使いとこげたパン（のような冷たい仕打ちの応酬）」として解釈している（Bergstrom, 1996, p. 1926）．このようなモデルでバーグストロムは，離婚は信用できる威嚇とはならない，なぜならそれは「回復不能の巨大なコスト」をもたらすからだ，と論じている（Bergstrom, 1996, p. 1926）．

もちろん，他の非協力ゲームにも，非パレート最適均衡を持つものがあるだろう．そのような1つのゲームとして，ブリニグとクラフトン（1994）によって概略を示されたものがある．そこでは，離婚が突きつける威嚇の性質が，法制度に拠って異なるという枠組みについて，彼らは議論している．具体的には，配偶者への扶養料の査定において有責性が基礎にされないような破綻主義離婚法制をとる州においては，相手より高い所得の配偶者に対して離婚はさしたる強い脅威とはならない，と彼らは論じている．その結果として，配偶者による虐待といった結婚中の有責行為は，この種の破綻主義が採られている法域では，より一般的に生じるということが予期される．ブリニグとクラフトンはこのことについて検証を行い，破綻主義を採る州では，1987年においては緊急電話相談センターに電話する者の率が高いことを発見している．このように有責主義は，配偶者の虐待といったような結婚における機会主義的行動がもたらす回復不能のコストを減少させているようにみえる．

3. 離婚をめぐる交渉

　結婚における資源の配分についてどんな仕組みが採られているかにはかかわりなく，夫婦の一方，あるいは両方が不満を持てば，結婚を継続するか否かについての交渉が生じることになろう．前節での分析によれば，均衡の性質は，記述的にも規範的にも，交渉のタイプによって異なってくる．そして，交渉のタイプは，存在すると仮定される協力の程度だけでなく，離婚を規整する法的枠組みにも依拠して決まる．

　離婚についての最初の経済学的分析は，ベッカー，ランデス，およびマイクル（Becker, Landes, and Michael, 1977）によって行われた．彼らは，最大化を追求する個々人が，非戦略的交渉を行って到達する均衡を予測する上での，コースの定理（コース（Coase, 1960）によって初めて議論され，ゼルダー（Zelder, 1998）によって徹底的に整理検討された定理）の重要性を明らかにした．このようにベッカー，ランデス，およびマイクルは，離婚事由には焦点を合わせていないけれども，彼らは「関係当事者がお互いにほとんどコストなしに交渉することができる場合には，財産権の配分や法的責任の配分は，資源配分に影響を与えない」と結論している（Becker, Landes, and Michael, 1977, p. 1144）．この状況においては，離婚するかどうかの意思決定は，単に，離婚することに共通の利益があるかどうかのみにかかっている．それぞれの配偶者が結婚したままでいることから利益を得る場合，あるいは離婚することから利益を得る場合といったような，2つの簡単すぎる事例においては，当事者の2人は明らかに，前者では結婚したままでいるであろうし，後者では離婚するだろう．相手方当事者が離婚することから得る利益よりも，他方当事者が結婚し続けることによって得る利益の方が大きい場合，「財産権」の割当て，つまり，有責主義（離婚に相互の同意を要する）の下でも，あるいは，破綻主義（片方の同意でよい）の下でも，いずれにせよ結婚は（効率的に）継続するだろう．この利得状況の下では，有責主義の場合は，離婚を求める配偶者が結婚継続を欲しているもう一方の配偶者をお金で買収して離婚を受け入れさせるということができなくなる．破綻主義の下では，結婚継続を欲している配偶者は，離婚を求める相手を買収して一緒にいるようにさせることができる．利得状況が逆転して，離婚を求める側が離婚から得

る利得の方が，結婚継続を求める側が結婚継続から得られる利得よりも大きいときには，離婚はどちらの法制度の下でも（効率的に）起こるのである．

ランデス（Landes, 1978）は，さらにこの分析を拡張した．彼は，最初にこの命題に簡単な数学的証明を与えた．しかしながら，ランデスは，取引費用ゼロというコース的な交渉への障害となるものが存在すること，とりわけ離婚の際の給付についての交渉に障害が存在しうることを認めて，さらに分析を進めている．婚姻関係内以外では価値がないような資本への「妻」による離婚前投資と，「夫」の離婚後の所得とを関係させる契約条項を書くことが難しいために，夫は婚姻解消時の効率的給付に対して信用できるコミットメントをすることができないということになる．この効率的な離婚の際の給付（離婚解決金）が実現されれば，妻は婚姻関係中に最適な投資をするように誘導されるだけでなく（第2節で議論した），離婚数を効率的なレヴェルへと誘導することもできるはずなのである．

このコース的な取引費用ゼロのモデルは，ゼルダー（Zelder, 1989, Zelder, 1993）によって検証された．ゼルダーは結婚中の交渉，具体的には結婚における公共財をめぐる交渉，に対する障害がある場合のモデルを構築し，それとコース的モデルを対比する形で検証した．ランデス（Landes, 1978）の示唆に従う形でゼルダーは，交渉が公共財をめぐってなされるときに，結婚制度の差異が離婚率の差異をもたらすか否かを検討した．具体的には，ゼルダーは婚姻内で夫婦が効用の合算最大化を図るという簡単なモデルを構築した．すなわち，一方配偶者の留保効用の満足を前提とした場合の，他方配偶者の効用最大化をもたらすような，私的財と公共財の双方の配分が選択されるというモデルである．このモデルが帰結する最適婚姻状態においては，多くの夫婦が子どもを養育するなどの公共財への投資をして効用を得る（非ゼロ消費と呼ばれる）．この最適婚姻状態が，交渉の枠組みを提供することになる．子どもは，婚姻中の交渉を目的とする場合には公共財として扱われるが，離婚をめぐる交渉を目的とする場合には私的財として扱われる．これは，子どもと一緒に住めるか否かが，親の効用に影響を与えるという仮定に基づくものである．子どもと一緒に住むことは，婚姻中は一体であるが，離婚の場合は，監護権の割当ての形で元夫婦間で分配されることになる．

このようなモデルの複雑化によって，取引費用ゼロのコース的世界で一般

に見られる結果，すなわち法制度のあり方の如何を問わず社会は効率的となるという結果は修正を受けることになる．破綻主義離婚法制においては取引交渉が制約されるので，効率性は離婚法制のあり方次第となる．結婚中の夫婦は子どもから共同で効用を受け取るので，(離婚の場合と比較して) 結婚がもたらすこの利益は，夫婦間で「婚姻中に」移転することができない．子どものもたらす利益が公共財の効用となっているからである．これらの結婚の利益が十分に大きなものであって，結婚の利益の合計がプラスである結婚の中にも，破綻主義離婚法制の下では解消されるものが出てくることになる．他方これらは，有責主義の下では解消されないであろう．破綻主義の下で結婚の利益の合計がプラスであるにもかかわらず離婚が起こった場合，このような離婚はカルドア・ヒックス非効率と呼ばれる．ゼルダー (Zelder, 1993) による実証的分析は，この結論を支持している．というのは，子どもへの投資という形で測られた結婚の利益が，結婚の利益全体に占める割合を見ると，その割合がより大きい夫婦の方が離婚しやすいのであり，しかも，それは破綻主義離婚法制の下においてのみなのである．

　もちろん，離婚法によって影響を受けるのと同様に，離婚の意思決定は税法によっても影響を受ける．第 1 節で，結婚に対する税の影響の議論の中で言及したように，税法と結婚の間の関係について分析評価する研究が蓄積されつつある．多くの国々において結婚に対する「制裁」があるので，これらの制裁が離婚を促すくらいに重大なものなのかどうかについて経済学者は分析評価している．1968 年から 1992 年にわたる期間のパネル・データ [コホート (同じ時期に生まれた集団) への長期の追跡調査のデータ] を分析することで，ウィティントンとアルム (Whittington and Alm, 1997) は以下のことを発見した．結婚に対する制裁が重いほど，女性の離婚傾向は若干高まり，その変化は統計上有意である．男性に与える効果はより小さい (一部のカテゴリーにおいてのみ統計上有意である)．彼らの発見はディカート＝コンリン (Dickert-Conlin, 1999) の研究によって根拠を強められた．彼は，1990 年以降のデータの横断的 (クロス・セクションの) 分析によって，結婚に対する制裁の離婚確率への影響が，小さいが統計上有意なものであることを確認している．離婚の可能性に影響を与えるような市場の失敗や政府の失敗が同時期に進行していたのではない限り，結婚に対する税法上の制裁によって引き起

こされたとみられる離婚の増加分が，非効率をもたらすものであることは言うまでもない．

取引費用ゼロのコース的なモデルで典型的に見られる予定調和は，非協力交渉モデルにおいても帰結されなくなる．ピータース（Peters, 1986）によると，離婚の機会について相手の知らない情報が存在する場合は「コストが大きく，かつ，非生産的な」交渉が生じる可能性がある（Peters, 1986, p. 442）．それゆえに，ピータースは夫婦が離婚時の資源分割内容を固定する事前合意をすると仮定した．つまり，夫婦は婚姻中の交渉の可能性を放棄するということである．国家は一般的に，夫婦間契約を強制することを避けようとするという事実にもかかわらず，ピータースは「より複雑なゲーム理論的モデル」ではなく，固定分割契約を使ったことを正当化しようとする．その理由は，「複雑なゲーム理論モデルは，現実世界の婚姻契約を反映しているようには見えない」からであるという（Peters, 1986, p. 442, n. 16）．

固定分割ルール（つまり，婚姻内交渉の排除）のために，非効率な結婚や離婚の意思決定がこのモデルでは起こる．離婚の意思決定については2つの具体的含意がある．とりわけ，結婚からのアウトプットについての交渉ができないことは，（有責主義の下での）合意による離婚を引き出す効率的な交渉を不可能にし，こうして，有責主義の下で過少な量の離婚しか起こらないことになる．逆に，（破綻主義の下で）一方的な離婚が可能な場合，結婚継続をもたらしうる効率的な交渉は挫折させられ，こうして，破綻主義の下では過剰な量の離婚が起こることになる．それゆえ，このモデルでは，有責主義の下での均衡より破綻主義の下での均衡で，より多くの離婚が起こり，これら離婚制度は両方とも最適離婚法制と比べて非効率となる．両制度のうちどちらの方がより望ましいかについては，それぞれの制度で生じる回復不能なコストの大小による．いずれの場合であれ，ピータースの実証的研究によれば，これら2つの制度の下での離婚率は統計上有意な差異を示さなかった．しかしながら，この結果は非常な少数派である．なぜなら，その後の多数の研究は，破綻主義の下での方が離婚率が統計上有意に高いという結果となっているからである．たとえば，アメリカ合衆国（たとえば，Marvell, 1989, Allen, 1992, Zelder, 1993, Reilly, 1997, Friedberg, 1998）や，オーストラリア（Kidd, 1995），カナダ（Allen, 1998）がある．[8]

もう1つの非協力ゲームの主要な分析対象は，ウァイスとウィリス（Weiss and Willis, 1993）の中にみられるものであるが，離婚の際の子どもへの資産移転をめぐる交渉である．彼らのモデルでは，効率的な結婚状態の可否は交渉ゲームの形態による．離婚時における子どもへの資産移転について，信用できる事前のコミットメントを親たちができない場合，彼らは代わりに事後に交渉することになる．事後の交渉は離婚後の子どもへの投資を弱めることに至りがちであるために，彼らはそういった状況の下では結婚したままであることを選びがちである．それと対照的に，信用できる事前のコミットメントが可能である場合には，こどもに対する離婚後の投資は増大し，離婚はより起こりやすくなる．[9]

最後に，クラーク（Clark, 1999）が取引費用ゼロのコース的モデルの均衡の不変性とは異なるモデルを最近提示した．クラークの洞察は，離婚が協力ゲームとしてモデル化されたときでさえ，コース的モデルの均衡不変性が成立するのは，結婚の効用フロンティアと離婚の効用フロンティアが交差しないときだけである，というものである．それらが交差するときには，カルドア・ヒックス効率性をめぐってシトフスキー（Scitovsky, 1941）が発見したパラドクスと類似したパラドクスが起こってしまうのである．つまり，結婚が続くか，離婚が起こるかは，（有責主義か破綻主義かといった）基礎にある法制度に「依存する」．しかしながら，それ以前の文献と異なり，クラークの結果は取引費用，あるいはその他の取引それ自体への障害のゆえに生じるのではない．代わりに，クラークの枠組みにおいて離婚法が効率性に影響を与える基礎にあるものは，協力ゲームの構造と，交差するという効用フロンティアの属性とである．

クラークの協力ゲームは，法制度によって定義される威嚇点を含んでいる．つまり威嚇点は，有責主義の下では結婚継続であり，破綻主義の下では離婚である．これらの威嚇点は法制度によって影響され，また，結婚の効用フロンティアと離婚の効用フロンティアとが交差しうるので，結婚と離婚の間の選択は，威嚇点における効用の分割に依存する．こうして，威嚇点はどちらかの法制度に拠って決まるから，結婚したままでいるか離婚するかという意思決定は，法制度によって決まることになる．すなわち，均衡は法制度のあり方で異なってくる．それにもかかわらず，仮定されている協力ゲームの構

造のゆえに，いずれの均衡点とも効率的である．

4. 結論

　本章の研究概観によれば，結婚や離婚の経済分析が相対的に見て初歩的段階にあるということが明らかになったであろう．したがって，当然ながら，結婚をめぐる意思決定に対する適切なモデル化のあり方が問題となる．学問的議論においてはいつものように，健全な実証的研究こそ，こうした問題を解決する，あるいは少なくとも問題を明確化するために欠くことができないものである．結婚をめぐる資源の割当てに関する共通選好モデルと協力ゲームとを区別しようと試みる研究（たとえば，Browning et al., 1994）は，こうした研究の良い例である．それにもかかわらず，離婚や結婚についての計量経済学的な研究は，理論的な研究よりずっと発展が遅れている．その結果として，家族政策の多くは経済学的知見不在のまま行われている．もちろん，ゲーム理論の諸研究の中でみられる均衡概念の多様性を見れば，結婚をめぐる種々の戦略的選択モデルの中から最適のものを選び出すことは，非常に困難な作業であろう．しかしながら，経済学者たちが家族についてのモデルを試そうとますます努力しているという事実と，多くの重要な家族政策上の論点が激しい議論の対立を呼び続けているという事実とから，愛情（や憎悪）の問題への合理的選択アプローチが活況を呈し，その活躍によって法と経済学の学者の厚生は高められ，さらに社会全体の厚生も高められるであろうことが見て取れよう．

(1) これとは対照的に，ベッカー（Becker 1991）はゲイルとシャプレー（Gale and Shapley 1962）が，結婚におけるアウトプットの割当が固定的であるような，結婚相手選びのモデルを構築していることを記している．

(2) おそらく，協力ゲームのアプローチは，実質的に利他主義が見られるような小さな村でのお見合い結婚によく当てはまるであろう（後に簡単に論じる）．

(3) バーグストロムとバグノリは自分たちの論文を「結婚についての動態的『レモン』市場モデルの論理を解明する上での有用な最初の一歩」と表現している（Bergstrom and Bagnoli, 1993, p. 187）．「レモン」市場モデルとは，売られている財の品質が買い手に完全には分からないような市場のモデルであ

る（結婚もそうである）．したがって，品質の悪い財（たとえば欠陥中古車「レモン」）の売り手は，良質の財の売り手を市場から駆逐することになる．
（4） ブリニグは自らの連立方程式によるシステムの中で，一人当たりの所得や時間のダミー変数を含めている．
（5） この章では紹介していないが，生活福祉受給と結婚における地位との関係を調査した研究は相反した結果をみせている．生活福祉受給と母親のみのひとり親世帯との間に統計上有意な関連性を見出していない論文（例えば，Moffitt, 1994 や Hoynes, 1997）もあれば，有意な関連性を見出しているもの（例えば，Eissa and Hoynes, 1999 や Schultz, 1998）もある．
（6） ペックマンとエンジェルハート（Pechman and Engelhardt, 1990）は，11 の OECD 諸国それぞれについて，1989年段階での婚姻への制裁の存在を発見している．他方で，ゼルダーとバシャム（Zelder and Basham, 2000）は，2000年のカナダにおいては，カップルへの「結婚助成金」が交付されていることを確認している．
（7） もちろん，この結論の例外として，両親の選択と子どもたちの選択とが一致する場合や，子どもたちが自分らの両親に代理人として動いてもらうことを，（このような契約が強制されるのではなくむしろ）合理的に選択する場合がある．
（8） ゼルダー（Zelder, 1997a）は，経験的手法による破綻主義研究の長所と弱点について検討している．
（9） アレンとブリニグ（Allen and Brinig, 1998）もまた，離婚において非協力ゲーム的交渉がなされているとの証拠を見出している．彼らの知見によれば，両配偶者のセックスへの相対的な欲求が時期的に移動することと対応して，離婚の傾向も変動するようである．

《文献》

Allen, D. (1992), "Marriage and Divorce: Comment," *American Economic Review*, 82, 679-85.

Allen, D. (1998), "No-fault Divorce in Canada: Its Cause and Effect," *Journal of Economic Behavior and Organization*, 37, 129-49.

Allen, D. and M. Brinig (1998), "Sex, Property Rights, and Divorce," *European Journal of Law and Economics*, 5, 211-33.

Alm, J. and L. Whittington (1995), "Income Taxes and the Marriage Decision," *Applied Economics*, 27, 25-31.

Alm, J. and L. Whittington (1997), "Income Taxes and the Timing of Marital Decisions," *Journal of Public Economics*, 64, 219-40.

Alm, J. and L. Whittington (1999), "For Love or Money? The Impact of Income Taxes on Marriage," *Economica*, 66, 297-316.

Becker, G. (1973), "A Theory of Marriage: Part I," *Journal of Political Economy*, 81, 813-46.

Becker, G. (1974), "A Theory of Marriage: Part II," *Journal of Political Economy*, 82, S11-26.

Becker, G. (1991), *A Treatise on the Family*, Cambridge, MA: Harvard University Press.

Becker, G., E. Landes, and R. Michael (1977), "An Economic Analysis of Marital Instability," *Journal of Political Economy*, 85, 1141-87.

Bergstrom, T. (1996), "Economics in a Family Way," *Journal of Economic Literature*, 34, 1903-34.

Bergstrom, T. and M. Bagnoli (1993), "Courtship as a Waiting Game," *Journal of Political Economy*, 101, 185-202.

Binmore, K. (1985), "Bargaining and Coalitions," in Alvin Roth (ed.), *Game-theoretic Models of Bargaining*, Cambridge: Cambridge University Press.

Brinig, M. (1990), "Rings and Promises," *Journal of Law, Economics, and Organization*, 6, 203-15.

Brinig, M. and M. Alexeev (1995), "Fraud in Courtship: Annulment and Divorce," *European Journal of Law and Economics*, 2, 45-62.

Brinig, M. and S. Crafton (1994), "Marriage and Opportunism," *Journal of Legal Studies*, 23, 869-94.

Browning, M., F. Bourguignon, P.-A. Chiappori, and V. Lechene (1994), "Income and Outcomes: A Structural Model of Intrahousehold Allocation," *Journal of Political Economy*, 102-1067-96.

Clark, S. (1999), "Law, Property, and Marital Dissolution," *Economic Journal*, 109, C41-54.

Coase, R. (1960), "The Problem of Social Cost," *Journal of Law and Economics*, 3, 1-44.

Dickert-Conlin, S. (1999), "Taxes and Transfers: Their Effects on the Decision to End a Marriage," *Journal of Public Economy*, 73, 217-40.

Eissa, N. and H. Hoynes (1999), "Good News for Low-Income Families? Tax-Transfer Schemes and Marriage," Department of Economics, University of California at Berkeley, mimeo.

Friedberg, L. (1998), "Did Unilateral Divorce Raise Divorce Rate? Evidence from Panel Data," *American Economic Review*, 88, 608-27.

Gale, D. and L. Shapley (1962), "College Admissions and the Stability of Marriage," *American Mathematical Monthly*, 69, 9-15.

Gelardi, A. (1996), "The Influences of Tax Law Changes on the Timing of Marriages, A Two-Country Analysis," *National Tax Journal*, 49, 17-30.

Hoynes, H. (1997), "Does Welfare Play Any Role in Female Headship Decision?" *Journal of Public Economics*, 65, 89-117.

Kidd, M. (1995), "The Impact of Legislation on Divorce: A Hazard Function Approach," *Applied Economics*, 27, 125-30.

Koopmans, T. and M. Beckmann (1957), "Assignment Problems and the Location of Economic Activity," *Econometrica*, 25, 53-76.

Landes, E. (1978), "Economics of Alimony," *Journal of Legal Studies*, 7, 35-63.

Lundberg, S. and R. Pollak (1993), "Separate Spheres Bargaining and the Marriage market," *Journal of Political Economy*, 101, 988-1010.

Lundberg, S. and R. Pollak (1994), "Noncooperative Bargaining Models of Marriage," *American Economic Review*, 84, 132-7.

Lundberg, S. and R. Pollak (1996), "Bargaining and Distribution in Marriage," *Journal of Economic Perspectives*, 10, 139-58.

McElroy, M. and M. Horney (1981), "Nash-Bargained Decisions: Towards a Generalization of the Demand Theory," *International Economic Review*, 22, 333-49.

Manser, M. and M. Brown (1980), "Marriage and Household Decision-Making: A Bargaining Analysis," *International Economic Review*, 21, 31-44.

Marvell, T. (1989), "Divorce Rates and the Fault Requirement," *Law and Society Review*, 23, 543-67.

Moffitt, R. (1994), "Welfare Effects on Female Headship with Area Effects," *Journal of Human Resources*, 29, 621-36.

Pechman, J. and G. Engelhardt (1990), "The Income Tax Treatment of the Family: An International Perspective," *National Tax Journal*, 43, 1-22.

Peters, E. (1986), "Marriage and Divorce: Informational constraints and Private Contracting," *American Economic Review*, 76, 437-54.

Reilly, S. (1997), "Divorce Laws and Divorce Rates: Evidence from Panel Data," Department of Economics, University of California at Berkeley, mimeo.

Rubinstein, A. (1982), "Perfect Equilibrium in a Bargaining Model," *Econometrica*, 50, 97-109.

Schulz, T.P. (1998), "Eroding the Economic Foundations of Marriage and Fertility in the United States," *Structural Change and Economic Dynamics*, 9, 391-413.

Scitovsky, T. (1941), "A Note on Welfare Propositions in Economics," *Review of Eco-*

nomic Studies, 9, 77-88.

Suen, W. and H.-K. Lui (1999), "A Direct Test of the Efficient Marriage Market Hypothesis," *Economic Inquiry*, 37, 29-46.

Weiss, Y. and R. Willis (1993), "Transfers among Divorced Couples: Evidence and Interpretation," *Journal of Labor Economics*, 11, 629-79.

Whittington, L. and J. Alm (1997), "Til Death or Taxes Do Us Part: The Effect of Income Taxation on Divorce," *Journal of Human Resources*, 32, 388-412.

Zelder, M. (1989), "Children as Public Goods and the Effect of No-Fault Divorce Law on the Divorce Rate," unpublished PhD dissertation, University of Chicago, Department of Economics.

—— (1993), "Inefficient Dissolutions as a Consequence of Public Goods: The Case of No-Fault Divorce," *Journal of Legal Studies*, 22, 503-20.

—— (1997a), "Did No-Fault Divorce Law Increase the Divorce Rate? A Critical Review of the Evidence," Michigan State University, Department of Economics, mimeo.

—— (1997b), "Rotten Altruists, Saccharine Altruists, and Saints: Altruism and Social Optimality," Papers in Political Economy, 87, University of Western Ontario, Political Economy Research Group.

—— (1998), "The Cost of Accosting Coase: A Reconciliatory Survey of Proofs and Disproofs of the Coase Theorem," in Steven G. Medema (ed.), *Coasean Economics*, Boston: Kluwer Academic Press.

Zelder, M. and P. Basham (2000), "Does Revenue Canada Play Matchmaker?" *Fraser Forum*, March, 8-10.

第10章　力の弱い男と整理整頓のできない女：
　　　　離婚と分業

スティーヴン・L・ノックとマーガレット・F・ブリニグ

訳：佐藤通生

「ヨーロッパではよく，性別の特徴を混同して，男と女は平等であるのみならず，ほぼ同質であると考える人々がいる．彼らは男女の双方に同じ役割を与え，同じ義務を課し，そして同じ権利を付与しようとする．他にも職業・趣味・仕事など，全てにおいて男女を同じに扱おうとする．男女を等しくしようとするそのような試みが，双方の質の低下を招いていることは想像に難くない．そして，一連のこの手のとんでもない試みは，力の弱い男と整理整頓できない女を生むだけでしかない……．一方アメリカ人は，慎重に男の義務と女の義務を分けることによって，優れた社会的労働が行われるよう，現代の生産活動を統率している政治経済の大原則を男女に適用してきたのである．」（ド・トックヴィル，1835, ch. XII）

　19世紀初頭の，トックヴィルによるこのジェンダー関係（性別関係）の政治経済的所見は，夫は仕事で稼ぎ，妻は住居と家族を世話する，といった分業の一般形態を反映していた（Brinig and Carbone, 1988 参照）．だが新世紀においては，もはやこの家族形態はほとんどのアメリカ人夫婦の状況ではなくなっている．「ダブル・シフト」[1]，つまり，仕事と従来の家事の双方を負担しなければならない現代の結婚の仕組みが（Hochschild and Machung, 1989），女性にとって不公平であるがゆえに離婚率が増加している，と推測する研究者もいる（Parkman, 1998）．確かに，結婚が不公平であると感じている配偶者にとっては，離婚は1つのより良い選択肢であると感じられるかもしれない．

しかし，議論のあるところではあるが，男女それぞれのより良いところを活用する伝統的な結婚は，おそらく家事を分業する共働きの夫婦の結婚よりも効率的であろう（Becker, 1991）．だが，役割の特化が，単に効率性だけでなく結婚の安定性とも同一視できるものかどうかについては，これまでの研究において全く考慮されていない．このことが，本章における課題となる．

経済学者のゲアリー・ベッカー（Gary Becker）によれば，結婚する前には男女の労働形態にほとんど変わりがなかったにもかかわらず，一度結婚するとやがてそれぞれ異なった役割に特化してゆくことになるという（Becker, 1991, ch. 2 ; Grossbard-Schechtman, 1993; Allen, 1992）．このような役割の特化は，1つかそれ以上の役割に関する各々の「比較優位（comparative advantage）」による利得を，夫婦がともに実感する場合に生じることになる．夫と妻は，ベッカーが市場生産（market production）と家庭内生産（household production）と呼ぶ2種類の労働に従事することになる．市場生産に関わる配偶者は，労働（財を購入するために金銭を得る作業）と余暇活動（金銭の消費，その他の非労働作業）に時間を費やす．他方，家庭内生産に従事する配偶者は，家庭内の生産作業（あるいは「Z」財）と余暇に時間を割くことになる（Becker, 1991: 32-41）．「Z」財の生産において，購入した財は最終的な消費財へと形を変える．

ベッカーは，一方の配偶者が家庭内生産において，ほんの僅かかもしれないが比較優位を持つがゆえに，効率的に作業を行える配偶者の方がその作業に特化するだろうと推測している（Becker, 1985）．彼は，女性のみが出産できるという理由から，家庭内生産については妻の方に夫に対する比較優位が生じると主張する．このような比較優位は，各家庭の娘たちがその成長過程で，家庭財（household goods）の生産において自分たちの効率性が高まるような人的資本に投資すること（たとえば花嫁修業）によって拡大し（Becker, 1973），その結果，彼女たちは伝統的な経路を歩むという傾向が生じるのである（Becker, 1974）．他方，夫の方は市場生産に特化することになる．男性は結婚する以前に，労働力として生産量を最大限に高めるよう，人的資本に投資する道を選択するのである（たとえば職業訓練を受ける）．結婚前の男女それぞれの役割特化によって，それぞれがお互いにとってより魅力的な配偶者候補ともなる（Becker, 1991; Duncan and Duncan, 1978）．このような人的資本

への投資は，たとえ生物学的な男女差がなかったとしても，比較優位におけるジェンダー差というものを生み出すことになる（Hadfield, 1999）．

ベッカーやその他の者（Parkman, 1992）は，夫婦間の役割の特化を仮定するが，女性同士の間ではそのような仮定をしない．彼らは，皿洗いや家の掃除のために他人を雇うことはあまり「効率的」でない，と確信しているようである．しかし，家事として通常行われている労働だけを例外的に扱う一方，市場労働一般を一括りにしてそれへの特化を声高に主張することは，道理が通らないとしてこのような見方を批判する見解がある（Brinig, 1994; Brinig and Carbone, 1988）．

また，関連研究において，役割特化モデルに批判的な人々は，パートナー関係としての結婚という，より現代的な概念を主張する（Smith, 1990）．この新たな提言は，結婚における個人主義，夫婦間の平等，ほぼ等しい稼得能力，および，ライフサイクルに適応できる柔軟性の必要を仮定するものである．より平等主義的な結婚を主張する人々は，結婚後に妻が仕事を持つ場合には，夫は応分の家事を分担することを想定する．

第二次世界大戦後，女性の市場労働への参加は顕著に進んだ．しかし，男性の就労パタンは変化しなかった．1970年以前，一般的に女性は結婚（または出産）して間もなく家庭外労働から離れ，その後は一生ずっと就労率が低いままであった．しかしここ数十年，女性の生涯就労パタンは男性のそれに近づきつつあり，出産後の既婚女性の就労率の一般的な減少傾向というものはもはや見られなくなった（Spain and Bianchi, 1996）．

既婚女性の市場労働への参加は確実に増加したが，彼女たちは相変わらず大量の家事をこなしている．表10−1は，1960年代以降，男女それぞれが家事に費やした時間を要約したものである．表のこれらの数字が示す通り，男女の家事への相対的コメットメントはほとんど変わっていない．家事労働従事が女性で微減し，男性で微増したことは明らかに見られるが，その変化量は驚くほど小さい．

社会学者のゴルドシャイダーとウェイト（Goldscheider and Waite）は，その著書『新しい家庭とは家庭の不在だ（*New Families, No Families*）』の結論で，ベッカーのいうような「古いタイプの家庭」はもはや存続できなくなってきている，と主張している．

表10-1　家事に費やす時間数

	1960年代	1970年代	1978年	1988年
女性			26.7	21.3
未婚			17.2	13.4
既婚			29.1	23.6
無職	38.0−43.0	23.0−34.0	37.1	33.0
就労	20.0−26.5	11.5−20.0	24.3	20.8
男性			6.1	7.4
未婚			8.2	7.0
既婚			5.8	7.5
無職	5.0−8.0	3.0−9.0	5.0	6.4
就労	5.5−8.0	3.0−9.5	6.4	7.8

出典：表は Blau (1998) に基づく．数字は Panel Study of Income Dynamics, Institute for Social Research, University of Michigan, Ann Arbor による．

「我々はなぜ，男性と女性の間の労働や家庭内役割について，かつてのバランスに立ち戻れないのだろうか．そこでは時間数でみた『公平さ』があったし，また，母親は集中的に子ども達の面倒を見られたし，父親は妻子を適切に養うことができたのではなかったか．『古いタイプの家庭』の下で，女性にとっての最大の問題点は，人口統計学上のものである．平均余命の増加と出生率の低下により，集団としてみれば，女性にとって家事はもはや生涯の仕事たりえなくなっている．そこで女性たちは，次のどれかの人生行路を選択しなければならなくなっている．第一の選択肢は，成年後の人生を二分し，半分を2，3人の子どもたちが成年に達するまでの子育てに費やし，残りの半分で仕事に従事するというように分割する人生行路である．第二の選択肢は，女性グループの方を二分して，母親専業グループと仕事専業グループに分離するか，または，仕事に専念する『本当の』労働者になるグループと子育てと両立できるようなゆるい雇用条件の就労（『マミー・トラック（mommy track）』）と母親業を兼ねる労働者グループとに分離するか，である．」（Goldscheider and Waite, 1991, 202−3）．

では，より平等主義的で協働分担的な「新しい家族」はどうか．ゴルドシャイダーとウェイトは，将来の家族関係はこれでなくてはならないと信じているものの，その意味するところについてはそれほど確信を持っていない．

第10章　力の弱い男と整理整頓できない女：離婚と分業　263

　「そのような家族の在り方は，家庭が今日直面している重要な問題を解決する可能性を秘めている，と我々は論じてきた．しかし，新しい家族について，我々は一体どれだけのことを知っているのだろうか．この先駆的な家族形態は，結婚や家庭，男性，女性，そして家庭の子どもたちにどのような影響をもたらすのだろうか．より平等的でより協働分担的な家族関係というものは本当に可能なのであろうか．これらの問題のほとんどは，未知の領域の話である」(Goldscheider and Waite, 1991, pp. 204-5).

　本章の研究は，このような未知の領域の課題についていくらか方向性を示そうと試みるものである．すなわち，夫が「女の仕事」に従事し，また妻が「男の仕事」に従事することが，結婚関係の破綻に対していかなる影響を与えるかを解明する．また，夫婦間の公平な分業自体ではなく，態度（attitude）というものが結婚の安定性にとってどれくらい重要であるかを探求する．

1.　データと方法

データ

　「家族と世帯の全米調査」(The National Survey of Families and Households：NSFH) がアメリカ合衆国で初めて実施されたのは1987～88年であり，ここでは，全国民から抽出された13,007名に対する個人面接が実施された．サンプルとしては，9,637世帯の主たる横断的（クロス・セクショナル）調査に加えて，黒人（アフリカ系アメリカ人），プエルト・リコ人，メキシコ系アメリカ人，ひとり親世帯，継子のいる世帯，同棲カップル，新婚カップルについてはオーバー・サンプリングをしている．また，主たる回答者としては，1世帯から成人1人を無作為に選出した．プライヴァシーに係わる情報の蒐集を容易に行うため，また，面接ができるだけ円滑に進むよう，主たる面接の一部については自己記入方式（self-administered）で行われた．面接の平均時間は，1時間40分であった．加えて，より短時間で行われうる自己記入方式の質問票が，主たる回答者の配偶者や同棲者に対して渡された．私たちは，主

たる回答者とその配偶者になされたのと同一の質問への回答を本章の分析に使用する．

　第2回目の『家族と世帯の全米調査』は，初回調査の面接時から5年後の1992～94年に行われた．この調査では，初回調査で個人面接を行った人々のうちの存命者全てに対する面接調査（$N = 10,007$）と，主たる回答者への面接とほぼ同一の質問事項による，現在の配偶者や同棲者への個人面接（$N = 5,624$）とがなされた．2回目の調査では，初回の調査時からの婚姻状態の変化を見るために，詳細な結婚履歴に関する情報蒐集も行った．

　サンプルは，初回調査時点で初婚だった「夫婦」に限定されている．すなわち，夫婦の双方ともそれ以前に離婚経験のなかったカップルである．この限定は，再婚，継子や継親のいる複合家族，元配偶者などとの関係で生じる諸問題を回避するために設けられたものである．

結婚の破綻

　調査の主要な問題関心は，結婚後5年以内に発生する結婚の破綻についてである．第一回調査の面接時以降に離婚や別居をしたかどうかを確定し，もし離婚や別居をしていた場合には，その年月を記録した．第一回調査対象の中で今回の調査対象としての要件を満たした4,273組の夫婦のうち，3,592組の夫婦からその後の婚姻状態の変遷に関する明確な情報が得られた．これらの中で，第一回と第二回調査の間に275組（6.3％）が離婚し，105組（2.9％）が別居（夫婦の一方が完全に住居から退去）した．離婚と別居を結婚の破綻として扱い，統計分析の方程式では両者を合算した変数を用いた．なお，離婚のみを対象とした分析結果は，別居を含めた分析結果と実質的に同じであった．

　家事労働の役割を検討する前に，離婚や別居の原因としてよく知られている要因をコントロールすることにした(Bumpass and Sweet, 1995)．具体的には，統計分析の際には次の変数をコントロール要因として方程式に含めて分析した．

　1．夫の初婚年齢
　2．妻の初婚年齢

3. 結婚前に（同一相手と）同棲していた夫婦
4. 夫婦の間に生まれた子どもの人数
5. 夫の前年の給与所得
6. 妻の前年の給与所得
7. 人種（夫の人種，および，妻が夫と同じ人種かどうか）
8. 夫の就学年数
9. 妻の就学年数
10. 夫の両親が離婚している
11. 妻の両親が離婚している

これらの基本的な説明変数の他に，有給の仕事に関する2つの指標（夫の前週の有給の仕事時間数と，妻の前週の有給の仕事時間数），および，家事に関する4つの指標を加えた．第三のステップとして，公平性評価について，4つの関連指標を加えた．最後に，公平性評価と，家事ならびに有給の仕事の指標群との間に存在すると考えられる相互作用について調査した．

家事労働

家事労働の指標は，男女それぞれが伝統的に行ってきた労働を区別するために設けたものである．家事労働がジェンダー性を帯びることについてはそれほど議論はないが，これらの指標の設定には先行研究（例えば，Berk, 1995）に基づいた．この配分の枠組みを検証するため，対応のあるt検定を用いて，男女それぞれの労働に対するコミットメントを対比させた．分析結果の数字は全て統計的に有意であり，そのほとんどについて大きな差異が認められた．

夫婦のそれぞれは，次の質問について紙面に記入するよう求められた．

> 「この紙面の質問は，種々の家事労働およびそれを通常行うのはあなたの家族の誰であるのか，についての質問です．あなたやあなたの配偶者ないしパートナー（同棲相手），または，その他のあなたの家族が，次に挙げる家事のそれぞれについて，だいたいどれくらいの時間を1週間あたり通常費やしているかの時間数を記入してください．

(1)食事の用意
(2)皿洗いと食事の後片づけ
(3)家の掃除
(4)家の外回りの仕事，その他住居の営繕の仕事
(5)食料品その他，家庭用品の買い物
(6)洗濯，アイロンがけ，衣類の繕い仕事
(7)家計の支払い，家計簿の記載
(8)自動車の整備・修理
(9)職場，学校，その他の活動のための家族の自動車による送迎」

表10-2　夫と妻の家事労働従事の平均時間数

家事労働	夫	妻	標本数 N	有意性検定
1. 食事の用意	2.05	9.75	4,377	.001*
2. 皿洗い	1.76	6.07	4,377	.001*
3. 家の掃除	1.59	8.13	4,379	.001*
4. 家の外回りの仕事	4.96	1.81	4,380	.001*
5. 買い物	1.39	2.81	4,380	.001*
6. 洗濯，アイロンがけ	0.57	4.29	4,379	.001*
7. 家計の支払い	1.36	1.60	4,378	.001*
8. 自動車の整備	1.84	0.18	4,379	.001*
9. 自動車での送迎	1.15	1.39	4,372	.001*
男性型家事(4+8)	6.80	1.99	4,375	.001*
女性型家事(1+2+3+5+6+7+9)	9.87	33.98	4,381	.001*

注：* 対応のある t 検定（両側検定）の結果，有意である（$p < 0.001$）

ほとんどの家事労働について，夫婦のどちらが通常そのほとんどをするかについては，ほぼ疑義の余地はないくらいに明確である．しかし，夫婦の間での差がごく僅かである家事が2つあり，それらは自動車送迎(9)と家計の支払い(7)である．夫がこれらの家事を行う時間数は，妻のそれよりも僅かだけ少ない（表10-2参照）．そこで，私たちは双方とも女性型家事に分類した．これら2つの仕事については，夫婦がだいたい同じ時間を費やしていることに鑑みれば，男性型に分類するか女性型に分類するかは実際上分析に影響を与えない．

家事労働について，私たちは2つの集約指標（summary measures）を設けた．第一は「男性型家事」で，これは，家の外回りの仕事やその他住居の営

繕の仕事(4)と自動車の整備・修理(8)に費やされた時間数を単純に合計したものである．第二は「女性型家事」で，男性型家事以外の全ての仕事に費やされた時間数を単純に合計したものである．夫婦の一方が独占的に行っている家事はないが，男女はそれぞれの活動について有意に異なる時間数を費やしている（自動車送迎や家計の支払いのように，その差が僅少であっても同様である）．そして，夫が「男性型家事」に費やした時間数合計と「女性型家事」に費やした時間数合計を計算した．妻の場合も同様である．これら4つの変数は，次の統計分析において主要な関心事項となるものである．

　これらの家事に費やされた平均時間数は，表10-2のとおりである．家事労働に対する時間の配分については，夫婦間で明確に差が出ている．しかし，そのような時間配分は，特に賃金労働といった他に費やす時間数とのバランスがとられているはずである．他の研究者(Shelton, 1992; Berk, 1995; Hochschild and Machung 1989)が示したように，（家事労働を含む）非賃金労働時間の差異は賃金労働時間の差異によって埋め合せされるため，賃金労働時間と非賃金労働時間の総計（合計）の配偶者間比較はおおよそ可能である．この調査の回答データによれば，夫が1週間に賃金労働に費やす平均時間数が34.3時間であるのに対し，妻の場合は18.5時間である．それゆえ，賃金労働と非賃金労働とを併せて見れば，夫の1週間の労働時間数が51.2時間であるのに対し，妻の場合は54.8時間である．

公平性

　有給の仕事と家事の分担は，多くの夫婦にとって対立の源であることが知られている．また，労働に費やされる時間のもたらす効果は，その分担がどれくらい公平と評価されているかによって大きく左右されるものである．個々の配偶者が，それらに関する公平性をどのように評価しているかを測定するため，我々は4つの指標（夫と妻それぞれに2つ）を用いた．配偶者たちは，次のように質問された．

　「次のそれぞれの分野における夫婦間の公平性についてどう思いますか？
　1）家事

2）有給の仕事」

回答選択肢は,

  1＝自分にとって極めて不公平である
  2＝自分にとってやや不公平である
  3＝双方にとって公平である
  4＝相手にとってやや不公平である
  5＝相手にとって極めて不公平である

と設計した．これらの変数については，もともとのこれら5ポイントの得点をそのまま用いて分析をした．また，それぞれの値にダミー変数を作るなど，多くの代替的な設計も試みた．しかし，係数に若干の変化が生じた場合もあったが，設計を変えても，結果的に得られたパタンに変わりは生じなかった．このことは，中央のカテゴリー（3＝双方にとって公平である）でさえ同様であって，回答者は，この質問と回答を，相手方に対する不公平性の増加の度合を尋ねる質問として解釈したことを示している．

 他の研究者たち（Smith, Gager, and Morgan, 1998）は，この質問は実際には2つの次元を測るものであると主張した．すなわち，相対的な公平性の次元と，結婚の質の次元とである．彼らの調査によれば，幸せな結婚を送っている夫婦は，そうでない夫婦よりもこの質問に回答しない傾向があることがわかった．しかし，家庭内の公平性の問題を考察したほとんどの研究者たち（例えば，Lennon and Rosenfield, 1994; Thomson, 1991）と同様に，スミスたちは他の領域（例えば，賃金労働）における公平性の評価を考慮していない．私たちが示すように，双方の領域での公平性を考慮することは本質的重要性を持つのであって，そうしない場合には，双方の領域での公平性評価を考慮した場合の結果と異なった結果を生むことになる．さらに，夫婦の双方と2つの領域での公平性評価をモデルに組み込んだ研究は，私たちが知る限りではこれが初めてである．

2. 分析方法

コックス回帰（Cox Proportional Hazards regression）は，方程式中の各変数と関連する離婚リスクを決定するために用いる．このハザード・モデルにおいては，結婚が破綻するまで，婚姻中のそれぞれの月において，離婚リスクが存在するとされる．このリスクは，モデル内の他の変数によって影響を受ける可能性もある．コックス回帰分析の過程では，まず始めに，結婚月数に関連した基礎リスクを決定する（それぞれの結婚について，月毎に変化する計算可能な離婚リスクが存在する）．次いで，この基礎リスクに対して，各変数がどのように変化を与えるかを評価する．私たちの主要な課題は，結婚破綻のリスクに対して，家事労働の配分がどのように影響を及ぼすか，の解明である．

具体的には，コックス回帰分析では，結婚破綻リスク（h）に対する独立変数（X）の影響を次のように推定する．

$$h(t) = [h_0(t)]e^{(BX)}$$

$h_0(t)$ は，独立変数（X）をゼロとしたときの基礎リスク関数である（最小二乗法における切片に相当するもので，X がゼロであるときに推定される結婚破綻のリスクである）．B は回帰係数であり，独立変数1単位の増加による対数リスク（log hazard）の推定変化量を示すものである．

分析結果においては，コックス回帰係数とその累乗（e^B）値を示した．後者の係数は表10-4の中の「リスク」であり，これは変数の影響の程度を解釈する際に役立つものである．結婚前に同棲していたか否か，といったような2値的変数については，「リスク」は同棲に関連する結婚破綻のリスクの増加（減少）を表す．例えば，この係数が2.0であれば，同棲することは，結婚破綻のリスク（月毎の基礎リスク）が2倍になることを意味する．0.5であれば，同棲している人はそうでない人よりもリスクが半分であることを指す．賃金労働に費やした時間のような連続変数については，「リスク」は労働時間を1単位追加した場合のリスクの変化率を示す．例えば，それが1.02であれば，それは労働時間を1時間増加させた場合に，結婚破綻の（基準）リスクが2％増となり，0.97であれば3％減となる．

表10-3　全ての変数の統計量の概略

サンプルの特徴	平均／パーセンテージ	標準偏差
現在の結婚の継続年数	18.99	15.74
別居または離婚した人のパーセント	10.58%	
結婚時の夫の年齢	24.47	5.41
結婚時の妻の年齢	22.26	4.87
結婚前に同棲していた夫婦の割合	18.34%	
夫婦の間に生まれた子どもの数	2.12	1.79
第一回調査時の夫の賃金・給料(単位千)	20.76	26.81
第一回調査時の妻の賃金・給料(単位千)	8.59	27.69
夫が白人	78.97%	
夫が黒人	10.45%	
夫がヒスパニック	7.24%	
夫がアジア系	1.13%	
夫がアメリカン・インディアン	0.36%	
夫婦間で人種が異なるか？	13.61%	
夫の就学年数	12.84	3.43
妻の就学年数	12.74	2.91
夫の両親が離婚している	9.26%	
妻の両親が離婚している	9.15%	
前週の夫の有給就業時間数	34.30	21.82
前週の妻の有給就業時間数	18.52	19.80
前週の夫の「男性型家事」時間数	6.80	8.75
前週の夫の「女性型家事」時間数	9.87	13.71
前週の妻の「男性型家事」時間数	1.99	4.17
前週の妻の「女性型家事」時間数	33.98	23.73
夫の公平性評価：家事	3.21	0.56
妻の公平性評価：家事	2.71	0.64
夫の公平性評価：賃金労働	3.01	0.48
妻の公平性評価：賃金労働	2.99	0.50

注：$N=2,892$

　コックス回帰方程式による分析のための全変数の統計量の概略は，表10-3の通りである．コックス回帰分析の結果は表10-4に示した．この方程式は，4つのステップを経て得られたものである．第一に，結婚破綻の予測指標として既に知られているものを入力した．第二に，夫婦がそれぞれ男性型家事と女性型家事に従事した時間数を，集約指標として加えた．また，賃金労働に従事した時間数も入力した．第三ステップのモデルでは，家事と賃金労働の夫婦間分配についての公平性評価を，それらが家事と賃金労働に対する時間数の配分から独立して作用しているかどうか判断するために入力した．最終ステップのモデルには，公平性の指標と，賃金労働と家事への従事との

間の交互作用を加えた．これらの変数を付加することの目的は，公平性評価が，家事や賃金労働へのコミットメントの帰結に影響を与えるものであるかどうかを調査するためである．

第四ステップのモデルに加えられた交互作用項は，4つの公平性に関する質問（夫と妻それぞれの家事と賃金労働に対する評価）のそれぞれに，3つのタイプの労働（賃金労働，男性型家事，女性型家事）それぞれの時間数を乗じて作成したものであり，その結果12の変数項ができる．この方法によって，労働時間数と公平性評価の交互作用につき，（家事時間数と家事公平性評価のような）似たもの同士の交互作用タイプと（家事時間数と賃金労働公平性評価のような）異なるもの同士の交互作用タイプの2類型を発生させる．すなわち，男性が行う「賃金労働」の公平性評価は，男性の「賃金労働」への従事時間数と乗じられる．同時に，男性が行う賃金労働の公平性評価は，男性の「家事労働」への従事時間数とも乗じられる．可能性のある交互作用の双方のタイプの影響を調査することによって，一方のタイプの労働従事が他方のタイプの労働従事に波及効果を及ぼすか否かを測定することが可能となる．例えば，たった今例示した交互作用の双方が，より高い，またはより低い離婚率に相関しているかもしれない．もし相関しているとすれば，賃金労働に従事した時間数の影響は，賃金労働と非賃金労働の「双方」における男性の公平性評価によって条件付けられていることが推測されることになる．他方，2番目の交互作用（賃金労働公平性評価と家事時間数の交互作用）のみ離婚率に影響を与えていることが分かれば，男性の賃金労働への従事は家事労働の従事計画に波及効果を及ぼしていると推測されることになる．そしてそこでは，家事が不公平に分割されていると評価されている場合には，男性の賃金労働の時間数の影響がより重要となっている．

3．得られた知見

モデル1では，よく知られている結果が再確認されることとなった．例えば，結婚前に同棲していたカップルは，同棲していなかったカップルよりも離婚率がずっと高かった．表10-4の通り，結婚の破綻の相対リスクは，同棲していた方が5.88倍高い値を示している．この値は，回帰係数の値，すなわち $B = 1.7717$ を e の指数として得られたものである．このケースでは，

表10-4　結婚破綻予測のコックス回帰分析

変　数	モデル1 B	モデル1 リスク	モデル2 B	モデル2 リスク
変数				
同棲経験	1.7717	5.8808**	1.6776	5.3528**
子どもの数	−0.6076	0.5447**	−0.6187	0.5387**
夫の賃金	−0.0019	0.9981	−0.0047	0.9953
妻の賃金	−0.0101	0.9899	−0.0130	0.9870
夫が黒人	0.4167	1.5169*	0.3728	1.4519*
夫がヒスパニック	0.3080	1.3607	0.2441	1.2765
夫がアジア系	0.3517	1.4215	0.2471	1.2804
夫がアメリカン・インディアン	0.5910	1.8058	0.4515	1.5707
妻の人種が異なる	0.0184	1.0186	0.0492	1.0505
夫の就学年数	0.0017	1.0017	−0.0141	0.9860
妻の就学年数	0.0017	1.0017	−0.0083	0.9918
夫の結婚時の年齢	0.0002	1.0002	0.0041	1.0041
妻の結婚時の年齢	−0.0757	0.9271**	−0.0689	0.9334**
夫の両親が離婚	0.6762	1.9665**	0.6231	1.8648**
妻の両親が離婚	0.6771	1.9681**	0.6203	1.8594**
夫婦間分業				
夫の賃金労働従事時間数			0.0154	1.0155**
妻の賃金労働従事時間数			0.0019	1.0020
夫の男性型家事時間数			−0.0244	0.9759**
夫の女性型家事時間数			0.0133	1.0134**
妻の男性型家事時間数			−0.0417	0.9592
妻の女性型家事時間数			0.0065	1.0065*
公平性評価				
夫の家事				
妻の家事				
夫の賃金労働				
妻の賃金労働				
公平性評価と時間数の交互作用				
夫の賃金労働公平性評価×男性型家事時間数				
夫の賃金労働公平性評価×女性型家事時間数				
夫の家事労働公平性評価×賃金労働時間数				
妻の賃金労働公平性評価×男性型家事時間数				
妻の賃金労働公平性評価×女性型家事時間数				
妻の家事労働公平性評価×賃金労働時間数				
夫の家事労働公平性評価×男性型家事時間数				
夫の家事労働公平性評価×女性型家事時間数				
妻の家事労働公平性評価×男性型家事時間数				
妻の家事労働公平性評価×女性型家事時間数				
夫の賃金労働公平性評価×賃金労働時間数				
妻の賃金労働公平性評価×賃金労働時間数				
N	2,858			
−2LL（log likelihood）	778.310			
変化（−2LL）		443.766**		44.070**

注：$*p<0.05$，$**p<0.01$ 係数ないし−2LL（前モデルからの変化）

モデル3		モデル4	
B	リスク	B	リスク
1.6677	5.2998**	1.6651	5.2863**
−0.6291	0.5331**	−0.6475	0.5234**
−0.0046	0.9954	−0.0050	0.9951
−0.0108	0.9893	−0.0103	0.9898
0.3759	1.4562*	0.4213	1.5239*
0.2716	1.3120	0.3054	1.3572
0.2455	1.2783	0.2506	1.2848
0.3698	1.4475	0.3338	1.3962
0.0402	1.0410	0.0396	1.0404
−0.0164	0.9837	−0.0219	0.9783
−0.0154	0.9847	−0.0142	0.9859
0.0039	1.0039	0.0055	1.0055
−0.0700	0.9324**	−0.0745	0.9282**
0.5941	1.8115**	0.5326	1.7033**
0.6096	1.8396**	0.6080	1.8368**
0.0154	1.0155**	0.0090	1.0091
0.0015	1.0015	0.0360	1.0367*
−0.0253	0.9750**	−0.0926	0.9115
0.0150	1.0151**	0.1142	1.1210*
−0.0386	0.9621*	−0.2882	0.7496*
0.0066	1.0066*	0.0497	1.0509**
−0.1558	0.8557	0.1775	1.1942
−0.2478	0.7805**	−0.4391	0.6446*
−0.3753	0.6871**	−0.6066	0.5452*
−0.0176	0.9825	0.7369	2.0895**
		0.0201	1.0203
		−0.0218	0.9784
		−0.0054	0.9946
		0.0884	1.0925*
		−0.0141	0.9860**
		0.0092	1.0093*
		0.0029	1.0029
		−0.0017	0.9883*
		−0.0079	0.9922
		−0.0002	0.9997
		0.0083	1.0084
		−0.0199	0.9803**
	20.076**		24.066**

$e^{1.7717}=5.88$ となる．結婚の破綻に影響を与えることが判明した他の要因としては，子どもがいること（リスクを減少させる），黒人であること（リスクを増加させる），初婚年齢が若いこと（妻についてのみ有意であり，これは初婚時の配偶者の年齢と高い相関があるためである），そして，両親に離婚経験があること，が挙げられる．

モデル2では，時間配分に関する6つの指標が追加されている．賃金労働に夫が従事する時間数は，1週間あたり1時間の増加で約1.5％ほど結婚の破綻リスクを増加させる．妻の場合，これに相当する効果は出ていない．

我々の主要な関心事は，夫婦それぞれが行う家事の効果である．そのような変数の中で第一に明らかとなったのは，男性が伝統的な男性型家事に従事する時間数の効果である．そのような仕事に1時間多く従事するごとに，結婚の破綻リスクが2.4％「減少する」．他方，男性が伝統的な女性型家事を1時間多く行うごとに，結婚の破綻リスクが約1.3％「増加する」ことになる．要するに，通常夫がするものとされている仕事を夫が行う場合，離婚や別居によって結婚が破綻する可能性は減

少するというわけである．反面，伝統的に男性がやらない女性型家事に夫が果敢に取り組む場合，結婚が破綻する可能性は増加することになる．

女性型家事を行うことは，夫婦のどちらについても破綻の可能性を高めるようである．伝統的な女性型家事に妻が従事することは，わずかではあるが，破綻のリスクを高める（1時間あたり約0.7％の離婚リスク増加）．夫についても，程度はかなり小さいが，同様の結果が得られている．「妻」が「男性型家事」に1時間多く従事することによって，結婚の破綻リスクが約4％減少することとなる．つまり，通常夫が行うタイプの家事を妻が行う場合，結婚が破綻する可能性は低くなる．しかし，通常女性が行う家事について妻が従事時間数を増やすと，結婚が破綻する可能性は高くなってしまう．

ここまでの分析結果を解釈する前に，家事の分担に関する公平性評価について考慮する必要がある．モデル3の分析によれば，4つの公平性指標のうち，2つの係数が統計的に有意である．すなわち，妻の家事についての公平性評価と，夫の仕事についての公平性評価である．双方ともマイナスの影響力を示し，妻が家事について，または夫が仕事について「相手方にとって不公平」であると感じている場合には，結婚の破綻率はより低くなる（逆に言えば，それらが「自分にとって不公平」と感じている場合には，結婚破綻率はより高くなる）．この結果から，家事や賃金労働に従事する時間数の結婚の安定性に対する重要性について，公平性評価が一役買っていることが推測される．この問題については，最後のモデルにおいて正面から取り組む．

最後の方程式（モデル4）では，ここまでに示された家事の様々な効果に対して，公平性評価が介在要因としてどのように作用するかを調査するため，12の交互作用の項が付加されている．5つの交互作用項が統計的に有意であり，家事と賃金労働は，配偶者が労働分担の公平性をどのように評価しているかによって異なった含意を持つことが示された．5つの有意な交互作用効果のうち4つは，妻の公平性評価に関するものである．交互作用の項はその数が多いので，またそれらのいくつかは同一の変数に関するものであるため，図解を用いずに結果を要約することは困難である．

これらの交互作用効果は，賃金労働と家事に対して同じパタンの投資がなされたとしても，それに対する感じ方によって（すなわち，公平性評価によって）結婚の安定性に対して同じ投資が異なった影響を持つことを示してい

る．これらの結果を要約するために，関連する交互作用項目を括って表10－5に示した．この表では，公平性に関する4つの質問の組合せごとに，結婚破綻の基礎リスクからの変化が表されている．表で示された「リスク」の値を計算するために，賃金労働と家事のすべてのタイプについて，それぞれ平均的レヴェル（算術平均）の夫婦について評価した（また，公平性や交互作用に関連したものを除き，他のすべての変数についても同様に平均的なレヴェルにある夫婦について評価した）．それから，関連する公平性変数と交互作用項を加え，これによって生じるであろう破綻の基礎リスクの変化を見る．例えば，表10－5における最初の値は，4.43である．この値は，賃金労働と家事に従事する時間数（その他，表4のモデル2におけるすべての変数）が平均的であるとき，それぞれのタイプの労働が自分にとって「かなり不公平である」と夫婦の双方が感じている場合には，そうでない場合よりも破綻の基礎リスクが4.43倍大きくなることを示す．4.43という値は，すべての変数が平均的である場合に，モデル2から結婚破綻の基礎リスクを計算することによって得られたものである．そして，4つの公平性評価と12の交互作用項を変化させ，その効果が結婚破綻の基礎リスクに加えられた．この例においては，公平性評価に関するすべての質問項目の値は1.0（自分にとって極めて不公平）であった．他のセルの数値は，公平性に関するすべての回答値および関連する交互作用項を変えることによって計算されている．

　表10－5によって，単純ではあるが，主要な研究成果が明らかとなっている．すなわち，男性型家事や女性型家事，あるいは賃金労働に従事する時間数が，夫婦関係の継続や破綻へいかなる効果を有するかを評価する場合には，公平性評価と結びつけて理解しなければならない，ということである．表10－5の結果は，「最も良い」ケースと「最も悪い」ケースを比較することによって要約できよう．「最も悪い」結果（すなわち，最も高い結婚破綻リスクである16.22のケース）は，興味深いかたちで夫婦間に不一致が見られる場合である．夫婦の双方が，夫にとって賃金労働が不公平であると評価するが，家事については公平性評価が対立している．夫は，賃金労働と家事の双方で，自分にとって不公平であると感じている．賃金労働については妻もやはり夫にとって不公平であると感じている．しかし，妻は家事については逆に自分にとって不公平であると感じている．最も良い結果（すなわち，最も低い結

表10-5 公平性評価と労働時間数の交互作用が結婚破綻に与える影響

妻の賃金労働についての公平性評価		妻の家事についての公平性評価	夫の賃金労働についての公平性評価 夫の家事についての公平性評価		
			自分にとって極めて不公平	双方にとって公平	妻にとって極めて公平
自分にとって極めて不公平	妻の家事についての公平性評価	自分にとって極めて不公平	4.43	3.10	2.17
		双方にとって公平	2.55	1.79	1.25
		夫にとって極めて不公平	1.47	1.03	0.72
双方にとって公平	妻の家事についての公平性評価	自分にとって極めて不公平	8.48	5.93	4.15
		双方にとって公平	8.48	3.42	2.39
		夫にとって極めて不公平	2.82	1.97	1.38
夫にとって極めて不公平	妻の家事についての公平性評価	自分にとって極めて不公平	16.22	11.35	7.95
		双方にとって公平	9.35	6.55	4.58
		夫にとって極めて不公平	5.39	3.77	2.64

婚破綻リスクである0.16のケース）は，夫が，賃金労働と家事の双方について，妻にとって極めて不公平であると感じている場合である．ここでは，妻の賃金労働の公平性評価（妻にとって不公平である）は夫と一致しているが，家事については夫と異なり，双方にとって公平である，あるいは，夫にとって極めて不公平である，と感じている．

おそらく最も驚かされる結果は，賃金労働と家事の両方で，夫婦双方にとって公平である，と一致して感じているケースである．表中，中央のセルの中央の数値は1.59であり，この組合せは，より高い離婚リスクとなることを示している．言い換えれば，夫婦の双方がお互い公平に扱われていると感じている状況は，結婚の安定性にとって必ずしも最適な状況ではないかもしれない，ということである．

様々なタイプの公平性評価の相対的な重要性を理解するためには，表のリスク値を比較すればよい．そのために，賃金労働の公平性評価で区別される9つのセルのブロックに焦点を当ててみよう．最初のブロックは，賃金労働

公平性評価					
双方にとって公平 夫の家事についての公平性評価			妻にとって不公平 夫の家事についての公平性評価		
自分にとって極めて不公平	双方にとって公平	妻にとって極めて公平	自分にとって極めて不公平	双方にとって公平	妻にとって極めて公平
2.06	1.44	1.01	0.96	0.67	0.47
1.19	0.83	0.58	0.55	0.22	0.16
0.68	0.48	0.34	0.32	0.22	0.16
3.94	2.76	1.93	1.83	1.28	0.90
2.27	1.59	1.11	1.06	0.74	0.52
1.31	0.92	0.64	0.61	0.82	0.30
7.54	5.28	3.69	3.51	2.45	1.72
4.35	3.04	2.13	2.02	1.42	0.99
2.51	1.75	1.23	1.17	0.82	0.59

が自分にとって極めて不公平であるという夫の評価と，賃金労働が自分にとって極めて不公平であるという妻の評価とによって定義された，9つの数値で構成されている．概して，表10-5の数値は，左から右へと横に移動するにつれて小さくなる（すなわち，賃金労働が妻にとって不公平である，と夫がより強く感じるにつれて結婚の破綻リスクが小さくなる）．さらに，表全体では，上から下へと縦に移動するにつれて値は大きくなる（すなわち，賃金労働が自分にとって不公平であると，より強く妻が感じるにつれて結婚の破綻リスクが大きくなる）．このように見ると，妻が賃金労働について不公平な負担に耐えていると夫が思い，かつ妻も同様に思っている場合の結婚については，他の組合せの場合よりも破綻のリスクが低いものとなっている．
しかし，家事の公平性に関する評価を見た場合，これとは異なるパタンが現れる．すなわち，賃金労働に関する値をどのように組み合わせても（たとえば，9つのセルからなる左上の最初のブロックを検討してみよ），組合せが「相手にとって」不公平であると双方が感じている場合に，最も良い結果が出

ている（すなわち，結婚破綻のリスクは最も小さい）．例えば，賃金労働に関し，夫婦の双方が自分にとって不公平であると感じている場合（表の左上の最初のブロック），破綻のリスクは4.43から0.72にわたって分布している．リスクが最も高いのは，家事に関し，夫婦の双方が自分にとって不公平であると感じている場合であり，最も低いのは，家事に関し，夫婦の双方が相手にとって不公平であると感じている場合である．

　まず，「賃金労働」への公平性評価がどのように結婚の破綻リスクに影響を与えているかに焦点を当てよう．対応するセルの数値を任意の２つのブロックから拾って比較する．夫による賃金労働の公平性評価によって，結婚破綻のリスクは2.15倍変化する（例えば，4.43 対 2.06）．女性による賃金労働の公平性評価によっても，同様に結婚破綻のリスクは1.91倍変化する（例えば，8.48 対 4.43）．つまり，男性による賃金労働の公平性評価は，わずかながらも女性のそれよりも重要になっている．

　どのブロックであれ，その中のあるセルに注目すると，「家事」に関する公平性評価の相対的な重要性を評価できる．そうすると，家事に関する夫の公平性評価は，約2.04倍だけ破綻リスクに変化をもたらし（4.43 対 2.17など，ブロック内を左から右へ移動させる），妻の場合は約3.01倍だけ（4.43 対 1.47など，ブロック内を上から下に移動させる）リスクに変化をもたらす．女性の家事に関する公平性評価は，男性のそれよりもかなり重要であり，また，夫婦いずれの仕事に関する公平性評価よりも重大であることがわかる．

4．考察

　私たちは，ゴルドシャイダーとウェイト（Goldsheider and Waite, 1991）の問い，すなわち，家事と賃金労働の平等主義的な夫婦間分業が結婚にいかなる影響を持つか，という問いについて，初歩的な答えを提供しようと試みた．最も単純素朴な答えは，夫婦のどちらであれ伝統的な女性型家事をより多く行うと，それによって結婚が歪む，ということである．同時に，結婚は，伝統的な男性型家事に従事する時間を増やすことによって強化される．しかし，この単純な結論は，家事をめぐる社会心理の複雑さを無視したものである．とは言え，少なくとも，「効率性」（役割特化）は結婚の「安定性」を意味しないということはできる．「夫婦のどちらが行おうとも」，また，賃金労働を

しているか否かにかかわらず，住まいや自動車のメンテナンスといった伝統的な男性型家事をより多く行うことは，結婚の安定性に寄与することになる．このことは，ベッカーの分析と一致しない．

「男性型家事」や「女性型家事」の影響力の違いは，どのように説明できるのであろうか．伝統的な男性型家事が家庭外でなされる場合，伝統的な女性型家事よりもよい収入になり，また，(心理的に) より高く評価される傾向がある．とりわけサンプルのうち，1987年～1988年の1年間に約4万ドルを夫婦合わせて稼いだ平均的な中産階級のカップルにとって，男性型家事のような労働を (家庭外で) 行うことが品位を下げるとは感じられないかもしれない (また，実際には，やり甲斐があると感じられるかもしれない)．たとえば，労働統計局 (合衆国労働省，1998) の報告では，1週間当たり，大工仕事や床張り工事では444ドル，配管・暖房では385ドル，自動車修理では332ドルの収入となっている．対照的に，いずれの配偶者 (特に男性) にとっても，低賃金の仕事やステータスの低い「女性型」家事を (家庭外で) 行うことは，明らかに結婚の評価を下げている．同じ労働統計局のデータによれば，住み込み家政婦は210ドル，その他の雑用掛の仕事で146ドル，ドライ・クリーニングや着付けサービスで206ドル，そしてパンの小売りで159ドルが週当たりの収入となっている．1985年において，一般の家政婦サービスで働く女性が1週間に平均して130ドルの収入を得るのに対し，修理工・自動車整備士として働く男性は400ドルを得ている (United States Department of the Census, 1998, 表698)．

他にも，またこれらに関連して，「男性型」家事と「女性型」家事が結婚の安定性に異なった効果を持つことについては，その他の説明や上記と関連する説明方法がある．「男性型家事」は，夫婦の物質的な資産価値に直接貢献する傾向がある．たとえば，増築をするとか，保温効果を持つ窓を設置するとかによって，住居の売値は増加するだろう (夫婦が離婚することになれば，夫婦のどちらであれ実行したか，あるいはその改善のための投資支出をした方に分与される財産が増すことになろう)．自動車のための何らかの仕事を行うことは，修理費の節約や下取り価格の増加につながるであろう．これに対し，シャツにアイロンをかけることや住居をきれいに保つことは，上記の作業に比べ，資産価値を高める上で，あまり直接的でも具体的でもない方法

だと言わざるをえない.

　見込まれる賃金が高くなり,（家電製品の普及等）家事のための技術が向上し（Cohen, 1995）,そして子どもの数が減少した中で,20世紀終盤に生きるアメリカ合衆国の女性が仕事を途中でやめることは,もはや典型的な傾向ではなくなった（Bianchi and Spain, 1996）.しかし,女性は仕事の後に家事もしなければならなくなったというホックスチャイルド（Hochschild）の「第二シフト（second shift）」の問題に対しては,（少なくとも今のところは）典型的な家事労働の夫婦分業は解決をもたらしていない.しかも,我々の研究によれば,そのような解決策はおそらく結婚の不安定性を増加させるであろう.ほとんどの夫婦にとって,たとえば家政婦を雇うことで,家事労働の負担をなくすなどということはできないであろう.また,アメリカ社会がそのような職業の人々の賃金を上げて,「女性型家事」をにわかに高く評価するようになるということはなさそうである.家事労働が低く評価されているかぎり（Silbaugh, 1996; Hadfield, 1993）,夫婦で家事をさらに分担するようになると,おそらく,結婚の不安定が増加することになろう.しかし,このような悲観的な評価は,公平性評価が持つ,意義深い役割によって緩和されるに違いない.我々の研究結果が示す通り,公平性評価は決定的に重要であり,いかなる労働であれ,それを夫婦がどのように分担するかの影響を,公平性評価は帳消しにできるかもしれないのである.

　夫婦の双方が一致して,賃金労働が妻にとって不公平であり,家事が相手方（夫）にとって不公平であると強く信じている場合,結婚の破綻リスクは目覚ましく低下する.もちろん,そのような結婚のダイナミクスがどんな夫婦間分業にも十分に打ち勝つものであるかどうかは,我々の研究結果からは分からない.しかし,実際の夫婦間分業だけに注意を払い過ぎて,そのような取決を当事者がどのように評価しているか,ということにほとんど注意を払わないと,私たちは過ちを犯す可能性があることを本研究は示した.

　公平性評価の組合せと結婚破綻のリスクとが関連性を持つことの理由については不明であるが,（お互いの）公平性評価がなぜ結婚の安定性と両立しないか,ということについては,いくつかその理由が考えられよう.夫婦の双方がすべての事項について公平であると認識することは,なぜ,最適な組合せとならないのか.この問いは,結婚と家事の分業を考える上で,刺激的か

つ中心的なものとなる．私たちは配偶者として，相手方に対する愛情や結婚に対するコミットメントの衰えが見えたとき，公平性や権利ということに神経が向くのである (Waldron, 1988, p. 628)．結婚関係に貢献するとき直接的な利益や見返りを期待すればするほど，得られるものは少なくなってしまう．法は，配偶者間の契約を魅力なきものにすることで，結婚を契約化する傾向にブレーキを掛けようとしている．だからこそ，比較的最近のケースにおいてさえ，家事の対価として賃金を得る，という妻の契約の強制可能性を判例は一貫して否定するのである（Silbaugh, 1996)．キャリフォーニアのある判決では，次のように判示している．

> 「本判決の反対意見においては，他人行儀に駆引き交渉をしあう一般の契約における当事者と全く同様に夫婦を扱えるほど，結婚を取り巻く世の中の事情が大きく変化した，と主張されている．しかし，現代の結婚がビジネスのようなものになってしまったかどうか，また，結婚がその他どのような物に様変わりしてしまったか否かにかかわらず，結婚関係とは，お互いに助け合うという人間的関係であると，法が定義していることに変わりはない．金銭的対価を要求できないようなものは現在ではほとんどなくなったとは言え，結婚における夫婦の助け合いというものが，その数少ないものの１つであることにも変わりはない．[(2)]」

心理学の研究によれば，結婚を取引交換として捉える配偶者は，そうでない配偶者よりも結婚に対する満足度が低いことが明らかにされている (Hansen, 1991)．社会学的な調査でも，夫婦が相互に依存している方が結婚は安定していることが示されている (Nock, 1995)．夫婦が目先の公平性にとらわれず，相手や子ども，あるいは結婚関係の利益となるように行動するとき，ミルトン・リーガン（Milton Regan）が呼ぶところの内面的立場 (internal stance) を夫婦は採っていると呼ばれる (Regan, 1999, p. 24)．この内面的立場を採ることは「有意義な対人関係や愛情の育みにとって重要なものである」(Rempel, Holms, and Zanna, 1985, p. 110)．そしてこのことこそ，表10－5の右上のブロックの数値が極めて小さいことが示しているものなのである．しかし，夫婦がそろって妻が不公平に扱われていると評価する場合にそれが結

婚にとってプラスとなることの理由や，夫婦がそろって夫が不公平に扱われているると評価する場合にはそれが逆にマイナスとなること（表10－5の左下のブロック）の理由は不明である．もしかすると，最も根本的な意味で，妻の方が結婚においてより不公平に扱われているのかもしれない．現代におけるアメリカ合衆国の結婚のあり方は，ある意味で本質的に不公平で非対称的な関係に男女を置くものであるのかもしれない．もしそうであれば，私たちの知見の意義は容易に理解できる．すなわち，そのような不公平性に対する受容が，結婚の安定性に貢献していると解釈できる．夫婦は，この問題を認識することにより，何らかの（安定した結婚による）利益を得ているようだ．負担の不公平性を受容しない女性は，離婚の申立てを行うかもしれないし，離婚の申立てを行う女性は主としてそのような人たちなのである（Brinig and Allen, 2000）．

平等な結婚というものはありうるのだろうか．夫婦の双方にとって公平で，しかも結婚の安定を損なわないような家事と賃金労働の分担パタンを構想することは可能だろうか．安定した結婚が望ましいものだとすれば，夫婦の双方にとって公平であるという評価も取引交換的な関係性も，結婚にとって最も望ましい環境ではないであろうということが，我々の研究成果からうかがえる．「すなわち，安定した結婚というものは，公平な結婚とは別物なのかもしれないのである」．そして，より多く家事を分担し合っても安定した結婚は可能かもしれないが，妻が負担の不公平を蒙ることを夫婦の双方が認識しないかぎり，そのような家事分担では安定した結婚という望ましい結果は得られないかもしれないのである．

（1）アメリカ合衆国労働省の最新の統計によれば，15歳から44歳までの女性の雇用率は，同世代の男性が73.6%であるのに対して61.0%である（労働局統計ニュース・2000年4月・表A-1; http://www.bls.gov/schedule/archives/empsit_nr.htm）．

（2）*Borelli v. Brusseau*, 16 Cal. Rptr. 2d 16, 20 (Cal. Ct. App. 1993)

《文献》

Allen, Douglas (1992), "What Does She in Him? The Effect of Sharing on the Choice of Spouse," *Economic Inquiry*, 3(1), 57-67.

Becker, Gary S. (1973), "A Theory of Marriage, Part I," *Journal of Political Economy*, 81(4), 813-46.
―― (1974), "A Theory of Marriage: Part II," Journal of Political Economy, 82(2), S11-26.
―― (1975), *Human Capital: A Theoretical and Empirical Analysis, with Specific Reference to Education*, 2nd edn., New York: National Bureau of Economic Research, Columbia University Press.
―― (1985), "Human Capital, Effort, and the Sexual Division of Labor," *Journal of Labor Economics*, 3, S33-58.
―― (1991), *A Treatise on the Family*, Cambridge, MA: Harvard University Press.
Becker, Gray, Elisabeth M. Landes, and Robert T. Michael (1977), "An Economic Analysis of Marital Instability," *Journal of Political Economy*, 85(6), 1141-87.
Berk, Sarah Fenstermaker (1995), *The Gender Factory: The Apportionment of Work in American Households*, New York: Plenum Press.
Bianchi, Suzanne M. and Daphne Spain (1996), "Women, Work, and Family in America," *Population Bulletin*, 51(3), 2-48.
Blau, Francine W. (1998), "Trends in the Well-Being of American Woman, 1970-95," *Journal of Economic Literature*, 36, 112-65.
Brinig, Margaret F. (1994), "Comment on Jana Singer's Alimony and Efficiency," *Georgetown Law Journal*, 82, 2461-79.
Brinig, Margaret F. and Douglas W. Allen (2000), "These Boots Are Made for Walking: Why Most Divorce Filers are Woman," *American Law and Economics Review*, 2, 126-69.
Brinig, Margaret F. and June Carbone (1988), "The Reliance Interest in Marriage and Divorce," *Tulane Law Review*, 62, 853-905.
Bumpass, Larry L. and James A. Sweet (1995), "Cohabitation, Marriage and Union Stability: Preliminary Findings from NSFH2," NSFH Working Paper No.65, Madison, Center for Demography and Ecology.
Bumpass, Larry, Teresa Castro, and James A. Sweet (1990), "Recent Trends in Marital Disruption," *Demography*, 26(1), 37-52.
Cohen, Lloyd (1995), "Rhetoric, the Unnatural Family, and Women's Work," *Virginia Law Review*, 81, 2275-305.
Duncan, Beverly and Otis D. Duncan (1978), *Sex Typing and Social Roles: A Research Report*, New York: Academic Press.
Goldscheider, Frances K. and Linda J. Waite (1991), *New Families, No Families? The Transformation of the American Home*, Berkeley: University of California

Press.

Gronau, Reuben (1980), "Home Production - A Forgotten Industry," *Review of Economics and Statistics*, 62(3), 408-16.

Grossbard - Schechtman, Shoshana (1993), *On the Economics of Marriage: A Theory of Marriage, Labor, and Divorce*, Boulder, CO: Westview Press.

Hadfield, Gillian K. (1993), "Households at Work: beyond Labor Market Policies to Remedy the Gender Gap," *Georgetown Law Journal*, 82, 89-107.

—— (1999), "A Coordination Model of Sexual Division of Labor," *Journal of Economic Behavior and Organization*, 40, 125-53.

Hansen, Gary L. (1991), "Moral Reasoning and the Marital Exchange Relationship," *Journal of Social Psychology*, 131, 71-81.

Hochschild, Arlie and Anne Machung (1989), *The Second Shift*, New York: Viking Penguin.

Lennon, Mary Clare and Sarah Rosenfield (1994), "Relative Fairness and the Division of Housework: The Importance of Options," *American Journal of Sociology*, 100, 506-31.

Nock, Steven L. (1995), "Commitment and Dependency in Marriage," *Journal of Marriage and the Family*, 57, 503-14.

Parkman, Allen W. (1992), *No-Fault Divorce: What Went Wrong?* Boulder, CO: Westview Press.

—— (1998), "Why Are Married Women Working So Hard?" *International Review of Law and Economics*, 18, 41-9.

Regan, Milton C. (1991), *Alone Together: Love and the Meaning of Marriage*, Oxford: Oxford University Press.

Rempel, John K., John G. Holmes, and Mark P. Zanna (1995), "Trust in Close Relationships," *Journal of Personality and Social Psychology*, 49, 95-120.

Shelton, Beth Ann (1992), *Men, Women, and Time: Gender Differences in Paid Work, Housework and Leisure*, New York: Greenwood Press.

Silbaugh, Katharine (1996), "Turning Labor into Love: Housework and the Law," *Northwestern University Law Review*, 91, 1-86.

Smith, Bea (1990), "The Partnership Theory of Marriage: A Borrowed Solution Fails," *Texas Law Review* 68, 689-743.

Smith, Herbert L., Constance T. Gager, and S. Philip Morgan (1998), "Identifying Underlying Dimensions in Spouses' Evaluations of Fairness in the Division of Household Labor," *Social Science Research*, 27, 305-27.

Spain, Daphne G. and Suzanne M. Bianchi (1996), *Balancing Act: Motherhood, Mar-*

riage, and Employment Among American Women, New York: Russel Sage Foundation.

Thomson, Linda (1991), "Family Work: Women's Sense of Fairness," *Journal of Family Issues*, 12, 181-96.

Tocqueville, Alexis de (1835), *Democracy in America*, New York: Vintage Books, ed. 1954.

United States Department of Labor (1998), Bureau of Labor Statistics, *National Employment, Hours and Earnings*, Series ID: EEU80729004, etc.

Unites States Department of the Census (1998), *Statistical Abstract of the United States*, Rockville, MD.

Waldron, Jeremy (1988), "When Justice Replace Affection: The Need for Rights," *Harvard Journal of Law Public Policy*, 11, 625-47.

第11章　結婚と離婚に対する法制度改革の影響 (*)

ダグラス・アレン
訳：藤田政博

1. はじめに

　現在，これまでの結婚法と離婚法について見直しをしている国がいくつかある．そのような中で，結婚行動および離婚行動に対して法が実際にもたらす影響についての「事実」に対する関心が増大してきた．単純明快な答えを求める者にとって，経済学の論文を単に熟読するだけではそれほど満足できないであろう．一方で，法はただその時点での社会規範を反映するに過ぎない，と主張する者がある．そして，そのような論者は，法はいかなる行動をも変えることはできないと論ずる．他の論者は，夫婦が交渉する際の制約条件や交渉の威嚇点の設定において法は決定的に重要であり，それゆえ法律は行動に影響を与えると論ずる．おそらく，このような問題について経験的分析を加えることで，この論争に決着をつけることができるだろう．しかし残念ながら，問題は比較的素直なものであるにもかかわらず，答えを突き止めることは非常に難しい．さらに，同棲するか結婚するかの選択から，どのようなキャリア・パスをとるべきかの選択に至るまで，ありとあらゆるタイプの家族関係上の意思決定の中に，結婚法制の効果は徐々に表れてくるに違いないであろう．それにもかかわらず，学問的関心の的となっていたのは，ほぼすべて離婚率に対する破綻主義離婚法の影響であって，加えて比較的小さなテーマとして，女性の就労の研究もあった程度であった．

　結婚法制について話題にするときは，テーマの詳細さとは裏腹に，1970年代初期に西洋世界を席捲した破綻主義離婚法を意味するだけということがほ

とんどである．婚姻財産が離婚の際にどのように分割されるかに関する法律は，もう1つの重要な側面といえるけれども，長い間にコミュニティの規範とコモン・ローの間には，ほとんど相違がないというところにまで至った．そこで，離婚の要件以外に，離婚の際の財産分与のルールにも関心が持たれるようになった．このことを念頭に置いた上で，本章で私は以下の3点のような結婚をめぐる意思決定を経済的意思決定と位置づけて，破綻主義離婚法が持つ経済的効果の観点から幅広く議論することとしたい．その3つとは，離婚率，女性の就労，そして結婚年齢についてである．本章のほとんどで，私はこれまでの諸研究の概要を説明するつもりである．しかしながら，結婚年齢の問題に関しては，私の研究から得られた新しい証拠をいくつか示す．

　離婚法の効果についての基本的な点は，その効果が予測どおりの方向であるが，その絶対的な効果量はそれほどではないということである．破綻主義離婚法制では，確かに離婚率が上昇する．しかし，最良の推定によっても，最近30年にわたる離婚の増加のおよそ17％しか法制度の影響としては説明できない．破綻主義離婚は初婚年齢の上昇をもたらすが，それはおよそ6ヶ月から9ヶ月の程度でしかない．同じく，破綻主義離婚は，既婚女性の就労を2％増やすだけである．本章の結論で，私は，我々の文化によって形作られた離婚法が我々の文化の一部を形作っていく可能性と，これまでの単純な計量経済学的モデルがこの点を無視してきたことについて論じる．

2. 有責主義離婚と破綻主義離婚についての単純な経済分析

　有責主義の離婚法制の本質は，離婚が起きるためには，一方当事者が有責行為を構成する行為をなすことによって，結婚という契約を破らなくてはならないということである．20世紀初頭，コモン・ローの法域での主な有責行為とは，不貞，悪意の遺棄，および虐待であった．法域によっては，これより多くの有責行為を定めている場合や，これより少ない有責行為しか定めていない場合もあった．そして，20世紀を通じて，すべての法域で有責行為リストの項目は増えていく傾向がみられた．例えば，カナダでは，1968年の離婚法で15の有責行為が加わった．これ以前においては，カナダでは有責行為を法定することは州（province）の管轄であった．8つの州では基本的に，不貞が唯一の有責行為として立法されていたのに対して，ケベック州とニュ

ーファンドランド州での離婚には，議会の上院による当該夫婦のみを名宛人とする個別法律の立法を経なければならなかった。「精神異常（insanity）」が離婚原因に追加されたことはアメリカ合衆国の離婚原因にとって1つの転機であった。というのは，立法府が，一方当事者の有責性なしで離婚しうることを認めた最初の例であったからである。

実際には，有責主義離婚法は，「離婚することを最も望まない」配偶者に，一種の財産権を付与し，離婚に対する支配力を与える機能を有する。暴力と虐待が原因となった離婚は，それが報告されている事件としては，実際には離婚の中の極く一部に過ぎない。フォスターとフリード（Foster and Freed, 1973/4, p. 446）は，次のように述べる。「このような法律は，大多数の離婚において，相互の同意に基づく離婚システムから，一方の要求だけで離婚が可能となる離婚システムへと，離婚制度を転換するものであると言っても，単純化のし過ぎではない。」有責性は，離婚の可否を決定するだけでなく，多くの場合に財産分与を決する上でも役割を果たす。例えば，有責行為を犯した配偶者は，子の監護権が得られなかったり財産分与で不利になったりすることで，制裁を受けることになろう。しかしながら，有責主義離婚法制の主要な帰結の1つは，協議離婚ですませようと交渉するインセンティヴを与えるということである。多くの結婚は立法者が挙げた有責行為以外の理由で「死ぬ」のであるから，そして，たとえ有責行為がなされた場合でさえ，それを証明することは難しいのであるから，実務では，夫と妻は協議離婚をするために交渉して，有責行為があったということで合意することが多かった。破綻主義離婚が導入されるまで，20世紀を通じて，離婚合意の際によく使われた有責行為は虐待であった。夫婦が離婚について争わず，財産分与についても合意しているとき，当該合意は婚姻財産の取扱いについて州法に優先する。この実務によって，離婚事件のほとんど大多数は処理されていた。別居や回復しがたい不和のような一方的離婚原因を認めることで，破綻主義離婚法制は離婚のための理由を基本的に不要としたのである。これらの離婚事由の重要な特徴は，一方当事者が相手配偶者の同意なしで離婚できるということである。上述したように，実際に有責行為がなされた場合は，一方的に離婚する権能は子どもの監護権や財産分与に関する制裁によって弱まるかもしれない。しかしながら，これらの制約を除けば，破綻主義離婚法は，「最も離婚を

欲する者」に離婚する権利を移転するものなのである．

　離婚の意思決定に対する離婚法の影響を分析するために，婚姻状態の価値は表11－1の金額で測られると仮定しよう．これらの数値は，夫と妻が婚姻関係から得る効用を単に表したものである．(6) 同様に，離婚して独身となることについて，夫と妻，それぞれに金銭価値を付与しうるとしよう．離婚して独身となることの効用の合計（すなわち，夫の値と妻の値の合計）が婚姻関係を継続しているときの両者の効用の合計より大きければ，離婚することは効率的である．その逆である場合（すなわち，結婚継続の効用合計が離婚した場合の効用合計より大きいとき），それでもその夫婦が離婚するなら，それは非効率的な離婚となる．効率的な離婚は社会的価値を増大させるから，法は効率的な離婚を許すべきであろう．そして，反対の場合には，法は非効率的な離婚を思いとどまらせるべきである．非効率な離婚は社会的価値を減少させるからである．結婚を単に良いか悪いかで見て，悪い結婚だけが離婚という結果に終わると考えたために，離婚制度の改革を提案した論者は，破綻主義離婚は効率的であるという単純な結論を下した．

　1977年に，ゲアリー・ベッカー（Gary Becker）とその共同研究者が一編の論文を公刊し，その論文は大きな影響を与えた．その論文は，なぜ効率的な離婚のみが生ずるかについて，理論的根拠を与えた．それはロナルド・コース（Ronald Coase, 1960）の研究に基づいた議論である．たとえば，離婚と結婚に関する夫婦の効用が，表11－1のような金額で表わされると仮定してみよう．

　この夫婦が離婚したときの男女の利得の合計よりも，結婚関係を維持した場合の総価値の方が大きいので，これは効率的な結婚関係であり，この夫婦は離婚するべきではない．ここで法律が有責主義離婚法であると仮定しよう．この離婚法の下では，夫は妻のところに来て，離婚する権利を購入しなくてはならない．夫は離婚によって10ドル分の効用を得る．だが妻は離婚によっ

表11－1　効率的結婚の場合の利得行列の例(ドル)

	夫	妻	合計
結婚	50	50	100
離婚	60	30	90

出典：この例はAllen (1995)からのものである．

て20ドル分の損失を被る．換言すれば，夫の方は離婚するために妻に10ドルまでなら喜んで支払うだろう．だが，妻の方は20ドルを下回る額では受け入れない．結果として離婚は生じない．こうして，社会的に効率的な帰結が生じる．次には逆に，法律が破綻主義離婚法であると仮定しよう．この場合，夫は離婚権を購入する必要がなく，単に一方的に離婚することができる．しかしながら，妻は夫と婚姻関係を続けることを選好し，そして夫と離婚しないために，自ら何がしかを払うことを厭わない．疑いもなく，妻が支払うことを厭わない20ドルは，夫が必要とする10ドルを超えるので交渉の余地がある．ここでも，結婚関係は解消されずに残る．換言すれば，法律が何を規定したかは重要ではなく，効率的な結果はどちらの場合でも生じたのである．

もし（数が逆にされたような）非効率的な結婚から話を始めていたなら，結婚関係は両方の法律の下で解消されたであろう．例えば，もし，結婚の価値が夫にとって60ドルで妻にとっては30ドル，というように金額を取り替え，そして離婚の価値がそれぞれ50ドルであるなら，妻は両方の法律の下で離婚を求め，そして離婚しうるであろう．有責主義離婚法制において，妻が離婚によって20ドル分の効用を得て，夫は10ドル分の損害を被るということになろう．もし彼女が彼女の夫に11ドルを支払うなら，彼らは共に離婚から効用を得ることになる．もし破綻主義離婚法制であるなら，妻は離婚を望み，そして夫は婚姻関係継続のために妻に対して補償しようとはしないだろう．それゆえに，再び法制度は離婚するか否かという結果に何らの影響も与えない．これは何度でも言っておくべきことであろう．法制度の如何にかかわらず，当事者同士の交渉コストがないときは，効率的な離婚のみがなされるのである．このことの経験的な含意は，法制度の変化は，離婚率に影響しないということである．

これは十分説得力のある結果であって，新しい法律についての予備的評価としては，1つの理論的正当化を与えるものである．しかしながら，この議論は何かがおかしいように思われる．上の分析でのキーとなる重要な仮定は，離婚法制が設定する財産権ないし所有権的な権原が完全であるという仮定である．経済学者は，上の結論を維持するためには，「取引費用」がゼロである必要があると言う(7)．ところが，問題は次の点にある．すなわち，結婚は，取引費用が非常に高い取引であるということである．結果として，「非効率」な

離婚が破綻主義離婚法の下ではしばしば起きてしまうことになる．

　破綻主義離婚法の下で非効率な離婚をもたらす可能性のある取引費用の数とタイプは非常に多いように思われる．第一に，離婚の時点での財産法に不備があれば，容易にそれによって効率的な婚姻が解消してしまうことになりうる．例えば，もし，夫の学費を妻が出したとしても，夫の学位や資格を裁判所が財産であると考えないなら，妻の貢献は離婚の財産分与では考慮に入れられない．同様に，年金を受け取る権利，保険金を受け取る権利，失われた就労機会が，財産分与の対象たる財産とされる法域もあれば，そうされない法域もある．アメリカ合衆国の州の中には，夫婦それぞれの貢献度にかかわらず，婚姻財産を自動的に等分する制度を採用しているものがある．また，裁判所が結婚生活に対するそれぞれの配偶者の貢献度を十分に調べる州もある．上記のすべての場合において不完全な法的ルールが作られ，不完全な法的ルールは一方の配偶者が他方を搾取する機会を創設してしまう．破綻主義離婚法の制定以降の離婚法の歴史は，その場限りの弥縫策の繰り返しであった．あるタイプの資産についてそれを婚姻財産とするルールができるやいなや，別のタイプの資産をめぐって裁判が起こされる．法律を作ることにコストがかかる限り，取引費用がかかる限り，法は決して十分正確に財産を定義しないであろう．そして非効率的な離婚が起こる可能性が生ずるのである．

　第二に，政府の失敗によって子どもの養育費や配偶者の扶養料の支払いを強制することができない場合，結婚のコミットメントに違反する配偶者に，当該行為のコストの一部の負担を免れさせることになる．それゆえ，結婚から離脱しようとする配偶者の私的な価値は，結婚からの価値の合計とは異なったものとなる．「無責任オヤジ（deadbeat dad）」と呼ばれるこの現象は，母親と子どもに対してだけではなく，国家にもコストを課すことになる．そのような家族は，福祉政策で対応する必要があるからである(8)．福祉がそれ自体の負のインセンティヴを生じさせる分だけ，妻と子どもはさらに不利益を蒙ることになる．

　第三に，多くの家族財産が分割不能か，公共財であるかもしれない．そのような事情は，離婚の時点で財産をめぐって交渉するのにコストがかかったり，交渉自体を難しくしたりする．ゼルダー（Zelder, 1993）は，子どもは常に準公共財であり，そして結果として子どもがいればほとんど常に離婚は非

効率的になるとしている．「公共財」とは経済学の用語であって，要するに，誰か1人が消費しても別の人がそれを消費することを妨げないような財のことを意味する．子どもについて言えば，父親が子どもから効用を得たからといって，そのために母親は子どもから効用を得ることができなくなる，ということはない．この点は離婚に影響を与える．というのは，父親は離婚しても，父親であることによる効用を得続けることができるからである．子をかすがいにしようとする母親にとっては，子どもは準公共財であるという事実によってそのもくろみは実現しにくくなる．たしかに，子どもから得られる効用のうち，子どもとどの程度連絡を取ったり会ったりできるかに関係している部分については，子どもの公共財的性格が弱い．しかし母親にとって不幸なことは，多くの父親はそうは思わず，子どもを公共財と捉えるということである．

第四に，配偶者が暴力をふるってきた場合には，結婚生活の取決について再び話し合うには法外なコストがかかることになるかもしれない．そして非効率的な離婚あるいは非効率的な結婚の存続ということになるかもしれない．非効率的な交渉結果は，相手の財産権を尊重しないことの帰結であるのが常である．夫と妻の間には肉体的な相違があり，そして夫婦が生活する家庭内はプライヴァシーで守られているという条件の下では，暴力沙汰はしばしば生じうる．どちらの当事者とも，暴力の威嚇を使うことで，無理矢理離婚して，結婚への各自の本当の貢献の程度を反映しない財産分配合意を行うことができる．同様に，結婚生活を続けるにしても，相手を虐待したり，あるいは自分の責任を果たそうとしなかったり，資産を浪費したりして，婚姻上の資本（marital capital）を破壊することで，夫婦のいずれもが相手に離婚を強制することができる．逆に，夫婦の一方が暴力の威嚇を使うことで結婚関係の維持を強制することも可能かもしれない．暴力あるいは暴力をふるうという威嚇がなされる場合は，それによる離婚や婚姻はたいてい非効率なものである．

最後に，離婚しないという契約は，裁判所には本質的に強制不可能であり，このことは，離婚を最も望まない当事者の交渉力を弱めることとなり，非効率的な離婚をもたらすことになる（Brinig and Buckley, 1998）．

アレンとブリニグ（Allen and Brinig, 1998）が，交渉がうまくいかない場合

のもう1つの理由を示している．それは，男女の生物学的な違いによって，ライフサイクルにおけるセックスへのニーズが男女で異なるということである．結婚は非常に複雑な契約であるので，契約違反になりうる取引費用には，おそらく非常に多くのものが含まれる．これは女性にとって特に問題である．結婚に対して妻は多くの貢献をするが，その中で最も重要なものは，妊娠し子どもを育てることである．母親になっても外で働くかもしれないが，子どもが2人以上にでもなれば外で働くことは難しくなり，それゆえ家計に対して金銭的に貢献することは難しくなる．妊娠は結婚生活の初期に起こるために，妻は結婚に対して回収不能の初期投資を行うことになり，非常に不安定な状態に置かれることになる．他方，夫はこのような投資はしない．それどころか，男性の所得は生涯を通じて増加するのが通常なのである．したがって，中年になった夫には，離婚後に新しい配偶者を得ることが十分に期待できるのに対して，中年になった妻にとってそれは当てはまらない．このような条件の下では，取引費用のゆえに拘束力のある契約を夫と結べないことが，妻の方にとってなぜ不利になるかは容易に理解できよう．以上のことから，法律が有責主義離婚法制から破綻主義離婚法制に移行したときに何が起きるかの問題は，結局は経験的な事実の問題となって，答えは取引費用のレヴェルによって決まるのである．もし取引費用が高いなら，例えば婚姻財産を定義することが難しい場合や，あるいは養育費の支払いを強制することが難しいような場合，破綻主義離婚法制になれば離婚率は上昇するはずである．

　離婚を避けるための交渉を失敗に導く要因が数多く存在する状況下では，離婚率が上昇せずに一定であり続けることはありそうもないように思われる．加うるに，離婚率が増えることについて，上記と逆の理由がある．すなわち，かつての有責主義離婚法制では，非効率的な「結婚継続」が存在しえた．その理由は，有責主義離婚法制の下では，類似の取引費用の問題が，婚姻の非効率な存続の方にあてはまるということである．例えば，ある男女が結婚したが双方の期待とも満たされないとすれば，パートナーの1人が離婚しないことを望んだとしても，離婚した方が両者の富（効用）の合計はより大きくなる．しかし，夫が離婚を望んだとしても，夫は離婚後扶養料を払わないであろうと妻が考え，かつ，国家は離婚時の取決を強制しないであろうと妻が考えれば，妻は離婚に同意しないであろう．換言すれば，離婚時の取決を（国

家でなく）自力で強制しなければならないことがもたらす潜在的な取引費用のために，そもそも合意ができなくなるのである．取引費用の問題は，移転不可能な資産についても起こりうる．たとえば，婚姻財産や子どもなどは分割不能であるし，また，暴力あるいは暴力を使うという威嚇も移転不可能であり，これらのために交渉がうまく行かなくなるかもしれない．それゆえ，取引費用があるときは，有責主義離婚法制下では非効率的な結婚が存在し，破綻主義離婚法制下では非効率的な離婚が存在するということになる．これらの要因は両方とも，破綻主義離婚法制が導入されると，離婚率が増加するであろうことを含意する．

破綻主義離婚法制が非効率的な離婚を生じさせるなら，そして，それがもたらす問題性が有責主義離婚法制下での非効率的な結婚の問題性よりも大きいものであるなら，破綻主義離婚法制は結婚することのコストと結婚維持のコストとを引き上げることになる．このことは，結婚をめぐる他の多くの意思決定に対して，かなり直截的な影響を帰結することになる．結婚による利得が存在する限り，有責主義離婚法制による結婚の保護がない場合には，結婚中に生じたレント（超過利潤）を保護するために人々はその他の代替的手段を使おうとするであろう．例えば，破綻主義離婚法制下では，女性は市場労働に費やす時間を増やそうとするはずだし，より多くの女性が市場労働に従事しようとするはずである．そして，離婚しても生活できるだけの仕事を選択しようとするはずである．また，同棲が増加するであろう．とりわけ，結婚生活でも使える財産がある人や，結婚生活によって大きな準レントを期待する人は，同棲しようとするだろう．最後に，人々は潜在的配偶者をよりよく評価するために，結婚を遅らせるであろう．

破綻主義離婚が離婚率に影響を与えるかどうかについて解答する上で，女性の就労，同棲，婚期などの関連性が整理されるのに時間が長くかかったためであろうが，これらの要素の関連性についてはほとんど調査されてこなかった．次のセクションでは離婚率と女性の就労についてなされた調査研究を概観する．さらに，結婚年齢に対して破綻主義離婚が与える効果に関する新しい研究結果を示す．

3. 知見

離婚率

　離婚率に対する破綻主義離婚法制の効果に関する経験的知見を理解するためには，離婚率についての研究を1986年の前後で分けることが重要である．この年『アメリカン・エコノミック・リヴュー』誌にエリザベス・ピータースの論文が発表された（Peters, 1986）．彼女の論文は，破綻主義離婚法制は離婚率に何の影響も与えなかったと結論した一連の論文の頂点に位置するものであった．その論文は，大きなデータセットと洗練された計量経済学の方法を使った最初の論文であったから，その10年前にベッカーによってなされた研究を経験的に検証するものとして，この論文は究極のものであるように思われた．

　しかしながら，その栄光は長続きしなかった．そしてその終焉は，ワイツマンがその1年前に出版した『離婚革命（*The Divorce Revolution*）』によって予告されていた（Weitzman, 1985）．ワイツマンの本には，無作為抽出された標本調査や複雑な回帰分析はなかったけれども，その常識的な報告は正しいように思われた．

　ピータースとは対照的に，ワイツマンの面接調査と統計数値は，破綻主義離婚法制における方が離婚率が高いこと，そして，離婚は女性にとって経済的大打撃となることを示していた．「破綻主義離婚法制自体は，離婚率の上昇の波に何らの影響をも付加するものではなかった」と非常に素っ気無く述べたジェイコブ（Jacob, 1988, p. 162）は，破綻主義離婚法制が離婚率に影響を与えなかったと主張した主要な社会科学者の最後の1人となった．パークマン（Parkman, 1992a）は，破綻主義離婚法制について大いに批判的な本を書いたが，離婚率については僅かの文献をリヴューしただけだった．ベッカー（Becker, 1981）とピータース（Peters, 1986）だけを引用して，彼は次のように結論した．「破綻主義離婚法制は，その導入の直後の短期間，離婚率を増加させるフィードバック効果を持った．しかし離婚率はその後すぐに以前の傾向に戻った」（p. 79）．このとき，パークマンはこの結論をまもなく反駁することになる研究の存在をまだ知らなかった．ピータースの論文が公刊さ

れた以降の論文で，離婚率について彼女の研究の知見と合致するものは一つもない．現実には，ピータースの結果はデータを誤って分類したことによるものであることが示されたのである．

　1986年以前に，離婚率と破綻主義離婚法制について少なくとも7つの研究があった[11]．振り返ってみると，初期の研究の多くは，核心を外してしまっているという感がある．研究に使えるコンピュータやソフトウェアがなかっただけでなく，そもそもデータがほとんどなかったのである！　ゴダード (Goddard, 1972) は，そのような研究の嚆矢であり，1970年～1971年における離婚数が「期待される」数値より高かったから，キャリフォーニア州では破綻主義離婚法制のために離婚率が上がったと結論した．ショーン，グリーンブラット，ミールケ (Schoen, Greenblatt, and Mielke, 1975) は，離婚のキャリフォーニア州での傾向をアメリカ合衆国全体での傾向と視覚的に比較して，破綻主義離婚法制の影響は長続きしないと結論した[12]．ギャラガー (Gallagher, 1973) は，素朴な研究方法のもう1つの例である．彼は，デラウェア州の3つのカウンティにおける離婚判決の表を7年分検討して，破綻主義離婚法制のためにデラウェア州の離婚率は急激に上昇したと結論した[13]．ギャラガーは，「破綻主義離婚法制とは，1957年に3年間の自発的別居が離婚原因となるとされて以降のデラウェア州の法制度のことである．」(1973, p. 873) と述べていたが，それは不正確であった．自発的別居とは合意に基づく別居でなければならないものだったから，デラウェア州の離婚法は，一方的離婚法制とは正反対の，合意離婚法制であるとされるべきものであった．この点は，「別居の自発性が争われた訴訟で原告が勝訴するのは難しいということを弁護士は知っている．離婚訴訟は，被告が別居の自発性を否認し，原告が自発的別居だったと主張する形で争われることが多かった．別居の自発性が争われたほとんどの事件で，原告は負けた」(1973, p. 873) とギャラガー自身が述べていることからも明らかである．ライトとステットソン (Wright and Stetson, 1973)，フランク，バーマン，マジュア＝ハート (Frank, Burman, and Mazur-Hart, 1978)，および，セプラー (Sepler, 1981) は，上記の各研究よりは良いが，離婚率の単純相関分析とグラフ化された離婚率の目視による検討にとどまっていた．

　キャリフォーニア州についてのベッカー論文の公刊後5年が経ってから，

ピータースの1986年の論文が出た．以前の研究と異なり，ピータースは，アメリカ連邦労働局によって出版された1979年の『現代人口調査(Current Population Survey: CPS)』から始めた．この調査報告書には，離婚と関連する特別追補が付いていた．これらのデータから，彼女は合衆国の50の州すべてから，およそ20,000人の女性のサンプルを選び出した．選ばれたサンプル全員の結婚の回数は1回であった．その中の一部は，既に離婚していた．彼女はその上で，このデータでロジスティック回帰分析を行った．その際，年齢，子どもの数，教育，住んでいる地域などをコントロールし，それぞれの州が破綻主義離婚法制を採用しているか否かを表す変数を投入した．(14) 彼女が見いだしたのは，破綻主義離婚法制をとっているか否かの変数の効果が実質的にゼロであったということであった．つまり，離婚確率は法制度とは関連性がなかった．アレン (Allen, 1992) は，ピータースの行ったクロス・セクション回帰分析の結果が非常にあやういものであるということを明らかにした．『現代人口調査 (CPS)』の資料がそれほど貴重なのは，そのデータが1975年から1978年の間に集められたからである．すなわち，この時期，破綻主義離婚法制の州と，そうではない州が混在していた．これはクロス・セクション回帰分析にとって決定的に重要である．しかしながら，1975年から1978年の「期間中」に制度が変化した州をどう分類するかに関して問題が生じる．3つの州（マサチューセッツ州，ロード・アイランド州，およびワイオミング州）が，間違えて分類されていたことが分かった．これは，20,000人の女性のサンプル全体中わずか38例の離婚についてであった．ところが，このミスを修正しただけで，法制度は統計的に有意な効果を持たないという結論から，有意で正の効果を持つというところまでピータースの結果を変えてしまったのである．法律が重要ではなかったことを示唆する証拠のすべてが，突如として，初期の素朴な離婚率グラフと同じ「影響あり」の結果を示すものになったのである．(15)

　1986年以降，離婚率に対する破綻主義離婚法制の効果に関して，雪崩を打ったように多数の研究がなされ始めた．それはより質の高いデータ，より良い計量経済学的プログラム，そして，より良い法的分類を基にしたものであった．マーヴェル (Marvell, 1989) は，アメリカ合衆国全体にわたって，離婚率についての体系的かつ包括的な時系列分析を行った最初の例である．彼

は年ごとの各州の全離婚データの総計を用いた．その外に，各州における平均所得などの変数を用いた．(16) 彼の研究結果は「破綻主義離婚法制，……の主要な影響は1年遅れで，離婚率に有意な影響を与えた」(p. 563) ことを明らかにした．アンダースンとシュガート (Anderson and Shughart, 1991) は，財産法の影響と，一方的な離婚を許す破綻主義離婚法制とそうでない破綻主義離婚法制の間の区別について考察した最初の研究であった．彼らはまたアメリカ合衆国全体の時系列データを使って，「破綻主義離婚を認めず，長期間の居住という申立要件を課し，かつ，必要的な別居期間を離婚に求める州では，離婚率が低くなる傾向がある」(p. 143) と結論する．

近年のその他の多くの研究は，いっそう微妙な問題に取り組んできた．ナコネズニィ，シャル，ロジャーズ (Nakonezny, Shull, and Rodgers, 1995) は，破綻主義離婚法制の有無が，所得，教育，宗教とどのように相互作用をするかを検討した結果「破綻主義離婚法の制定は，離婚率に対して明らかに正の影響を持っていた」(p. 487) と結論した．ワイスとウィリス (Weiss and Willis, 1989) は，あるコホート（同時発生集団）を長期にわたって追跡調査したパネル・データを使った最初の研究であった．そして破綻主義離婚法制では一貫して離婚率が上昇したことを見いだした．最後に，ブリニグとバックリー (Brinig and Buckley, 1998) は，これまでの研究の中で，州ごとの離婚法を最も注意深く分類した経時的総合データを使った研究である．彼らは「主要な知見としては，離婚率のレヴェルは，離婚の時点で婚姻中の義務違反にペナルティを課さない法制を州が採っているかどうかと，有意な正の相関があったということである．1980年～1991年の離婚率に関する我々の研究は，破綻主義離婚法制がより高い離婚レヴェルと関連があるという今日までにおける最も強力な証拠を提供する．」(1998, p. 16) と結論した．

これらの論文の細部を1つ1つ分析することは，本章の目的を越えている．しかしながら，最近の3つの論文は本章の議論に特に重要である．第一の論文は『アメリカン・エコノミック・リヴュー』誌に発表されたリオラ・フリードバーグ (Leora Friedberg, 1998) による研究である．フリードバーグは離婚率に影響を与えている離婚法制の問題について決定的な答えを提供しようと努力し，ピータースとアレンの間の論争を採り上げた．そのために，彼女は「離婚法改正の全期間にわたる，アメリカ合衆国におけるほとんどあらゆ

る離婚」を含んだデータセットを構築した．彼女のデータは，州レヴェルの離婚率についてのパネル・データであった．このことは，ピータースとアレンが行ったように，州の間の離婚率の差を比較することができるだけではなく，経時的な離婚行動の変化についてもコントロールすることができるということを意味する．フリードバーグは複数の州を使い，そして時間ダミー変数を用いることで，時代と州の違いをコントロールした分析を行った．彼女は，「この分析では，一方的な離婚が可能な法制度の強大な影響力が明らかになった．すなわち，州法で一方的離婚を可能としていなかったならば，離婚率はおよそ6％低かったであろう計算になる．そして，この一方的離婚法制の採用の影響は，1968年から1988年までの離婚率上昇の全体の17％を説明する．」(1998, p. 17) と結論した．加えて，フリードバーグはブリニグとバックリー (Brinig and Buckley, 1998) による離婚についての法的定義を用いて，州法の相異による離婚への影響の相違を検証した．相互の合意を必要とする破綻主義離婚法制を持っている州もあれば，本当に一方的な破綻主義離婚法制を持つ州もある．フリードバーグが見いだしたのは，次のような結果であった．

> 「州がどちらのタイプの一方的離婚を採用したかで重要な差が生じている．一方的離婚の定義に最も厳密に従った州では，別居期間は要件とされず，財産分与においても離婚への寄与度の考慮がなされない．このような州では，サンプルの対象となった期間において，1000人につき0.549件の離婚の増加が生じており，これは，離婚率平均が1000人あたり4.6件であるから，11.9％離婚率を引き上げたことになる……．全体として，一方的離婚のいずれかの形態へと法改正することの影響に関する結論を補強するものとなっている．」(1998, p. 12)

フリードバーグのこの研究は，破綻主義離婚論争に決着をつけるものとなるであろう．法の変更のみによる離婚率の増加がおよそ5％から10％であるとすれば，それはあまりにも小さいから心配するに当たらないと考える者も出てくるかもしれない．しかしながら，フリードバーグが述べるように，これは破綻主義の時代全体にわたって離婚率の17％を説明する．[17]

法制度を変えることは，いかにその効果が小さいとしても，離婚率を減らすために利用可能な数少ない道具の1つである．けれども，効果がどれぐらい大きいかは究極の問題ではなく，これらの離婚が許されるべきであるかどうかこそが究極の問題なのである．換言すれば，離婚率の上昇は非効率的な離婚のゆえなのか，それとも効率的な離婚のゆえなのかが問題なのである．もし，ある法律が非効率的な離婚の数を10%増やすなら，おそらくこの法制度を導入すべきではない．

　法の変更が原因で生じた非効率的な離婚がどれくらいあるかを検証しようと，2つの研究が試みられた．ゼルダー（Zelder, 1993）は，子どもは結婚における公共財であり，その結果として，子どもがいることで離婚に関して非効率的な取決が生じうると論じた．公共財があることで結婚は効率的であり得るが，反面，一方当事者が一方的に婚姻解消を決めたときには，他の配偶者の移転可能な「個人的」財産だけでは，離婚を思いとどまらせるには十分ではないかもしれない．公共財があることは，離婚を積極的に望む者が，結婚における公共財を享受し続けながら，独身になることの利益のすべてを獲得することを可能にする．このような離婚は非効率的であって，許されるべきではない．これを検証するために，ゼルダーは，子どものための総支出を，家計における子どものため以外の資産で割ったものを変数として設定した．これは，結婚における子どもの重要性を示す指標となると想定されている．この変数に，破綻主義ダミー変数の値を掛けた．これは非効率的な離婚を表すために行われた．ゼルダーは，『所得動態のパネル・データ研究（Panel Study of Income Dynamics）』のデータセットを用いて検証し，破綻主義離婚のダミー変数が含まれるときでさえ，子どもの重要性の変数が，（離婚と）正の有意な効果を持つことを見いだした．彼は，離婚時に子どもがいることとそれがもたらす交渉問題とが，非効率的な離婚の大きな原因であると結論した．ゼルダーの知見は，破綻主義離婚の適否をめぐる論争において特に重要である．なぜなら，ほぼ全ての結婚で子どもが存在するからである．子どもが非効率的な離婚を生み出す公共財問題を発生させるという結論が正しいならば，子どもがない夫婦を除いて，一方当事者の意思のみで離婚を許すような離婚法制を採るべきではないということになるからである．

　アレン（Allen, 1998）は，非効率な離婚の証拠を見いだすために，異なっ

たアプローチをとった．そのアプローチでは，潜在的配偶者の結婚への将来の貢献についての情報にコストがかかるというモデルを構築した．この情報コストのために，配偶者選択で誤りが生じうるというモデルである．この論文では，次のような変数が用いられた．すなわち，婚姻前に妊娠しているか否か，就労しているか否か，および，就労の程度である．これらの変数の全てには，破綻主義ダミー変数が掛け合わされて，非効率的な離婚の確率評価に利用された．破綻主義離婚の適否をめぐる論争に対するこの研究の重要な知見は，子どもがいるという要因とともに，ここで用いた他の変数も非効率的な離婚の代理変数となるということである．結婚とは，1人の個人とその者との関係に対して，長期間にわたって特定の人的資本のコミットメントをすることなので，非効率的な関係解消の機会は多く存在する．さらに，アレンとゼルダーが指摘したように，これらの要因を測定することは，特定の人口統計学的変数と破綻主義ダミー変数の間の交互作用を測定することを意味する．このことによって，フリードバーグの言う，17%という数値の意味を正しく理解することができるようになる．

　フリードバーグが回帰分析を行ったとき，彼女は州と時間の効果をコントロールするために，ストレートにダミー変数（破綻主義か否か）を使った．そのため，離婚率17%の上昇は，破綻主義ダミー変数のみに帰されることになる．同時に，フリードバーグらは回帰分析に人口統計学的変数をも投入した．たとえば，離婚件数は景気後退の際に増加することがよく知られているので，経済のパフォーマンスについての変数を投入したことは当然のことである．しかしながら，もし破綻主義離婚法が存在していなかったなら，これらの離婚の多くが起こらなかったであろうことには注意しなければならない．実際のところ，このようなことは，回帰分析における他の全ての人口統計学的変数およびダミー変数についてあてはまる．そして，破綻主義離婚法制のダミー変数は，これら全ての変数と交互作用をするのである．それゆえ，フリードバーグが到達した結論である17%という数値は下限と考えるべきことになる．こうして，ゼルダーとアレンの両方の研究で，破綻主義離婚法は非効率的な離婚を引き起こすことが判明した．このような非効率な離婚は，取引費用があまりにも高いことと，その高い取引費用のために婚姻関係から去ろうとしている配偶者にとどまるよう家族が説得することができなくなることと

の結果として生じる．この2つの結果は重要である．というのは，破綻主義離婚法制が離婚数を増やすとしても，その増加はいずれにせよ解消されるべきだった結婚が離婚しているだけだという破綻主義離婚賛成派の論拠を潰すものだからである．アレン（Allen, 1998）は，カナダにおける破綻主義離婚の経験をも分析する点で，唯一の論文であった．離婚の法規整がカナダでは連邦の管轄であることから，離婚法制と離婚率の関連という標準的問題を検証する滅多にない機会となった．結果は，カナダの破綻主義離婚法制が離婚率を引き上げたことに疑いはない（図11-1を参照）．図11-1で，離婚率の数値グラフをざっと眺めただけでも，1968年に何か重大なことが起きたことは明白である．この章の結論で，法制度に関する変数と離婚率との関連性が小さいことを説明する計量経済学的な理由を論じるが，その1つの理由は，法改正の多くが真の意味で外生的ではなかったということである．しかしながら，カナダが経験したことは，外生的法改正事例という意味で最も良い検証となるかもしれない．なぜなら，カナダは離婚法を全ての州において一挙

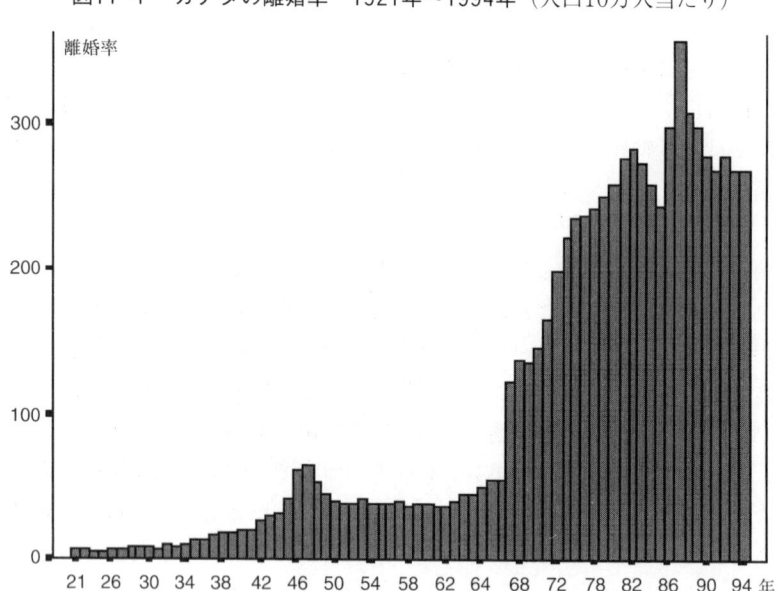

図11-1　カナダの離婚率　1921年〜1994年（人口10万人当たり）

一律に改正しただけではなく，破綻主義離婚法に移行した最初の国であったからである．カナダの離婚法改正は，多くの人々によって驚きをもって迎えられたことは疑いがないので，この法改正は外生的であったと考えることが可能だからでもある．

女性の就労

離婚率に対する破綻主義離婚法の効果については意見の相違が驚くべきほど生じていたが，女性の就労率（LFPR）に対する離婚法の効果に関する研究結果には，注目に値する一致がみられる．1世紀以上の間にわたり，女性の就労が進み，第二次世界大戦の後ではさらに大きく進んだ．1970年までは，女性の就労のこの増加の大部分は，女性の実質賃金の上昇で説明することができた．しかしながら，1970年以降はそれで説明がつかないという謎が生じた．女性の就労が増加し続けたにもかかわらず，女性の実質賃金は変化しなかった．女性の就労率の上昇が離婚の増加によって引き起こされたことを示唆する最初の研究がロバート・マイクル（Robert Michael, 1985）の研究である．離婚した女性の方が働く可能性が高いために，そして離婚率は1970年以降増加していたために，彼はこれらが謎を説明することができるであろうと論じた．これを検証するために，離婚率の増加と，幼い子どものいる既婚女性の就労率の増加との関係に見られるタイム・ラグに，マイクルは着目したのである．

ピータース（Peters, 1986）は，破綻主義離婚法を女性の就労率に関係づけた最初の学者であるが，これは彼女が離婚率について論じたのと同じ論文においてであった．ピータースは，既婚女性が家に留まって子どもの世話をするとき，家庭内でのみ意味のある投資（家庭特殊的投資）をしていることになると論じた．もしこれらの結婚特殊的投資が離婚時の財産分配の際に考慮されないなら，妻は離婚によって不利（ワース・オフ）になる．このことの結果として，女性は婚姻中も外で働き続けることで，自分を守ろうとする．離婚率の分析で用いたのと同じ『現代人口調査（CPS）』のデータを使い，ピータースは，女性の就労率について，一連の人口統計学的変数と，次のようなダミー変数を用いて分析を行った．すなわちダミー変数は，当該調査対象の個人が破綻主義離婚法制を採用する州に住んでいるか否かである．彼女は，

破綻主義離婚法制を採用する州で2％だけ就労が増加したことを見いだした．

アレン・パークマン（Allen Parkman, 1992b）も，ピータースと同じ『現代人口調査（CPS）』のデータを用いて女性の就労率に対する破綻主義離婚法の影響を検証した．彼の主な関心は，女性が離婚に備えるために，女性の就労率が上昇するかどうかという点にはなかった．彼の主要な関心は，どのようなメカニズムが働いてそのようになるかということであった．パークマンは，既婚女性が心配するのは結婚（関係）特殊的投資の回収不能の問題ではなく，結婚して子どもと一緒に家にいることで，既婚女性の人的資本（human capital）が減少することであり，かつ，この減少が離婚の時点で補償されないという問題の方であると論じた．パークマンは，就労率の増加がみられたのが主として，既婚女性のうちで「就労を減らしたなら，人的資本をより大きく減らしてしまうであろう女性たち」であることを示した．それはすなわち，若い白人女性である．パークマンは，ピータースの説明するメカニズムについては同意しなかったが，法律のもたらす類似の効果を見いだしたのである．

パークマン（Parkman, 1998）は自らの以前の研究を拡張し，女性の総労働時間を見た．彼は女性の就労の増加だけではなく，家事労働の増加も考慮に入れた．パークマンは1975年から1981年にかけての，家事労働データを含んだ時系列データセットを使った．彼は，破綻主義離婚法制をとる州に住んでいる女性は，有責主義離婚法制の州に住んでいる女性よりも，平均して週に4時間総労働ベースで多く働いたことを見いだした．それと対照的に，これらの州に住んでいる夫の方は，1週間にほぼ2時間，労働時間が少なかった．パークマンによれば，以上の結果は，女性は家計を助けるためにのみ働くという考えを否定するものであり，女性が就労を増やすのは，離婚しても大丈夫なように一種の保険をかける手法としてであると論じた．

この節で最後に採り上げる重要な研究がジョンスンとスキナーの研究（Johnson and Skinner, 1986）である．[19] 前述のとおり，アメリカ合衆国の13の州については，通常の破綻主義離婚法制をとる州とみなされるべきかどうかに争いがあるために，彼らの知見をどう位置づけるかは難しいことには注意を要する．彼らは，ミシガン州のパネル・データを，女性の就労に対する離婚法の効果を分析するための研究に使った．彼らが見いだしたのは，女性は離婚前に就労を増やすということであった．このことは，次のような疑問をただち

に提起する．すなわち，近づく離婚に備えようとして，保険をかける意味で女性は外で働くようになったのだろうか？　それとも，女性が外で働くようになると，結婚が不安定になるのだろうか？　彼らは，これらの2つの仮説を検証するために，既婚女性について，将来における離婚確率と現在における女性への仕事の供給についての連立モデルをたて，外で働くことは離婚の確率に実質的な影響を与えないが，離婚が期待されることは，外で働くことに対して比較的大きな影響を持つと結論した．彼らの結果は，実質賃金やその他の要因によって説明されない女性の就労の15％の増大のうち，2.6％を説明した．

結婚年齢

これまで破綻主義離婚法制の持つ効果についての研究のほとんどすべては，離婚率，あるいは，それよりも程度は低いが，女性の就労率に向けられていた．これに対する例外の1つが，アレン・パークマンの著書（Parkman, 1992a）である．その第5章で，パークマンは，女性は一般に離婚より結婚の継続を好むという仮定をおいた上で，離婚を容易にする法改正が，上記の他にどのような影響を持っているのかを探究した．例えば，パークマンは，女性の経済的状態が破綻主義離婚法制によって悪くなると論じた．彼の本が世に出て以降，この主張には多くの証拠が積み重ねられている．フィニー（Finnie, 1995）は離婚後の財産レヴェルについての広範な研究を行い，離婚後の最初の1年において，貧困率が女性は男性の2.5倍高いことを見いだした．ブリニグとアレン（Brinig and Allen, 2000）が見いだしたのは，男性が離婚を申し立てるときは，彼らが結婚生活で築いた資産の多くを持って行くことができるときであるということであった．他方，女性が離婚を申し立てるのは，子どもの完全な監護権を得ることができるときであった．これらの両方とも，離婚によって女性の財産状態が悪化することを示唆する．

パークマンは，破綻主義離婚法の影響として，女性は離婚に備えるために，より多くの教育とより高い職業スキルを求めるようになること，女性の結婚生活の質が低下すること，そして家族としての生活の質も同様に低下することを主張した．彼はまた，離婚にはコストがかかるが，破綻主義の下で離婚が容易であるとき，人々は，最適の配偶者を選ぼうとして，婚期を遅らせる

ようになるであろうと主張した．これらの主張のそれぞれで，パークマンは理論的な議論を展開したり，非常に大雑把な数値を用いて自分の主張の論拠としたりしていた．私は以下では，パークマンのこの最後の主張をサポートする，結婚年齢についての数値を報告することにする．

私は1989年～1995年にアメリカ合衆国の『国立保健統計センター』によって蒐集された結婚についての記録を用いた．この記録は，この期間にアメリカ合衆国でなされたすべての結婚に関する情報を含んでいる．標本の大きさは1,250,460件であったが，分析プログラムの実行時間を短くするために，この中から10%の標本を無作為に抽出した．[20]このように標本数は非常に多いが，それぞれの標本の変数の数は非常に少ない．実際には，結婚年齢，人種，そして，結婚地のデータだけであった．それぞれの州が破綻主義離婚法制をとっているか否かの分類については，フリードバーグ（Friedberg, 1998）の分類を用いた．用いられた変数の定義は表11－2の通りである．

表11－3は，様々な女性サンプルについて，種々の独立変数をとって結婚年齢を従属変数とした最小二乗法（OLS）回帰を行った結果である．また，表11－4は，男性のサンプルについて同様の回帰分析を実行した結果である．女性サンプルの結果は，実質的に男性サンプルの結果とまったく同じである．唯一の相違は，男性が平均すると自分よりやや若い女性と結婚するということである．回帰分析の結果から，異人種間夫婦は結婚する時期が遅いことがわかる．これは人種を越えた配偶相手を捜す際の探索コストが高いことに原因があるのかもしれない．あるいは，このような結婚は将来離婚する確率が

表11－2　変数の定義

変数	定義
破綻主義州	破綻主義離婚法制の州は　1　（Friedberg（1998）の分類による）
夫婦年齢差	夫の年齢から妻の年齢を引いた差
異人種間夫婦	夫または妻が異なる人種であれば　1
妻の結婚回数	妻の結婚回数
夫の結婚回数	夫の結婚回数
妻の結婚歴	妻に以前の結婚歴があれば　1
夫の結婚歴	夫に以前の結婚歴があれば　1
結婚年	結婚が1989年であれば　1
	1990年であれば　2
	…
	結婚が1995年であれば　7

表11-3 最小二乗法回帰分析:従属変数＝妻の結婚時年齢

変数	全ての結婚	初婚の場合	2回以上の結婚の場合
破綻主義州	0.47	0.36	0.36
	(10.23)	(8.32)	(4.64)
夫婦年齢差	−0.32	−0.37	−0.28
	(−77.39)	(−66.24)	(−28.13)
異人種間夫婦	1.78	1.63	1.72
	(35.69)	(36.55)	(9.34)
妻の結婚回数	2.17		1.97
	(36.47)		(18.83)
夫の結婚回数	1.84		1.56
	(29.81)		(14.71)
妻の結婚歴	5.23		
	(56.04)		
夫の結婚歴	4.96		
	(52.00)		
結婚年	0.16	0.119	0.198
	(13.98)	(11.31)	(5.57)

表11-4 最小二乗法回帰分析:従属変数＝夫の結婚時年齢

変数	全ての結婚	初婚の場合	2回以上の結婚の場合
破綻主義州	0.47	0.35	0.68
	(10.33)	(8.31)	(4.74)
夫婦年齢差	0.66	0.62	0.71
	(158.88)	(113.16)	(71.46)
異人種間夫婦	1.77	1.62	1.72
	(35.69)	(36.65)	(9.35)
妻の結婚回数	2.15		1.97
	(36.25)		(18.79)
夫の結婚回数	1.86		1.58
	(30.18)		(14.84)
妻の結婚歴	5.22		
	(55.99)		
夫の結婚歴	4.97		
	(52.18)		
結婚年	0.16	0.119	0.195
	(13.93)	(11.36)	(5.50)

高いということを反映しているのかもしれない．この表のうち，「結婚年」というトレンド変数の係数は，人々の結婚年齢が年を追って上昇し続けていることを示している．その他のコントロール変数の係数は，2回目，3回目に結婚するときは平均して（初婚よりも）年齢が上がっているという計算上の

結果を反映したものに過ぎない．しかしながら，結果として興味深いのは，破綻主義離婚法制変数の係数である．明らかに，破綻主義離婚法制は，結婚年齢に対して控えめな影響しか与えていない．我々がどの回帰モデルを用いるかにもよるが，ある人が破綻主義離婚法制を採る州に住んでいれば，結婚年齢は6ヶ月～9ヶ月上昇する．この数値は，離婚率や就労に関する数値に類似している．破綻主義離婚法制は統計的に有意な影響を持つが，どちらかといえば効果はかなり小さい．

4. 結論

　結婚と離婚に対する破綻主義離婚法制の影響に関する以上のような証拠は，一種のパラドクスを残す．もし我々が，この世界では正の取引費用がかかり，そして結婚がこのような取引費用の影響を受けると仮定するなら，離婚が容易になれば離婚が多くなるであろうということ，そして，人々は結婚の失敗や，その結果としての離婚の害悪を避けるため，自分で用心をするようになるであろうということを示しても，特に驚くにはあたらない．これに加えて，我々は，離婚が盛んに起こっており，そして人々はその効果を和らげるために多大の努力を払っている，という共通の認識を持っている．例えば，カナダのブリティッシュ・コロンビア州では，1984年と1994年の間に内縁関係（common law relationship）の数は20％増加した．そして，1997年には，年齢18歳から30歳までの女性で独身をやめた者の46％が内縁関係に入った．それでも，破綻主義離婚の効果に関しての経験的研究をみると，効果の方向は予測どおりだが，その影響の大きさは非常に小さい．ここでは何が起こっているのだろうか？

　これに対する答えの一部は，上記の検証のほとんどすべてが，アメリカ合衆国のデータを使っているということであるかもしれない．このことから，問題がいくつか起こる．まず，州の分類の問題がある．明白に破綻主義あるいは明白に有責主義を採るといえる州がいくつかあるが，多くはその中間に位置する．ある州で離婚のために3年の別居が必要とされる場合，これは有責主義だろうか，破綻主義だろうか？　5年の別居ならばどうだろうか，あるいは，有責性が財産分与で考慮される事情となるならばどうであろうか？[21]

　同様の問題が，有責主義から破綻主義までの「違いの程度」を測らないこ

とから生じる．破綻主義離婚法制を採用する州でも非常に厳格で離婚を制限するものがある一方で，昔ながらの有責主義離婚法制を採る州でもかなり自由に離婚できるという州もある．自由に離婚できる有責主義離婚法制を採る州が破綻主義離婚法制になり，厳格な有責主義離婚法制を採る州が厳格な破綻主義離婚法制を採る州になるなら，法律の変化としては，あまり大した変化ではないかもしれない．この効果をコントロールしないなら，破綻主義離婚法制のダミー変数に関する推定係数は，過小バイアスのかかったものとなるであろう．

最後に，いわゆる内生性問題，すなわち法改正という外生的影響ではなく，社会の内生的な変化が既に離婚率に影響を与えていたという問題がおそらく存在することが指摘できよう．アメリカ合衆国は破綻主義離婚法制に転換するのに15年を要した．離婚，女性が外で働くこと，ひとり親世帯，および，内縁関係に関する1970年の文化的環境は，サウス・ダコタ州が法制度を変えた最後の州となった1985年の文化的環境とは非常に異なっている．1984年のサウス・ダコタ州の離婚率は，バーブラ・ホワイトヘッド（Barbara Whitehead, 1997）が「離婚文化（Divorce Culture）」と呼ぶものによって影響を受けたに違いない．ここでの問題は，より早い時期に他の州で法制が変化したことが，ある州の離婚文化の発生にどの程度寄与したのか，ということである．結婚を開始するライフ・ステージに達した現代の若い男女の世代は，破綻主義離婚法制がすでに存在する状態で成長し，破綻主義離婚法制のもたらす結果のすべてをよく知っている最初のコホートである．このコホートの離婚傾向は，それより前の世代とは異なっているに違いない．そして，これは間接的には，オリジナルの破綻主義離婚法制の効果である．それゆえ，キャリフォーニア州とサウス・ダコタ州で同じようにダミー変数を使うことは，破綻主義離婚法制の効果の検証としては不適当であるように思われる．

以上を考慮すると，カナダはこのような検証を行うためにはより良い環境のように見える．表11－1で示したように，離婚法改正には明確な，そして大きな影響があった．カナダこそ破綻主義離婚法を導入した最初の近代国家であり，しかも，カナダの離婚法は連邦法であったから，離婚率の変化が法改正という外生的影響によってもっぱら生じたという外生的変化の仮定がいっそう合理的であるように思われる．それゆえ，これまでのところなされた

経験的研究に出てきた推定値は小さいけれども，それは離婚を容易化することの真の影響の下限値であるように思われる．法改正の影響の方向は明確であるけれども，この影響の大きさの程度についての論争は続くであろうことは疑いの余地がない．

* Bob Rowthorn のコメントに感謝する．

(1) 有責行為のリストは，実に多種多様でありうる．レバノンでギリシャ正教の共同体に属していれば，有責行為にはたとえば次のようなものが含まれる．「夫の種を妻が故意に毀損すること．妻が……夫の命令に完全に反してバンケットに出席したり，あるいは，混浴の浴場で男性と一緒に入浴すること．妻が内密に，あるいは夫の命令に反して，競馬，劇場，あるいは，賭博場に行くこと．」(Martingale-Hubbell Law Digest, 1991, p. LEB-5)．

(2) さらに詳しくは，Allen (1998) を参照．

(3) 経済学者は，一般に妻は結婚関係に最も強いコミットメントをしていたと仮定してきた．しかしながら，Allen and Brinig (1998) による最近の研究は，離婚した者のうちでは，女性の方が機会主義的に行動する可能性が高いことを示した．

(4) 実際，多くの「破綻主義」離婚を認める州でさえ，子の監護権と財産分与に関して，離婚原因がいまだ役割を果たしている．このことのために，州を有責主義か破綻主義か分類する際に議論を巻き起こす．たとえば，Brinig and Buckley (1998) は，離婚原因を作った者に対して厳しい罰を与える州は，一方的に離婚ができるか否かにかかわらず，有責主義法制の州であるとすべきであるとしている．

(5) Fain (1977, p. 34) によれば，「アメリカの離婚の90％を優に越える離婚においては争いはなかった．結婚生活における有責行為は，交渉の過程に影響を与える限度でのみ意味を持ち，そして，離婚における金銭的，財産的な取決の交渉の際の武器となるものであった．」Freed and Foster (1979, p. 107) は，「19世紀と20世紀初頭の伝統的離婚原因の下では，離婚の90％以上は争われておらず，それゆえ離婚は相互の合意によってなされていた．こうして，事実上の合意離婚法制が作られていた」と，上記と同じことを述べている．

(6) 私はこの金額が結婚の財産的価値だけを反映したものでは「ないこと」を強調したい．それは，夫と妻が結婚から得る「全ての効用」を測るための便宜的基準なのである．

(7) 取引費用とは，財産権（所有権）を確立し，維持するためのコストであ

る．さらに詳しくは Allen (1991) を参照．
（8）Moir (1999) は，これは夫の側の責任感の欠如というよりも，1人の男が再婚して新たに家庭を持つと，元の家庭を以前と同じ生活水準で維持するには資力が足りなくなる，ということがその理由かもしれないという議論をしている．
（9）40歳以降，男女の性比もまた女性に不利に働く．女性の割合が増えて競争相手が増加すれば，妻は交渉において不利になる．
（10）Jacob は別の論文 (Jacob, 1989) で，女性の福利厚生にも何らの効果をも与えなかったと結論した．このことからすると，彼が自著の題名を『静かなる革命 (*Silent Revolution*)』としたのは不思議である．
（11）これらの初期の研究を批判的に検証したものとして，Zelder (1992) を参照．
（12）このタイプの実験は計量経済学的な方法を使って Becker (1981) によって繰り返された．そして彼は基本的に同じ結論に達した．
（13）ギャラガーは，弁護士であるのに，分類を正しく行うことさえしない．破綻主義離婚法を分析するにあたって，最も重要な点は，法は「一方的離婚」を許しているということである．
（14）1980年代初頭において，コンピュータとソフトウェアがほとんど未発達だったことを考えれば，この回帰分析は相当の成果と言ってよい．
（15）Gallagher (1973) の例のように，これらの初期の研究の多くが，データの問題と，州の分類の間違いで問題を抱えている．これに関する議論について，Marvell (1989) を参照．
（16）離婚データは次の2つの形式のうちのいずれかをとるのが通常である．無作為抽出された標本の大規模な個票データか，あるいは州規模の総計データのいずれかである．前者の利点は個別の属性を使用できるということである．しかし，このようなデータはクロス・セクション・データとなるので，固定効果が無視される．後者の利点は，クロス・セクションの時系列回帰分析が使える点である．それにより，時間や場所によって離婚率が外生的に異なる点をコントロールすることができる．しかし，人口統計学的変数のコントロールには，単純な平均値のみしか用いることができない．
（17）アメリカでは，有責主義離婚の時代にも破綻主義の時代にも，様々な種類の離婚法が存在したし，現在も存在していることを念頭に置いてほしい．40年前には多くの州が非常に自由主義的な法制を採っていた．そして今日では，破綻主義法制を採る州の多くは非常に保守的である．カナダでは法制度の変化が非常に不連続的で広範にわたっていた．これに対して，アメリカ合衆国における法制の変化はそれほど劇的でなかった．これは数値がなぜ小さく見

えるかを説明するかもしれない。
(18) 実際の計量経済学的手法は，複雑だというわけではないけれども，説明するには多くのスペースを使うことと，ここでの議論のポイントとは無関係であるので割愛する．興味を持たれた読者は論文をご参照願いたい．
(19) 財産分与の取決を法律上の定義に付加して，女性の就労率について類似の結果を見いだしたという Gray (1998) による研究もある．
(20) データは CD で入手したが，非常に遅い DOS プログラムを使ってダウンロードした．
(21) Friedberg は，私が知る限り，法制を2つに分類することによって，この問題をコントロールしようと試みた唯一の研究者である．
(22) Rowthorn (1999) も，同じポイントを指摘する．

《文献》

Allen, Douglas (1991), "What Are Transaction Costs?" *Research in Law and Economics*, 14, 1-18.

—— (1992), "Marriage and Divorce: Comment," *American Economic Review*, 82, 679-85.

—— (1995), "Some Comments Regarding Divorce, Lone Mothers, and Children," in John Richards and William Watson (eds.), *Family Matters: New Policies for Divorce, Lone Mothers, and Child Poverty*, Toronto: C.D. Howe Institute.

—— (1998), "No-Fault Divorce in Canada: Its Cause and Effect," *Journal of Economic Behavior and Organization*, 37, 129-49.

Allen, Douglas and Margaret F. Brinig (1998), "Sex, Property Rights and Divorce," *European Journal of Law and Economics*, 5, 211-33.

Anderson, Gary and William Shughart II (1991), "Is Braking up Hard to Do? Legal Institutions and the Rate of Divorce," *Journal of Public Finance and Public Choice*, 2, 133-45.

Becker, G. (1981), *A Treatise on the Family*, Cambridge, MA: Harvard University Press.

Becker, G., E. Landes, and R. Michael (1977), "An Economic Analysis of Marital Instability," *Journal of Political Economy*, 85, 325-40.

Brinig, M. and Douglas Allen (2000), "These Boots Are Made for Walking: Why Most Divorce Filers Are Women," *American Law and Economics Review*, 2, 126-69.

Brinig, M. and F. Buckley (1998), "No-Fault Laws and At-Fault People," *International Review of Law and Economics*, 18, 325-40.

Coase, R. (1960), "The Problem of Social Cost," *Journal of Law and Economics*, 3, 1-49.

Fain, Harvey (1977), "Family Law - Whither Now?" *Journal of Divorce*, 1, 31-42.

Finnie, Ross (1995), "The Economics of Divorce," in John Richards and William Watson (eds.), *Family Matters: New Policies for Divorce, Lone Mothers, and Child Poverty*, Toronto: C.D. Howe Institute.

Foster Jr., H. and D. Freed (1973/4), "Divorce Reform: Brakes on Breakdown?" *Journal of Family Law*, 13, 443-93.

Frank, A., J. Berman and S. Mazur-Hart (1978), "No Fault Divorce and the Divorce Rate: The Nebraska Experience - An Interrupted Time Series Analysis and Commentary," *Nebraska Law Review*, 58, 1-99.

Freed, D. and H. Foster Jr. (1979), "Divorce in the Fifty States: An Overview as of 1978," *Family Law Quarterly*, 13, 105-28.

Friedberg, L. (1998), "Did Unilateral Divorce Raise Divorce Rates? Evidence from Panel Data," *American Economic Review*, 88, 608-27.

Gallagher, H. (1973), "No-Fault Divorce in Delaware," *American Bar Association Journal*, 59, 873-5.

Goddard, W. (1972), "A Report on California's New Divorce Law: Progress and Problems," *Family Law Quarterly*, 6, 405-8.

Gray, J.S. (1998), "Divorce Law Changes, Household Bargaining, and Married Women's Labor Supply," *American Economic Review*, 88, 628-42.

Jacob, H. (1988), *The Silent Revolution: The Transformation of Divorce Law in the United States*, Chicago: University of Chicago Press.

―――― (1989), "Another Look at No-Fault Divorce and the Post-Divorce Finances of Women," *Law and Society Review*, 23, 95-115.

Johnson, W. and J. Skinner (1986), "Labor Supply and Marital Separation," *American Economic Review*, 76, 455-69.

Martingale-Hubbel Law Digest (1991), New Providence, NJ.

Marvell, T. (1989), "Divorce Rates and the Fault Requirement," *Law and Society Review*, 23, 543-67.

Michael, R. (1985), "Consequences of the Rise in Female Labor Force Participation Rates: Questions and Problems," *Journal of Labor Economics*, 3, S117-46.

Moir, D. (1999), "A New Class of Disadvantaged Children: Reflections on 'Easy' Divorce," in Douglas Allen and John Richards (eds.), *It Takes Two: The Family in Law and Finance*, Toronto: C.D. Howe Institute.

Nakonezny, P., R. Shull, and J. Rodgers (1995), "The Effect of No-Fault Divorce

Law on the Divorce Rate Across the 50 States and Its Relation to Income, Education, and Religiosity," *Journal of Marriage and the Family*, 57, 477-88.

Parkman, A.M. (1992a), *No-Fault Divorce: What Went Wrong?* Boulder, CO: Westview Press.

—— (1992b), "Unilateral Divorce and the Labor-Force Participation Rate of Married Women, Revisited," *American Economic Review*, 82, 671-8.

—— (1998), "Why Are Married Women Working So Hard?" *International Review of Law and Economics*, 18, 41-9.

Peters, H.E. (1986), "Marriage and Divorce: Informational Constraints and Private Contracting," *American Economic Review*, 76, 437-54.

Rowthorn, R. (1999), "Marriage and Trust: Some Lessons from Economics," *Cambridge Journal of Economics*, 23, 661-91.

Schoen, R., H. Greenblatt, and R. Mielke (1975), "California's Experience with Non-Adversary Divorce," *Demography*, 12, 223-43.

Sepler, H. (1981), "Measuring the Effects of No-Fault Divorce Laws across Fifty States: Quantifying a Zeitgeist," *Family Law Quarterly*, 15, 65-102.

Weiss, Y. and R. Willis (1989), "An Economic Analysis of Divorce Settlements," unpublished manuscript, Population Research Center, University of Chicago.

Weitzman, L. (1985), *The Divorce Revolution: The Unexpected Social and Economic Consequences for Women and Children in America*, New York: Free Press.

Whitehead, B. (1997), *The Divorce Culture*, New York: Knopf.

Wright, G. and D. Stetson (1973), "The Impact of No-Fault Divorce Law Reform on Divorce in American States," *Journal of Marriage and the Family*, 40, 575-81.

Zelder, M. (1992), "Did No-Fault Divorce Law Increase the Divorce Rate? A Critical Review of the Evidence," unpublished manuscript, Northwestern Law School.

—— (1993), "Inefficient Dissolutions as a Consequence of Public Goods: The Case of No-Fault Divorce," *Journal of Legal Studies*, 22, 503-20.

第12章 ヨーロッパ諸国の離婚法，離婚率およびその影響[(*)]

イアン・スミス
訳：長谷川貴陽史

1. はじめに

　離婚法の自由化と離婚率の劇的な上昇との関係に関する調査の多くは，北米に集中する傾向があった．グッド（Goode, 1993），グレンドン（Glendon, 1989），フィリップス（Phillips, 1988）といった例外はあるものの，ヨーロッパにおける法改正と離婚率に関する近年の比較法的研究は僅かしかなく，本格的な実証的分析となるとさらに少ない．離婚データに関する早い時期の記述的研究（Chester, 1977, Commaille et al., 1983）に続いて，注目に値する近年の統計学的研究業績としては，キャッスルとフラッド（Castle and Flood, 1991）のそれがあるにすぎない．本章の主要な目的は，こうした業績の相対的な乏しさに鑑みて，ヨーロッパにおける離婚法と離婚率との関係を再検討することにある．

　婚姻関係を解消するためのしかるべき法的事由に加えて，夫婦財産の分与や子の扶養料の支払いに関するルールが，多くの国々の立法府の関心を集め続けている．財産分与のルールについての法政策を改善することは，離婚のインセンティヴのみならず，離婚後の家族の生活水準をも左右する重大な意味をもっている．特に，ひとり親となった配偶者とその子どもたちに離婚が与える金銭面での影響は，大きな問題とされてきた．婚姻関係の解消がもたらす経済的負担は，ヨーロッパ諸国の中でかなり差がある．そこで本章では，離婚のもたらす経済的な影響が国によって異なっていることについても論じることにする．

データ

　ヨーロッパ諸国の中で，データが簡単に利用できた国々の総離婚率を示したものが表12-1である．総離婚率とは，現在の婚姻関係の中で，離婚で終わるであろう婚姻数の割合の推定値である．離婚率を扱う上で注意すべきことは，それが現実の婚姻関係の破綻率ではなく，婚姻関係の法律上の終了しか捕捉していないことである．離婚が認められにくかったり，コストがかかる国々では，たとえ婚姻関係が回復不可能なまでに破綻していても，それが法律上の離婚へと至ることは少ない．法律上の離婚のしやすさが各国で異なっていることを考えると，実際の婚姻関係の破綻率の国別の格差は，表12-1の離婚統計に示された格差より小さい．さらに，この表の数字は法律上の別居を含んでいないが，国によっては法律上の別居を利用することもできる．法律上の別居は，より安価な離婚の代替物であるが，再婚という選択肢の便益は享受できない．実際には，直接的な関係は離婚法と離婚率との間にではなく，離婚法の厳格さと法律上・事実上の別居率との間にこそあるのかもしれない．同じ理由から，これらのデータによって婚姻関係の解消が経年的に増加していることが誇張されがちである．この点は，とりわけ大規模な法改

表12-1　ヨーロッパ諸国の総離婚率

国	1960	1970	1975	1980	1985	1990	1995
オーストリア	0.14	0.18	0.20	0.26	0.31	0.33	0.38
ベルギー	0.07	0.10	0.16	0.20	0.27	0.31	n/a
デンマーク	0.19	0.25	0.37	0.40	0.46	0.44	0.41
イングランド＆ウェールズ	0.07	0.16	0.30	0.38	0.42	0.42	0.43
ドイツ連邦共和国	0.10	0.15	0.22	0.22	0.30	0.29	0.34
フィンランド	0.11	0.17	0.26	0.28	0.28	0.41	0.49
フランス	0.09	0.12	0.16	0.22	0.31	0.32	0.38
ギリシア	n/a	0.05	0.05	0.06	0.11	0.12	0.15
イタリア	0.00	0.05	0.03	0.03	0.04	0.08	0.08
オランダ	0.07	0.10	0.20	0.26	0.34	0.28	0.32
ノルウェー	0.09	0.13	0.21	0.25	0.33	0.43	0.46
スウェーデン	0.16	0.23	0.50	0.42	0.45	0.43	0.50
スイス	0.13	0.15	0.21	0.27	0.30	0.33	0.38
総離婚件数（単位:1,000）	152	248	410	470	565	565	638

出典：Commaille et al. (1983), Council of Europe (1998)
注：n/a ＝ not available（資料入手不可）
総離婚率は，一定期間における離婚率の加重平均に基づいて，離婚の発生率を概算したものである．

正の前後の離婚率が比較されるときに問題となる．

2. 法と離婚

表12-1によれば，1970年代，特に1975年以前にヨーロッパの離婚率の全体的レヴェルが最も急激な上昇を示している．もっとも，すべての国々が同じ上昇パタンに従っているわけではない．この離婚率の著しい上昇を，離婚に対するハードルを非常に低めたこの時期の法改正と結びつけようとするのは，自然なことである．だが，両者の時系列的関係を検討する前に，リベラルな離婚法改正の波が押し寄せる以前の1960年や1970年においてさえ，表中の国々の間で離婚率に既に相当な格差があったことを認識しておくことが重要である．スウェーデンやデンマークといったスカンディナヴィア諸国の離婚率は最も高く，スイスやオーストリア，ドイツ連邦共和国といったドイツ語圏諸国がこれに続いていた．イタリアでは1970年まで離婚は禁止されており，ベルギーやオランダ，イングランド＆ウェールズの離婚率は最も低い値を示していた．

1960年代に各国の離婚率に格差があったのと並行して，離婚法の規定にも国によって相当な違いがあった．離婚法と離婚率との関係を検討するためには，「大規模な離婚法改正前のヨーロッパ全域で，離婚法と離婚率との間に何らかの関係が見出されるのかどうか」をまず問うてみるのが有益である．この問いは，その後の展開を議論する枠組をも与えてくれる．離婚事由は3つのタイプに区別でき，それら3つのタイプは，ヨーロッパの国々のある特定のグルーピングに対応している．各グループ内の国々の離婚ルールは均一ではないが，グループ間の相違の方がグループ内部の国々の相違よりずっと大きい．

別居という離婚事由

別居という離婚事由は，夫婦が一定の待機期間を別々に暮らした後でする離婚について規定している．1960年代において，別居を離婚の主要な法的要件として用いていたのは，とりわけスカンディナヴィア諸国であった．たとえばスウェーデンでは，長期にわたって施行されてきた1920年婚姻法典が3年間の事実上の別居を理由とする離婚を認めていた．これとは別に，法律上

の別居も可能であった．この場合，1年間の別居後であればいずれの配偶者からでも離婚の請求ができた (Trost, 1977)．この法律上の別居を経た離婚がスウェーデンで最も一般的な離婚の方法であり，1960年には離婚全体の81%を占めていた．法律上の別居という選択肢を選ぶことの魅力は，待機期間が事実上の別居の場合より短いことや，財産分与や子の監護といった離婚の法的影響を早期に確定できることにあった．さらに，8つある有責事由の1つが存在する場合にも離婚は可能であったが，この方法は稀にしかとられなかった．主として（法律上の）別居を理由に離婚に至る，という同様のパタンは，スカンディナヴィア諸国のどの国でも見受けられた．

強い有責事由

　強い有責事由による離婚を認める法制度の下では，夫婦の一方が不貞のような重大な婚姻関係上の非行を犯した場合，その相手方の非有責配偶者だけに離婚請求権が認められる．裁判において裁判官の前で相手方の有責性を立証することが必要であり，裁判所が有責であると判断するかどうかが，有責配偶者から生活費や扶養料を受ける権利の帰趨にとって決定的な重要性を持つ．有責配偶者は自分の方から離婚を請求できないが，将来の所得の一部を分与する約束をするなどの交渉手段を用いて，非有責配偶者が離婚請求に同意するように仕向けることができる．それどころか現実には，有責行為の事実さえなくても，デッチアゲの非行を夫婦の一方が自白するという合意を両者が結べば，離婚はいつでもできた．これはオランダで「大ウソ離婚」と呼ばれている戦略である (Kooy, 1977)．有責主義離婚法制で重要な点は，こうした同意や協力がなければ，非有責配偶者は自らの意思に反して離婚させられることがない，ということにある．しかし，有責配偶者は，ただ相手方配偶者に耐え難いふるまいをするだけで，「擬制の同意」をするように仕向けることもできたであろう (Weiss and Willis, 1993)．

　1960年代には，たとえばフランス，イングランド&ウェールズ，スコットランド，オランダ，ベルギーでは，強い有責主義離婚が離婚手続の中心を占めていた (Chester, 1977)．相互の意思の合致を理由とする離婚を明示的に認める国は，ほとんどなかった．なぜなら，それを認めると，有責行為とその法的効果が潜脱されるからであった．もっとも，ベルギー民法には例外があ

った．しかし，その場合でさえ，離婚手続には時間と費用がかかり，何回もの出廷を余儀なくされ，利用資格は限定されていた．

弱い有責事由

　弱い有責事由は，有責事由の定めがかなり無制約で非特定的であるという特徴を持っている．そこには，どちらかと言えばとるに足らない行為に至るまで，広範な立証可能な婚姻関係上の非行が柔軟に含まれうる．これは，重大な有責行為がなくても，必要とされる立証の程度および裁判所の解釈・実務の厳格さによっては，一方当事者は自らの意思に反して離婚させられることがありうることを意味している．

　1960年代のドイツ語圏諸国では，伝統的な婚姻関係上の非行と並んで，多種多様な有責事由が認められていた．たとえば，オーストリアでは，「その他重大な婚姻関係上の非行」を理由に離婚することができたが，そこにはさまざまな有責行為の「おそれ」も含まれた（Haller, 1977）．旧西ドイツと同様に，重大な婚姻関係上の非行という広汎な事由によって離婚が認められたのである（Kunzel, 1977）．スイスでは，複雑多様な原因によって，回復不可能な婚姻関係の破綻が起これば，何であれ離婚ができた（Kellerhals, Perrin, and Voneche, 1977）．これら3ヶ国においては，この弱い有責事由が最もよく用いられた．1960年では，オーストリアで90％，スイスで70％，西ドイツで87％の離婚がこれであった．これら3ヶ国では，3年間の別居を理由とする離婚も可能であった．しかし，弱い有責事由による離婚より時間がかかり，またスカンディナヴィア諸国とは異なって，別居を理由とする離婚請求は，非有責配偶者が離婚に反対すれば棄却されてしまうおそれがあったため，あまり用いられなかった．

3．離婚法制度と離婚率との対応関係

　1960年代，離婚法制の類型と離婚率との間に大まかな対応関係があったことは明らかである．概して言えば，同意がなくとも別居を理由として離婚できるスカンディナヴィア諸国では離婚率は最も高い傾向にあり，弱い有責事由による離婚が普及しているドイツ語圏諸国がこれに続き，強い有責事由をとる国々では離婚率は最低であった．この順位は，法制度の間の重要な違い，

つまり，夫婦の1人が一方的に婚姻関係を解消できる容易さの順位と一致している．ある国で，結婚生活に不満な夫（または妻）が法的に婚姻関係を終了させることが容易であればあるほど，（他の条件が同じであれば）それだけ離婚率も高くなると予想できそうである．おそらく，離婚が最も容易にできるのは，有責性を問わずに別居だけで離婚を認めるルールの下においてであろう．もし裁判で有責行為を立証しなければならないとすれば，主張可能な有責行為の範囲が広く，訴訟上の立証責任の程度が緩やかな場合に，結婚生活に不満な非有責配偶者が一方的に離婚を請求することは最も容易になる．

しかし，離婚法制度と離婚率との間のこうした対応関係はかなり図式的なものであり，実際にはこうした分類が示すほど単純なものでもないことに注意しなければならない．たとえばスカンディナヴィア諸国の場合，1960年の総離婚率は，デンマークの0.19という最高値からノルウェーの0.09までさまざまであった．実際，ノルウェーの離婚の多くは，デンマークより6ヶ月短い，1年間（双方の同意がある場合）または2年間（同意がない場合）の法律上の別居という待機期間の後であれば認められたにもかかわらず，ノルウェーの離婚率は（強い有責事由をとる）フランスと同じ低さだったのである．

また，一定の厳格な条件があれば，離婚率は理論上，離婚事由とは無関係になるという議論があることにも留意しなければならない．この結論は，コースの定理の適用から導かれる (Coase, 1960)．コースの定理によれば，情報が完全であり，かつ取引費用がゼロであれば，有責・非有責のどちらの配偶者が婚姻関係を解消する法的権利をもっているかは問題ではない (Peters, 1986)．離婚が起こるのは，離婚をすることが効率的なとき，すなわち，両者が夫婦でいることの総価値が，離婚後に各人が得る機会の価値の合計を下回ったときだけである．もし離婚をすることが非効率であれば，たとえ非有責配偶者が一方的に離婚を請求できる法制度であったとしても，夫婦は婚姻関係上の利得について私的に交渉することを通じて，相手が婚姻関係にとどまるように互いに仕向けあうことができる．しかし，このようにコースの定理が適用できるのは，特別な場合だけである (Clark, 1999, Allen, 1998)．一般的に，コースの定理の条件が緩和されれば，上記の結論は成り立たなくなる．たとえば，夫婦が結婚生活の中でどれだけ婚姻に投資するかについて，法制度が影響を与えるならば，その限度で，法制度は結婚生活の平均的な質や，

離婚の発生率に影響を与えるであろう（Rowthorn, 1999）．

　法制度と各国に共通する国別離婚率のパタンとの間の「相関関係」が，両者の「因果関係」を明らかにしているとは考えない人々もいる．彼らに対しては，両者の結びつきを，法制度とは別の要因から説明することが必要である．その1つの方法は，各国の離婚事由と離婚率との双方が別の要因によって共通に規定されていると説明することである．そのような別要因としては，次の2つが考えられる．すなわち，宗教の影響と，女性の経済的地位である．

国による宗教の影響の相違

　1国の宗教の歴史は，当然のことながら，その国の離婚法の発展を規定する．最近の例としては，アイルランド共和国があげられる．同国では強固なカソリックの独占状態があり，そのために1996年家族（離婚）法ではじめて離婚が導入された．同法は，国民投票で，離婚の禁止を緩和する案が僅差で採択されたことを受けて制定されたものである．[2] 実際，カソリックはこれまで，プロテスタントよりはるかに厳格に，離婚に対して否定的な立場を堅持してきており，このことがカソリックの夫婦の離婚に対する心理的コストを増大させる要因となってきた．カソリックはまた，ヨーロッパのプロテスタント諸宗派と比べて，信者の宗教活動への参加をはるかに高いレヴェルで維持することに成功してきた．とりわけ，教会での礼拝に定期的に参加する人が極端に少ないスカンディナヴィア諸国のルター派国教会と比べればそうである（Smith, Sawkins, and Seaman, 1998）．したがって，宗教の影響が，厳格な離婚法と低い離婚率とをもたらしていると予測されるのは，とりわけカソリックの国々なのである．よって，この理論によれば，離婚法とその結果としての離婚率との間に相関関係がみられるのは，何よりもそこに因果関係があるからではなく，宗教という両者に共通する影響要因が反映されているからだ，ということになる．[3] キャッスルとフラッド（Castles and Flood, 1991）は，離婚法の自由化を決定づけた要因に関して，いくつかの統計的検定を行った．検定の結果によれば，1960年代，離婚の自由化の動向に関する最も強い予測変数として働いていたのは，カソリック教会に加入していた信者の人口率である．しかし，キャッスルとフラッドは，離婚の発生率の格差と法制度の厳しさとの双方がともに宗教的信念によって規定されているのかどうかは，検

定していない．

国による女性の経済的地位の相違

　離婚法の厳しさが国によって異なっていることは，離婚が女性に与える経済的影響によっても説明できるかもしれない．ベッカーとマーフィー (Becker and Murphy, 1988) によれば，離婚法は歴史的にみるならば，専業主婦が自らの意思に反して離婚されないように，国家が保護を与えるために行った婚姻関係への介入として特徴づけられる．通常，母親は子の監護権を有するから，母親を保護することは，母親に監護される子の生活を保護することでもある．こう考えると，離婚法の厳格さは，離婚に伴う経済的負担と関係している．より厳格な離婚事由が要求されると予測される国々としては，家族の規模が大きい国，国家による社会福祉的なセーフティ・ネットが限られている国，別れた夫から扶養料を強制的に取り立てるメカニズムが弱い国，女性が就労する機会がほとんどない国，などが考えられる．こうした国々では，既婚女性とその子どもたちは，離婚に至った場合，経済的に著しく脆弱な立場に置かれてしまう．とりわけ，再婚市場における価値（再婚の可能性）が加齢とともに急速に減少してゆく中高年の女性の場合はそうである．

　離婚率の格差はまた，離婚に伴う女性への経済的コストの違いを反映しているとも考えられる．ある国で，雇用収入のある既婚女性の割合が高いとすれば，典型的な結婚，すなわち専業主婦であることの価値が相対的に低くなることや，女性が経済面で相対的に自立していることを反映して，婚姻関係の破綻率は高くなる (Ermisch, 1993)．実際，多くの伝統的文化において，女性の経済的自立と離婚率との相関関係を目の当たりにすることができる．妻が経済的にかなり自立している社会では離婚率が高いことについて，フィッシャー (Fisher, 1992) がいくつかの実例をあげている．離婚が妻にとって経済的に実行可能なものであれば，彼女らは法規定を活用して婚姻関係を解消するのである．

　このように，離婚率のパタンと離婚法制度の厳しさとはともに，離婚が女性とその子どもたちに与える経済的コストという点から説明できる．そうであれば，この仮説から予想できるのは，スウェーデン（イタリア）のように，既婚女性の就労率が比較的高い（低い）ことは，離婚をする法的ハードルが

低い（高い）ことや，婚姻関係が破綻する割合が高い（低い）ことと相関しているだろう，ということである．しかし，因果関係の向きが，労働市場から離婚法への一方向ではないかもしれないことに注意してほしい．つまり，既婚女性が夫に離婚される高いリスクからわが身を守るために就労する場合のように，離婚のしやすさから有給就労率への正のフィードバック，すなわち，離婚法が労働市場を規定するという逆方向の因果関係もありそうである．さらに，キャッスル（Castle, 1994）が主張するように，既婚女性の雇用そのものが，家族内の性的分業に対する伝統的な宗教的態度の強さに規定されている面もある．それゆえに，宗教もなお根本的な説明変数であり続けている．

要するに，本格的な統計的検定を行わない限り，離婚法改革以前についてさえ，ヨーロッパ全体で離婚法が離婚率にどの程度独立の影響を与えていたのかを判断することは難しい．もしかすると，離婚法と離婚率という2つの変数はともに，宗教または労働市場という別要因によって説明されるかもしれない．

4. 離婚法の改革

1960年代末に始まった広範囲かつ寛容な離婚法改革の波は，離婚に踏み切ることをかなり容易にすることによって，多くのヨーロッパ諸国の婚姻関係を変容させた．その要点は，以下の通りである．

スカンディナヴィア諸国

すべての法改革の中で最もラディカルだったのは，スウェーデンの1973年法であった．同法は，従来の有責事由と別居との混合制度を廃止して，有責性も，離婚事由も，同意も，法律上の別居も，長期の事実上の待機期間も要さずに，ただ一方的に離婚できる法制度を創設した．唯一の例外が生ずるのは，相手方が離婚請求に反対した場合か，16歳以下の扶養を要する子がいる場合である．これらの場合には，夫婦が既に少なくとも2年間別居していない限り，6ヶ月間の（再）熟慮期間を置かなければならない．フィンランドでも，1987年に同様の法改正が実現した（Bradley, 1998）[4]．

ドイツ語圏諸国

ドイツ語圏諸国では，(弱い) 有責事由による離婚制度から別居による離婚制度への移行が起こった．1976年の西ドイツの法改正は，有責主義をやめ，1年間（相互の同意あり）または3年間（同意なし）の別居を理由として離婚できるものとした(5)．同様に，オーストリアでは1978年に，少なくとも6ヶ月の別居があれば相互の同意によって離婚できる制度が創設された（6年間の別居があれば，一方的に離婚を請求することもできるようになった）．従来の有責事由も残されたが，1992年までのオーストリアにおける離婚のうち，約90%が6ヶ月の別居による離婚の規定を利用したものであった（Simotta, 1995）．

その他の西ヨーロッパ諸国

　1960年代に強い有責事由を採用していた国々のうちで，最もラディカルな離婚の自由化が起こったのは，オランダである．1971年の新法の下では，離婚事由は切り詰められ，婚姻関係が永久的に破綻し，かつ，6ヶ月間の待機期間を経れば，離婚できるようになった（Vlaardingerbroek, 1995）．

　フランスでは，1975年離婚改革法が相互の同意による離婚の制度を導入したが，他方で有責事由も「婚姻生活の継続を耐え難いものにする行為」という弱められた形で存続させられた．6年間の別居後であれば一方的な離婚も認められたが，6年間も待つとなると規定として魅力のないものになることは避けられず，その利用も離婚全体の1%未満にとどまっている．ベルギーでは，改革の内容ははるかに不寛容なものであった．1975年の初めに新たな離婚事由が追加されたが，それは10年間（!）の別居によって離婚を認めるもので，有責行為の有無はなお扶養料に影響を与えた．ただし，1982年に別居期間は5年間に短縮された．

　イングランド&ウェールズの場合は，1971年に離婚改革法が施行された．同法は，なお不貞や遺棄といった伝統的な事由による離婚を認めながらも，別居という離婚事由や，「不当なふるまい」という弱い離婚事由を導入した．その後，離婚請求を処理する特別の手続が創設され，裁判所が離婚事由の有無を審理することはなくなり，代わって行政庁が離婚請求を書面で処理するようになり，(弱い) 離婚事由によって迅速に離婚できるようになった．

南ヨーロッパ諸国

　南ヨーロッパのカソリック3国にも，長期の別居を理由とする離婚を認める離婚法が，最初にイタリア（1970年），次いでポルトガル（カソリックの夫婦の離婚，1975年），最後にスペイン（1981年）に導入された．イタリアの場合，法律上の別居はずっと以前から可能であったが，離婚は1970年末にはじめて法律上可能になった．それは主として，有責事由に基づいた5年間の法律上の別居を理由とする離婚であった（相互の同意がなければ6年間，離婚請求者が有責配偶者であれば7年間の別居が必要であった）．1975年に有責事由という要件は廃止され，1987年には最低別居期間が3年間に短縮された（Ceschini, 1995）．もっとも，法律上の別居とその後の離婚請求とは，いずれも別々に出廷が必要とされるため，時間的にも金銭的にもなお比較的コストのかかる手続であることに注意して欲しい．それでも多くの離婚請求者が法律上の別居を経た離婚に固執することを選ぶのは，この手続が，相続財産を含めて配偶者の権利の多くを保護しているからである．

5. 離婚の自由化とその爆発的急増

　離婚自由化後に，すべての国において離婚率は上昇しており，ハスキー（Hasky, 1992）をはじめとする研究者は，両者の間に直接的な因果関係があると主張した．表12-1をみて検討すると，その考えも正しいかのように思えてくる．スウェーデンとオランダでは，1970年から1975年までの5年間で総離婚率は2倍になっているが，どちらの国も最もラディカルな離婚法改革を導入している．イングランド＆ウェールズでも，自由化後に離婚は相当に増加した．しかし，こう考えるのは一面的である．たとえば，ドイツの総離婚率をみると，1976年の法改正で有責事由を別居に置き換えたにもかかわらず，1975年と1980年とを比較しても，その率は安定している．

　1960年代に明らかであった各地域の総離婚率の格差パタンは，1990年まで大きく変わることなく維持された．スカンディナヴィア諸国では，待機期間が必要な場合でも非常に短く，その後に離婚が可能であったが，総離婚率はいずれも40％から50％の間になっている．イングランド＆ウェールズは，弱い離婚事由を維持しているにもかかわらず，順位としてはスカンディナヴィア諸国に次いでいる．これはおそらく，行政的「即決」離婚が比較的利用し

やすいことを反映しているのであろう．残りの西ヨーロッパ諸国では，離婚率は1995年で32％から38％の間である．興味深いことに，フランスやベルギーでは，裁判における有責行為の立証が離婚にあたってなお重要であるにもかかわらず，1990年代における両国の離婚率は，有責主義を廃止したオランダや旧西ドイツほど低くない．離婚がなお比較的稀なままであるのは，南ヨーロッパである．

グッド（Goode, 1993）のように，法的環境の変化が果たす役割を，かなり懐疑的にみる論者もいる．おそらくスイスがその最もよい例であろう．スイスでは，他の諸国で離婚の自由化が進んでいた時期に（弱い）有責事由の規定を変更しなかったが，それでも大幅に改革が行われていた諸国と歩調を合わせるようにして，離婚率が上昇したのである（Graham-Siegenthaler, 1995）．

しかし，法的環境が離婚のタイミングに影響を及ぼすことを否定する者はいない．新規立法がなされると，長期にわたって事実上破綻していた結婚の山が法的にも止めを刺されるきっかけとなって，離婚率が一時的に急増するのはよくあることである．たとえばベルギーでは，年間の総離婚件数は1994年には22,026件であったのが，1995年には34,995件へと目を見張るほど増加した（但し，1997年にはやや減少して26,800件となった）．離婚件数のこの大幅な急増は，新規立法がなされ，相互の同意という離婚事由を用いる条件を２年間の別居へと単純化したことを反映していた．

重要な問題は，法制度改革が離婚件数に，あるいは，より根本的には現実の婚姻関係の破綻の起こりやすさに，何らかの永続的な影響を与えるのかどうかである．ヨーロッパ諸国の時系列的データを用いた計量経済学的研究はほとんどない．オランダについてファン・ポッペルとデ・ビア（van Poppel and de Beer, 1993）が行った研究や，イギリスについてスミス（Smith, 1997）が行った研究は，法制度が永続的な影響を与える証拠を見つけ出そうと苦心している．しかし，ローソン（Rowthorn, 1999）が強調するように，離婚法改革が婚姻関係の破綻に対して与える非常に長期的かつ広範な影響といったものを，そもそも統計学的な研究によって把握することは難しい．

アメリカ合衆国については，法制度の影響の証拠がヨーロッパと比べてはるかに広汎に調査されており，大部分の研究は法制度改革に一定の役割を認めている．したがって，アメリカ合衆国において有責主義や相互の合意から

一方的な離婚請求へと法制度が移行したことが離婚の起こりやすさにはまったく影響を与えていないとするグレイの研究（Gray, 1998）などは近年の例外的な研究であると言える．反対に，フリードバーグ（Friedberg, 1998）は，法制度が離婚率に与える影響は大きいものではないが，統計的には有意であると報告している．彼女は，1968年から1988年までの間にアメリカ合衆国の離婚率が17％上昇したことは，一方的な離婚手続への移行によって説明できると推定している．このパーセンテージはとるに足らないものとは言えないが，離婚率の上昇の大部分は，法制度とは別の要因によっても説明しようとすればできるように見える．

さらに，因果関係も法制度から離婚率へという一方向的なものではないかもしれない．離婚率の動向自体が，法改正に強い刺激を与えることもありうる．すなわち，離婚率から法制度への因果関係である．このことが最も明らかなのは，イングランド＆ウェールズの場合である．イングランド＆ウェールズでは1971年に離婚改革法が施行されたが，これは，それまでの10年間に総離婚率が倍増したことを受けていた．アメリカ合衆国についても，ある州が一方的な離婚制度を採用したかどうか，また，離婚事由がどのくらい厳しく規定されたかに関しては，それに先立つ各州の離婚率の変動が合理的な予測変数になっていることを，ピータース（Peters, 1992）とフリードバーグ（Friedberg, 1998）とがともに見出している．離婚行動の変化が法制度改革を惹き起こすことがあるとすれば，それはいくつかの経路をたどる場合が考えられる．

第一に，離婚率の急増は，裁判所において婚姻関係の破綻理由を精査し，有責行為を理由としてサンクションを科そうと真剣に試みているあらゆる法システムに重い負担を課すことになる．もし，裁判手続が処理能力の限界に直面するならば，未済件数がたちまち累積し，過剰な負担にあえぐ法曹から法的・手続的な改革の要求が持ち出されるのは当然である．

第二に，国家が低所得者層を財政的に援助する法律扶助のスキームを通じて離婚を援助すれば，その限りで離婚請求は増大し，国庫に甚大な財政的負担がかかることになる．政府には，離婚を行政手続へと変容させて，裁判にかかる時間や法律扶助を減らそうとする強いインセンティヴが生じる．たとえば，フランスでは現在，離婚手続を裁判ではなく行政手続に置き換えるこ

とで，離婚における裁判所の役割を減らそうという立法提案が検討されている．

　第三に，離婚の要求の増大が，経済的に自立した女性の増加や，宗教の影響力の弱体化を反映している限り離婚法の自由化は，社会的にはより効率的に，政治的にはより実現可能になる．アレン（Allen, 1998）によれば，カナダの場合，1950年代から1960年代にかけて女性の就労が予想もしなかったほど増加したために，結婚から得られる利得は減少し，かなりの数の結婚が非効率なものとなった．（強い）有責事由を認める離婚法の下では，こうした非効率な婚姻関係であっても，深刻な婚姻関係上の非行を立証しなければ法的に解消できなかったため，婚姻関係上の非行を犯していない多くの夫婦は，そうした証拠を捏造しなければ婚姻関係の桎梏から逃れられないと考えた．こうした要因は当然，法改正を要求する動機となった．もし，有責主義離婚法制の下における非効率な結婚がもたらす社会的費用が，よりリベラルな法体制の下で非効率な離婚がもたらすと予想される社会的費用を上回るならば，法改正によって社会的損失は最小化されるであろう．

　法制度改革を惹き起こしたものが，法システムの処理能力の限界であれ，公金の支出に対する制約であれ，非効率な婚姻関係の累積数であれ，これらはすべて婚姻関係の破綻の急増によって生じた問題である．言い換えれば，法制度改革は何よりも，経済的・社会的発展を惹き起こしたのではなく，むしろ経済的・社会的発展を制定法に反映させ，規整するという機能を営んだ．このように，ヨーロッパ各国で時を同じくして離婚手続を簡素化する傾向が見られたことは，各国に共通する強い圧力が作用した結果，より厳格なこれまでの離婚法が存続できなくなったことを意味している．たとえこれまで厳格な離婚法が維持されてきたとしても，果たしてそれが婚姻関係の維持に対して大きな影響力を持ってきたのかどうかは疑わしい．エイジェル（Agell, 1992）の主張するように，離婚事由を制限することは，婚姻関係の破綻を回避するには効率的な手段ではない．離婚の趨勢が社会-経済的な要因を反映している限り，離婚法の厳しさは，現実の婚姻関係の破綻に対してほんの僅かな影響力しか持ちえない．

6. 離婚の経済的影響

離婚の増加の原因が何であれ,それが離婚後の家族,特に残された母親たちの生活水準にもたらす影響は,社会政策の立案者らの多大な関心を集めてきた(OECD, 1990).再婚しなかった母親とその子どもたちが利用できる財産はヨーロッパ各国で異なっているが,それは主として,財産分与のルール,子どもに対する扶養料,就労の機会,政府の福祉政策に規定されている.体系的な国家間比較を行えるだけの十分なデータはないが,いくつかの質的な特徴を手短かに指摘することはできる.

財産分与のルール

離婚時の財産分与のあり方は,扶養料の果たす役割,「分与されるべき財産」という法律上の定義に含まれる財産の範囲,分与の根拠などの相異に応じて,ヨーロッパ各国で異なっている.同時に,固定的ルールを用いるか,裁判官が裁量権を行使するか,衡平(エクイティ)や平等性にどのくらい比重を置くか,といった点でも異なっている.

イングランド&ウェールズなどコモン・ローの法システムのほとんどでは,夫婦間で財産分与の合意に至らなかった場合,裁判官が裁量によって夫婦財産の衡平な分割を決定する.実際には,「必要性の原則」が決定的に重要な規準である[6].これはほとんどのヨーロッパ諸国の民法典とは対照的である.後者では,夫婦財産は平等の分割という固定的ルールに従って分与され,夫婦各々の金銭的な寄与度が大きく異なっている場合でも,結婚とは平等な経済的共同関係であると位置づけられている.ただし,分与されうる財産の範囲に関しては,法システム間で違いがある.北欧諸国では,財産を離婚後に延長して共有するシステムがとられている.このシステムの下では,夫婦は婚姻中は財産を各自個別に運用・管理するが,婚姻関係を解消した時点で,全財産が一般的な共有の状態に置かれる.これに対して,ドイツのシステムでは,婚姻中に夫婦財産が増加した場合,その分が,夫婦の共有となる(Rheinstein and Glendon, 1980).このシステムでは,各自が婚姻中に取得した財産を金銭的に評価したとき,自己の財産の増加分 $[\varDelta p1]$ が相手方のそれ $[\varDelta p2]$ より少ない者も,各自の財産的価値の増加分の差額の2分の1 $[1/2\times(\varDelta p2-\varDelta p1)]$ を相手方から分与される資格をもつ(各自の持分は $1/2\times(\varDelta p1+\varDelta p2)$ となる).ドイツはまた,1977年以来,夫婦財産の定義に年金を含

めていることでも知られている（Voegeli and Willenbacher, 1992）．

　こうした財産分与の固定的ルールは，ルールが生み出す結果が不公平であるという批判を受けやすい．たとえば，財産を平等に分割するという方法は，将来に生じうる必要性を考慮に入れていないため，裁量による財産分与システムと比較すると，子どもを監護している親や中高年の主婦に不利な結果を生み出すおそれがある．不公平を生み出すおそれのある別の例としては，「離婚太り」の不公平がある．つまり，比較的に短い結婚生活の後でも離婚を請求でき，その結果，相手が金持ちならその財産上に自分の持分を得て，かなりの経済的利益を獲得してしまえるのである(7)．

　フランスは，固定的ルールと裁量との混合システムをとっている．つまり，婚姻中に形成された夫婦財産（共有の取得財産）は平等に分割されるが，夫婦の離婚後のニーズや資源に大きな不均衡が生じる場合，裁判官は一時払いまたは定期的な所得移転という形で補償金を支払うように夫に命ずることができる（Boigeol, Commaille, and Roussel, 1997）．これはとりわけ，妻や子どもたちが経済的に困窮した状態に直面する場合に命じられる．しかし，ほとんどの国では，経済的に弱い立場にある妻への扶養料支払いは非常に限られた役割しか果たしていない．というのも，夫婦関係をきっぱりと解消し，経済的にしっかりと自立することが，次第に強調されるようになってきたからである．フランスの場合でさえ，妻への生活費の支払いは強制されないし，そもそも支払いが命じられることが稀であるし，しかも通常は非常に少額になる傾向がある(8)．とりわけ夫の収入が少ないときにはそうである．このことが特に問題となるのは，手に職がなくて労働市場への結びつきが弱く，離婚時に分与の対象となる財産がほとんどない，中高年の専業主婦の場合である．

　財産分与の場合と同様に，離婚後の子の扶養・養育の制度も，私的な取決，裁判官の裁量，および金銭支払いの固定的ルールが果たす役割などの相異に応じて多様である．経験から言えば，裁判官の裁量に委ねる方法をとると，子を養育する真のコストが過小評価されるか，あるいは，扶養料支払いが不規則であまり強制されないか，いずれかが起きる限りで，支払いが過小になるおそれがある．その結果，子どもの扶養・養育の負担は国の社会保障給付によって担われることになった．ベルギー，デンマーク，フランス，ドイツ，イギリスといったヨーロッパ諸国は児童扶養料徴収局を設立し，扶養料を納

めない父親から確実に扶養料を取り立てるに至った．この最善のシステムの下では，父親が扶養料の支払いを怠った場合，自動的に扶養料が給料から天引きされるという効率的な徴収システムが機能している．たとえばスウェーデンでは，もし扶養料支払いの懈怠が生ずると，政府は補償として扶養料分を監護権者に支給し，監護権のない側の親からその支給額を徴収する（Glendon, 1987）．

労働市場との接触と就業の機会

就労者の主な収入は労働市場から得られるのが通常である．母親，特に離婚した母親の就労の機会が国によって異なることは，何よりも仕事と家庭とを両立させる機会が異なっていることを反映している．ヨーロッパ内部には，就労している母親のパーセンテージにかなりの格差がある．統計によれば，1988年において最年少の子どもが7歳から15歳までの間である女性の就労率は，イタリアでは44％，オランダでは41％，ベルギーでは53％，ドイツ連邦共和国では50％，フランスでは67％，イギリスでは70％，デンマークでは85％，スウェーデンでは88％である（Joshi and Davies, 1992）．

有給の産休や公的な託児所の供給量は，各国の母親の就労率の格差を説明する主な要因の1つである[9]．たとえば，スウェーデンという例外的に柔軟なケースをみると，親は子ども1人につき450日を限度として有給の産休をとることができ，そのうちの360日は給料の90％，それ以降は90％より低い割合の給料を得ることができる（Meisaari-Polsa, 1997）．長期の産休で仕事を離れたくない母親は，7,300箇所以上ある公営の全日制の託児所を利用できる．

同様に，就学期の子どもの保育についてみても，スウェーデンは，学童保育所，保母制度，放課後託児センターなど種々の託児施設への手厚い公的補助がなされていることでよく知られている．さらに，親は12歳以下の子どもの世話を家にいてするために，子ども1人当たり年間で60日の有給の育児休暇を取ることができる．それに加え，病気になった子どもの面倒を見るための有給休暇も取ることができる．この結果，スウェーデンでは，扶養を要する子どもがいるという事情は母親の総就労率に対してほとんど影響を与えていない．確かに，このことはスウェーデンの比較的高い婚姻解消率の一因となっているかもしれないが，産休や育児の保護がこれほどなされていない場

合に比べれば，離婚のもたらす経済的悪影響はさして問題とはならない．実際，スウェーデンでは，婚姻関係の破綻は当事者にネガティヴな心理的影響を与えるおそれがあるものの，もはや深刻な社会的問題であるとはみなされていない（Bradley, 1998）．

これとは反対に，母親の就労の機会が相対的に乏しく，公的補助を受ける託児制度が非常に貧弱な場合には，婚姻解消率は低くなるであろうが，離婚によって深刻な経済的悪影響が生じるであろうと予測できる．たとえばイタリアでは，離婚や別居はヨーロッパの水準からみるとまだ比較的稀なことではあるが，託児制度を利用できる雇用先を見つけることが非常に難しいことを考えれば，離婚後の親が被る経済的悪影響は深刻であろう（Chesnais, 1996）．

イギリスについては，婚姻解消によって夫の平均的実質所得はあまり変わらないものの，女性や子どもたちのそれは相当減少する，という従来の知見を，ジャーヴィスとジェンキンス（Jarvis and Jenkins, 1999）の最近の経時的（縦断的）研究が再確認している．[10] 特に，離婚または別居をした母親は生活保護給付金に依存する傾向があり，元夫からの生活費・扶養料はほとんど受け取ることができず，就労率はどちらかと言えば低い場合が多い．実際，多くの母親は有給労働からは大した収入を得ていない．就労によって生活保護が減額される上に，託児所の費用も母親が負担しなければならなくなるからである．

ドイツ連邦共和国は，西ヨーロッパの水準から言えば離婚率が比較的低いが，同国で離婚によって女性が被る経済的損失は，離婚大国であるアメリカ合衆国におけるそれを上回るものではないとしても，同じくらい甚大である（Burkhauser et al., 1990）．ドイツでは「夫は外で稼ぎ，妻は家を守る」という伝統的な家庭内の役割分担が依然として支配的であることを考えれば，このことはおそらく驚くにはあたらない．さらに，公的保育の主要な形態である幼稚園を利用できるのは，3歳以上で就学期前の子どものみで，しかも午前中だけのことである（Federkeil, 1997）．また，ドイツでは学校の授業が1日4時間から5時間しかないため，就学期以上の子どもをもつ母親はパートタイム労働を行うことさえ制約されている．とりわけ，昼食時に学校が閉鎖され，放課後の学童保育施設もないのであるから，これは深刻な問題である．

反対に，フランスには，幼児保育の広範なネットワークが存在し，保育園や公的補助の対象となる保母制度を提供している．3歳から6歳までのほぼ全ての子どもたちが保育園に通っているが，そこでは学校の授業時間帯より前および後の時間帯の学童保育をも提供している．就学期の子どもに対しては，学校の授業が1日8時間あり，このためもあってフランスの母親の就労率は比較的高くなっている（Muller-Escoda and Vogt, 1997）．

評価

　高い離婚率が最大の問題となるのは，イギリスのように，離婚後の親子が平均して被る経済的損失が大きい場合である．これは，離婚によって起こりうる経済的悪影響が就労の機会や国家政策によって緩和されているために，結果的に婚姻解消率が高くなっている国々とはまさに対照的である．たとえば，スウェーデンでは，離婚後に残されたひとり親家庭が貧困状態に陥ることは稀である．スウェーデンでは，平均世帯収入の半分未満の収入で生活しているひとり親世帯の子どもは，5％にすぎない．これに対して，イギリスやドイツにおいては同様の状況の子どもは20％から30％もいるのである（Chesnais, 1996）．

　重要だが無視されているポイントが1つある．それは，多くの国々では離婚後のひとり親が長期にわたって経済的コストの負担を余儀なくされるにもかかわらず，主に不満な婚姻関係から逃げ出したいと願う妻の自発的な意思によって，離婚件数の増加が惹き起こされているという事実である．明示の合意による離婚や別居を理由とする離婚が増加したため，この点を立証することが難しくなっていることは確かである．とりわけ，1970年代の離婚法改革以降はそうである．しかし，ドイツ連邦共和国で，妻からの離婚請求の割合が，1950年には52％であったのが，1972年には71％に増加しているという事実は，離婚が妻の側の自発的意思によることを示唆している（Kunzel, 1977）．同様に，イングランド＆ウェールズでは，妻から提起された離婚訴訟の割合が，1959年には55％であったのが，1976年には69％に増加している．グッド（Goode, 1993）は，夫婦のどちらから離婚請求がなされたのかが，婚姻関係に不満を抱えているのがいずれかを判断する適切な指標となるかどうか疑わしいとする．しかし，上記の傾向が示唆しているのは，離婚から得ら

れる利益が増大しているのは，とりわけ妻の側だということである．実際，離婚をした女性は，離婚によって経済状況が悪化したとしてもなお，ひどい婚姻関係から逃れられた幸せや満足感から，自分は離婚前より幸せになったと感じることはあるだろう．もっとも，同じ議論が，離婚した母親に扶養されている子どもについてもあてはまるかどうかは，必ずしも明らかではない．

7. 結論

　ヨーロッパ諸国をみると，離婚率と離婚法の変遷は，国ごとに著しく異なっている．たしかに，法制度改革は人々の行動パタンの変化を反映してもいるし，それを規定してもいる．しかし，ほとんどのヨーロッパ諸国において見られる離婚法の相当程度の自由化が，1960年代後半以降における離婚率上昇の主要な原因であると科学的に断定することは難しい．実際には，離婚法の厳格さと離婚率のレヴェルとの双方が，宗教の影響や，婚姻関係の解消に伴う女性や子どもの経済的損失に，共通して規定されているだけなのかもしれない．これらの仮説のうち，いずれが正しいのかを容易に識別できるようになるためには，ヨーロッパ諸国全般のパネル・データを用いた厳密な経験科学的研究が必要である．

　離婚事由に関する法規定の歴史的変遷の方向性をみると，破綻主義的な，別居を理由として婚姻関係を解消する方向へと進んでいる．有責主義に基づく離婚請求を処理する法システムにも，それを設営するための公的資金にも，ともに限界があることを考えると，大量の夫婦が離婚するこの時代に，離婚法のこの方向性が逆転することはなさそうだ．アメリカ合衆国のいくつかの州では婚姻契約が導入されているが，ヨーロッパではそれに匹敵するイニシアティヴがないことは確かである．ヨーロッパにおける傾向を言えば，離婚を阻止するために法制度を利用するのではなく，むしろ離婚のもたらす社会的，経済的コストを最小化する方策に焦点が当てられている．たとえば，多くの国々における家族政策イニシアティヴは，子の扶養料の父親からの強制的な取立て，離婚時の財産分与，子の保育所・託児施設への公的補助金の支給などに関わっている．皮肉なことに，離婚のコストを効果的に引き下げると離婚の確率は高まるのであり，その限りで，女性や子どもを離婚の悪影響から保護することは，かえって，婚姻を解消するインセンティヴを補強して

しまう．婚姻制度を保障することと，婚姻関係の破綻の犠牲者を保護することとの間には，トレード・オフの関係が存在するように思われる．

* 有益なコメントと示唆を与えてくれた，トニィ・ドゥネスとボブ・ローソンに感謝したい．

(1) 総離婚率は，各年における，一定期間の婚姻ごとの離婚率を合算することによって得られる．いいかえれば，総離婚率とは，これらの一定期間の婚姻ごとの離婚率の全体が実現化したならば，婚姻生活が最終的には離婚で終わることになる夫婦の割合の推定値を表している．この推定値は，婚姻期間という点から婚姻人口の割合をコントロールしているため，離婚者数を婚姻者数で単純に割算したり，(もっとよくあるように) 離婚者数を総人口数で割算して求めた，粗い離婚率よりも [統計的に] 満足できる数値である．
(2) アイルランド法における離婚事由は，離婚前の5年間のうち4年間別居していることである (Walls, 1997)．
(3) より一般的に言えば，離婚の発生率と離婚法との間に関連があるように見えるとしても，それは婚姻関係の解消に付随する道徳的・社会的スティグマの程度を反映しているだけなのかもしれない．つまり，離婚に対する道徳的非難が和らぐにつれて，離婚率も上昇し，離婚法も自由化された，ということである．しかし，道徳規範の変化自体が，宗教的信念の趨勢に規定されている面もある．ただし，非常に宗教的であるにもかかわらず離婚大国であるアメリカ合衆国の例が示すように，宗教以外の諸要素も重要ではある．
(4) デンマークではなお，有責事由に基づいて離婚することができる．しかし，多くの夫婦は，合意がある場合には6ヶ月間の法律上の別居の後，合意がない場合には1年間の法律上の別居の後で一方的な請求により，離婚をするという方法を選択する．ノルウェーでは，1993年初頭から新しい婚姻法が施行されている．同法は必要な法律上の別居期間を1年間に短縮したもので，その別居期間後に請求により離婚が可能である．
(5) 近年，ドイツ民法典（BGB1579条）が改正され，裁判官が裁量で扶養料を決定するにあたり，有責行為が考慮事項の1つとして再導入された．
(6) 2000年10月の *White v. White* 事件における上院の画期的な判決が，夫婦財産の分割（特に，夫婦としては裕福であるものの，一家の財産形成に対する寄与度が経済的価値という点からみると夫婦間で著しく不平等である場合）に用いられる規準を，根本的に変革した．同判決までは，夫が夫婦財産の形成に主要な責任を負担している場合には，彼が夫婦2人の財産の大部分を保

持し，妻は自らの合理的な必要を満たすのに十分なだけの財産を分与されるにとどまった．これに対して新たな判決が確立した規準は，夫婦の対等な財産分与をベースラインとし，そこからの逸脱は公正 (fairness) を理由としてのみ認められる．

たとえば，Cowan v. Cowan 事件の控訴法院判決は，1200万ポンド［約22億6800万円］の夫婦財産の62％を夫に分与したが，この平等ではない分割［夫婦の24％の差］は，夫の企業家としての並外れた才能，創意工夫，勤勉によって正当化された．

(7) 1987年スイス婚姻法典は，裁量の要素を導入することで，この問題を解決しようと試みている．すなわち，平等な財産分与が非合理ないし不公平な状態を生じさせる場合には，一方当事者が夫婦財産の2分の1以上を保持することを認めている (Bradley, 1990)．

(8) フランスの離婚に関する事例解説研究としては，Bastard and Cardia Voneche (1992) を参照せよ．

(9) もちろん，これ以外の要因も，母親の就職の可能性や機会に影響を与えている．子どものいない女性についてみても，ヨーロッパ各国の就労状況には，なおかなりの格差がある．スウェーデンやイタリアといった国々では，比較的大きい公的セクターが女性に就労の機会を提供してきた．イギリスやオランダでは，低給与のパートタイム・サービス業に就くことができ，そのことが母親と就労という2つの要求のバランスをとるのに役立ってきた．

(10) 彼らの研究は離婚後の収入の変化に焦点をあてているので，夫婦間の財産移転は，それが現在の収入に寄与した限度でのみ分析に含まれる．これは，財産移転が離婚後の資産に対して与える効果を無視している．実際，彼らの研究で報告された財産分与が男性と比べて女性に与える不利な経済的効果は，全財産を考慮に入れるならば，より小さいものになる．

《文献》

Agell, A (1992), "Grounds and Procedures Reviewed," in L.J. Weitzman, and M., Maclean (eds.), *Economic Consequences of Divorce: The International Perspective*, Oxford: Clarendon Press.

Allen, D.W. (1998), "No-fault Divorce in Canada: Its Cause and Effect," *Journal of Economic Behavior and Organization*, 37, 129-49.

Bastard, B. and Cardia Voneche, L. (1992), "Attitudes to Finance after Divorce in France," in L.J. Weitzman, and M. Maclean, (eds.), *Economic Consequences of Divorce: The International Perspective*, Oxford: Clarendon Press.

Becker, G.S. and K.M. Murphy (1988), "The Family and the State," *Journal of Law*

and Economics, 31, 1-18.
Boigeol, A., J. Commaille, and L. Roussel (1977), "France," in R. Chester(ed.), *Divorce in Europe*, Leiden: Netherlands Interuniversity Demographic Institute, Martinus Nijhoff Social Sciences Division.
Bradley, D. (1990), "Marriage, Family Property and Inheritance in Swedish Law," *International and Comparative Law Quarterly*, 39, 370-95.
―― (1998), "Politics, Culture and Family Law in Finland: Comparative Approaches to the Institution of Marriage," *International Journal of Law, Policy and the Family*, 12, 288-306.
Burkhauser, R.V., G.J. Duncan, R. Hauser, and R. Berntsen (1990), "Economic Burdens of Marital Disruptions: a Comparison of the United States and the Federal Republic of Germany," *Review of Income and Wealth*, 36, 319-33.
Castles, F.G. (1994), "On Religion and Public Policy: Does Catholicism Make a Difference?" *European Journal of Political Research*, 25, 19-40.
Castles, F.G. and M. Flood (1991), "Divorce, the Law and Social Context: Families of Nations and the Legal Dissolution of Marriage," *Acta Sociolocica*, 34, 279-97.
Ceschini, R. (1995), "International Marriage and Divorce Regulations and Recognition in Italy," *Family Law Quarterly*, 29, 567-75.
Chesnais, J.-C. (1996), "Fertility, Family, and Social Policy in Contemporary Western Europe," *Population and Development Review*, 22, 729-39.
Chester, R.(ed.) (1977), *Divorce in Europe*, Leiden: Netherlands Interuniversity Demographic Institute, Martinus Nijhoff Social Sciences Division.
Clark, S. (1999), "Law, Property and Marital Dissolution," *Economic Journal*, 109, C41-54.
Coase, R. (1960), "The Problem of Social Cost," *Journal of Law and Economics*, 3, 1-44.
Commaille, J., et al. (1983), "Le Divorce en Europe Occidentale: La Loi et le nombre," GIRD (International), CETEL (Geneve), INED (Paris).
Council of Europe (1998), *Recent Demographic Developments in Europe 1998*, Strasbourg: Council of Europe.
Ermisch, J. (1993), "Familia Oeconomica: A Survey of the Economics of the Family," *Scottish Journal of Political Economy*, 40, 353-74.
Federkeil, G. (1997), "The Federal Republic of Germany: Polarization of the Family Structure," in F.-X. Kaufmann, A. Kuijsten, H.-J. Schlze, and K.P. Strohmeier, (eds.), *Family Life and Family Policies in Europe: Volume 1*, Oxford: Clarendon Press.

Fisher, H.E. (1992), *Anatomy of Love*, New York: W.W. Norton.

Friedberg, L. (1998), "Did Unilateral Divorce Raise Divorce Rates? Evidence from Panel Data," *American Economic Review*, 88, 608-27.

Glendon, M.A. (1987), *Abortion and Divorce in Western Law*, Cambridge, MA: Harvard University Press.

—— (1989), *The Transformation of Family Law*, Chicago: University of Chicago Press.

Goode, W. J. (1993), *World Changes in Divorce Patterns*, New Haven, CT: Yale University Press.

Graham-Siegenthaler, B. (1995), "International Marriage and Divorce Regulation and Recognition in Switzerland," *Family Law Quarterly*, 29, 685-700.

Gray, J.S. (1998), "Divorce-Law Changes, Household Bargaining, and Married Women's Labor Supply," *American Economic Review*, 88, 628-42.

Haller, M. (1977), "Australia," in R. Chester (ed.), *Divorce in Europe*, Leiden: Netherlands Interuniversity Demographic Institute, Martinus Nijhoff Social Sciences Division.

Haskey, J. (1992), "Patterns of Marriage, Divorce, and Cohabitation in the Different Countries of Europe," *Population Trends*, 69, 27-36.

Jarvis, S. and S.P. Jenkins (1999), "Marital Splits and Income Changes: Evidence from the British Household Panel Survey," *Population Studies*, 53, 237-54.

Johnson, W.R. and J. Skinner (1986), "Labor Supply and Marital Separation," *American Economic Review*, 76, 455-69.

Joshi, H. and H. Davis (1992), "Day Care in Europe and Mothers' Forgone Earnings," *International Labor Review*, 132, 561-79.

Kaufmann, F.-X., A. Kuijsten, H.-J. Schulze, and K.P. Strohmeier, (eds.) (1997), *Family Life and Family Policies in Europe: Volume 1*, Oxford: Clarendon Press.

Kellerhals, J., J.F. Perrin, and L. Voneche (1977), "Switzerland," in R. Chester (ed.), *Divorce in Europe*, Leiden: Netherlands Interuniversity Demographic Institute, Martinus Nijhoff Social Sciences Division.

Kooy, G. (1977), "The Netherlands," in R. Chester (ed.), *Divorce in Europe*, Leiden: Netherlands Interuniversity Demographic Institute, Martinus Nijhoff Social Sciences Division.

Krause, H.D. (1998), "On the Danger of Allowing Marital Fault to Re-emerge in the Guise of Torts," *Notre Dame Law Review*, 73, 1355-68.

Künzel, R. (1977), "The Federal Republic of Germany," in R. Chester (ed.), *Divorce in Europe*, Leiden: Netherlands Interuniversity Demographic Institute, Martinus

Nijhoff Social Sciences Division.

Meisaari-Polsa, T. (1997), "Sweden: a Case of Solidarity and Equality," in F.-X. Kaufmann, A. Kuijsten, H.-J. Schulze, and K.P. Strohmeier, (eds.) (1997), *Family Life and Family Policies in Europe: Volume 1*, Oxford: Clarendon Press.

Muller-Escoda, B. and U. Vogt (1997), "France: the Institutionalization of Plurality," in F.-X. Kaufmann, A. Kuijsten, H.-J. Schulze, and K.P. Strohmeier, (eds.) (1997), *Family Life and Family Policies in Europe: Volume 1*, Oxford: Clarendon Press.

OECD (1990), *Lone Parent Families: the Economic Challenge*, Paris: Organisation for Economic Co-operation and Development.

Peters, H.E. (1986), "Marriage and Divorce: Informational Constraints and Private Contracting," *American Economic Review*, 76, 437-54.

—— (1992), "Marriage and Divorce: Reply," *American Economic Review*, 82, 686-93.

Phillips, R. (1988), *Putting Asunder: A History of Divorce in Western Society*, Cambridge: Cambridge University Press.

Poppel, F. van and J. de Beer (1993), "Measuring the Effect of Changing Legislation on the Frequency of Divorce: The Netherlands, 1830-1990," *Demography*, 30, 425-41.

Rheinstein, M. and M.A. Glendon (1980), "Interspousal Relations," *International Encyclopedia of Comparative Law, IV: Persons and Family*, Tübingen: J.C.B. Mohr.

Rowthorn, R.E. (1999), "Marriage and Trust: Some Lessons from Economics," *Cambridge Journal of Economics*, 23, 661-91.

Simotta, D.-A. (1995), Marriage and Divorce Regulation and Recognition in Austria," *Family Law Quarterly*, 29, 525-40.

Smith, I. (1997), "Explaining the Growth of Divorce in Great Britain," *Scottish Journal of Political Economy*, 44, 519-44.

Smith, I., J. W. Sawkins, and P.T. Seaman (1998), "The Economics of Religious Participation: A Cross-country Study," *Kyklos*, 51, 25-43.

Trost, J. (1977), "Sweden," in R. Chester (ed.), *Divorce in Europe*, Leiden: Netherlands Interuniversity Demographic Institute, Martinus Nijhoff Social Sciences Division.

Vlaardingerbroek, P. (1995), "Marriage, Divorce, and Living Arrangements in the Netherlands," *Family Law Quarterly*, 29, 635-44.

Voegeli, W. and B. Willenbacher (1992), "Property Division and Pension-Splitting in the FRG," in L.J.Weitzman, and M. Maclean, (eds.), *Economic Consequences of*

Divorce: The International Perspective, Oxford: Clarendon Press.

Walls, M. (1997), "Ireland Gets Divorce," *Family Law*, April, 271-73.

Weiss, Y. and R. J. Willis (1993), "Transfers among Divorced Couples: Evidence and Interpretation," *Journal of Labor Economics*, 11, 629-79.

Weitzman, L. J. and M. Maclean, (eds.), *Economic Consequences of Divorce: The International Perspective*, Oxford: Clarendon Press.

監訳者あとがき

「スーダラ節」や「無責任一代男」で有名な植木等が歌ってヒットした曲「やせがまん節」（青島幸男作詞）の一節に次のような歌詞がある．

♪ ほれた女を 女房にしても ♪
♪ 金が目当てじゃないかと 気にかかる ♪
♪ あー 金持ちにゃ なりたくないね ♪

金持ちにはなりたくてもなれない貧乏学者の監訳者にはこのような心配は無用の長物でしかないが，金や地位がある（と思っている）者にとっては避けて通れないものかもしれない．「一生愛し続けます」という結婚の誓いが真のコミットメントであって，決して「金が目当てじゃない」ことを相手に信用してもらうには，あるいは，相手の誓いを安んじて信用できるにはどうすれば良いのであろうか？

「金が目当てじゃない」ことを証明するには，離婚や死別の場合にも相手の財産は一切受け取らないという「財産放棄の誓い」をすればよい．しかし，この「財産放棄の誓い」を後になって放棄しないという保証はあるのであろうか？ 「『財産放棄の誓い』を放棄しない誓い」をすれば良かろう．しかしこの「誓いの誓い」を放棄しない保証は？ このまま行くと「財産放棄の誓いを放棄しない誓いを放棄しない誓いを放棄しない誓い……」と無限に続いてしまう．この無限退行を断ち切る法的制度が「婚前婚姻契約」であるとされる．本当であろうか？

ジョエル・コーエン監督，ジョージ・クルーニーとキャサリン・ゼタ・ジョーンズ主演のラブ・コメディ『ディボース・ショウ（*Intolerable Cruelty*）』では，大富豪を騙して結婚した上で離婚し，巨額の財産を手に入れようと目論むしたたかな結婚詐欺師マリリン（ゼタ・ジョーンズ）と辣腕の離婚専門弁護士マイルズ（クルーニー）が，丁々発止の騙し合いを展開する．マリリンの武器はその美貌だけでなく，他ならぬ「婚前婚姻契約」なのである．

「マリリンのような魅力的な女性がなぜ自分なんかと……，金が目当てじゃないか？」と植木等のように疑心暗鬼になる大富豪を安心させるために，「プリナップ（prenup）」と略称される婚前婚姻契約を結びマリリンは離婚の財産分与を放棄する．婚前婚姻契約を裁判所は尊重するので「金が目当てじゃない」ことが証明された……はずである．大富豪の方は，自分も「生涯にわたる愛」を誓うために，すなわち，年を取って美貌が衰えたり，もっと若くてもっと魅力的な女性が出てきたりしてもマリリンを愛し続けることを証明したくなる．どうしたらよいであろうか？　……大富豪は結婚披露宴の大観衆の面前でプリナップを破り捨てる！

　このような男女の騙し合いという人類普遍のアポリア（実は有性生殖をする生物に普遍のアポリア）は，結婚と離婚の法制度が正面から取り組まなければならない課題である．本書はまさに，この家族法の主要課題に「法と経済学（law & economics）」の手法を適用して取り組んだ諸研究を編纂した論文集である．とは言え，本書における法と経済学は，新古典派経済学や厚生経済学を法現象や法的ルールの分析に応用するという狭義の法と経済学よりも広いものである．家族法の諸ルールが当事者にもたらすインセンティヴを重視する，という点をコアとして大きく括られる種々の研究手法が本書における「法と経済学」である．したがって，本書に収められた論稿には，伝統的な法解釈学の研究に近いものから，ゲーム理論的分析，さらには統計分析の手法を用いた実証的法社会学的なものまで含まれている．その点で，本書は法と経済学プロパーの研究書としてのみならず，家族法学の研究や家族法の法社会学研究としても重要なものとなっている．また，本書の論稿の多くは「シグナリング理論」と呼ばれるゲーム理論をも下敷きに分析を進めている．この理論は，エリク・ポズナー『法と社会規範：制度と文化の経済分析』（太田監訳，木鐸社，2002年）でも採用されているように，法と社会を分析する上での鋭利なツールとして，最近は法と経済学はもとより法社会学や法解釈学においても注目を集めている．

　市場取引をその中核とする財産関係においては合理的計算を基礎に置く法と経済学がよりよく妥当するが，男女の性的結合をその中核とする家族関係においては感情が基礎にあり合理性の理論は適用できない，という見解があるかもしれない．しかし，本書からも明らかなように，このような理解は，

家族関係についての理解としても，法と経済学についての理解としても誤っている．第一に，進化心理学の教えるところによれば，生物として生き残るための内面的道具としてヒトは感情を進化させてきたのであり，その点で感情は適応的な合理性を持っている．第二に，愛憎をはじめとする感情と合理性は二律背反ではない．恋愛段階で恋人に何をプレゼントしようかとか，婚姻関係において配偶者や子どもに何をお土産に買って帰ろうかと悩んだことのある正直者なら，そこには合理的な打算の要素が色濃く漂っていることを否定できないであろうし，新婚旅行はどこに行こうかとか，家族旅行はどこに行こうかとかについて，恋人同士や家族と話し合ったことのある正直者なら，そこでは駆引き交渉の要素の方が重大であることに気付くであろう．そもそも『ディボース・ショウ』はゲームの理論そのものである．第三に，法と経済学の合理性は，価値観や感情，嗜好等を全て含むものである．第四に，法と経済学の分析にとって，当事者がその主観的認識として「合理的に行動している」と思っている必要は全くない．激情に流された行動も，外的な分析からは合理的であると位置づけうる場合がある．

　本書を契機として，法と経済学やゲーム理論に対する誤った認識が是正され，結婚や離婚，ひいては家族法の分野一般におけるその有用性が広く理解されるようになることを願っている．そして，家族法の研究が真の社会科学として確立することを期待するものである．

＊　＊　＊　＊　＊

　本書は，Antony W. Dnes & Robert Rowthorn (eds.), *The Law and Economics of Marriage & Divorce*, Cambridge University Press, 2002 の全訳である．翻訳のきっかけは2003年度の監訳者による東京大学大学院法学政治学研究科での「法社会学基礎文献講読セミナー」で原著を教材として使ったことである．本書の共訳者である参加者たちは非常に優秀で，監訳者が手を入れる必要のないほどの訳文を作成してくれるとともに，テーマと言い内容と言い，是非出版したいと申し出てくれた．そこで以前からお世話になっている木鐸社の坂口節子社長にお願いして，「法と経済学叢書」の1つに入れていただいた次第である．いつもながら採算の合わない監訳者のお願いを快く聞いて下さった坂口社長に心から感謝する次第である．

本書の訳出に当たっては，分かりやすさと内容の日本語としての正確さを重視する方針を採用した．翻訳作業の手順は，まず，各自が担当部分の訳文を作成し，監訳者が電子メールで送られてきたファイルを統合し，セミナーではPCプロジェクターで映写しつつ全員で議論をし，その場で修正しつつ訳文を彫琢していった．したがって，本書は全員の合作と位置づけるべきものである．

　訳語については，英単語に対する日本語の機械的対応にはこだわらず，文脈と内容に応じて訳し分けるようにした．とりわけ，本書は多数の執筆者が既刊の独立の論文に基づいて寄稿したものであり，用語の統一が必ずしも取れていないため，文脈と内容に応じた訳し分けが必須であった．たとえば，結婚を（長期的）契約として位置づける枠組みのために，"marriage as contract," "marital contract," "marriage contract" などが「結婚」ないし「婚姻上の権利義務関係」の意味で使われており原則として「結婚という契約」と訳したが文脈のスワリに応じて「結婚」と訳した場合もある．また，"prenuptial contract," "prenuptial marriage contract," "prenuptial agreement," "premarital contract," "premarital agreement" などが「婚前婚姻契約」の意味で使われる一方，それらの中でもルイジアナ州の婚姻契約法のように離婚を制限するタイプのものは "covenant marriage" と区別される場合もあった．そこで，原則として前者は「婚前婚姻契約」とし後者は文脈に応じて「婚姻契約」または「契約結婚」とした．さらに，"fault (divorce)" は「有責主義（離婚）」"no-fault divorce" は「破綻主義（離婚）」と原則として訳したが，文脈に応じて「法制」を付加した場合がある．

　訳語や訳文，人名の発音等の一部については，東京大学法学部の法社会学講座担当のダニエル・フット教授に助言をいただいたので，ここに記して感謝したい．もちろん，誤訳や不適切な訳文の責任は，われわれ監訳者と訳者にあることは言うまでもない．

　最後に，本訳書出版を快諾していただき，仕事が遅々として進まない監訳者を叱咤激励してくださった坂口節子社長に重ねて御礼を申し上げる次第である．

2004年9月

監訳者

索　引

〈あ〉

新しい家族　262
アメリカ合衆国法律百科全書　60
アメリカ法律協会　12, 78, 121, 122, 126
アリモニー　207
威嚇点　245-47, 286
一括均衡　76, 210, 241
一致選好モデル　245
大ウソ離婚　318
オマー・シャリフ効果　234
お見合い結婚　244

〈か〉

外部効果　93, 94, 193, 218
外部性　28, 114, 115, 134
家事労働　265
家族財産トラスト　82
家族と世帯の全米調査　263, 264
家族内での分業　95, 96
家族の価値　62
家族の交渉モデル　188
家族法の設計　13
家庭財　260
家庭特殊的投資　303
家庭内生産　260
家庭内の公平性　268
家庭内離婚　247
カルドア・ヒックス効率性　253
カルドア・ヒックス非効率　244, 251
関係的契約　187, 206
関係特殊的義務　25
関係特殊的資産　29-31, 33-35, 39, 53, 54
関係特殊的資産投資　29
関係特殊的投資　201
監視（モニタリング）　54
監視コスト　18
機会主義的行動　13, 34, 187, 248
機会費用　205

偽証　99, 162, 163, 178
擬制の同意　318
祈祷書　110
逆選択（アドヴァース・セレクション）　242
虐待　66, 105, 107, 177-78
キャラブレジとメラムド　119, 196
強制的待機期間　82
共有知識　209, 241
協力均衡　66, 68, 70
協力ゲーム　240
協力ゲームのコア　246
協力ゲーム・モデル　241
クロス・セクション回帰分析　297
刑事制裁　120, 129
契約結婚　19, 148, 155, 172
契約としての結婚　71
契約法理における抗弁　79
結婚カウンセリング　19, 157
結婚が失敗する原因　65
結婚関係特殊的投資　28-30, 51, 304
結婚関係のための投資　113
結婚許可証　80, 172
結婚詐欺　242, 243
結婚市場における価値　40, 42
結婚という契約の特殊性　26
結婚というシグナル　225
結婚における誠実規範　72
結婚に対する態度　221
結婚年齢　305
結婚のシグナリング機能　64, 67, 217, 219, 228
結婚の破綻　264
結婚の非司法化　171
結婚の標準型　216
結婚破綻（の）リスク　269, 273, 278, 280
結婚前カウンセリング　19, 156-59
結婚を不利にするバイアス　226
顕示選好　112
原状回復アプローチ　198

合意離婚　93, 102, 104
公共財　202, 250, 251, 291, 292, 300
交互作用　271, 274, 275, 301
コース的な合意　46, 47
コースの定理　48, 249, 320
公平性　267
公平性評価　268, 270, 271, 274-278, 280
コックス回帰　269
コックス回帰方程式　270
交渉　239, 286, 292, 310
交渉コスト　196
交渉力　160
効用フロンティア　253
効率的結婚市場仮説　240, 241
効率的な離婚　289
合理的選択アプローチ　254
コスト・ベネフィット分析　115
子育て　32
固定分割ルール　252
子どもが惹起するコスト　31
「子ども第一」原則　151
子どものいる家庭　78
コホート　41, 42, 309
コミットメント規範　66, 73, 74, 76, 89
コミットメント条項　80-82, 84-86, 88
婚姻外の性交渉　229
婚姻契約　216, 218
婚姻契約違反　190
婚姻契約法　16, 19
婚姻状態の価値　289
婚姻上の資本　292
婚外子と離婚　150

〈さ〉

財産権ルール　119
財産分与　23
最小二乗法（OLS）回帰　306
サブ・ゲーム完全均衡　248
サンク・コスト　188
シヴィル・ユニオン　227, 231, 233
ジェンダー規範　73
シグナリング理論　21, 204, 208
シグナルを送るプロセス　38

自己記入方式　263
持参金　50
資産効果　47
事実上の別居　317
市場生産　260
事前コミットメント　67-71
事前コミットメントとしての結婚　68
事前コミットメント理論　70
事前的　34, 37
児童扶養料徴収局　330
死亡率の男女差　43
市民的道徳の苗床　172
社会規範　206, 207
社会的スティグマ　193, 335
宗教　158, 321, 323
宗教団体　159
重罪　131
集約指標　266
就労率（LFPR）　303
準契約的（quasi-contractual）な義務　14
準公共財　291
準レント　35, 36, 45, 46, 48, 49, 51, 54-57, 294
少子化　51
譲渡可能性　120, 121
女性型家事　260, 267, 271, 273-275, 278-280
女性の経済的自立の進行　194
女性の市場価値　43
女性の魅力の文化的シンボル　44
所有権ルール　56, 57
自力救済　122, 123, 129, 138
進化的安定　58
人的資本　44, 49, 260, 304
信用できるコミットメント　242
信頼利益アプローチ　197, 199
心理カウンセリング　83
推移律　40
性行動に関する態度　222
制裁の構成要素　116
精神異常　288
性的嗜好　137
性役割規範　89, 90
性役割による従属　89
責任ルール　119

セクシャル・ハラスメント　39
セックス　30, 33, 54, 255, 293
「Z」財　260
選好　21
選択バイアス　224, 235
総離婚率　316, 335
訴訟原因　126
損害賠償責任ルール　56, 57

〈た〉

待機期間　157, 163
第三者による夫婦の離間　18, 126, 127, 139
第三者の意図的な阻害行為　127
態度　263
第二シフト　280
大法官部　12, 221
ダイヤモンドの婚約指輪　242
託児所　331, 332
卓床離婚　174
ダブル・シフト　22, 259
男性型家事　266, 267, 271, 273-275, 278, 279
チープ・トーク　209, 212
父としての役割　154
長期的契約　35
長期的な選好　69
調整ゲーム　247
調停の再活性化　158
懲罰的賠償　131
懲罰的賠償額　142
低所得者控除　235
伝統型の婚前婚姻契約　52
統一婚前婚約契約法　79, 90, 108
投資財　31
同棲　222-224
同性愛　228-230, 232
同棲カップル　223
同性結婚　227-31
同棲の最適レヴェル　190
同棲の動向　186
道徳的な言説　161, 162
道徳的な適性　164
登録制パートナーシップ　229, 231
特定履行　17

トックヴィル　167, 259
隣の芝生は青い　189
富の最大化　115, 133
取引費用　37, 39, 290
取引費用ゼロのモデル　250
トレード・オフ　28, 335

〈な〉

内縁関係　220
内生性問題　309
内面的立場　281
ナッシュ均衡　247
ナッシュ交渉解　246
認知的なバイアス　82, 86, 87
認知的不協和　87
年齢に対する選好　45

〈は〉

パートナーシップ　119
パートナーシップ法制　120
配偶者市場　37
配偶者扶養料　74
破綻主義離婚　105, 106
発見されなかった非行による損害　136
ハザード・モデル　269
端点解　247
パネル・データ　251, 304
花嫁修業　260
花嫁代価　36, 49, 50, 59
パリモニー　185
パレート最適　115, 240, 246
反主流派（カウンター・カルチャー）型の婚前婚姻契約　52
ハンディキャップ原理　210, 234
比較優位　205, 260
非協力ゲーム的交渉　255
非協力ゲーム・モデル　241
非効率な離婚　291
非ゼロ消費　250
必要性の原則　329
人質　34-36, 49, 50, 189
ひとり親家庭　149
標準型の結婚　217

標準契約書式　79-82
評判　127, 218
夫婦合算最大化モデル　246
夫婦間の役割の特化　260, 261, 278
夫婦間分業　278, 280
フェミニスト型の婚前婚姻契約　52
不寛容政策　121
不文の法　130
ブラックストーン　125, 138
プリンシパル＝エイジェント　244
ブレイディ法　122
文化戦争　62
分業　22, 95, 96, 205, 259
分離均衡　210, 212, 214, 242
分離すれども平等　231
ベッカー　13, 187-88, 205, 260-61, 289, 296
保育所　334
法とは無関係なペナルティ　135
法律上の別居　156, 316, 325
暴力侵害　126
他の者の配偶者との性関係　126
保母制度　333

〈ま〉

マミー・トラック　262
未婚性交　129
民事賠償　117
免責事由　18
模範刑法典　121
モラル・ハザード　226, 242

〈や〉

役割（の）特化　260, 278
有給の産休　331
有責主義離婚　106, 107
良いタイプ　68
「汚れた手」の法理　132

〈ら〉

離婚の最適レヴェル　190
離婚の全コスト　100
離婚のダイナミクス　85
離婚太り　330
離婚不能な結婚　55, 56, 148
離婚文化　309
離婚法の改革　14
離婚率　315
離婚率の格差　322
両性間の支配従属性階層構造　89
レバレッジ　160
レモン市場モデル　241, 254
連鎖的交渉モデル　248
レント（超過利潤）　294
ロジスティック回帰分析　297

〈わ〉

ワース・オフ　22, 303
賄賂　48
若い男性の財産の減少　194
割当てモデル　239

©2002 Cambridge University Press
This translation of *The Law and Economics of Marriage & Divorce*
edited by Antony W. Dnes & Robert Rowthorn
is published by arrangement through The Sakai Agency

結婚と離婚の法と経済学

2004年11月25日第一版第一刷印刷発行　Ⓒ

	編著者	A.W.ドゥネス/R.ローソン
監訳者との 了解により 検印省略	監訳者	太　田　勝　造
	発行者	坂　口　節　子
	発行所	㈲　木　鐸　社

印刷　㈱アテネ社　製本　大石製本所

〒112-0002 東京都文京区小石川 5 -11-15-302
電話（03）3814-4195　　振替　00100- 5 -126746
ファクス（03）3814-4196　　http://www.bokutakusha.com

乱丁・落丁本はお取替致します

ISBN4-8332-2357-0　C3030

〔「法と経済学」叢書 1〕
「法と経済学」の原点
松浦好治編訳（名古屋大学法学部）

A5判・230頁・3000円（1994年）ISBN4-8332-2194-2
ロナルド・コース＝社会的費用の問題（新沢秀則訳）
G・カラブレイジィ＝危険分配と不法行為法（松浦好治訳）
E・ミシャン＝外部性に関する戦後の文献（岡敏弘訳）

〔「法と経済学」叢書 2〕
不法行為法の新世界
松浦好治編訳

A5判・180頁・2500円（1994年）ISBN4-8332-2195-0
R・ポズナー＝ネグリジェンスの理論（深谷格訳）
G・カラブレイジィ/メラムド＝所有権法ルール，損害賠償法ルール，不可譲な権原ルール（松浦以津子訳）

〔「法と経済学」叢書 3〕
法と経済学の考え方 ■政策科学としての法
ロバート・クーター著　太田勝造編訳（東京大学法学部）

A5判・248頁・3000円（2003年2刷）ISBN4-8332-2248-5
1.法と経済学での評価基準，価値観　2.法と経済学の基本定理：コースの定理　3.不法行為法，契約法，所有権法の総合モデル　4.インセンティブ規整：行動の価格設定と制裁

〔「法と経済学」叢書 4〕
法と社会規範
Eric Posner, Law and Social Norms, 2000

E.ポズナー著　太田勝造監訳

A5判・366頁・3500円（2002年）ISBN4-8332-2331-7
■制度と文化の経済分析

法に潜む経済イデオロギー
R. P. Malloy, Law and Economics, 1990

R. マーロイ著　馬場孝一・国武輝久訳

A5判・200頁・2200円（1994年）ISBN4-8332-2196-9
■法と経済学への比較論的アプローチ

正義の経済学
Richard A. Posner, The Economics of Justice, 1981

R. ポズナー著　馬場孝一・国武輝久他訳

46判・480頁・6000円（1994年2刷）ISBN4-8332-2155-1
■規範的法律学への挑戦